儒家經典

第二集

明誠佛堂經典編輯委員會／彙編

儒家經典（第二集）目錄

春秋經

孔子著

孔子

孔子作《春秋》，微言大義。言微，謂簡略也，義大，藏褒貶也。凡文萬八餘字，敘二百六十餘載之史。

隱公

元年春，王正月。三月，公及邾儀父盟於蔑。夏五月，鄭伯克段於鄢。秋七月，天王使宰咺來歸惠公、仲子之賵。九月，及宋人盟於宿。冬十有二月，祭伯來。公子益師卒。

二年春，公會戎於潛。夏，五月，莒人入向。無駭帥師入極。秋，八月庚辰，公及戎盟於唐。九月，紀裂繻來逆女。冬十月，伯姬歸於紀。紀子帛、莒子盟於密。十有二月乙卯，夫人子氏薨。鄭人伐衛。

三年春王二月，己巳，日有食之。三月庚戌，天王崩。夏四月辛卯，君氏卒。秋，武氏子來求賻。八月庚辰，宋公和卒。冬十有二月，齊侯，鄭伯盟於石門。癸未，葬宋穆公。

四年春，王二月，莒人伐杞，取牟婁。戊申，衛州籲弒其君完。夏，公及宋公遇於清。宋公、陳侯、蔡人、衛人伐鄭。秋，翬帥師會宋公、陳侯、蔡人、衛人伐鄭。九月，衛人殺州籲於濮。冬十有二月，衛人立晉。

五年春，公矢魚於棠。夏四月，葬衛桓公。秋，衛師入郕。九月，考仲子之宮。初獻六羽。邾人、鄭人伐宋。螟。冬十有二月辛巳，公子彄卒。宋人伐鄭，圍長葛。

六年春，鄭人來渝平。夏五月辛酉，公會齊侯盟於艾。秋七月。冬，宋人取長葛。

七年春，王三月，叔姬歸於紀。滕侯卒。夏，城中丘。齊侯使其弟年來聘。秋，公伐邾。冬，天王使凡伯來聘。戎伐凡伯於楚丘以歸。

八年春，宋公、衛侯遇於垂。三月，鄭伯使宛來歸祊。庚寅，我入祊。夏六月己亥，蔡侯考父卒。辛亥，宿男卒。秋七月庚午，宋公、齊侯、衛侯盟於瓦屋。八月，葬蔡宣公。九月辛卯，公及莒入盟於浮來。螟。冬十有二月，無駭卒。

九年春，天子使南季來聘。三月癸酉，大雨，震電。庚辰，大雨雪。挾卒。夏，城郎。秋七月。冬，公會齊侯於防。

十年春，王二月，公會齊侯、鄭伯於中丘。夏，翬帥師會齊人、鄭人伐宋。六月壬戌，公敗宋師於菅。辛未，取郜。辛巳，取防。秋，宋人、衛人入鄭。宋人、蔡人、衛人伐戴。鄭伯伐取之。冬，十月壬午，齊人、鄭人入郕。

十有一年春，滕侯、薛侯來朝。夏，公會鄭伯於時來。秋七月壬午，公及齊侯、鄭伯入許。冬十有一月壬辰，公薨。

桓公

元年春，王正月，公即位。三月，公會鄭伯於垂，鄭伯以璧假許田。夏四月丁未，公及鄭伯盟於越。秋，大水。冬，十月。

二年春，王正月戊申，宋督弒其君與夷及其大夫孔父。滕子來朝。三月，公會齊侯、陳侯、鄭伯於稷，以成宋亂。夏四月，取郜大鼎於宋。戊申，納於大廟。秋七月，杞侯來朝。蔡侯、鄭伯會於鄧。九月，入杞。公及戎盟於唐。冬，公至自唐。

三年春正月，公會齊侯於嬴。夏，齊侯、衛侯胥命於蒲。六月，公會杞侯於郕。秋七月壬辰朔，日有食之，既。公子翬如齊逆女。九月，齊侯送薑氏於歡。公會齊侯於歡。夫人薑氏至自齊。冬，齊侯使其弟年來聘。有年。

四年春正月，公狩於郎。夏，天王使宰渠伯糾來聘。

五年春正月，甲戌、己醜，陳侯鮑卒。夏，齊侯鄭伯如紀。天王使仍叔之子來聘。葬陳桓公。城祝丘。

秋，蔡人、衛人、陳人從王伐鄭。大雩。螽。冬，州公如曹。

六年春正月，實來。夏四月，公會紀侯於成。秋八月壬午，大閱。蔡人殺陳佗。九月丁卯，子同生。冬，紀侯來朝。

七年春二月己亥，焚鹹丘。夏，穀伯綏來朝。鄧侯吾離來朝。

八年春正月己卯，烝。天王使家父來聘。夏五月丁醜，烝秋，伐邾。冬十月，雨雪。祭公來，遂逆王后於紀。

九年春，紀季薑歸於京師。夏四月，秋七月。冬，曹伯使其世子射姑來朝。

十年春王正月，庚申，曹伯終生卒。夏五月，葬曹桓公。秋，公會衛侯於桃丘，弗遇。冬十有二月丙午，齊侯、衛侯、鄭伯來戰於郎。

十有一年春正月，齊人、衛人、鄭人盟於惡曹。夏五月癸未，鄭伯寤生卒。秋七月，葬鄭莊公。九月，宋人執鄭祭仲。突歸於鄭。鄭忽出奔衛。柔會宋公、陳侯、蔡叔盟於折。公會宋公於夫鐘。冬十月有二月，公會宋公於闞。

十有二年春正月。夏六月壬寅，公會杞侯、莒子盟於曲池。秋七月丁亥，公會宋公、燕人盟於穀丘。八月壬辰，陳侯躍卒。公會宋公於虛。冬十有一月，公會宋公於龜。丙戌，公會鄭伯，盟於武父。丙戌，衛侯晉卒。十有二月，及鄭師伐宋。丁未，戰於宋。

十有三年春二月，公會紀侯、鄭伯。己巳，及齊侯、宋公、衛侯、燕人戰。齊師、宋師、衛師、燕師敗績。三月，葬衛宣公。夏，大水。秋七月。冬十月。

十有四年春正月，公會鄭伯於曹。無冰。夏五，鄭伯使其弟語來盟。秋八月壬申，御廩災。乙亥，嘗。冬十有二月丁巳，齊侯祿父卒。宋人以齊人、蔡人、衛人、陳人伐鄭。

十有五年春二月，天王使家父來求車。三月乙未，天王崩。夏四月己巳，葬齊僖公。五月，鄭伯突出奔蔡。鄭世子忽複歸於鄭。許叔入於許。公會齊侯於艾。邾人、牟人、葛人來朝。秋九月，鄭伯突入於櫟。冬十有一月，公會宋公、衛侯、陳侯於衰，伐鄭。

十有六年春正月，公會宋公、蔡侯、衛侯於曹。夏四月，公會宋公、衛侯、陳侯、蔡侯伐鄭。秋七月，公至自伐鄭。冬，城向。十有一月，衛侯朔出奔齊。

十有七年春正月丙辰，公會齊侯、紀侯盟於黃。二月丙午，公會邾儀父，盟於趡。夏五月丙午，及齊師戰於奚。六月丁醜，蔡侯封人卒。秋八月，蔡季自陳歸於蔡。癸巳，葬蔡桓侯。及宋人、衛人伐邾。冬十月朔，日有食之。

十有八年春王正月，公會齊侯於濼。公與夫人薑氏遂如齊。夏四月丙子，公薨於齊。丁酉，公之喪至自齊。秋七月，冬十有二月己醜，葬我君桓公。

莊公

元年春，王正月。三月，夫人孫於齊。夏，單伯送王姬。秋，築王姬之館於外。冬十月乙亥，陳侯林卒。王使榮叔來錫桓公命。王姬歸於齊。齊師遷紀、郱、鄑、郚。

二年春，王二月，葬陳莊公。夏，公子慶父帥師伐於餘丘。秋七月，齊王姬卒。冬十有二月，夫人薑氏會齊侯於禚。乙酉，宋公馮卒。

三年春王正月，溺會齊師伐衛。夏四月，葬宋莊公。五月，葬桓王。秋，紀季以酅入於齊。冬，公次於滑。

四年春，王二月，夫人薑氏享齊侯於祝丘。三月，紀伯姬卒。夏，齊侯、陳侯、鄭伯遇於垂。紀侯大去其國。六月乙丑，齊侯葬紀伯姬。秋七月。冬，公及齊人狩於禚。

五年春，王正月。夏，夫人薑氏如齊師。秋，郳犁來來朝。冬，公會齊人、宋人、陳人、蔡人伐衛。

六年春王正月，王人子突救衛。夏六月，衛侯朔入於衛。秋，公至自伐衛。螟。冬，齊人來歸衛俘。

七年春，夫人薑氏會齊侯於防。夏四月辛卯，夜，恒星不見。夜中，星隕如雨。秋，大水。無麥苗。冬，夫人薑氏會齊侯於穀。

八年春，王正月，師次於郎，以俟陳人，蔡人。甲午，治兵。夏，師及齊師圍郕，郕降於齊師。秋，師還。冬十有一月癸未，齊無知弑其君諸兒。

九年春，齊人殺無知。公及齊大夫盟於既。夏，公伐齊納子糾。齊小白入於齊。秋七月丁酉，葬齊襄公。八月庚申，及齊師戰於乾時，我師敗績。九月，齊人取子糾殺之。冬，浚洙。

十年春，王正月，公敗齊師於長勺。二月，公侵宋。三月，宋人遷宿。夏六月，齊師、宋師次於郎。公敗宋師於乘丘。秋九月，荊敗蔡師於莘，以蔡侯獻舞歸。冬十月，齊師滅譚，譚子奔莒。

十有一年春，王正月。夏五月戊寅，公敗宋師於鄑。秋，宋大水。冬，王姬歸於齊。

十有二年春王三月，紀叔姬歸於酅。夏四月。秋八月甲午，宋萬弒其君捷，及其大夫仇牧。十月，宋萬出奔陳。

十有三年春，齊侯、宋人、陳人、蔡人、邾人會於北杏。夏六月，齊人滅遂。秋，七月。冬，公會齊侯盟於柯。

十有四年春，齊人、陳人、曹人伐宋。夏，單伯會伐宋。秋七月，荊入蔡。冬，單伯會齊侯、宋公、衛侯、鄭伯於鄄。

十有五年春，齊侯、宋公、陳侯、衛侯、鄭伯會於鄄。夏，夫人薑氏如齊。秋，宋人、齊人、邾人伐郳。鄭人侵宋。冬十月。

十有六年春王正月。夏，宋人、齊人、衛人伐鄭。秋，荊伐鄭。冬，十有二月，會齊侯、宋公、陳侯、衛侯、鄭伯、許男、滑伯、滕子同盟於幽。邾子克卒。

十有七年春，齊人執鄭詹。夏，齊人殲於遂。秋，鄭詹自齊逃來。冬，多麋。

十有八年春王三月，日有食之。夏，公追戎於濟西。秋，有蜮。冬十月。

十有九年春王正月。夏四月。秋，公子結媵陳人之婦於鄄，遂及齊侯、宋公盟。夫人薑氏如莒。冬，齊人、宋人、陳人伐我西鄙。

二十年春，王二月，夫人薑氏如莒。夏，齊大災。秋，七月。冬，齊人伐戎。

二十有一年春，王正月。夏，五月辛酉，鄭伯突卒。秋，七月戊戌，夫人薑氏薨。冬，十有二月，葬鄭厲公。二十二年春，王正月，肆大眚。癸醜，葬我小君文薑。陳人殺其公子禦寇。夏五月。秋七月丙申，及齊高傒盟於防。冬，公如齊納幣。

二十有三年春，公至自齊。祭叔來聘。夏，公如齊觀社。公至自齊。荊人來聘。公及齊侯遇於穀。蕭叔朝公。秋，丹桓宮楹。冬十有一月，曹伯射姑卒。十有二月甲寅，公會齊侯盟於扈。

二十有四年春，王三月，刻桓宮桷。葬曹莊公。夏，公如齊逆女。秋，公至自齊。八月丁醜，夫人薑氏入。戊寅，大夫宗婦覿，用幣。大水。冬，戎侵曹。曹羈出奔陳。赤歸於曹。郭公。

二十有五年春，陳侯使女叔來聘。夏，五月癸醜，衛侯朔卒。六月辛未朔，日有食之，鼓，用牲於社。伯姬歸於杞。秋，大水，鼓、用牲於社、於門。冬，公子友如陳。

二十有六年春，公伐戎。夏，公至自伐戎。曹殺其大夫。秋，公會宋人、齊人，伐徐。冬十有二月癸亥，朔，日有食之。

二十有七年春，公會杞伯姬於洮。夏六月，公會齊侯、宋公、陳侯、鄭伯同盟於幽。秋，公子友如陳，葬原仲。冬，杞伯姬來。莒慶來逆叔姬。杞伯來朝。公會齊侯於城濮。

二十有八年春，王三月甲寅，齊人伐衛。衛人及齊人戰，衛人敗績。夏四月丁未，邾子瑣卒。秋，荊伐鄭，公會齊人、宋人救鄭。冬，築郿。大無麥禾臧孫辰告糴於齊。

二十有九年春，新延廄。夏，鄭人侵許。秋，有蜚。冬十有二月，紀叔姬卒。城諸及防。

三十年春，王正月。夏，次於成。秋七月，齊人降鄣。八月癸亥，葬紀叔姬。九月庚午朔，日有食之，鼓，用牲於社。冬，公及齊侯遇於魯濟。齊人伐山戎。

三十有一年春，築臺於郎。夏四月，薛伯卒。築臺於薛。六月，齊侯來獻戎捷。秋，築臺於秦。冬，不雨。

三十有二年春，城小穀。夏，宋公、齊侯遇於梁丘。秋七月癸巳，公子牙卒。八月癸亥，公薨於路寢。冬十月己未，子般卒。公子慶父如齊。狄伐邢。

閔公

元年春，王正月。齊人救邢。夏六月辛酉，葬我君莊公。秋八月，公及齊侯盟於落姑。季子來歸。冬，齊仲孫來。

二年春，王正月，齊人遷陽。夏五月乙酉，吉禘於莊公。秋八月辛醜，公薨。九月，夫人薑氏孫於邾。公子慶父出奔莒。冬，齊高子來盟。十有二月，狄入衛。鄭棄其師。

僖公

元年春，王正月。齊師、宋師、曹伯次於聶北，救邢。夏六月，邢遷於夷儀。齊師、宋師、曹師城邢。秋七月戊辰，夫人薑氏薨於夷，齊人以歸。楚人伐鄭。八月，公會齊侯、宋公、鄭伯、曹伯、邾人於檉。九月，公敗邾師於偃。冬十月壬午，公子友帥師敗莒於酈。獲莒挐。十有二月丁巳，夫人氏之喪至自齊。

二年春，王正月，城楚丘。夏五月辛巳，葬我小君哀薑。虞師、晉師滅下陽。秋九月，齊侯、宋公、江人、黃人盟於貫。冬十月，不雨。楚人侵鄭。

三年春，王正月，不雨。夏四月，不雨。徐人取舒。六月雨。秋，齊侯、宋公、江人、黃人會於陽穀。冬，公子友如齊涖盟。楚人伐鄭。

四年春，王正月，公會齊侯、宋公、陳侯、衛侯、鄭伯，許男、曹伯侵蔡。蔡潰，遂伐楚，次於陘。夏，許男新臣卒。楚屈完來盟於師，盟於召陵。齊人執陳轅濤塗。秋，及江人、黃人伐陳。八月，公至自伐楚。葬許穆公。冬十有二月，公孫茲帥師會齊人、宋人、衛人、鄭人、許人、曹人侵陳。

夏，五年春，晉侯殺其世子申生。杞伯姬來朝其子。夏，公孫茲如牟。公及齊侯、宋公、陳侯、衛侯、鄭伯、許男、曹伯會王世子於首止。秋八月，諸侯盟於首止。鄭伯逃歸不盟。楚人滅弦，弦子奔黃。九月戊申朔，日有食之。冬，晉人執虞公。

六年春，王正月。夏，公會齊侯、宋公、陳侯、衛侯、曹伯伐鄭，圍新城。秋，楚人圍許，諸侯遂救許。冬，公至自伐鄭。

七年春，齊人伐鄭。夏，小邾子來朝。鄭殺其大夫申侯。秋七月，公會齊侯、宋公、陳世子款、鄭世子華盟於寧母。曹伯班卒。公子友如齊。冬，葬曹昭公。

八年春王正月，公會王人、齊侯、宋公、衛侯、許男、曹伯、陳世子款盟於洮。鄭伯乞盟。夏，狄伐晉。秋七月，禘於大廟，用致夫人。冬十有二月丁未，天王崩。

九年春，王三月丁醜，宋公禦說卒。夏，公會宰周公、齊侯、宋子、衛侯、鄭伯、許男、曹伯於葵丘。秋七月乙酉，伯姬卒。九月戊辰，諸侯盟於葵丘。甲子，晉侯佹諸卒。冬，晉裏奚克殺其君之子奚齊。

十年春，王正月，公如齊。狄滅溫，溫子奔衛。晉裏克弑其君卓及其大夫荀息。夏，齊侯、許男伐北戎。

晉殺其大夫裏克。秋七月。冬，大雨雪。

十有一年春。晉殺其大夫丕鄭父。夏，公及夫人薑氏會齊侯於陽穀。秋八月，大雩。冬，楚人伐黃。

十有二年春，王三月庚午，日有食之。夏，楚人滅黃。秋七月。冬十有二月丁醜，陳侯杵臼卒。

十有三年春，狄侵衛。夏四月，葬陳宣公。公會齊侯、宋公、陳侯、鄭伯、許男、曹伯於鹹。秋九月，大雩。冬，公子友如齊。

十有四年春，諸侯城緣陵。夏六月，季姬及鄫子遇於防。使鄫子來朝。秋八月辛卯，沙鹿崩。狄侵鄭。冬，蔡侯肝卒。

十有五年春王正月，公如齊。楚人伐徐。三月，公會齊侯、宋公、陳侯、衛侯、鄭伯、許男、曹伯盟於牡丘，遂次於匡。公孫敖帥師及諸侯之大夫救徐。夏五月，日有食之。秋七月，齊師、曹師伐厲。八月，螽。九月，公至自會。季姬歸於鄫。己卯晦，震夷伯之廟。冬，宋人伐曹。楚人敗徐於婁林。十有一月壬戌，晉侯及秦伯戰於韓，獲晉侯。

十有六年春，王正月戊申朔，隕石於宋五。是月，六鷁退飛，過宋都。三月壬申，公子季友卒。夏四月丙申，鄫季姬卒。秋七月甲子，公孫茲卒。冬十有二月，公會齊侯、宋公、陳侯、衛侯、鄭伯、許男、邢侯、曹伯於淮。

十有七年春，齊人、徐人伐英氏。夏，滅項。秋，夫人薑氏會齊侯於卞。九月，公至自會。冬十有二月乙亥，齊侯小白卒。

十有八年春，王正月，宋公、曹伯、衛人、邾人伐齊。夏，師救齊。五月戊寅，宋師及齊師戰於甗，齊師敗績。狄救齊。秋八月丁亥，葬齊桓公。冬，邢人，狄人伐衛。

十有九年春，王三月，宋人執滕子嬰齊。夏六月，宋公、曹人、邾人盟於曹南。鄫子會盟於邾。己酉，邾人執鄫子，用之。秋，宋人圍曹。衛人伐邢。冬，會陳人、蔡人、楚人、鄭人盟於齊。梁亡。

二十年春，新作南門。夏，郜子來朝。五月乙巳，西宮災。鄭人入滑。秋，齊人、狄人盟於邢。冬，楚人伐隨。

二十有一年春，狄侵衛。宋人、齊人、楚人盟於鹿上。夏，大旱。秋，宋公、楚子、陳侯、蔡侯、鄭伯、許男、曹伯會於盂。執宋公以伐宋。冬，公伐邾。楚人使宜申來獻捷。十有二月癸丑，公會諸侯盟於薄。釋宋公。

二十有二年春，公伐邾，取須句。夏，宋公、衛侯、許男、滕子伐鄭。秋八月丁未，及邾人戰於升陘。

冬十有一月己巳朔，宋公及楚人戰於泓，宋師敗績。

二十有三年春，齊侯伐宋，圍緡。夏五月庚寅，宋公茲父卒。秋，楚人伐陳。冬十有一月，杞子卒。

二十有四年春王正月。夏，狄伐鄭。秋七月。冬，天王出居於鄭。晉侯夷吾卒。

二十有五年春，王正月丙午，衛侯燬滅邢。夏四月癸酉，衛侯燬卒。宋蕩伯姬來逆婦。宋殺其大夫。秋，楚人圍陳，納頓子於頓。葬衛文公。冬十有二月癸亥，公會衛子、莒慶盟於洮。

二十有六年春，王正月己未，公會莒子、衛甯速，盟於向。齊人侵我西鄙，公追齊師至酅，不及。夏，齊人伐我北鄙。衛人伐齊。公子遂如楚乞師。秋，楚人滅夔，以夔子歸。冬，楚人伐宋，圍緡。公以楚師伐齊，取穀。公至自伐齊。

二十有七年春，杞子來朝。夏六月庚寅，齊侯昭卒。秋八月乙未，葬齊孝公。乙巳，公子遂帥師入杞。冬，楚人、陳侯、蔡侯、鄭伯、許男圍宋。十有二月甲戌，公會諸侯，盟於宋。

二十有八年春，晉侯侵曹，晉侯伐衛。公子買戍衛，不卒戍，刺之。楚人救衛。三月丙午，晉侯入曹，執曹伯。畀宋人。夏四月己巳，晉侯、齊師、宋師、秦師及楚人戰於城濮，楚師敗績。楚殺其大夫得臣。衛侯出奔楚。五月癸醜，公會晉侯、齊侯、宋公、蔡侯、鄭伯、衛子、莒子，盟於踐土。陳侯如會。公朝於王所。六月，衛侯鄭自楚複歸於衛。衛元咺出奔晉。陳侯款卒。秋，杞伯姬來。公子遂如齊。冬，公會晉侯、齊侯、宋公、蔡侯、鄭伯、陳子、莒子、邾人、秦人於溫。天王狩於河陽。壬申，公朝於王所。晉人執衛侯，歸之於京師。衛元咺自晉複歸於衛。諸侯遂圍許。曹伯襄複歸於曹，遂會諸侯圍許。

二十有九年春，介葛盧來。公至自圍許。夏六月，會王人、晉人、宋人、齊人、陳人、蔡人、秦人盟於翟泉。秋，大雨雹。冬，介葛盧來。

三十年春王正月。夏，狄侵齊。秋，衛殺其大夫元咺及公子瑕。衛侯鄭歸於衛。晉人、秦人圍鄭。介人侵蕭。冬，天王使宰周公來聘。公子遂如京師。遂如晉。

三十有一年春，取濟西田。公子遂如晉。夏四月，四蔔郊不從，乃免牲。猶三望。秋七月。冬，杞伯姬來求婦。狄圍衛。十有二月，衛遷於帝丘。

三十有二年春，王正月。夏四月己醜，鄭伯捷卒。衛人侵狄。秋，衛人及狄盟。冬十有二月己卯，晉侯重耳卒。

三十有三年春，王二月，秦人入滑。齊侯使國歸父來聘。夏四月辛巳，晉人及薑戎敗秦師於殽。癸巳，葬晉文公。狄侵齊。公伐邾，取訾婁。秋，公子遂帥師伐邾。晉人敗狄於箕。冬十月，公如齊。十有二月，公至自齊。乙巳，公薨於小寢。隕霜不殺草。李、梅實。晉人、陳人、鄭人伐許。

文公

元年春王正月，公即位。二月癸亥，日有食之。天王使叔服來會葬。夏四月丁巳，葬我君僖公。天王使毛伯來錫公命。晉侯伐衛。叔孫得臣如京師。衛人伐晉。秋，公孫敖會晉侯於戚。冬十月丁未，楚世子商臣弒其君頵。公孫敖如齊。

二年春，王二月甲子，晉侯及秦師戰於彭衙，秦師敗績。丁醜，作僖公主。三月乙巳，及晉處父盟。夏六月，公孫敖會宋公、陳侯、鄭伯、晉士縠盟於垂隴。自十有二月不雨，至於秋七月。八月丁卯，大事於大廟，躋僖公。冬，晉人、宋人、陳人、鄭人伐秦。公子遂如齊納幣。

三年春，王正月，叔孫得臣會晉人、宋人、陳人、衛人、鄭人伐沈。沈潰。夏五月，王子虎卒。秦人伐晉。秋，楚人圍江。雨螽於宋。冬，公如晉。十有二月己巳，公及晉侯盟。晉陽處父帥師伐楚以救江。

四年春，公至自晉。夏，逆婦薑於齊。狄侵齊。

秋，楚人滅江。晉侯伐秦。衛侯使甯俞來聘。冬十有一月壬寅，夫人風氏薨。

五年春，王正月，王使榮叔歸含，且賵。三月辛亥，葬我小君成風。王使召伯來會葬。夏，公孫敖如晉。秦人入鄀。秋，楚人滅六。冬十月甲申，許男業卒。

六年春，葬許僖公。夏，季孫行父如陳。秋，季孫行父如晉。八月乙亥，晉侯歡卒。冬十月，公子遂如晉。葬晉襄公。晉殺其大夫陽處父。晉狐射姑出奔狄。閏月不告月，猶朝於廟。

七年春，公伐邾。三月甲戌，取須句。遂城部。夏四月，宋公王臣卒。宋人殺其大夫。戊子，晉人及秦人戰於令狐。晉先蔑奔秦。狄侵我西鄙。秋八月，公會諸侯、晉大夫盟於扈。冬，徐伐莒。公孫敖如莒涖盟。

八年春，王正月。夏四月。秋八月戊申，天王崩。冬十月壬午，公子遂會晉趙盾，盟於衡雍。乙酉，公子遂會洛戎，盟於暴。公孫敖如京師，不至而複。丙戌，奔莒。螽。宋人殺其大夫司馬。宋司城來奔。

九年春，毛伯來求金。夫人薑氏如齊。二月，叔孫得臣如京師。辛醜，葬襄王。晉人殺其大夫先都。三月，夫人薑氏至自齊。晉人殺其大夫士縠及箕鄭父。楚人伐鄭。公子遂會晉人、宋人、衛人、許人救鄭。夏，狄侵齊。秋八月，曹伯襄卒。九月癸酉，地震。冬，楚子使椒來聘。秦人來歸僖公、成風之襚。葬曹共公。

十年春，王三月辛卯，臧孫辰卒。夏，秦伐晉。楚殺其大夫宜申。自正月不雨，至於秋七月。及蘇子盟於女栗。冬，狄侵宋。楚子、蔡侯次於厥貉。

十有一年春，楚子伐麇。夏，叔仲彭生會晉郤缺於承筐。秋，曹伯來朝。公子遂如宋。狄侵齊。冬十月甲午，叔孫得臣敗狄於鹹。

十有二年春，王正月，郕伯來奔。杞伯來朝。二月庚子，子叔姬卒。夏，楚人圍巢。秋，滕子來朝。秦伯使術來聘。冬十有二月戊午，晉人、秦人戰於河曲。季孫行父帥師城諸及鄆。

十有三春，王正月。夏五月壬午，陳侯朔卒。邾子蘧蒢卒。自正月不雨，至於秋七月。大室屋壞。冬，公如晉。衛侯會公於還。狄侵衛。十有二月己醜，公及晉侯盟。公還自晉，鄭伯會公於棐。

十有四年春，王正月，公至自晉。邾人伐我南鄙，叔彭生帥師伐邾。夏五月乙亥，齊侯潘卒。六月，公會宋公、陳侯、衛侯、鄭伯、許男、曹伯、晉趙盾。癸酉，同盟於新城。秋七月，有星孛入於北斗。公至自會。晉人納捷菑於邾。弗克納。九月甲申，公孫敖卒於齊。齊公子商人弒其君舍。宋子哀來奔。冬，單伯如齊。齊人執單伯。齊人執子叔姬。

十有五年春，季孫行父如晉。三月，宋司馬華孫來盟。夏，曹伯來朝。齊人歸公孫敖之喪。六月辛醜朔，日有食之。鼓，用牲於社。單伯至自齊。晉郤缺帥師伐蔡。戊申，入蔡。齊人侵我西鄙。季孫行父如晉。冬十有一月，諸侯盟於扈。十有二月，齊人來歸子叔姬。齊侯侵我西鄙，遂伐曹，入其郛。

十有六年春，季孫行父會齊侯於陽穀，齊侯弗及盟。夏五月，公四不視朔。六月戊辰，公子遂及齊侯盟於郪丘。秋八月辛未，夫人薑氏薨。毀泉臺。楚人、秦人、巴人滅庸。冬十有一月，宋人弑其君杵臼。

十有七年春，晉人、衛人、陳人、鄭人伐宋。夏四月癸亥，葬我小君聲薑。齊侯伐我西鄙。六月癸未，公及齊侯盟於穀。諸侯會於扈。秋，公至自穀。冬，公子遂如齊。

十有八年春，王二月丁醜，公薨於臺下。秦伯罃卒。夏五月戊戌，齊人弒其君商人。六月癸酉，葬我君文公。秋，公子遂、叔孫得臣如齊。冬十月，子卒。夫人薑氏歸於齊。季孫行父如齊。莒弒其君庶其。

宣公

元年春，王正月，公即位。公子遂如齊逆女。三月，遂以夫人婦薑至自齊。夏，季孫行父如齊。晉放其大夫胥甲父於衛。公會齊侯於平州。公子遂如齊。六月，齊人取濟西田。秋，邾子來朝。楚子、鄭人侵陳，遂侵宋。晉趙盾帥師救陳。宋公、陳侯、衛侯、曹伯會晉師於棐林，伐鄭。冬，晉趙穿帥師侵崇。晉人、宋人伐鄭。

二年春，王二月壬子，宋華元帥師及鄭公子歸生帥師，戰於大棘。宋師敗績，獲宋華元。秦師伐晉。夏，晉人、宋人、衛人、陳人侵鄭。秋九月乙丑，晉趙盾弒其君夷皋。冬十月乙亥，天王崩。

三年春，王正月，郊牛之口傷，改蔔牛，牛死，乃不郊。猶三望。葬匡王。楚子伐陸渾之戎。夏，楚人侵鄭。秋，赤狄侵齊。宋師圍曹。冬十月丙戌，鄭伯蘭卒。葬鄭穆公。

四年春，王正月，公及齊侯平莒及郯。莒人不肯。公伐莒，取向。秦伯稻卒。夏六月乙酉，鄭公子歸生弑其君夷。赤狄侵齊。秋，公如齊。公至自齊。冬，楚子伐鄭。

五年春，公如齊。夏，公至自齊。秋九月，齊高固來逆叔姬。叔孫得臣卒。冬，齊高固及子叔姬來。楚人伐鄭。

六年春，晉趙盾、衛孫免侵陳。夏四月。秋八月，螽。冬十月。

七年春，衛侯使孫良夫來盟。夏，公會齊侯伐萊。秋，公至自伐萊。大旱。冬，公會晉侯、宋公、衛侯、鄭伯、曹伯於黑壤。

八年春，公至自會。夏六月，公子遂如齊，至黃乃複。辛巳，有事於大廟，仲遂卒於垂。壬午，猶繹。萬入去籥。戊子，夫人嬴氏薨。晉師、白狄伐秦。楚人滅舒蓼。秋七月甲子，日有食之，既。冬十月己醜，葬我小君敬嬴。雨，不克葬。庚寅，日中而克葬。城平陽。楚師伐陳。

九年春，王正月，公如齊。公至自齊。夏，仲孫蔑如京師。齊侯伐萊。秋，取根牟。八月，滕子卒。九月，晉侯、宋公、衛侯、鄭伯、曹伯會於扈。晉荀林父帥師伐陳。辛酉，晉侯黑臀卒於扈。冬十月癸酉，衛侯鄭卒。宋人圍滕。楚子伐鄭。晉郤缺帥師救鄭。陳殺其大夫洩冶。

十年春，公如齊。公至自齊。齊人歸我濟西田。夏四月丙辰，日有食之。己巳，齊侯元卒。齊崔氏出奔衛。公如齊。五月，公至自齊。癸巳，陳夏征舒弒其君平國。六月，宋師伐滕。公孫歸父如齊，葬齊惠公。晉人、宋人、衛人、曹人伐鄭。秋，天王使王季子來聘。公孫歸父帥師伐邾，取繹。大水。季孫行父如齊。冬，公孫歸父如齊。齊侯使國佐來聘。饑。楚子伐鄭。

十有一年春，王正月。夏，楚子、陳侯、鄭伯盟於辰陵。公孫歸父會齊人伐莒。秋，晉侯會狄於欑函。冬十月，楚人殺陳夏征舒。丁亥，楚子入陳。納公孫甯、儀行父於陳。

十有二年春，葬陳靈公。楚子圍鄭。夏六月乙卯，晉荀林父帥師及楚子戰於邲，晉師敗績。秋七月。冬十有二月戊寅，楚子滅蕭。晉人、宋人、衛人、曹人同盟於清丘。宋師伐陳。衛人救陳。

十有三年春，齊師伐莒。夏，楚子伐宋。秋，螽。冬，晉殺其大夫先穀。

十有四年春，衛殺其大夫孔達。夏五月壬申，曹伯壽卒。晉侯伐鄭。秋九月，楚子圍宋。葬曹文公。冬，公孫歸父會齊侯於穀。

十有五年春，公孫歸父會楚子於宋。夏五月，宋人及楚人平。六月癸卯，晉師滅赤狄潞氏，以潞子嬰兒歸。秦人伐晉。王劄子殺召伯、毛伯。秋，螽。仲孫蔑會齊高固於無婁。初稅畝。冬，蝝生。饑。

十有六年春，王正月。晉人滅赤狄甲氏及留籲。夏，成周宣榭火。秋，郯伯姬來歸。冬，大有年。

十有七年春，王正月庚子，許男錫我卒。丁未，蔡侯申卒。夏，葬許昭公。葬蔡文公。六月癸卯，日有食之。己未，公會晉侯、衛侯、曹伯、邾子同盟於斷道。秋，公至自會。冬十有一月壬午，公弟叔肸卒。

十有八年春，晉侯、衛世子臧伐齊。公伐杞。夏四月。秋七月，邾人伐鄫。子於鄫。甲戌，楚子旅卒。公孫歸父如晉。冬十月壬戌，公薨於路寢。歸父還自晉，至笙。遂奔齊。

成公

元年春，王正月，公即位。二月辛酉，葬我君宣公。無冰。三月，作丘甲。夏，臧孫許及晉侯盟於赤棘。秋，王師敗績於茅戎。冬十月。

二年春，齊侯伐我北鄙。夏四月丙戌，衛孫良夫帥師及齊師戰於新築，衛師敗績。六月癸酉，季孫行父、臧孫許、叔孫僑如、公孫嬰齊帥師會晉郤克、衛孫良夫、曹公子首及齊侯戰於鞍，齊師敗績。秋七月，齊侯使國佐如師。己酉，及國佐盟於袁婁。八月壬午，宋公鮑卒。庚寅，衛侯速卒。取汶陽田。冬，楚師、鄭師侵衛。十有一月，公會楚公子嬰齊於蜀。丙申，公及楚人、秦人、宋人、陳人、衛人、鄭人、齊人、曹人、邾人、薛人、鄫人盟於蜀。

三年春，王正月，公會晉侯、宋公、衛侯、曹伯伐鄭。辛亥，葬衛穆公。二月，公至自伐鄭。甲子，新宮災。三日哭。乙亥，葬宋文公。夏，公如晉。鄭公子去疾帥師伐許。公至自晉。秋，叔孫僑如帥師圍棘。大雩。晉郤克、衛孫良夫伐嗇咎如。冬十有一月，晉侯使荀庚來聘。衛侯使孫良夫來聘。丙午，及荀庚盟。丁未，及孫良夫盟。鄭伐許。

四年春，宋公使華元來聘。三月壬申，鄭伯堅卒。杞伯來朝。夏四月甲寅，臧孫許卒。公如晉。葬鄭襄公。秋，公至自晉。冬，城鄆。鄭伯伐許。

五年春，王正月，杞叔姬來歸。仲孫蔑如宋。夏，叔孫僑如會晉荀首於穀。梁山崩。秋，大水。冬十有一月己酉，天王崩。十有二月己醜，公會晉侯、齊侯、宋公、衛侯、鄭伯、曹伯、邾子、杞伯，同盟於蟲牢。

六年春，王正月，公至自會。二月辛巳，立武宮。取鄟。衛孫良夫帥師侵宋。夏六月，邾子來朝。公孫嬰齊如晉。壬申，鄭伯費卒。秋，仲孫蔑、叔孫僑如帥師侵宋。楚公子嬰齊帥師伐鄭。冬，季孫行父如晉。晉欒書帥師救鄭。

七年春，王正月，鼷鼠食郊牛角，改蔔牛。鼷鼠又食其角，乃免牛。吳伐郯。夏五月，曹伯來朝。不郊，猶三望。秋，楚公子嬰齊帥師伐鄭。公會晉侯、齊侯、宋公、衛侯、曹伯、莒子、邾子、杞伯救鄭。八月戊辰，同盟於馬陵。公至自會。吳入州來。冬，大雩。衛孫林父出奔晉。

八年春，晉侯使韓穿來言汶陽之田，歸之於齊。晉欒書帥師侵蔡。公孫嬰齊如莒。宋公使華元來聘。夏，宋公使公孫壽來納幣。晉殺其大夫趙同、趙括。秋七月，天子使召伯來賜公命。冬十月癸卯，杞叔姬卒。晉侯使士燮來聘。叔孫僑如會晉士燮、齊人、邾人伐郯。衛人來媵。

九年春，王正月，杞伯來逆叔姬之喪以歸。公會晉侯、齊侯、宋公、衛侯、鄭伯、曹伯、莒子、杞伯，同盟於蒲。公至自會。二月伯姬歸於宋。夏，季孫行父如宋致女。晉人來媵。秋七月丙子，齊侯無野卒。晉人執鄭伯。晉欒書帥師伐鄭。冬十有一月，葬齊頃公。楚公子嬰齊帥師伐莒。庚申，莒潰。楚人入鄆。秦人、白狄伐晉。鄭人圍許。城中城。

十年春，衛侯之弟黑背帥師侵鄭。夏四月，五蔔郊，不從，乃不郊。五月，公會晉侯、齊侯、宋公、衛侯、曹伯伐鄭。齊人來媵。丙午，晉侯獳卒。秋七月，公如晉。冬十月。

十有一年春王三月，公至自晉。晉侯使郤犫來聘，己醜，及郤犫盟。夏，季孫行父如晉。秋，叔孫僑如如齊。冬十月。

十有二年春，周公出奔晉。夏，公會晉侯、衛侯於瑣澤。秋，晉人敗狄於交剛。冬十月。

十有三年春，晉侯使郤錡來乞師。三月，公如京師。夏五月，公自京師，遂會晉侯、齊侯、宋公、衛侯、鄭伯、曹伯、邾人、滕人伐秦。曹伯盧卒於師。秋七月，公至自伐秦。冬，葬曹宣公。

十有四年春，王正月，莒子朱卒。夏，衛孫林父自晉歸於衛。秋，叔孫僑如如齊逆女。鄭公子喜帥師伐許。九月，僑如以夫人婦薑氏至自齊。冬十月庚寅，衛侯臧卒。秦伯卒。

十有五年春，王二月，葬衛定公。三月乙巳，仲嬰齊卒。癸醜，公會晉侯、衛侯、鄭伯、曹伯、宋世子成、齊國佐，邾人同盟於戚。晉侯執曹伯歸於京師。公至自會。夏六月，宋公固卒。楚子伐鄭。秋八月庚辰，葬宋共公。宋華元出奔晉。宋華元自晉歸於宋。宋殺其大夫山。宋魚石出奔楚。冬十有一月，叔孫僑如會晉士燮、齊高無咎、宋華元、衛孫林父、鄭公子鰌、邾人會吳於鐘離。許遷於葉。

十有六年春，王正月，雨，大冰。夏，四月辛未，滕子卒。鄭公子喜帥師侵宋。六月丙寅朔，日有食之。晉侯使欒黶來乞師。甲午晦，晉侯及楚子、鄭伯戰於鄢陵。楚子、鄭師敗績。楚殺其大夫公子側。秋，公會晉侯、齊侯、衛侯、宋華元、邾人於沙隨，不見公。公至自會。公會尹子、晉侯、齊國佐、邾人伐鄭。曹伯歸自京師。九月，晉人執季孫行父，舍之於苕丘。冬十月乙亥，叔孫僑如出奔齊。十有二月乙醜，季孫行父及晉郤犨盟于扈。公至自會。乙酉，刺公子偃。

十有七年春，衛北宮括帥師侵鄭。夏，公會尹子、單子、晉侯、齊侯、宋公、衛侯、曹伯、邾人伐鄭。六月乙酉，同盟於柯陵。秋，公至自會。齊高無咎出奔莒。九月辛醜，用郊。晉侯使荀罃來乞師。冬，公會單子、晉侯、宋公、衛侯、曹伯、齊人、邾人伐鄭。十有一月，公至自伐鄭。壬申，公孫嬰卒於貍脤。十有二月丁巳朔，日有食之。邾子玃且卒。晉殺其大夫郤錡、郤犨、郤至。楚人滅舒庸。

十有八年春，王正月，晉殺其大夫胥童。庚申，晉弒其君州蒲。齊殺其大夫國佐。公如晉。夏，楚子、鄭伯伐宋。宋魚石複入於彭城。公至自晉。晉侯使士匄來聘。秋，杞伯來朝。八月，邾子來朝，築鹿囿。己醜，公薨於路寢。冬，楚人、鄭人侵宋。晉侯使士魴來乞師。十有二月，仲孫蔑會晉侯、宋公、衛侯、邾子、齊崔杼同盟於虛打。丁未，葬我君成公。

襄公

元年春，王正月，公即位。仲孫蔑會晉欒黶、宋華元、衛甯殖、曹人、莒人、邾人、滕人、薛人圍宋彭城。夏，晉韓厥帥師伐鄭，仲孫蔑會齊崔杼、曹人、邾人、杞人次於鄫。秋，楚公子壬夫帥師侵宋。九月辛酉，天王崩。邾子來朝。冬，衛侯使公孫剽來聘。晉侯使荀罃來聘。

二年春，王正月，葬簡王。鄭師伐宋。夏五月庚寅，夫人薑氏薨。六月庚辰，鄭伯睔卒。晉師、宋師、衛甯殖侵鄭。秋七月，仲孫蔑會晉荀罃、宋華元、衛孫林父、曹人、邾人於戚。己醜，葬我小君齊薑。叔孫豹如宋。冬，仲孫蔑會晉荀罃、齊崔杼、宋華元、衛孫林父、曹人、邾人、滕人、薛人、小邾人於戚，遂城虎牢。楚殺其大夫公子申。

三年春，楚公子嬰齊帥師伐吳。公如晉。夏四月壬戌，公及晉侯盟於長樗。公至自晉。六月，公會單子、晉侯、宋公、衛侯、鄭伯、莒子、邾子、齊世子光。己未，同盟於雞澤。陳侯使袁僑如會。戊寅，叔孫豹及諸侯之大夫及陳袁僑盟。秋，公至自會。冬，晉荀罃帥師伐許。

四年春，王三月己酉，陳侯午卒。夏，叔孫豹如晉。秋七月戊子，夫人姒氏薨。葬陳成公。八月辛亥，葬我小君定姒。冬，公如晉。陳人圍頓。

五年春，公至自晉。夏，鄭伯使公子發來聘。叔孫豹、鄫世子巫如晉。仲孫蔑、衛孫林父子會吳於善道。秋，大雩。楚殺其大夫公子壬夫。公會晉侯、宋公、陳侯、衛侯、鄭伯、曹伯、莒子、邾子、滕子、薛伯、齊世子光、吳人、鄫人於戚。公至自會。冬，戍陳。楚公子貞帥師伐陳。公會晉侯、宋公、衛侯、鄭伯、曹伯、齊世子光救陳。十有二月，公至自救陳。辛未，季孫行父卒。

六年春，王三月壬午，杞伯姑容卒。夏，宋華弱來奔。秋，杞葬桓公。滕子來朝。莒人滅鄫。冬，叔孫豹如邾。季孫宿如晉。十有二月，齊侯滅萊。

七年春，郯子來朝。夏四月，三蔔郊，不從，乃免牲。小邾子來朝。城費。秋，季孫宿如衛。八月，螽。冬十月，衛侯使孫林父來聘。壬戌，及孫林父盟。楚公子貞帥師圍陳。十有二月，公會晉侯、宋公、陳侯、衛侯、曹伯、莒子、邾子於鄬。鄭伯髡頑如會，未見諸侯，丙戌，卒於鄵。陳侯逃歸。

八年春，王正月，公如晉。夏，葬鄭僖公。鄭人侵蔡，獲蔡公子燮。季孫宿會晉侯、鄭伯、齊人、宋人、衛人、邾人於邢丘。公至自晉。莒人伐我東鄙。秋九月，大雩。冬，楚公子貞帥師伐鄭。晉侯使士匄來聘。

九年春，宋災。夏，季孫宿如晉。五月辛酉，夫人薑氏薨。秋八月癸未，葬我小君穆薑。冬，公會晉侯、宋公、衛侯、曹伯、莒子、邾子、滕子、薛伯、杞伯，小邾子、齊世子光伐鄭。十有二月己亥，同盟於戲。楚子伐鄭。

十年春，公會晉侯、宋公、衛侯、曹伯、莒子、邾子、滕子、薛伯、杞伯、小邾子、齊世子光會吳於柤。夏，五月甲午，遂滅偪陽。公至自會。楚公子貞、鄭公孫輒帥師伐宋。晉師伐秦。秋，莒人伐我東鄙。公會晉侯、宋公、衛侯、曹伯、莒子、邾子、齊世子光、滕子、薛伯、杞伯、小邾子伐鄭。冬，盜殺鄭公子騑、公子發、公孫輒。戍鄭虎牢。楚公子貞帥師救鄭。公至自伐鄭。

十有一年春，王正月，作三軍。夏四月，四蔔郊，不從，乃不郊。鄭公孫舍之帥師侵宋。公會晉侯、宋公、衛侯、曹伯、齊世子光、莒子、邾子、滕子、薛伯、杞伯、小邾子伐鄭。秋七月己未，同盟於亳城北。公至自伐鄭。楚子、鄭伯伐宋。公會晉侯、宋公、衛侯、曹伯、齊世子光、莒子、邾子、滕子、薛伯、杞伯、小邾子伐鄭，會於蕭魚。公至自會。楚執鄭行人良霄。冬，秦人伐晉。

十有二年春，王二月，莒人伐我東鄙，圍臺。季孫宿帥師救臺，遂入鄆。夏，晉侯使士魴來聘。秋九月，吳子乘卒。冬，楚公子貞帥師侵宋。公如晉。

十有三年春，公至自晉。夏，取邿。秋九月庚辰，楚子審卒。冬，城防。

十有四年春，王正月，季孫宿、叔老會晉士匄、齊人、宋人、衛人、鄭公孫蠆、曹人、莒人、邾人、滕人、薛人、杞人、小邾人會吳於向。二月乙朔，日有食之。夏四月，叔孫豹會晉荀偃、齊人、宋人、衛北宮括、鄭公孫蠆、曹人、莒人、邾人、滕人、薛人、杞人、小邾人伐秦。己未，衛侯出奔齊。莒人侵我東鄙。秋，楚公子貞帥師伐吳。冬，季孫宿會晉士匄、宋華閱、衛孫林父、鄭公孫蠆、莒人、邾人於戚。

十有五年春，宋公使向戌來聘。二月己亥，及向戌盟於劉。劉夏逆王后於齊。夏，齊侯伐我北鄙，圍成。公救成，至遇。季孫宿、叔孫豹帥師城成郛。秋八月丁巳，日有食之。邾人伐我南鄙。冬十有一月癸亥，晉侯周卒。

十有六年春，王正月，葬晉悼公。三月，公會晉侯、宋公、衛侯、鄭伯、曹伯、莒子、邾子、薛伯、杞伯、小邾子，於溴梁。戊寅，大夫盟。晉人執莒子、邾子以歸。齊侯伐我北鄙。夏，公至自會。五月甲子，地震。叔老會鄭伯、晉荀偃、衛甯殖、宋人伐許。秋，齊侯伐我北鄙，圍郕。大雩。冬，叔孫豹如晉。

十有七年春，王二月庚午，邾子牼卒，宋人伐陳。

夏，衛石買帥師伐曹。秋，齊侯伐我北鄙，圍桃。高厚帥師伐我北鄙，圍防。九月，大雩。宋華臣出奔陳。冬，邾人伐我南鄙。

十有八年春，白狄來。夏，晉人執衛行人石買。秋，齊師伐我北鄙。冬十月，公會晉侯、宋公、衛侯、鄭伯、曹伯、莒子、邾子、滕子、薛伯、杞伯、小邾子同圍齊。曹伯負芻卒於師。楚公子午帥師伐鄭。

十有九年春，王正月，諸侯盟於祝柯。晉人執邾子，公至自伐齊。取邾田，自漷水。季孫宿如晉。葬曹成公。夏，衛孫林父帥師伐齊。秋七月辛卯，齊侯環卒。晉士匄帥師侵齊，至穀，聞齊侯卒，乃還。八月丙辰，仲孫蔑卒。齊殺其大夫高厚。鄭殺其大夫公子嘉。冬，葬齊靈公。城西郛。叔孫豹會晉士匄於柯。城武城。

二十年春，王正月辛亥，仲孫速會莒人盟於向。夏六月庚申，公會晉侯、齊侯、宋公、衛侯、鄭伯、曹伯、莒子、邾子、滕子、薛伯、杞伯，小邾子盟於澶淵。秋，公至自會。仲孫速帥師伐邾。蔡殺其大夫公子燮。蔡公子履出奔楚。陳侯之弟黃出奔楚。叔老如齊。冬十月丙辰朔，日有食之。季孫宿如宋。

二十有一年春，王正月，公如晉。邾庶其以漆、閭丘來奔。夏，公至自晉。秋，晉盈出奔楚。九月庚戌朔，日有食之。冬十月庚辰朔，日有食之。曹伯來朝。公會晉侯、齊侯、宋公、衛侯、鄭伯、曹伯、莒子、邾子於商任。

二十有二年春，王正月，公至自會。夏四月。秋七月辛酉，叔老卒。冬，公會晉侯、齊侯、宋公、衛侯、鄭伯、曹伯、莒子、邾子、薛伯、杞伯、小邾子於沙隨。公至自會。楚殺其大夫公子追舒。

二十有三年春，王二月癸酉朔，日有食之。三月己巳，杞伯匄卒。夏，邾畀我來奔。葬杞孝公。陳殺其大夫慶虎及慶寅。陳侯之弟黃自楚歸於陳。晉欒盈複入於晉，入於曲沃。秋，齊侯伐衛，遂伐晉。八月，叔孫豹帥師救晉，次於雍榆。己卯，仲孫速卒。冬十月乙亥，臧孫紇出奔邾。晉人殺欒盈。齊侯襲莒。

二十有四年春，叔孫豹如晉。仲孫羯帥師侵齊。夏，楚子伐吳。秋七月甲子朔，日有食之，既。齊崔杼帥師伐莒。大水。八月癸巳朔，日有食之。公會晉侯、宋公、衛侯、鄭伯、曹伯、莒子、邾子、滕子、薛伯、杞伯、小邾子於夷儀。冬，楚子、蔡侯、陳侯、許男伐鄭。公至自會。陳鍼宜咎出奔楚。叔孫豹如京師。大饑。

二十有五年春，齊崔杼帥師伐我北鄙。夏五月乙亥，齊崔杼弒其君光。公會晉侯、宋公、衛侯、鄭伯、曹伯、莒子、邾子、滕子、薛伯、杞伯、小邾子於夷儀。六月壬子，鄭公孫舍之帥師入陳。秋八月己巳，諸侯同盟於重丘。公至自會。衛侯入於夷儀。楚屈建帥師滅舒鳩。冬，鄭公孫夏帥師伐陳。十有二月，吳子遏伐楚，門於巢，卒。

二十有六年春，王二月辛卯，衛寧喜弒其君剽。衛孫林父入於戚以叛。甲午，衛侯衎複歸於衛。夏，晉侯使荀吳來聘。公會晉人、鄭良霄、宋人、曹人於澶淵。秋，宋公殺其世子痤。晉人執衛寧喜。八月壬午，許男甯卒於楚。冬，楚子、蔡侯、陳侯伐鄭。葬許靈公。

二十有七春，齊侯使慶封聘。夏，叔孫豹會晉趙武、楚屈建、蔡公孫歸生、衛石惡、陳孔奐、鄭良霄、許人、曹人於宋。衛殺其大夫甯喜。衛侯之弟鱄出奔晉。秋七月辛巳，豹及諸侯之大夫盟於宋。冬十有二月乙卯朔，日有食之。

二十有八年春，無冰。夏，衛石惡出奔晉。邾子來朝。秋八月，大雩。仲孫羯如晉。冬，齊慶封來奔。十有一月，公如楚。十有二月甲寅，天王崩。乙未，楚子昭卒。

二十有九年春，王正月，公在楚。夏五月，公至自楚。庚午，衛侯衎卒，閽弒吳子餘祭。仲孫羯會晉荀盈、齊高止、宋華定、衛世叔儀、鄭公孫段、曹人、莒人、滕子、薛人、小邾人城杞。晉侯使士鞅來聘。杞子來盟。吳子使箚來聘。秋九月，葬衛獻公。齊高止出奔北燕。冬，仲孫羯如晉。

三十年春，王正月，楚子使薳罷來聘。夏四月，蔡世子般弒其君固。五月甲午，宋災，宋伯姬卒。天王殺其弟佞夫。王子瑕奔晉。秋七月，叔弓如宋，葬宋共姬。鄭良霄出奔許，自許入於鄭，鄭人殺良霄。冬十月，葬蔡景公。晉人、齊人、宋人、衛人、鄭人、曹人、莒人、邾人、滕子、薛人、杞人、小邾人會於澶淵，宋災故。

三十有一年春，王正月。夏六月辛巳，公薨於楚宮。秋九月癸巳，子野卒。己亥，仲孫羯卒。冬十月，滕子來會葬。癸酉，葬我君襄公。十有一月，莒人殺其君密州。

昭公

元年春，王正月，公即位。叔孫豹會晉趙武、楚公子圍、齊國弱、宋向戌、衛齊惡、陳公子招、蔡公孫歸生、鄭罕虎、許人、曹人於虢。三月，取鄆。夏，秦伯之弟鍼出奔晉。六月丁巳，邾子華卒。晉荀吳帥師敗狄於大鹵。秋，莒去疾自齊入於莒。莒展輿出奔吳。叔弓帥師疆鄆田。葬邾悼公。

冬十有一月己酉，楚子麇卒。公子比出奔晉。

二年春，晉侯使韓起來聘。夏，叔弓如晉。秋，鄭殺其大夫公孫黑。冬，公如晉，至河乃複。季孫宿如晉。

三年春，王正月丁未，滕子原卒。夏，叔弓如滕。五月，葬滕成公。秋，小邾子來朝。八月，大雩。冬，大雨雹。北燕伯款出奔齊。

四年春，王正月，大雨雹。

夏，楚子、蔡侯、陳侯、鄭伯、許男、徐子、滕子、頓子、鬍子、沈子、小邾子、宋世子佐、淮夷會於申。楚子執徐子。

秋七月，楚子、蔡侯、陳侯、許男、頓子、鬍子、沈子、淮夷伐吳，執齊慶封，殺之。遂滅賴。九月，取鄫。

冬十有二月乙卯，叔孫豹卒。

五年春，王正月，舍中軍。楚殺其大夫屈申。公如晉。夏，莒牟夷以牟婁及防、茲來奔。秋七月，公至自晉。戊辰，叔弓帥師敗莒師於蚡泉。秦伯卒。冬，楚子、蔡侯、陳侯、許男、頓子、沈子、徐人、越人伐吳。

六年春，王正月，杞伯益姑卒。葬秦景公。夏，季孫宿如晉。葬杞文公。宋華合比出奔衛。秋九月，大雩。楚薳罷帥師伐吳。冬，叔弓如楚。齊侯伐北燕。

七年春，王正月，暨齊平。三月，公如楚。叔孫婼如齊蒞盟。夏，四月，甲辰朔，日有食之。秋，八月戊辰，衛侯惡卒。九月，公至自楚。冬，十有一月癸未，季孫宿卒。十有二月癸亥，葬衛襄公。

八年春，陳侯之弟招殺陳世子偃師。夏四月辛醜，陳侯溺卒。叔弓如晉。楚人執陳行人幹征師殺之。陳公子留出奔鄭。秋，蒐於紅。陳人殺其大夫公子過。大雩。冬十月壬午，楚師滅陳。執陳公子招，放之於越。殺陳孔奐。葬陳哀公。

九年春，叔弓會楚子於陳。許遷於夷。夏四月，陳災。秋，仲孫貜如齊。冬，築郎囿。

十年春，王正月。夏，齊欒施來奔。秋七月，季孫意如、叔弓、仲孫貜帥師伐莒。戊子，晉侯彪卒。九月，叔孫婼如晉，葬晉平公。十有二月甲子，宋公成卒。

十有一年春，王二月，叔弓如宋。葬宋平公。夏四月丁巳，楚子虔誘蔡侯般，殺之於申。楚公子棄疾帥師圍蔡。五月甲申，夫人歸氏薨。大蒐於比蒲。仲孫貜會邾子，盟於祲祥。秋，季孫意如會晉韓起、齊國弱、宋華亥、衛北宮佗、鄭罕虎、曹人、杞人於厥憖。九月己亥，葬我小君齊歸。冬十有一月丁酉，楚師滅蔡，執蔡世子有以歸，用之。

十有二年春，齊高偃帥師納北燕伯於陽。三月壬申，鄭伯嘉卒。夏，宋公使華定來聘。公如晉，至河乃複。五月，葬鄭簡公。楚殺其大夫成熊。秋七月。冬十月，公子慭出奔齊。楚子伐徐。晉伐鮮虞。

十有三年春，叔弓帥師圍費。夏四月，楚公子比自晉歸於楚，殺其君虔於乾溪。楚公子棄疾殺公子比。秋，公會劉子、晉侯、宋公、衛侯、鄭伯、曹伯、莒子、邾子、滕子、薛伯、杞伯、小邾子於平丘。八月甲戌，同盟於平丘。公不與盟。晉人執季孫意如以歸。公至自會。蔡侯廬歸於蔡。陳侯吳歸於陳。冬十月，葬蔡靈公。公如晉，至河乃復。吳滅州來。

十有四年春，意如至自晉。三月，曹伯滕卒。夏四月。秋，葬曹武公。八月，莒子去疾卒。冬，莒殺其公子意恢。

十有五年春，王正月，吳子夷末卒。二月癸酉，有事於武宮。籥入，叔弓卒。去樂，卒事。夏，蔡朝吳出奔鄭。六月丁巳朔，日有食之。秋，晉荀吳帥師伐鮮虞。冬，公如晉。

十有六年春，齊侯伐徐。楚子誘戎蠻子殺之。夏，公至自晉。秋八月己亥，晉侯夷卒。九月，大雩。季孫意如如晉。冬十月，葬晉昭公。

十有七年春，小邾子來朝。夏六月甲戌朔，日有食之。秋，郯子來朝。八月，晉荀吳帥師滅陸渾之戎。冬，有星孛於大辰。楚人及吳戰於長岸。

十有八年春，王三月，曹伯須卒。夏五月壬午，宋、衛、陳、鄭災。六月，邾人入鄅。秋，葬曹平公。冬，許遷於白羽。

十有九年春，宋公伐邾。夏五月戊辰，許世子止弒其君買。己卯，地震。秋，齊高發帥師伐莒。冬，葬許悼公。

二十年春王正月。夏，曹公孫會自鄸出奔宋。秋，盜殺衛侯之兄縶。冬十月，宋華亥、向甯、華定出奔陳。十有一月辛卯，蔡侯盧卒。

二十有一年春，王三月，葬蔡平公。夏，晉侯使士鞅來聘。宋華亥、向甯、華定自陳入於宋南裏以叛。秋七月壬午朔，日有食之。八月乙亥，叔輒卒。冬，蔡侯朱出奔楚。公如晉，至河乃複。

二十有二年春，齊侯伐莒。宋華亥、向甯、華定自宋南裏出奔楚。大蒐於昌間。夏四月乙丑，天王崩。六月，叔鞅如京師，葬景王，王室亂。劉子、單子以王猛居於皇。秋，劉子、單子以王猛入於王城。冬十月，王子猛卒。十有二月癸酉朔，日有食之。

二十有三年春，王正月，叔孫婼如晉。癸醜，叔鞅卒。晉人執我行人叔孫婼。晉人圍郊。夏六月，蔡侯東國卒於楚。秋七月，莒子庚輿來奔。戊辰，吳敗頓、胡、沈、蔡、陳、許之師於雞父，胡子髡、沈子逞滅，獲陳夏齧。天王居於狄泉。尹氏立王子朝。八月乙未，地震。冬，公如晉，至河，有疾，乃複。

二十四年春，王三月丙戌，仲孫貜卒。婼至自晉。夏五月乙未朔，日有食之。秋八月，大雩。丁酉，杞伯鬱釐卒。冬，吳滅巢。葬杞平公。

二十五年春，叔孫婼如宋。夏，叔詣會晉趙鞅、宋樂大心，衛北宮喜、鄭遊吉、曹人、邾人、滕人、薛人、小邾人於黃父。有鴝鵒來巢。秋七月上辛，大雩；季辛，又雩。九月己亥，公孫於齊，次於陽州。齊侯唁公於野井。冬十月戊辰，叔孫婼卒。十有一月己亥，宋公佐卒於曲棘。十有二月，齊侯取鄆。

二十有六年春，王正月，葬宋元公。三月，公至自齊，居於鄆。夏，公圍成。秋，公會齊侯、莒子、邾子、杞伯，盟於鄟陵。公至自會，居於鄆。九月庚申，楚子居卒。冬十月，天王入於成周。尹氏、召伯、毛伯以王子朝奔楚。

二十有七年春，公如齊。公至自齊，居於鄆。夏四月，吳弒其君僚。楚殺其大夫郤宛。

秋，晉士鞅、宋樂祁犁、衛北宮喜、曹人、邾人、滕人會於扈。

冬十月，曹伯午卒。邾快來奔。公如齊。公至自齊，居於鄆。

二十有八年春，王三月，葬曹悼公。公如晉，次於乾侯。夏四月丙戌，鄭伯甯卒。六月，葬鄭定公。秋七月癸巳，滕子寧卒。冬，葬滕悼公。

二十有九年春，公至自乾侯，居於鄆。齊侯使高張來唁公。公如晉，次於乾侯。夏四月庚子，叔詣卒。秋七月。冬十月，鄆潰。

三十年春，王正月，公在乾侯。

夏六月庚辰，晉侯去疾卒。
秋八月，葬晉頃公。
冬十有二月，吳滅徐，徐子章羽奔楚。
三十有一年春，王正月，公在乾侯。季孫意如會晉荀躒於適曆。
夏四月丁巳，薛伯穀卒。晉侯使荀躒唁公於乾侯。
秋，葬薛獻公。
冬，黑肱以濫來奔。十有二月辛亥朔，日有食之。
三十有二年春，王正月，公在乾侯。取闞。夏，吳伐越。秋七月。冬，仲孫何忌會晉韓不信、齊高張、宋仲幾、衛世叔申、鄭國參、曹人、莒人、薛人、杞人、小邾人城成周。十有二月己未，公薨於乾侯。

定公

元年春，王三月，晉人執宋仲幾於京師。夏六月癸亥，公之喪至自乾侯。戊辰，公即位。秋七月癸巳，葬我君昭公。九月，大雩。立煬宮。冬十月，隕霜殺菽。

二年春，王正月。夏五月壬辰，雉門及兩觀災。秋，楚人伐吳。冬十月，新作雉門及兩觀。

三年春，王正月，公如晉，至河，乃複。二月辛卯，邾子穿卒。夏四月。秋，葬邾莊公。冬，仲孫何忌及邾子盟於拔。

四年春，王二月癸巳，陳侯吳卒。三月，公會劉子、晉侯、宋公、蔡侯、衛侯、陳子、鄭伯、許男、曹伯、莒子、邾子、頓子、鬍子、滕子、薛伯、杞伯、小邾子、齊國夏於召陵，侵楚。夏四月庚辰，蔡公孫姓帥師滅沈，以沈子嘉歸，殺之。五月，公及諸侯盟於皋鼬。杞伯成卒於會。六月，葬陳惠公。許遷於容城。秋七月，至自會。劉卷卒。葬杞悼公。楚人圍蔡。晉士鞅、衛孔圉帥師伐鮮虞。葬劉文公。冬十有一月庚午，蔡侯以吳子及楚人戰於柏舉，楚師敗績。楚囊瓦出奔鄭。庚辰，吳入郢。

五年春，王三月辛亥朔，日有食之。夏，歸粟於蔡。於越入吳。六月丙申，季孫意如卒。秋七月壬子，叔孫不敢卒。冬，晉士鞅帥師圍鮮虞。

六年春，王正月癸亥，鄭遊速帥師滅許，以許男斯歸。二月，公侵鄭。公至自侵鄭。夏，季孫斯、仲孫何忌如晉。秋，晉人執宋行人樂祁犁。冬，城中城。季孫斯、仲孫忌帥師圍鄆。

七年春，王正月。夏四月。秋，齊侯、鄭伯盟於鹹。齊人執衛行人北宮結以侵衛。齊侯、衛侯盟於沙。大雩。齊國夏帥師伐我西鄙。九月，大雩。冬十月。

八年春，王正月，公侵齊。公至自侵齊。二月，公侵齊。三月，公至自侵齊。曹伯露卒。夏，齊國夏帥師伐我西鄙。公會晉師於瓦。公至自瓦。秋七月戊辰，陳侯柳卒。晉士鞅帥師侵鄭，遂侵衛。葬曹靖公。九月，葬陳懷公。季孫斯、仲孫何忌帥師侵衛。冬，衛侯、鄭伯盟於曲濮。從祀先公。盜竊寶玉、大弓。

九年春，王正月。夏四月戊申，鄭伯蠆卒。得寶玉、大弓。六月，葬鄭獻公。秋，齊侯、衛侯次於五氏。秦伯卒。冬，葬秦哀公。

十年春，王三月，乃齊平。夏，公會齊侯於夾穀。公至自夾穀。晉趙鞅帥師圍衛。齊人來歸鄆、讙、龜陰田。叔孫州仇、仲孫何忌帥師圍郈。秋，叔孫州仇、仲孫何忌帥師圍郈。宋樂大心出奔曹。宋公子地出奔陳。

冬，齊侯、衛侯、鄭游速會於安甫。叔孫州仇如齊。宋公之弟辰暨仲佗、石彄出奔陳。

十有一年春，宋公之弟辰及仲佗、石彄、公子地自陳入於蕭以叛。夏四月。秋，宋樂大心自曹入於蕭。冬，及鄭平。叔還如鄭蒞盟。

十有二年春，薛伯定卒。夏，葬薛襄公。叔孫州仇帥師墮郈。衛公孟彄帥師伐曹。季孫斯、仲孫何忌帥師墮費。秋，大雩。冬十月癸亥，公會齊侯盟於黃。十有一月丙寅朔，日有食之。公至自黃。十有二月，公圍成。公至自圍成。

十有三年春，齊侯、衛侯次於垂葭。夏，築蛇淵囿。大蒐於比蒲。衛公孟彄帥師伐曹。秋，晉趙鞅入於晉陽以叛。冬，晉荀寅、士吉射入於朝歌以叛。晉趙鞅歸於晉。薛弒其君比。

十有四年春，衛公叔戍來奔。衛趙陽出奔宋。二月辛巳，楚公子結、陳公孫佗人帥師滅頓，以頓子牂歸。夏，衛北宮結來奔。五月，於越敗吳於檇李。吳子光卒。公會齊侯、衛侯於牽。公至自會。秋，齊侯、宋公會於洮。天王使石尚來歸脤。衛世子蒯聵出奔宋。衛公孟彄出奔鄭。宋公之弟辰自蕭來奔。大蒐於比蒲。邾子來會公。城莒父及霄。

十有五年春，王正月，邾子來朝。鼷鼠食郊牛，牛死，改蔔牛。二月辛醜，楚子滅胡，以鬍子豹歸。夏五辛亥，郊。壬申，公薨於高寢。鄭罕達帥師伐宋。齊侯、衛侯次於渠蒢。邾子來奔喪。秋七月壬申，姒氏卒。八月庚辰朔，日有食之。九月，滕子來會葬。丁巳，葬我君定公，雨，不克葬。戊午，日下昃，乃克葬。辛巳，葬定姒。冬，城漆。

哀公

元年春，王正月，公即位。楚子、陳侯、隨侯、許男圍蔡。鼷鼠食郊牛，改蔔牛。夏四月辛巳，郊。秋，齊侯，衛侯伐晉。冬，仲孫何忌帥師伐邾。

二年春，王二月，季孫斯、叔孫州仇、仲孫何忌帥師伐邾，取漷東田及沂西田。癸巳。叔孫州仇、仲孫何忌，及邾子盟於句繹。夏四月丙子，衛侯元卒。滕子來朝。晉趙鞅帥師納衛世子蒯聵於戚。秋八月甲戌，晉趙鞅帥師及鄭罕達帥師戰於鐵，鄭師敗績。冬十月，葬衛靈公。十有一月，蔡遷於州來。蔡殺其大夫公子駟。

三年春，齊國夏、衛石曼姑帥師圍戚。夏四月甲午，地震。五月辛卯，桓宮、僖宮災。季孫斯、叔孫州仇帥師城啟陽。宋樂髡帥師伐曹。秋七月丙子，季孫斯卒。蔡人放其大夫公孫獵於吳。冬十月癸卯，秦伯卒。叔孫州仇、仲孫何忌帥師圍邾。

四年春，王二月庚戌，盜殺蔡侯申。蔡公孫辰出奔吳。葬秦惠公。宋人執小邾子。夏，蔡殺其大夫公孫姓、公孫霍。晉人執戎蠻子赤歸於楚。城西郛。六月辛醜，亳社災。秋八月甲寅，滕子結卒。冬，十有二月，葬蔡昭公。葬滕頃公。

五年春，城毗。夏，齊侯伐宋。晉趙鞅帥師伐衛。秋，九月癸酉，齊侯杵臼卒。冬，叔還如齊。閏月，葬齊景公。

六年春，城邾瑕。晉趙鞅帥師伐鮮虞。吳伐陳。夏，齊國夏及高張來奔。叔還公吳於柤。秋七月庚寅，楚子軫卒。齊陽生入齊。齊陳乞弒其君荼。冬，仲孫何忌帥師伐邾。宋向巢帥師伐曹。

七年春，宋皇瑗帥師侵鄭。晉魏曼多帥師侵衛。夏，公會吳於鄫。秋，公伐邾。八月己酉，入邾，以邾子益來。宋人圍曹。冬，鄭駟弘帥師救曹。

八年春，王正月，宋公入曹，以曹伯陽歸。吳伐我。夏，齊人取讙及闡。歸邾子益子邾。秋七月。冬十有二月癸亥，杞伯過卒。齊人歸讙及闡。

九年春，王二月，葬杞僖公。宋皇瑗帥師取鄭師於雍丘。夏，楚人伐陳。秋，宋公伐鄭。冬十月。

十年春，王二月，邾子益來奔。公會吳伐齊。三月戊戌，齊侯陽生卒。夏，宋人伐鄭。晉趙鞅帥師侵齊。

五月，公至自伐齊。葬齊悼公。衛公孟彄自齊歸於衛。薛伯夷卒。秋，葬薛惠公。冬，楚公子結帥師伐陳。吳救陳。

十有一年春，齊國書帥師伐我。夏，陳轅頗出奔鄭。五月，公會吳伐齊。甲戌，齊國書帥師及吳戰於艾陵，齊師敗績，獲齊國書。秋七月辛酉，滕子虞母卒。冬十有一月，葬滕隱公。衛世叔齊出奔宋。

十有二年春，用田賦。夏五月甲辰，孟子卒。公會吳於橐皐。秋，公會衛侯、宋皇瑗於鄖。宋向巢帥師伐鄭。冬十有二月，螽。

十有三年春，鄭罕達帥師取宋師於讙。夏，許男成卒。公會晉侯及吳子於黃池。楚公子申帥師伐陳。於越入吳。秋，公至自會。晉魏曼多帥師侵衛。葬許元公。九月，螽。冬十有一月，有星孛於東方。盜殺陳夏區夫。十有二月，螽。

十有四年春，西狩獲麟。小邾射以句繹來奔。夏四月，齊陳忄互執其君，置於舒州。庚戌，叔還卒。五月庚申朔，日有食之。陳宗豎出奔楚。宋向魋入於曹以叛。莒子狂卒。六月，宋向魋自曹出奔衛。宋向巢來奔。齊人弒其君壬於舒州。秋，晉趙鞅帥師伐衛。八月辛醜，仲孫何忌卒。冬，陳宗豎自楚複入於陳，陳人殺之。陳轅買出奔楚。有星孛。饑。

十有五年春，王正月，成叛。夏五月，齊高無丕出奔北燕。鄭伯伐宋。秋八月，大雩。晉趙鞅帥師伐衛。冬，晉侯伐鄭。及齊平。衛公孟彄出奔齊。

十有六年春，王正月己卯，衛世子蒯聵自戚入於衛，衛侯輒來奔。二月，衛子還成出奔宋。夏四月己醜，孔丘卒。

四書

曾參・子思・孔子・孟子著

大學章句

大，舊音泰，今讀如字。

經一章　大學之道

大學之道：在明明德，在親民，在止於至善。知止而后有定，定而后能靜，靜而后能安，安而后能慮，慮而后能得。物有本末，事有終始，知所先後，則近道矣。

古之欲明明德於天下者，先治其國；欲治其國者，先齊其家；欲齊其家者，先脩其身；欲脩其身者，先正其心；欲正其心者，先誠其意；欲誠其意者，先致其知；致知在格物。物格而后知至，知至而后意誠，意誠而后心正，心正而后身脩，身脩而后家齊，家齊而后國治，國治而后天下平。

自天子以至於庶人，壹是皆以脩身為本。其本亂而末治者否矣；其所厚者薄，而其所薄者厚，未之有也。

傳十章

一 釋明明德

〈康誥〉曰：「克明德。」〈大甲〉曰：「顧諟天之明命。」〈帝典〉曰：「克明峻德。」皆自明也。

二　釋新民

湯之盤銘曰：「苟日新，日日新，又日新。」〈康誥〉曰：「作新民。」《詩》曰：「周雖舊邦，其命維新。」是故君子無所不用其極。

三　釋止于至善

《詩》云：「邦畿千里，惟民所止。」《詩》云：「緡蠻黃鳥，止于丘隅。」子曰：「於止，知其所止，可以人而不如鳥乎？」

《詩》云：「穆穆文王，於緝熙敬止。」為人君，止於仁；為人臣，止於敬；為人子，止於孝；為人父，止於慈；與國人交，止於信。

《詩》云：「瞻彼淇澳，菉竹猗猗！有斐君子，如切如磋，如琢如磨；瑟兮僩兮，赫兮喧兮；有斐君子，終不可諠兮。」如切如磋者，道學也；如琢如磨者，自修也；瑟兮僩兮者，恂慄也；赫兮喧兮者，威儀也；有斐君子，終不可諠兮者，道盛德至善，民之不能忘也。

《詩》云：「於戲！前王不忘。」君子賢其賢而親其親，小人樂其樂而利其利，此以沒世不忘也。

四釋本末

子曰：「聽訟，吾猶人也；必也使無訟乎！」無情者不得盡其辭，大畏民志；此謂知本。

五　釋格物致知

此謂知本。此謂知之至也。

（所謂致知在格物者，言欲致吾之知，在即物而窮其理也。蓋人心之靈，莫不有知，而天下之物，莫不有理；惟於理有未窮，故其知有不盡也。是以大學始教，必使學者即凡天下之物，莫不因其已知之理而益窮之，以求至乎其極。至於用力之久，而一旦豁然貫通焉，則眾物之表裡精粗無不到，而吾心之全體大用無不明矣。此謂物格，此謂知之至也。）

六　釋誠意

所謂誠其意者，毋自欺也。如惡惡臭，如好好色，此之謂自謙。故君子必慎其獨也。小人閒居為不善，無所不至；見君子，而后厭然揜其不善而著其善。人之視己，如見其肺肝然，則何益矣？此謂誠於中，形於外。故君子必慎其獨也。

曾子曰：「十目所視，十手所指，其嚴乎！」富潤屋，德潤身，心廣體胖。故君子必誠其意。

七　釋正心脩身

所謂脩身在正其心者，身有所忿懥，則不得其正；

有所恐懼，則不得其正；有所好樂，則不得其正；有所憂患，則不得其正。心不在焉，視而不見；聽而不聞；食而不知其味。此謂脩身在正其心。

八 釋脩身齊家

所謂齊其家在脩其身者，人之其所親愛而辟焉，之其所賤惡而辟焉，之其所畏敬而辟焉，之其所哀矜而辟焉，之其所敖惰而辟焉。故好而知其惡、惡而知其美者，天下鮮矣。故諺有之曰：「人莫知其子之惡，莫知其苗之碩。」此謂身不脩，不可以齊其家。

九 釋齊家治國

所謂治國必先齊其家者，其家不可教，而能教人者，無之。故君子不出家，而成教於國。孝者，所以事君也；弟者，所以事長也；慈者，所以使眾也。〈康誥〉曰：「如保赤子。」心誠求之，雖不中，不遠矣。未有學養子而后嫁者也。

一家仁，一國興仁；一家讓，一國興讓；一人貪戾，一國作亂。其機如此，此謂一言僨事、一人定國。堯舜帥天下以仁，而民從之；桀紂帥天下以暴，而民從之。其所令反其所好，而民不從。是故君子有諸己，而后求諸人；無諸己，而后非諸人。所藏乎身不恕，而能喻諸人者，未之有也。故治國在齊其家。

《詩》云：「桃之夭夭，其葉蓁蓁，之子于歸，宜其家人。」宜其家人，而后可以教國人。《詩》云：「宜兄宜弟。」宜兄宜弟，而后可以教國人。《詩》云：「其儀不忒，正是四國。」其為父子兄弟足法，而后民法之也。此謂治國在齊其家。

十 釋治國平天下

所謂平天下在治其國者，上老老而民興孝；上長長而民興弟；上恤孤而民不倍。是以君子有絜矩之道也。所惡於上，毋以使下；所惡於下，毋以事上；所惡於前，毋以先後；所惡於後，毋以從前；所惡於右，毋以交於左；所惡於左，毋以交於右：此之謂絜矩之道。《詩》云：「樂只君子，民之父母。」民之所好好之，民之所惡惡之，此之謂民之父母。《詩》云：「節彼南山，維石巖巖；赫赫師尹，民具爾瞻。」有國者不可以不慎，辟則為無下僇矣！

《詩》云：「殷之未喪師，克配上帝；儀監于殷，峻命不易。」道得眾則得國，失眾則失國。是故君子先慎乎德：有德此有人，有人此有土，有土此有財，有財此有用。德者，本也；財者，末也。外本內末，爭民施奪。是故財聚則民散，財散則民聚。是故言悖而出者，亦悖而入；貨悖而入者，亦悖而出。〈康誥〉曰：「惟命不于常。」道善則得之，不善則失之矣。楚書曰：「楚國無以為寶，惟善以為寶。」舅犯曰：「亡人無以為寶，仁親以為寶。」

〈秦誓〉曰：「若有一个臣，斷斷兮，無他技；其心休休焉，其如有容焉。人之有技，若己有之；人之彥聖，其心好之；不啻若自其口出，實能容之，以能保我子孫黎民，尚亦有利哉！人之有技，媢嫉以惡之；人之彥聖，而違之俾不通；實不能容，以不能保我子孫黎民，亦曰殆哉！」唯仁人放流之，迸諸四夷，不與同中國。此謂唯仁人為能愛人，能惡人。見賢而不能舉，舉而不能先，命也；見不善而不能退，退而不能遠，過也。好人之所惡，惡人之所好，是謂拂人之性，菑必逮夫身。是故君子有大道，必忠信以得之，驕泰以失之。

生財有大道：生之者眾，食之者寡；為之者疾，用之者舒；則財恆足矣。仁者以財發身，不仁者以身發財。未有上好仁，而下不好義者也；未有好義，其事不終者也；未有府庫財，非其財者也。

孟獻子曰：「畜馬乘，不察於雞豚；伐冰之家，不畜牛羊；百乘之家，不畜聚斂之臣；與其有聚斂之臣，寧有盜臣。」此謂國不以利為利，以義為利也。長國家而務財用者，必自小人矣；彼為善之。小人之使為國家，菑害並至，雖有善者，亦無如之何矣。此謂國不以利為利，以義為利也。

中庸

（子程子曰：「『不偏之謂中，不易之謂庸。中者，天下之正道；庸者，天下之定理。』此篇乃孔門傳授心法，子思恐其久而差也，故筆之於書，以授孟子。其書始言一理，中散為萬事，末復合為一理。放之則彌六合，卷之則退藏於密。其味無窮，皆實學也。善讀者玩索而有得焉，則終身用之有不能盡者矣。」

第一章

天命之謂性，率性之謂道，脩道之謂教。道也者，不可須臾離也；可離，非道也。

是故，君子戒慎乎其所不睹，恐懼乎其所不聞。莫見乎隱，莫顯乎微，故君子慎其獨也。

喜怒哀樂之未發，謂之中；發而皆中節，謂之和。中也者，天下之大本也；和也者，天下之達道也。致中和，天地位焉，萬物育焉。

（子思述所傳之意以立言，首明道之本原出於天而不可易，其實體備於己而不可離；次言存養省察之要；終言聖神功化之極。蓋欲學者於此，反求諸身而自得之，以去夫外誘之私，而充其本然之善。楊氏所謂一篇之體要是也。其下十章，蓋子思引夫子之言，以終此章之意。）

第二章

仲尼曰：「君子中庸，小人反中庸。君子之中庸也，君子而時中；小人之反中庸也，小人而無忌憚也。」

第三章

子曰：「中庸其至矣乎！民鮮能久矣。」

第四章

子曰：「道之不行也，我知之矣：知者過之，愚者不及也。道之不明也，我知之矣：賢者過之，不肖者不及也。人莫不飲食也，鮮能知味也。」

第五章

子曰：「道其不行矣夫！」

第六章

子曰：「舜其大知也與！舜好問而好察邇言，隱惡而揚善；執其兩端，用其中於民；其斯以為舜乎！」

第七章

子曰：「人皆曰『予知』；驅而納諸罟、擭、陷阱之中，而莫之知辟也。人皆曰『予知』；擇乎中庸而不能期月守也。」

第八章

子曰：「回之為人也，擇乎中庸，得一善，則拳拳服膺而弗失之矣。」

第九章

子曰：「天下國家可均也，爵祿可辭也，白刃可蹈也，中庸不可能也。」

第十章

子路問「強」。子曰：「南方之強與？北方之強與？抑而強與？寬柔以教，不報無道，南方之強也，君子居之；衽金革，死而不厭，北方之強也，而強者居之。故君子和而不流，強哉矯！中立而不倚，強哉矯！國有道，不變塞焉，強哉矯！國無道，至死不變，強哉矯！」

第十一章

子曰：「素隱行怪，後世有述焉，吾弗為之矣。君子遵道而行，半途而廢，吾弗能已矣。君子依乎中庸，遯世不見知而不悔，唯聖者能之。」

第十二章

君子之道，費而隱。夫婦之愚，可以與知焉；及其至也，雖聖人亦有所不知焉。夫婦之不肖，可以能行焉；及其至也，雖聖人亦有所不能焉。天地之大也，人猶有所憾。故君子語大，天下莫能載焉；語小，天下莫能破焉。《詩》云：「鳶飛戾天，魚躍于淵。」言其上下察也。君子之道，造端乎夫婦；及其至也，察乎天地。

第十三章

子曰：「道不遠人，人之為道而遠人，不可以為道。《詩》云：『伐柯伐柯，其則不遠。』執柯以伐柯，睨而視之，猶以為遠。故君子以人治人，改而止。忠恕違道不遠，施諸己而不願，亦勿施於人。君子之道四，丘未能一焉：所求乎子以事父，未能也；所求乎臣以事君，未能也；所求乎弟以事兄，未能也；所求乎朋友先施之，未能也。庸德之行，庸言之謹；有所不足，不敢不勉；有餘不敢盡。言顧行，行顧言，君子胡不慥慥爾？」

第十四章

君子素其位而行，不願乎其外。素富貴，行乎富貴；素貧賤，行乎貧賤；素夷狄，行乎夷狄；素患難，行乎患難。君子無入而不自得焉！

在上位不陵下，在下位不援上。正己而不求於人，則無怨。上不怨天，下不尤人，故君子居易以俟命，小人行險以徼幸。子曰：「射有似乎君子，失諸正鵠，反求諸其身。」

第十五章

君子之道，辟如行遠必自邇，辟如登高必自卑。

《詩》曰：「妻子好合，如鼓瑟琴；兄弟既翕，和樂且耽；宜爾室家，樂爾妻帑。」子曰：「父母其順矣乎！」

第十六章

子曰：「鬼神之為德，其盛矣乎！視之而弗見，聽之而弗聞，體物而不可遺。使天下之人，齊明盛服，以承祭祀，洋洋乎如在其上，如在其左右。《詩》曰：『神之格思，不可度思，矧可射思。』夫微之顯，誠之不可揜如此夫！」

第十七章

子曰：「舜其大孝也與！德為聖人，尊為天子，富有四海之內；宗廟饗之，子孫保之。故大德，必得其位，必得其祿，必得其名，必得其壽。故天之生物，必因其材而篤焉，故栽者培之，傾者覆之。《詩》曰：『嘉樂君子，憲憲令德，宜民宜人，受祿于天；保佑命之，自天申之。』故大德者必受命。」

第十八章

子曰：「無憂者，其惟文王乎！以王季為父，以武王為子；父作之，子述之。武王纘大王、王季、文王之緒，壹戎衣而有天下，身不失天下之顯名，尊為天子，富有四海之內；宗廟饗之，子孫保之。武王末受命，周公成文武之德，追王大王、王季，上祀先公以天子之禮。斯禮也，達乎諸侯、大夫及士、庶人。父為大夫，子為士；葬以大夫，祭以士。父為士，子為大夫，葬以士，祭以大夫。期之喪，達乎大夫；三年之喪，達乎天子；父母之喪，無貴賤一也。」

第十九章

子曰：「武王、周公其達孝矣乎！夫孝者善繼人之志、善述人之事者也。春秋，脩其祖廟，陳其宗器，設其裳衣，薦其時食。

「宗廟之禮，所以序昭穆也；序爵，所以辨貴賤也；序事，所以辨賢也；旅酬下為上，所以逮賤也；燕毛，所以序齒也。

「踐其位，行其禮，奏其樂；敬其所尊，愛其所親；事死如事生，事亡如事存，孝之至也。

「郊社之禮，所以事上帝也；宗廟之禮，所以祀乎其先也。明乎郊社之禮、禘嘗之義，治國其如示諸掌乎！」

第二十章

哀公問政。子曰：「文、武之政，布在方策。其人存，則其政舉；其人亡，則其政息。人道敏政，地道敏樹。夫政也者，蒲盧也。故為政在人，取人以身，脩身以道，脩道以仁。仁者，人也，親親為大；義者，宜也，尊賢為大。親親之殺，尊賢之等，禮所生也。（在下位，不獲乎上，民不可得而治矣。）故君子不可以不脩身；思脩身，不可以不事親；思事親，不可以不知人；思知人，不可以不知天。

「天下之達道五，所以行之者三。曰：君臣也，父子也，夫婦也，昆弟也，朋友之交也，五者，天下之達道也；知、仁、勇，三者，天下之達德也；所以行之者，一也。或生而知之，或學而知之，或困而知之，及其知之，一也。或安而行之，或利而行之，或勉強而行之，及其成功，一也。

子曰：「好學近乎知，力行近乎仁，知恥近乎勇。」知斯三者，則知所以脩身；知所以脩身，則知所以治人；知所以治人，則知所以治天下國家矣。

「凡為天下國家有九經，曰：脩身也，尊賢也，親親也，敬大臣也，體群臣也，子庶民也，來百工也，柔遠人也，懷諸侯也。脩身，則道立；尊賢，則不惑；親親，則諸父昆弟不怨；敬大臣，則不眩；體群臣，則士之報禮重；子庶民，則百姓勸；來百工，則財用足；柔遠人，則四方歸之；懷諸侯，則天下畏之。

「齊明盛服，非禮不動，所以脩身也；去讒遠色，賤貨而貴德，所以勸賢也；尊其位，重其祿，同其好惡，所以勸親親也；官盛任使，所以勸大臣也；忠信重祿，所以勸士也；時使薄斂，所以勸百姓也；日省月試，既稟稱事，所以勸百工也；送往迎來，嘉善而矜不能，所以柔遠人也；繼絕世，舉廢國，治亂持危，朝聘以時，厚往而薄來，所以懷諸侯也。凡為天下國家有九經，所以行之者，一也。

「凡事豫則立，不豫則廢；言前定，則不跲；事前定，則不困；行前定，則不疚；道前定，則不窮。

「在下位，不獲乎上，民不可得而治矣；獲乎上有道，不信乎朋友，不獲乎上矣；信乎朋友有道，不順乎親，不信乎朋友矣；順乎親有道，反諸身不誠，不順乎親矣；誠身有道，不明乎善，不誠乎身矣。

「誠者，天之道也；誠之者，人之道也。誠者，不勉而中，不思而得，從容中道，聖人也！誠之者，擇善而固執之者也。

「博學之，審問之，慎思之，明辨之，篤行之。有弗學，學之弗能弗措也；有弗問，問之弗知弗措也；有弗思，思之弗得弗措也；有弗辨，辨之弗明弗措也；有弗行，行之弗篤弗措也。人一能之，己百之；人十能之，己千之。果能此道矣，雖愚必明，雖柔必強。」

第二十一章

自誠明，謂之性；自明誠，謂之教。誠則明矣，明則誠矣。

第二十二章

唯天下至誠，為能盡其性；能盡其性，則能盡人之性；能盡人之性，則能盡物之性；能盡物之性，則可以贊天地之化育；可以贊天地之化育，則可以與天地參矣。

第二十三章

其次致曲。曲能有誠；誠則形，形則著，著則明，明則動，動則變，變則化；唯天下至誠為能化。

第二十四章

至誠之道，可以前知：國家將興，必有禎祥；國家將亡，必有妖孽；見乎蓍龜，動乎四體。禍福將至，善，必先知之；不善，必先知之；故至誠如神。

第二十五章

誠者，自成也；而道，自道也。誠者，物之終始；

不誠，無物。是故君子誠之為貴。誠者，非自成己而已也，所以成物也。成己，仁也；成物，知也；性之德也，合外內之道也，故時措之宜也。

第二十六章

故至誠無息；不息則久。久則徵，徵則悠遠，悠遠則博厚，博厚則高明。博厚所以載物也，高明所以覆物也，悠久所以成物也。博厚配地，高明配天，悠久無疆。如此者，不見而章，不動而變，無為而成。

天地之道，可一言而盡也：「其為物不貳，則其生物不測。」天地之道：博也，厚也，高也，明也，悠也，久也。今夫天，斯昭昭之多，及其無窮也，日月星辰繫焉，萬物覆焉。今夫地，一撮土之多；及其廣厚，載華嶽而不重，振河海而不洩，萬物載焉。今夫山，一卷石之多，及其廣大，草木生之，禽獸居之，寶藏興焉。今夫水，一勺之多，及其不測，黿鼉蛟龍魚鱉生焉，貨財殖焉。

《詩》云：「維天之命，於穆不已。」蓋曰天之所以為天也。「於乎不顯，文王之德之純。」蓋曰文王之所以為文也，純亦不已。

第二十七章

大哉！聖人之道！洋洋乎，發育萬物，峻極于天。優優大哉！禮儀三百，威儀三千，待其人然後行。故曰：「苟不至德，至道不凝焉。」故君子尊德性而道問學，致廣大而盡精微，極高明而道中庸。溫故而知新，敦厚以崇禮。是故，居上不驕，為下不倍。國有道，其言足以興；國無道，其默足以容。《詩》曰：「既明且哲，以保其身。」其此之謂與？

第二十八章

子曰：「愚而好自用；賤而好自專；生乎今之世，

反古之道；如此者，烖及其身者也。」

非天子不議禮，不制度，不考文。今天下，車同軌，書同文，行同倫。雖有其位，苟無其德，不敢作禮樂焉；雖有其德，苟無其位，亦不敢作禮樂焉。

子曰：「吾說夏禮，杞不足徵也；吾學殷禮，有宋存焉；吾學周禮，今用之，吾從周。」

第二十九章

王天下有三重焉，其寡過矣乎？上焉者，雖善無徵，無徵不信，不信民弗從。下焉者，雖善不尊，不尊不信，不信民弗從。故君子之道，本諸身，徵諸庶民，考諸三王而不繆，建諸天地而不悖，質諸鬼神而無疑，百世以俟聖人而不惑。質諸鬼神而無疑，知天也；百世以俟聖人而不惑，知人也。是故君子動而世為天下道，行而世為天下法，言而世為天下則；遠之則有望，近之則不厭。《詩》曰：「在彼無惡，在此無射；庶幾夙夜，以永終譽。」君子未有不如此而蚤有譽於天下者也。

第三十章

仲尼祖述堯舜，憲章文武；上律天時，下襲水土。辟如天地之無不持載、無不覆幬；辟如四時之錯行，如日月之代明。萬物並育而不相害，道並行而不相悖。小德川流，大德敦化。此天地之這所以為大也。

第三十一章

唯天下至聖，為能聰明睿知，足以有臨也；寬裕溫柔，足以有容也；發強剛毅，足以有執也；齊莊中正，足以有敬也；文理密察，足以有別也。溥博淵泉，而時出之。溥博如天，淵泉如淵。見而民莫不敬，言而民莫不信，行而民莫不說。是以聲名洋溢乎中國，施及蠻貊。舟車所至，人力所通，天之所覆，地之所載，日月所照，霜露所隊，凡有血氣者，莫不尊親，故曰配天。

第三十二章

唯天下至誠，為能經綸天下之大經，立天下之大本，知天地之化育。夫焉有所倚？肫肫其仁，淵淵其淵，浩浩其天。苟不固聰明聖知達天德者，其孰能知之？

第三十三章

《詩》曰：「衣錦尚絅。」惡其文之著也。故君子之道，闇然而日章；小人之道，的然而日亡。君子之道，淡而不厭，簡而文，溫而理；知遠之近，知風之自，知微之顯，可與入德矣。

《詩》云：「潛雖伏矣，亦孔之昭。」故君子內省不疚，無惡於志。君子之所不可及者，其唯人之所不見乎！

《詩》云：「相在爾室，尚不愧于屋漏。」故君子不動而敬，不言而信。

《詩》曰：「奏假無言，時靡有爭。」是故君子不賞而民勸，不怒而民威於鈇鉞。

《詩》曰：「不顯惟德，百辟其刑之。」是故君子篤恭而天下平。

《詩》云：「予懷明德，不大聲以色。」子曰：「聲色之於以化民，末也。」《詩》曰：「德輶如毛。」毛猶有倫。「上天之載，無聲無臭。」至矣。

論語

學而第一

（一）子曰：「學而時習之，不亦說乎？有朋自遠方來，不亦樂乎？人不知而不慍，不亦君子乎？」

（二）有子曰：「其為人也孝弟，而好犯上者鮮矣。不好犯上，而好作亂者，未之有也。君子務本，本立而道生。孝弟也者，其為仁之本與？」

（三）子曰：「巧言令色，鮮矣仁。」

（四）曾子曰：「吾日三省吾身：為人謀，而不忠乎？與朋友交，而不信乎？傳，不習乎？」

（五）子曰：「道千乘之國，敬事而信，節用而愛人，使民以時。」

（六）子曰：「弟子入則孝，出則弟，謹而信，汎愛眾，而親仁。行有餘力，則以學文。」

（七）子夏曰：「賢賢易色，事父母能竭其力，事君能致其身，與朋友交，言而有信，雖曰未學，吾必謂之學矣。」

（八）子曰：「君子不重則不威，學則不固。主忠信，毋友不如己者，過則勿憚改。」

（九）曾子曰：「慎終追遠，民德歸厚矣。」

（一〇）子禽問於子貢曰：「夫子至於是邦也，必聞其政，求之與？抑與之與？」子貢曰：「夫子溫、良、恭、儉、讓以得之。夫子之求之也，其諸異乎人之求之與！」

（一一）子曰：「父在觀其志，父沒觀其行。三年無改於父之道，可謂孝矣。」

（一二）有子曰：「禮之用，和為貴；先王之道，斯為美，小大由之。有所不行，知和而和，不以禮節之，亦不可行也。」

（一三）有子曰：「信近於義，言可復也；恭近於禮，遠恥辱也。因不失其親，亦可宗也。」

（一四）子曰：「君子食無求飽，居無求安，敏於事而慎於言，就有道而正焉：可謂好學也已。」

（一五）子貢曰：「貧而無諂，富而無驕，何如？」子曰：「可也。未若貧而樂，富而好禮者也。」子貢曰：「《詩》云：『如切如磋，如琢如磨。』其斯之謂與？」子曰：「賜也，始可與言《詩》已矣！告諸往而知來者。」

（一六）子曰：「不患人之不己知，患不知人也。」

為政第二

（一）子曰：「為政以德，譬如北辰，居其所，而眾星共之。」

（二）子曰：「《詩》三百，一言以蔽之，曰思無邪。」

（三）子曰：「道之以政，齊之以刑，民免而無恥；道之以德，齊之以禮，有恥且格。」

（四）子曰：「吾十有五而志於學；三十而立；四十而不惑；五十而知天命；六十而耳順；七十而從心所欲，不踰矩。」

（五）孟懿子問孝。子曰：「無違。」樊遲御，子告之曰：「孟孫問孝於我，我對曰：『無違。』」樊遲曰：「何謂也？」子曰：「生，事之以禮；死，葬之以禮，祭之以禮。」

（六）孟武伯問孝。子曰：「父母唯其疾之憂。」

（七）子游問孝。子曰：「今之孝者，是謂能養。至於犬馬，皆能有養；不敬，何以別乎？」

（八）子夏問孝。子曰：「色難。有事，弟子服其勞，有酒食，先生饌，曾是以為孝乎？」

（九）子曰：「吾與回言終日，不違如愚。退而省其私，亦足以發，回也，不愚！」

（一〇）子曰：「視其所以，觀其所由，察其所安，人焉廋哉！人焉廋哉！」

（一一）子曰：「溫故而知新，可以為師矣。」

（一二）子曰：「君子不器。」

（一三）子貢問君子。子曰：「先行其言，而後從之。」

（一四）子曰：「君子周而不比，小人比而不周。」

（一五）子曰：「學而不思則罔，思而不學則殆。」

（一六）子曰：「攻乎異端，斯害也已。」

（一七）子曰：「由，誨女知之乎？知之為知之，不知為不知，是知也。」

（一八）子張學干祿。子曰：「多聞闕疑，慎言其餘，則寡尤；多見闕殆，慎行其餘，則寡悔。言寡尤，行寡悔，祿在其中矣！」

（一九）哀公問曰：「何為則民服？」孔子對曰：「舉直錯諸枉，則民服；舉枉錯諸直，則民不服。」

（二〇）季康子問：「使民敬忠以勸，如之何？」子曰：「臨之以莊，則敬；孝慈，則忠；舉善而教不能，則勸。」

（二一）或謂孔子曰：「子奚不為政？」子曰：「《書》云：『孝乎，惟孝友于兄弟。』施於有政，是亦為政，奚其為為政？」

（二二）子曰：「人而無信，不知其可也。大車無輗，小車無軏，其何以行之哉？」

（二三）子張問：「十世可知也？」子曰：「殷因於夏禮，所損益可知也；周因於殷禮，所損益可知也；其或繼周者，雖百世可知也。」

（二四）子曰：「非其鬼而祭之，諂也。見義不為，無勇也。」

八佾第三

（一）孔子謂季氏：「八佾舞於庭。是可忍也，孰不可忍也？」

（二）三家者以〈雍〉徹。子曰：「『相維辟公，天子穆穆。』奚取於三家之堂？」

（三）子曰：「人而不仁，如禮何？人而不仁，如樂何？」

（四）林放問禮之本。子曰：「大哉問！禮，與其奢也，寧儉。喪，與其易也，寧戚。」

（五）子曰：「夷狄之有君，不如諸夏之亡也。」

（六）季氏旅於泰山。子謂冉有曰：「女弗能救與？」對曰：「不能。」子曰：「嗚呼！曾謂泰山不如林放乎？」

（七）子曰：「君子無所爭，必也射乎！揖讓而升，下而飲，其爭也君子。」

（八）子夏問曰：「『巧笑倩兮，美目盼兮，素以為絢兮。』何謂也？」子曰：「繪事後素。」曰：「禮後乎？」子曰：「起予者商也，始可與言《詩》已矣。」

（九）子曰：「夏禮，吾能言之，杞不足徵也。殷禮，吾能言之，宋不足徵也。文獻不足故也。足，則吾能徵之矣。」

（一〇）子曰：「禘自既灌而往者，吾不欲觀之矣。」

（一一）或問「禘」之說。子曰：「不知也。知其說者之於天下也，其如示諸斯乎？」指其掌。

（一二）祭如在，祭神如神在。子曰：「吾不與祭，如不祭。」

（一三）王孫賈問曰：「『與其媚於奧，寧媚於竈。』何謂也？」子曰：「不然。獲罪於天，無所禱也。」

（一四）子曰：「周監於二代，郁郁乎文哉！吾從周。」

（一五）子入大廟，每事問。或曰：「孰謂鄹人之子知禮乎？入大廟，每事問。」子聞之曰：「是禮也！」

（一六）子曰：「射不主皮，為力不同科，古之道也。」

（一七）子貢欲去告朔之餼羊。子曰：「賜也！爾愛其羊，我愛其禮。」

（一八）子曰：「事君盡禮，人以為諂也。」

（一九）定公問：「君使臣，臣事君，如之何？」孔子對曰：「君使臣以禮，臣事君以忠。」

（二〇）子曰：「〈關雎〉，樂而不淫，哀而不傷。」

（二一）哀公問社於宰我。宰我對曰：「夏后氏以松，殷人以柏，周人以栗。曰：『使民戰栗。』」子聞之，曰：「成事不說，遂事不諫，既往不咎。」

（二二）子曰：「管仲之器小哉！」或曰：「管仲儉乎？」曰：「管氏有三歸，官事不攝，焉得儉？」「然則管仲知禮乎？」曰：「邦君樹塞門，管氏亦樹塞門。邦君為兩君之好，有反坫，管氏亦有反坫。管氏而知禮，孰不知禮？」

（二三）子語魯大師樂，曰：「樂其可知也。始作，翕如也。從之，純如也，皦如也，繹如也。以成。」

（二四）儀封人請見，曰：「君子之至於斯也，吾未嘗不得見也。」從者見之。出曰：「二三子，何患於喪乎？天下之無道也久矣，天將以夫子為木鐸。」

（二五）子謂〈韶〉：「盡美矣，又盡善也。」謂〈武〉：「盡美矣，未盡善也。」

（二六）子曰：「居上不寬，為禮不敬，臨喪不哀，吾何以觀之哉！」

里仁第四

（一）子曰：「里仁為美。擇不處仁，焉得知？」

（二）子曰：「不仁者不可以久處約，不可以長處樂。仁者安仁；知者利仁。」

（三）子曰：「唯仁者，能好人，能惡人。」

（四）子曰：「苟志於仁矣，無惡也。」

（五）子曰：「富與貴，是人之所欲也，不以其道得之，不處也。貧與賤，是人之惡也，不以其道得之，不去也。君子去仁，惡乎成名？君子無終食之間違仁，造次必於是，顛沛必於是。」

（六）子曰：「我未見好仁者，惡不仁者。好仁者，無以尚之；惡不仁者，其為仁矣，不使不仁者加乎其身。有能一日用其力於仁矣乎？我未見力不足者。蓋有之矣，我未之見也！」

（七）子曰：「人之過也，各於其黨。觀過，斯知仁矣。」

（八）子曰：「朝聞道，夕死可矣！」

（九）子曰：「士志於道，而恥惡衣惡食者，未足與議也！」

（一〇）子曰：「君子之於天下也，無適也，無莫也，義之與比。」

（一一）子曰：「君子懷德，小人懷土。君子懷刑，小人懷惠。」

（一二）子曰：「放於利而行，多怨。」

（一三）子曰：「能以禮讓為國乎，何有？不能以禮讓為國，如禮何？」

（一四）子曰：「不患無位，患所以立。不患莫己知，求為可知也。」

（一五）子曰：「參乎！吾道一以貫之。」曾子曰：「唯。」子出，門人問曰：「何謂也？」曾子曰：「夫子之道，忠恕而已矣！」

（一六）子曰：「君子喻於義，小人喻於利。」

（一七）子曰：「見賢思齊焉，見不賢而內自省也。」

（一八）子曰：「事父母幾諫，見志不從，又敬不違，勞而不怨。」

（一九）子曰：「父母在，不遠遊；遊必有方。」

（二〇）子曰：「三年無改於父之道，可謂孝矣。」

見〈學而〉第十一。

（二一）子曰：「父母之年，不可不知也：一則以喜，一則以懼。」

（二二）子曰：「古者言之不出，恥躬之不逮也。」

（二三）子曰：「以約失之者，鮮矣！」

（二四）子曰：「君子欲訥於言，而敏於行。」

（二五）子曰：「德不孤，必有鄰。」

（二六）子游曰：「事君數，斯辱矣。朋友數，斯疏矣。」

公冶長第五

（一）子謂公冶長，「可妻也，雖在縲絏之中，非其罪也。」以其子妻之。

（二）子謂南容，「邦有道，不廢；邦無道，免於刑戮。」以其兄之子妻之。

（三）子謂子賤，「君子哉若人！魯無君子者，斯焉取斯？」

（四）子貢問曰：「賜也何如？」子曰：「女器也。」曰：「何器也？」曰：「瑚璉也。」

（五）或曰：「雍也，仁而不佞。」子曰：「焉用佞？禦人以口給，屢憎於人。不知其仁，焉用佞？」

（六）子使漆雕開仕。對曰：「吾斯之未能信。」子說。

（七）子曰：「道不行，乘桴浮於海，從我者，其由與？」子路聞之喜。子曰：「由也，好勇過我，無所取材。」

（八）孟武伯問：「子路仁乎？」子曰：「不知也。」又問。子曰：「由也，千乘之國，可使治其賦也；不知其仁也。」「求也何如？」子曰：「求也，千室之邑，百乘之家，可使為之宰也；不知其仁也。」「赤也何如？」子曰：「赤也，束帶立於朝，可使與賓客言也；不知其仁也。」

（九）子謂子貢曰：「女與回也孰愈？」對曰：「賜也何敢望回！回也聞一以知十，賜也聞一知二。」子曰：「弗如也，吾與女弗如也。」

（一〇）宰予晝寢。子曰：「朽木不可雕也，糞土之牆，不可杇也。於予與何誅！」子曰：「始吾於人也，聽其言而信其行；今吾於人也，聽其言而觀其行。於予與改是！」

（一一）子曰：「吾未見剛者！」或對曰：「申棖。」子曰：「棖也慾，焉得剛？」

（一二）子貢曰：「我不欲人之加諸我也，吾亦欲無加諸人。」子曰：「賜也，非爾所及也！」

（一三）子貢曰：「夫子之文章，可得而聞也；夫子之言性與天道，不可得而聞也。」

（一四）子路有聞，未之能行，唯恐有聞。

（一五）子貢問曰：「孔文子何以謂之文也？」子曰：「敏而好學，不恥下問，是以謂之文也。」

（一六）子謂子產，「有君子之道四焉：其行己也恭，其事上也敬，其養民也惠，其使民也義。」

（一七）子曰：「晏平仲善與人交，久而敬之。」

（一八）子曰：「臧文仲居蔡，山節藻梲，何如其知也？」

（一九）子張問曰：「令尹子文，三仕為令尹，無喜色；三已之，無慍色。舊令尹之政，必以告新令尹。何如？」子曰：「忠矣。」曰：「仁矣乎？」曰：「未知，焉得仁？」「崔子弒齊君，陳文子有馬十乘，棄而違之，至於他邦，則曰：『猶吾大夫崔子也！』違之，之一邦，則又曰：『猶吾大夫崔子也！』違之。何如？」子曰：「清矣。」曰：「仁矣乎？」曰：「未知，焉得仁？」

（二〇）季文子三思而後行。子聞之，曰：「再，斯可矣！」

（二一）子曰：「甯武子，邦有道，則知；邦無道，則愚。其知可及也，其愚不可及也。」

（二二）子在陳曰：「歸與！歸與！吾黨之小子狂簡，斐然成章，不知所以裁之！」

（二三）子曰：「伯夷、叔齊，不念舊惡，怨是用希。」

（二四）子曰：「孰謂微生高直？或乞醯焉，乞諸其鄰而與之。」

（二五）子曰：「巧言、令色、足恭，左丘明恥之，丘亦恥之。匿怨而友其人，左丘明恥之，丘亦恥之。」

（二六）顏淵、季路侍。子曰：「盍各言爾志？」子路曰：「願車馬、衣輕裘，與朋友共，敝之而無憾。」顏淵曰：「願無伐善，無施勞。」子路曰：「願聞子之志！」子曰：「老者安之，朋友信之，少者懷之。」

（二七）子曰：「已矣乎！吾未見能見其過，而內自訟者也。」

（二八）子曰：「十室之邑，必有忠信如丘者焉，不如丘之好學也。」

雍也第六

（一）子曰：「雍也，可使南面。」仲弓問子桑伯子，子曰：「可也，簡。」仲弓曰：「居敬而行簡，以臨其民，不亦可乎？居簡而行簡，無乃大簡乎？」子曰：「雍之言然。」

（二）哀公問：「弟子孰為好學？」孔子對曰：「有顏回者好學，不遷怒，不貳過，不幸短命死矣！今也則亡，未聞好學者也。」

（三）子華使於齊，冉子為其母請粟。子曰：「與之釜。」請益，曰：「與之庾。」冉子與之粟五秉。子曰：「赤之適齊也，乘肥馬，衣輕裘。吾聞之也：君子周急不繼富。」原思為之宰，與之粟九百。辭。子曰：「毋！以與爾鄰里鄉黨乎！」

（四）子謂仲弓曰：「犁牛之子，騂且角，雖欲勿用，山川其舍諸？」

（五）子曰：「回也，其心三月不違仁，其餘，則日月至焉而已矣。」

（六）季康子問：「仲由可使從政也與？」子曰：「由也果，於從政乎何有？」曰：「賜也可使從政也與？」曰：「賜也達，於從政乎何有？」曰：「求也可使從政也與？」曰：「求也藝，於從政乎何有？」

（七）季氏使閔子騫為費宰。閔子騫曰：「善為我辭焉，如有復我者，則吾必在汶上矣。」

（八）伯牛有疾，子問之。自牖執其手曰：「亡之，命矣夫！斯人也，而有斯疾也！斯人也，而有斯疾也！」

（九）子曰：「賢哉回也！一簞食，一瓢飲，在陋巷，人不堪其憂，回也不改其樂。賢哉回也！」

（一〇）冉求曰：「非不說子之道，力不足也。」子曰：「力不足者，中道而廢，今女畫。」

（一一）子謂子夏曰：「女為君子儒，無為小人儒。」

（一二）子游為武城宰。子曰：「女得人焉爾乎？」曰：「有澹臺滅明者，行不由徑，非公事，未嘗至於偃之室也。」

（一三）子曰：「孟之反不伐，奔而殿，將入門，策其馬，曰：「『非敢後也，馬不進也！』」

（一四）子曰：「不有祝鮀之佞，而有宋朝之美，難乎免於今之世矣。」

（一五）子曰：「誰能出不由戶？何莫由斯道也！」

（一六）子曰：「質勝文則野，文勝質則史。文質彬彬，然後君子。」

（一七）子曰：「人之生也直，罔之生也幸而免。」

（一八）子曰：「知之者不如好之者，好之者不如樂之者。」

（一九）子曰：「中人以上，可以語上也；中人以下，不可以語上也。」

（二〇）樊遲問知。子曰：「務民之義，敬鬼神而遠之，可謂知矣。」問仁。曰：「仁者先難而後獲，可謂仁矣。」

（二一）子曰：「知者樂水，仁者樂山。知者動，仁者靜。知者樂，仁者壽。」

（二二）子曰：「齊一變，至於魯；魯一變，至於道。」

（二三）子曰：「觚不觚，觚哉觚哉！」

（二四）宰我問曰：「仁者，雖告之曰：『井有仁焉。』其從之也？」子曰：「何為其然也？君子可逝也，不可陷也。可欺也，不可罔也。」

（二五）子曰：「君子博學於文，約之以禮，亦可以弗畔矣夫！」

（二六）子見南子，子路不說。夫子矢之曰：「予所否者，天厭之！天厭之！」

（二七）子曰：「中庸之為德也，其至矣乎！民鮮久矣！」

（二八）子貢曰：「如有博施於民，而能濟眾，何如？可謂仁乎？」子曰：「何事於仁，必也聖乎！堯舜其猶病諸！夫仁者，己欲立而立人，己欲達而達人。

能近取譬，可謂仁之方也已。」

述而第七

（一）子曰：「述而不作，信而好古，竊比於我老彭。」

（二）子曰：「默而識之，學而不厭，誨人不倦，何有於我哉？」

（三）子曰：「德之不修，學之不講，聞義不能徙，不善不能改，是吾憂也。」

（四）子之燕居，申申如也，夭夭如也。

（五）子曰：「甚矣吾衰也！久矣，吾不復夢見周公！」

（六）子曰：「志於道，據於德，依於仁，游於藝。」

（七）子曰：「自行束脩以上，吾未嘗無誨焉！」

（八）子曰：「不憤不啟，不悱不發。舉一隅不以三隅反，則不復也。」

（九）子食於有喪者之側，未嘗飽也。子於是日哭，則不歌。

（一〇）子謂顏淵曰：「用之則行，舍之則藏。唯我與爾有是夫！」子路曰：「子行三軍，則誰與？」子曰：「暴虎馮河，死而無悔者，吾不與也。必也臨事而懼，好謀而成者也！」

（一一）子曰：「富而可求也，雖執鞭之士，吾亦為之；如不可求，從吾所好。」

（一二）子之所慎：齊、戰、疾。

（一三）子在齊聞〈韶〉，三月不知肉味。曰：「不圖為樂之至於斯也！」

（一四）冉有曰：「夫子為衛君乎？」子貢曰：「諾，吾將問之。」入曰：「伯夷叔齊，何人也？」曰：「古之賢人也。」曰：「怨乎？」曰：「求仁而得仁，又何怨？」出，曰：「夫子不為也。」

（一五）子曰：「飯疏食，飲水，曲肱而枕之，樂亦在其中矣。不義而富且貴，於我如浮雲。」

（一六）子曰：「加我數年，五十以學《易》，可以無大過矣。」

（一七）子所雅言：《詩》、《書》、執禮，皆雅言也。

（一八）葉公問孔子於子路，子路不對。子曰：「女奚不曰：『其為人也，發憤忘食，樂以忘憂，不知老之將至云爾！』」

（一九）子曰：「我非生而知之者，好古，敏以求之者也。」

（二〇）子不語：怪、力、亂、神。

（二一）子曰：「三人行，必有我師焉。擇其善者而從之；其不善者而改之。」

（二二）子曰：「天生德於予，桓魋其如予何？」

（二三）子曰：「二三子以我為隱乎？吾無隱乎爾！吾無行而不與二三子者，是丘也。」

（二四）子以四教：文、行、忠、信。

（二五）子曰：「聖人，吾不得而見之矣！得見君子者，斯可矣。」子曰：「善人，吾不得而見之矣！得見有恆者，斯可矣。亡而為有，虛而為盈，約而為泰，難乎有恆矣！」

（二六）子釣而不綱，弋不射宿。

（二七）子曰：「蓋有不知而作之者，我無是也。多聞，擇其善者而從之，多見而識之，知之次也。」

（二八）互鄉難與言。童子見，門人惑。子曰：「與其進也，不與其退也。唯何甚？人潔己以進，與其潔也，不保其往也！」

（二九）子曰：「仁遠乎哉？我欲仁，斯仁至矣！」

（三〇）陳司敗問：「昭公知禮乎？」孔子曰：「知禮。」孔子退。揖巫馬期而進之曰：「吾聞君子不黨，君子亦黨乎？君取於吳為同姓，謂之吳孟子。君而知禮，孰不知禮？」巫馬期以告。子曰：「丘也幸，苟有過，人必知之。」

（三一）子與人歌而善，必使反之，而後和之。

（三二）子曰：「文莫，吾猶人也，躬行君子，則吾未之有得！」

（三三）子曰：「若聖與仁，則吾豈敢？抑為之不厭，誨人不倦，則可謂云爾已矣！」公西華曰：「正唯弟子不能學也！」

（三四）子疾病，子路請禱。子曰：「有諸？」子路對曰：「有之。誄曰：『禱爾于上下神祇』」子曰：「丘之禱久矣！」

（三五）子曰：「奢則不孫，儉則固；與其不孫也，寧固。」

（三六）子曰：「君子坦蕩蕩，小人長戚戚。」

（三七）子溫而厲，威而不猛，恭而安。

泰伯第八

（一）子曰：「泰伯其可謂至德也已矣，三以天下讓，民無得而稱焉。」

（二）子曰：「恭而無禮則勞，慎而無禮則葸，勇而無禮則亂，直而無禮則絞。君子篤於親，則民興於仁。故舊不遺，則民不偷。」

（三）曾子有疾，召門弟子曰：「啟予足！啟予手！《詩》云：『戰戰兢兢，如臨深淵，如履薄冰。』而今而後，吾知免夫！小子！」

（四）曾子有疾，孟敬子問之。曾子言曰：「鳥之將死，其鳴也哀，人之將死，其言也善。君子所貴乎道者三：動容貌，斯遠暴慢矣；正顏色，斯近信矣；出辭氣，斯遠鄙倍矣；籩豆之事，則有司存。」

（五）曾子曰：「以能問於不能，以多問於寡，有若無，實若虛，犯而不校。昔者吾友，嘗從事於斯矣。」

（六）曾子曰：「可以託六尺之孤，可以寄百里之命，臨大節而不可奪也。君子人與？君子人也！」

（七）曾子曰：「士不可以不弘毅，任重而道遠。仁以為己任，不亦重乎！死而後已，不亦遠乎！」

（八）子曰：「興於詩，立於禮，成於樂。」

（九）子曰：「民可使由之，不可使知之。」

（一〇）子曰：「好勇疾貧，亂也。人而不仁，疾之已甚，亂也。」

（一一）子曰：「如有周公之才之美，使驕且吝，其餘不足觀也已！」

（一二）子曰：「三年學，不至於穀，不易得也。」

（一三）子曰：「篤信好學，守死善道。危邦不入，亂邦不居。天下有道則見，無道則隱。邦有道，貧且賤焉，恥也；邦無道，富且貴焉，恥也。」

（一四）子曰：「不在其位，不謀其政。」

（一五）子曰：「師摯之始，〈關雎〉之亂，洋洋乎，盈耳哉！」

（一六）子曰：「狂而不直，侗而不愿，悾悾而不信，吾不知之矣！」

（一七）子曰：「學如不及，猶恐失之！」

（一八）子曰：「巍巍乎，舜、禹之有天下也，而不與焉。」

（一九）子曰：「大哉，堯之為君也！巍巍乎，唯天為大，唯堯則之！蕩蕩乎，民無能名焉！巍巍乎，其有成功也！煥乎，其有文章！」

（二〇）舜有臣五人，而天下治，武王曰：「予有亂臣十人。」孔子曰：「『才難』，不其然乎？唐虞之際，於斯為盛，有婦人焉，九人而已。三分天下有其二，以服事殷，周之德，其可謂至德也已矣！」

（二一）子曰：「禹，吾無間然矣！菲飲食，而致孝乎鬼神；惡衣服，而致美乎黻冕；卑宮室，而盡力乎溝洫。禹，吾無間然矣！」

子罕第九

（一）子罕言利，與命與仁。

（二）達巷黨人曰：「大哉孔子！博學而無所成名。」子聞之，謂門弟子曰：「吾何執？執御乎？執射乎？吾執御矣！」

（三）子曰：「麻冕，禮也，今也純，儉，吾從眾。拜下，禮也，今拜乎上，泰也。雖違眾，吾從下。」

（四）子絕四：毋意，毋必，毋固，毋我。

（五）子畏於匡。曰：「文王既沒，文不在茲乎？天之將喪斯文也，後死者，不得與於斯文也。天之未喪斯文也，匡人其如予何？」

（六）大宰問於子貢曰：「夫子聖者與？何其多能也？」子貢曰：「固天縱之將聖，又多能也。」子聞之曰：「大宰知我乎！吾少也賤，故多能鄙事。君子多乎哉？不多也！」牢曰：「子云：『吾不試，故藝。』」

（七）子曰：「吾有知乎哉？無知也。有鄙夫問於我，空空如也，我叩其兩端而竭焉。」

（八）子曰：「鳳鳥不至，河不出圖，吾已矣夫！」

（九）子見齊衰者，冕衣裳者，與瞽者，見之，雖少必作，過之必趨。

（一〇）顏淵喟然歎曰：「仰之彌高，鑽之彌堅，瞻之在前，忽焉在後！夫子循循然善誘人：博我以文，約我以禮。欲罷不能，既竭吾才，如有所立卓爾，雖欲從之，末由也已！」

（一一）子疾病，子路使門人為臣。病間，曰：「久矣哉，由之行詐也！無臣而為有臣，吾誰欺？欺天乎？且予與其死於臣之手也，無寧死於二三子之手乎！且予縱不得大葬，予死於道路乎？」

（一二）子貢曰：「有美玉於斯，韞匵而藏諸？求善賈而沽諸？」子曰：「沽之哉！沽之哉！我待賈者也！」

（一三）子欲居九夷。或曰：「陋，如之何？」子曰：「君子居之，何陋之有？」

（一四）子曰：「吾自衛反魯，然後樂正，雅頌各得其所。」

（一五）子曰：「出則事公卿，入則事父兄，喪事不敢不勉，不為酒困，何有於我哉？」

（一六）子在川上曰：「逝者如斯夫！不舍晝夜。」

（一七）子曰：「吾未見好德如好色者也。」

（一八）子曰：「譬如為山，未成一簣，止，吾止也！譬如平地，雖覆一簣，進，吾往也！」

（一九）子曰：「語之而不惰者，其回也與！」

（二〇）子謂顏淵，曰：「惜乎！吾見其進也，未見其止也！」

（二一）子曰：「苗而不秀者，有矣夫！秀而不實者，有矣夫！」

（二二）子曰：「後生可畏，焉知來者之不如今也？四十五十而無聞焉，斯亦不足畏也已！」

（二三）子曰：「法語之言，能無從乎？改之為貴。巽與之言，能無說乎？繹之為貴。說而不繹，從而不改，吾末如之何也已矣！」

（二四）子曰：「主忠信，毋友不如己者，過則勿憚改。」

見〈學而〉第八。

（二五）子曰：「三軍可奪帥也，匹夫不可奪志也。」

（二六）子曰：「衣敝緼袍，與衣狐貉者立，而不恥者，其由也與！『不忮不求，何用不臧？』」子路終身誦之。子曰：「是道也，何足以臧？」

（二七）子曰：「歲寒，然後知松柏之後彫也。」

（二八）子曰：「知者不惑，仁者不憂，勇者不懼。」

（二九）子曰：「可與共學，未可與適道；可與適道，未可與立；可與立，未可與權。」

（三〇）「唐棣之華，偏其反而；豈不爾思？室是遠而。」子曰：「未之思也，未何遠之有？」

鄉黨第十

（一）孔子於鄉黨，恂恂如也，似不能言者。其在宗廟朝廷，便便言，唯謹爾。

（二）朝與下大夫言，侃侃如也；與上大夫言，誾誾如也。君在，踧踖如也，與與如也。

（三）君召使擯，色勃如也，足躩如也。揖所與立，左右手，衣前後，襜如也。趨進，翼如也。賓退，必復命，曰：「賓不顧矣。」

（四）入公門，鞠躬如也，如不容。立不中門，行不履閾。過位，色勃如也，足躩如也，其言似不足者。攝齊升堂，鞠躬如也，屏氣似不息者。出降一等，逞顏色，怡怡如也，沒階趨，翼如也。復其位，踧踖如也。

（五）執圭，鞠躬如也，如不勝。上如揖，下如授，勃如戰色，足蹜蹜如有循。享禮，有容色。私覿，愉愉如也。

（六）君子不以紺緅飾，紅紫不以為褻服。當暑，袗絺綌，必表而出之。緇衣羔裘，素衣麑裘，黃衣狐裘。褻裘長，短右袂。必有寢衣，長一身有半。狐貉之厚以居。去喪，無所不佩。非帷裳，必殺之。羔裘玄冠，不以弔。吉月，必朝服而朝。

（七）齊，必有明衣，布。齊必變食，居必遷坐。

（八）食不厭精，膾不厭細。食饐而餲，魚餒而肉敗，不食。色惡不食，臭惡不食。失飪不食，不時不食。割不正不食，不得其醬不食。肉雖多，不使勝食氣。唯酒無量，不及亂。沽酒市脯不食。不撤薑食，不多食。祭於公，不宿肉。祭肉不出三日，出三日，不食之矣。食不語，寢不言。雖疏食菜羹瓜祭，必齊如也。

（九）席不正不坐。

（一〇）鄉人飲酒，杖者出，斯出矣。鄉人儺，朝服而立於阼階。

（一一）問人於他邦，再拜而送之。康子饋藥，拜而受之，曰：「丘未達，不敢嘗。」

（一二）廄焚，子退朝，曰：「傷人乎？」不問馬。

（一三）君賜食，必正席先嘗之。君賜腥，必熟而薦之。君賜生，必畜之。侍食於君，君祭，先飯。疾，君視之，東首，加朝服拖紳，君命召，不俟駕行矣。

（一四）入大廟，每事問。

見〈八佾〉第十五。

（一五）朋友死，無所歸，曰：「於我殯。」朋友之饋，雖車馬；非祭肉，不拜。

（一六）寢不尸，居不容。見齊衰者，雖狎必變。見冕者與瞽者，雖褻必以貌。凶服者式之。式負版者。有盛饌，必變色而作。迅雷、風烈必變。

（一七）升車，必正立，執綏。車中不內顧，不疾言，不親指。

（一八）色斯舉矣，翔而後集。曰：「山梁雌雉，時哉時哉！」子路共之，三嗅而作。

先進第十一

（一）子曰：「先進於禮樂，野人也。後進於禮樂，君子也。如用之，則吾從先進。」

（二）子曰：「從我於陳蔡者，皆不及門也。」德行：顏淵、閔子騫、冉伯牛、仲弓。言語：宰我、子貢。政事：冉有、季路。文學：子游、子夏。

（三）子曰：「回也，非助我者也！於吾言，無所不說。」

（四）子曰：「孝哉閔子騫，人不間於其父母昆弟之言。」

（五）南容三復〈白圭〉，孔子以其兄之子妻之。

（六）季康子問：「弟子孰為好學？」孔子對曰：「有顏回者好學，不幸短命死矣！今也則亡。」

（七）顏淵死，顏路請子之車以為之椁。子曰：「才不才，亦各言其子也。鯉也死，有棺而無椁。吾不徒行以為之椁，以吾從大夫之後，不可徒行也。」

（八）顏淵死，子曰：「噫！天喪予！天喪予！」

（九）顏淵死，子哭之慟。從者曰：「子慟矣！」曰：「有慟乎？非夫人之為慟而誰為？」

（一〇）顏淵死，門人欲厚葬之。子曰：「不可！」門人厚葬之。子曰：「回也，視予猶父也，予不得視猶子也。非我也，夫二三子也。」

（一一）季路問事鬼神。子曰：「未能事人，焉能事鬼？」「敢問死？」曰：「未知生，焉知死？」

（一二）閔子侍側，誾誾如也；子路，行行如也；冉有、子貢，侃侃如也。子樂。「若由也，不得其死然。」

（一三）魯人為長府。閔子騫曰：「仍舊貫，如之何？何必改作！」子曰：「夫人不言，言必有中。」

（一四）子曰：「由之瑟，奚為於丘之門？」門人不敬子路。子曰：「由也升堂矣，未入於室也！」

（一五）子貢問：「師與商也孰賢？」子曰：「師也過，商也不及。」曰：「然則師愈與？」子曰：「過猶不及。」

（一六）季氏富於周公，而求也為之聚斂而附益之。子曰：「非吾徒也，小子鳴鼓而攻之可也！」

（一七）柴也愚，參也魯，師也辟，由也喭。

（一八）子曰：「回也其庶乎！屢空。賜不受命而貨殖焉，億則屢中。」

（一九）子張問善人之道。子曰：「不踐迹，亦不入於室。」

（二〇）子曰：「論篤是與，君子者乎？色莊者乎？」

（二一）子路問：「聞斯行諸？」子曰：「有父兄在，如之何其聞斯行之！」冉有問：「聞斯行諸？」

子曰：「聞斯行之！」公西華曰：「由也問『聞斯行諸？』子曰：『有父兄在。』求也問『聞斯行諸？』子曰：『聞斯行之。』赤也惑，敢問？」子曰：「求也退，故進之；由也兼人，故退之。」

（二二）子畏於匡，顏淵後。子曰：「吾以女為死矣！」曰：「子在，回何敢死？」

（二三）季子然問：「仲由、冉求，可謂大臣與？」子曰：「吾以子為異之問，曾由與求之問？所謂大臣者，以道事君，不可則止。今由與求也，可謂具臣矣。」曰：「然則從之者與？」子曰：「弒父與君，亦不從也。」

（二四）子路使子羔為費宰。子曰：「賊夫人之子！」子路曰：「有民人焉，有社稷焉，何必讀書，然後為學？」子曰：「是故惡夫佞者。」

（二五）子路、曾皙、冉有、公西華侍坐。子曰：「以吾一日長乎爾，毋吾以也。居則曰：『不吾知也！』如或知爾，則何以哉？」

子路率爾而對曰：「千乘之國，攝乎大國之間，加之以師旅，因之以饑饉，由也為之，比及三年，可使有勇，且知方也。」夫子哂之。

「求，爾何如？」對曰：「方六七十，如五六十，求也為之，比及三年，可使足民；如其禮樂，以俟君子。」

「赤，爾何如？」對曰：「非曰能之，願學焉！宗廟之事，如會同，端章甫，願為小相焉。」

「點，爾何如？」鼓瑟希，鏗爾，舍瑟而作；對曰：「異乎三子者之撰。」子曰：「何傷乎？亦各言其志也。」曰：「莫春者，春服既成，冠者五六人，童子六七人，浴乎沂，風乎舞雩，詠而歸。」夫子喟然歎曰：「吾與點也！」

三子者出，曾皙後。曾皙曰：「夫三子者之言何如？」子曰：「亦各言其志也已矣！」曰：「夫子何哂由也？」曰：「為國以禮，其言不讓，是故哂之。」

「唯求則非邦也與？」「安見方六七十，如五六十，而非邦也者？」「唯赤則非邦也與？」「宗廟會同，非諸侯而何？赤也為之小，孰能為之大？」

顏淵第十二

（一）顏淵問仁。子曰：「克己復禮為仁。一日克己復禮，天下歸仁焉。為仁由己，而由人乎哉？」顏淵曰：「請問其目？」子曰：「非禮勿視，非禮勿聽，非禮勿言，非禮勿動。」顏淵曰：「回雖不敏，請事斯語矣！」

（二）仲弓問仁。子曰：「出門如見大賓，使民如承大祭。己所不欲，勿施於人。在邦無怨，在家無怨。」仲弓曰：「雍雖不敏，請事斯語矣！」

（三）司馬牛問仁。子曰：「仁者，其言也訒。」曰：「其言也訒，斯謂之仁已乎？」子曰：「為之難，言之得無訒乎？」

（四）司馬牛問君子。子曰：「君子不憂不懼。」曰：「不憂不懼，斯謂之君子已乎？」子曰：「內省不疚，夫何憂何懼！」

（五）司馬牛憂曰：「人皆有兄弟，我獨亡！」子夏曰：「商聞之矣：『死生有命，富貴在天』。君子敬而無失，與人恭而有禮，四海之內，皆兄弟也。君子何患乎無兄弟也？」

（六）子張問明。子曰：「浸潤之譖，膚受之愬，不行焉，可謂明也已矣。浸潤之譖，膚受之愬，不行焉，可謂遠也已矣。」

（七）子貢問政。子曰：「足食，足兵，民信之矣。」子貢曰：「必不得已而去，於斯三者何先？」曰：「去兵。」子貢曰：「必不得已而去，於斯二者何先？」曰：「去食。自古皆有死，民無信不立。」

（八）棘子成曰：「君子質而已矣，何以文為？」子貢曰：「惜乎，夫子之說君子也，駟不及舌！文猶質也，質猶文也。虎豹之鞟，猶犬羊之鞟？」

（九）哀公問於有若曰：「年饑，用不足，如之何？」有若對曰：「盍徹乎？」曰：「二，吾猶不足，如之何其徹也？」對曰：「百姓足，君孰與不足？百姓不足，君孰與足？」

（一〇）子張問崇德，辨惑。子曰：「主忠信，徙義，崇德也。愛之欲其生，惡之欲其死；既欲其生，又欲其死，是惑也！」（誠不以富，亦祇以異。）

（一一）齊景公問政於孔子。孔子對曰：「君君，臣臣，父父，子子。」公曰：「善哉！信如君不君，臣不臣，父不父，子不子，雖有粟，吾得而食諸？」

（一二）子曰：「片言可以折獄者，其由也與！」

子路無宿諾。

（一三）子曰：「聽訟，吾猶人也。必也，使無訟乎！」

（一四）子張問政。子曰：「居之無倦，行之以忠。」

（一五）子曰：「博學於文，約之以禮，亦可以弗畔矣夫。」

見〈雍也〉第二十五。

（一六）子曰：「君子成人之美，不成人之惡；小人反是。」

（一七）季康子問政於孔子。孔子對曰：「政者正也，子帥以正，孰敢不正？」

（一八）季康子患盜，問於孔子。孔子對曰：「苟子之不欲，雖賞之不竊！」

（一九）季康子問政於孔子曰：「如殺無道，以就有道，何如？」孔子對曰：「子為政，焉用殺？子欲善，而民善矣！君子之德風；小人之德草；草上之風必偃。」

（二〇）子張問：「士何如斯可謂之達矣？」子曰：「何哉，爾所謂達者？」子張對曰：「在邦必聞，在家必聞。」子曰：「是聞也，非達也。夫達也者：質直而好義，察言而觀色，慮以下人，在邦必達，在家必達。夫聞也者：色取仁而行違，居之不疑，在邦必聞，在家必聞。」

（二一）樊遲從遊於舞雩之下，曰：「敢問崇德、脩慝、辨惑。」子曰：「善哉問！先事後得，非崇德與？攻其惡，無攻人之惡，非脩慝與？一朝之忿，忘其身以及其親，非惑與？」

（二二）樊遲問仁。子曰：「愛人。」問知。子曰：「知人。」樊遲未達。子曰：「舉直錯諸枉，能使枉者直。」樊遲退，見子夏曰：「鄉也，吾見於夫子而問知。子曰：『舉直錯諸枉，能使枉者直。』何謂也？」子夏曰：「富哉言乎！舜有天下，選於眾，舉皋陶，不仁者遠矣；湯有天下，選於眾，舉伊尹，不仁者遠矣。」

（二三）子貢問友。子曰：「忠告而善道之，不可則止，毋自辱焉。」

（二四）曾子曰：「君子以文會友；以友輔仁。」

子路第十三

（一）子路問政。子曰：「先之，勞之。」請益。曰：「無倦。」

（二）仲弓為季氏宰，問政。子曰：「先有司，赦小過，舉賢才。」曰：「焉知賢才而舉之？」曰：「舉爾所知，爾所不知，人其舍諸？」

（三）子路曰：「衛君待子而為政，子將奚先？」子曰：「必也正名乎！」子路曰：「有是哉？子之迂也。奚其正？」子曰：「野哉，由也！君子於其所不知，蓋闕如也。名不正，則言不順；言不順，則事不成；事不成，則禮樂不興；禮樂不興，則刑罰不中；刑罰不中，則民無所措手足。故君子名之必可言也，言之必可行也。君子於其言，無所苟而已矣！」

（四）樊遲請學稼。子曰：「吾不如老農。」請學為圃。曰：「吾不如老圃。」樊遲出，子曰：「小人哉，樊須也！上好禮，則民莫敢不敬；上好義，則民莫敢不服；上好信，則民莫敢不用情。夫如是，則四方之民，襁負其子而至矣，焉用稼？」

（五）子曰：「誦《詩》三百，授之以政，不達。使於四方，不能專對；雖多，亦奚以為？」

（六）子曰：「其身正，不令而行；其身不正，雖令不從。」

（七）子曰：「魯、衛之政，兄弟也。」

（八）子謂衛公子荊，「善居室。始有，曰：『苟合矣。』少有，曰：『苟完矣。』富有，曰『苟美矣。』」

（九）子適衛，冉有僕。子曰：「庶矣哉！」冉有曰：「既庶矣，又何加焉？」曰：「富之。」曰：「既富矣，又何加焉？」曰：「教之。」

（一〇）子曰：「苟有用我者，期月而已可也，三年有成。」

（一一）子曰：「『善人為邦百年，亦可以勝殘去殺矣。』誠哉是言也！」

（一二）子曰：「如有王者，必世而後仁。」

（一三）子曰：「苟正其身矣，於從政乎何有？不能正其身，如正人何？」

（一四）冉子退朝，子曰：「何晏也？」對曰：「有政。」子曰：「其事也！如有政，雖不吾以，吾其與聞之！」

（一五）定公問：「一言而可以興邦，有諸？」孔子對曰：「言不可以若是其幾也！人之言曰：『為君難，為臣不易。』如知為君之難也，不幾乎一言而興邦乎？」曰：「一言而喪邦，有諸？」孔子對曰：「言不可以若是其幾也！人之言曰：『予無樂乎為君，唯其言而莫予違也。』如其善而莫之違也，不亦善乎？如不善而莫之違也，不幾乎一言而喪邦乎？」

（一六）葉公問政。子曰：「近者說，遠者來。」

（一七）子夏為莒父宰，問政。子曰：「無欲速，無見小利；欲速則不達，見小利則大事不成。」

（一八）葉公語孔子曰：「吾黨有直躬者，其父攘羊而子證之。」孔子曰：「吾黨之直者異於是，父為子隱，子為父隱，直在其中矣。」

（一九）樊遲問仁。子曰：「居處恭，執事敬，與人忠，雖之夷狄，不可棄也。」

（二〇）子貢問曰：「何如斯可謂之士矣？」子曰：「行己有恥，使於四方，不辱君命，可謂士矣。」曰：「敢問其次？」曰：「宗族稱孝焉，鄉黨稱弟焉。」曰：「敢問其次？」曰：「言必信，行必果；硜硜然，小人哉！抑亦可以為次矣。」曰：「今之從政者何如？」子曰：「噫！斗筲之人，何足算也！」

（二一）子曰：「不得中行而與之，必也狂狷乎！狂者進取，狷者有所不為也。」

（二二）子曰：「南人有言曰：『人而無恆，不可以作巫醫。』善夫！『不恆其德，或承之羞。』」子曰：「不占而已矣。」

（二三）子曰：「君子和而不同，小人同而不和。」

（二四）子貢問曰：「鄉人皆好之，何如？」子曰：「未可也。」「鄉人皆惡之，何如？」子曰：「未可也。不如鄉人之善者好之，其不善者惡之。」

（二五）子曰：「君子易事而難說也；說之不以

道，不說也；及其使人也，器之。小人難事而易說也；說之雖不以道，說也；及其使人也，求備焉。」

（二六）子曰：「君子泰而不驕，小人驕而不泰。」

（二七）子曰：「剛毅木訥，近仁。」

（二八）子路問曰：「何如斯可謂之士矣？」子曰：「切切偲偲、怡怡如也，可謂士矣。朋友切切偲偲，兄弟怡怡。」

（二九）子曰：「善人教民七年，亦可以即戎矣。」

（三〇）子曰：「以不教民戰，是謂棄之。」

憲問第十四

（一）憲問恥。子曰：「邦有道穀，邦無道穀，恥也。」

（二）「克、伐、怨、欲，不行焉，可以為仁矣？」子曰：「可以為難矣，仁則吾不知也。」

（三）子曰：「士而懷居，不足以為士矣！」

（四）子曰：「邦有道，危言危行；邦無道，危行言孫。」

（五）子曰：「有德者必有言，有言者不必有德。仁者必有勇，勇者不必有仁。」

（六）南宮适問於孔子曰：「羿善射，奡盪舟，俱不得其死然。禹稷躬稼而有天下。」夫子不答。南宮适出，子曰：「君子哉若人！尚德哉若人！」

（七）子曰：「君子而不仁者有矣夫！未有小人而仁者也！」

（八）子曰：「愛之，能勿勞乎？忠焉，能勿誨乎？」

（九）子曰：「為命，裨諶草創之，世叔討論之，行人子羽脩飾之，東里子產潤色之。」

（一〇）或問子產。子曰：「惠人也。」問子西。曰：「彼哉彼哉！」問管仲。曰：「人也，奪伯氏駢邑三百，飯疏食，沒齒，無怨言。」

（一一）子曰：「貧而無怨，難；富而無驕，易。」

（一二）子曰：「孟公綽，為趙魏老則優，不可以為滕薛大夫。」

（一三）子路問成人。子曰：「若臧武仲之知，公綽之不欲，卞莊子之勇，冉求之藝，文之以禮樂，亦可以為成人矣！」曰：「今之成人者，何必然？見利思義，見危授命，久要不忘平生之言，亦可以為成人矣！」

（一四）子問公叔文子於公明賈，曰：「信乎？夫子不言不笑不取乎？」公明賈對曰：「以告者過也！夫子時然後言，人不厭其言；樂然後笑，人不厭其笑；義然後取，人不厭其取。」子曰：「其然！豈其然乎？」

（一五）子曰：「臧武仲以防，求為後於魯，雖曰不要君，吾不信也。」

（一六）子曰：「晉文公譎而不正，齊桓公正而不譎。」

（一七）子路曰：「桓公殺公子糾，召忽死之，管仲不死。曰未仁乎？」子曰：「桓公九合諸侯，不以兵車，管仲之力也。如其仁！如其仁！」

（一八）子貢曰：「管仲非仁者與？桓公殺公子糾，不能死，又相之。」子曰：「管仲相桓公，霸諸侯，一匡天下，民到于今受其賜；微管仲，吾其被髮左衽矣！豈若匹夫匹婦之為諒也，自經於溝瀆，而莫之知也！」

（一九）公叔文子之臣大夫僎，與文子同升諸公。子聞之曰：「可以為文矣！」

（二〇）子言衛靈公之無道也。康子曰：「夫如是，奚而不喪？」孔子曰：「仲叔圉治賓客，祝鮀治宗廟，王孫賈治軍旅。夫如是，奚其喪？」

（二一）子曰：「其言之不怍，則為之也難！」

（二二）陳成子弒簡公。孔子沐浴而朝，告於哀公曰：「陳恆弒其君，請討之。」公曰：「告夫三子。」

孔子曰：「以吾從大夫之後，不敢不告也！君曰：『告夫三子』者！」之三子告，不可。孔子曰：「以吾從大夫之後，不敢不告也！」

（二三）子路問事君。子曰：「勿欺也，而犯之。」

（二四）子曰：「君子上達，小人下達。」

（二五）子曰：「古之學者為己，今之學者為人。」

（二六）蘧伯玉使人於孔子，孔子與之坐而問焉。曰：「夫子何為？」對曰：「夫子欲寡其過而未能也。」使者出。子曰：「使乎！使乎！」

（二七）子曰：「不在其位，不謀其政。」

見〈泰伯〉第十四。

（二八）曾子曰：「君子思不出其位。」

（二九）子曰：「君子恥其言而過其行。」

（三〇）子曰：「君子道者三，我無能焉：仁者不憂，知者不惑，勇者不懼。」子貢曰：「夫子自道也！」

（三一）子貢方人。子曰：「賜也，賢乎哉？夫我則不暇！」

（三二）子曰：「不患人之不己知，患其不能也。」

（三三）子曰：「不逆詐，不億不信，抑亦先覺者，是賢乎！」

（三四）微生畝謂孔子曰：「丘，何為是栖栖者與？無乃為佞乎？」孔子曰：「非敢為佞也，疾固也。」

（三五）子曰：「驥不稱其力，稱其德也。」

（三六）或曰：「以德報怨，何如？」子曰：「何以報德？以直報怨，以德報德。」

（三七）子曰：「莫我知也夫！」子貢曰：「何為其莫知子也？」子曰：「不怨天，不尤人，下學而上達，知我者，其天乎！」

（三八）公伯寮愬子路於季孫，子服景伯以告，曰：「夫子固有惑志於公伯寮，吾力猶能肆諸市朝。」子曰：「道之將行也與，命也；道之將廢也與，命也。公伯寮其如命何？」

（三九）子曰：「賢者辟世，其次辟地，其次辟色，其次辟言。」

（四〇）子曰：「作者七人矣。」

（四一）子路宿於石門。晨門曰：「奚自？」子路曰：「自孔氏。」曰：「是知其不可而為之者與？」

（四二）子擊磬於衛。有荷蕢而過孔氏之門者，曰：「有心哉，擊磬乎！」既而曰：「鄙哉，硜硜乎！

莫己知也，斯己而已矣！『深則厲，淺則揭。』」子曰：「果哉！末之難矣！」

（四三）子張曰：「《書》云：『高宗諒陰，三年不言』何謂也？」子曰：「何必高宗，古之人皆然。君薨，百官總己以聽於冢宰，三年。」

（四四）子曰：「上好禮，則民易使也。」

（四五）子路問君子。子曰：「脩己以敬。」曰：「如斯而已乎？」曰：「脩己以安人。」曰：「如斯而已乎？」曰：「脩己以安百姓。脩己以安百姓，堯舜其猶病諸！」

（四六）原壤夷俟。子曰：「幼而不孫弟，長而無述焉，老而不死，是為賊。」以杖叩其脛。

（四七）闕黨童子將命。或問之曰：「益者與？」子曰：「吾見其居於位也，見其與先生並行也，非求益者也，欲速成者也。」

衛靈公第十五

（一）衛靈公問陳於孔子。孔子對曰：「俎豆之事，則嘗聞之矣；軍旅之事，未之學也。」明日遂行。在陳絕糧。從者病，莫能興。子路慍見曰：「君子亦有窮乎？」子曰：「君子固窮，小人窮斯濫矣。」

（二）子曰：「賜也，女以予為多學而識之者與？」對曰：「然，非與？」曰：「非也，予一以貫之。」

（三）子曰：「由，知德者鮮矣！」

（四）子曰：「無為而治者，其舜也與！夫何為哉？恭己正南面而已矣。」

（五）子張問行。子曰：「言忠信，行篤敬，雖蠻貊之邦行矣。言不忠信，行不篤敬，雖州里行乎哉？立，則見其參於前也；在輿，則見其倚於衡也。夫然後行。」子張書諸紳。

（六）子曰：「直哉史魚！邦有道，如矢；邦無道，如矢。君子哉蘧伯玉！邦有道，則仕；邦無道，則可卷而懷之。」

（七）子曰：「可與言，而不與之言，失人；不可與言，而與之言，失言。知者不失人，亦不失言。」

（八）子曰：「志士仁人，無求生以害仁，有殺身以成仁。」

（九）子貢問為仁。子曰：「工欲善其事，必先利其器。居是邦也，事其大夫之賢者，友其士之仁者。」

（一〇）顏淵問為邦。子曰：「行夏之時，乘殷之輅，服周之冕，樂則〈韶舞〉。放鄭聲，遠佞人。鄭聲淫，佞人殆。」

（一一）子曰：「人無遠慮，必有近憂。」

（一二）子曰：「已矣乎！吾未見好德如好色者也！」

見〈子罕〉第十七。

（一三）子曰：「臧文仲，其竊位者與！知柳下惠之賢，而不與立也。」

（一四）子曰：「躬自厚，而薄責於人，則遠怨矣！」

（一五）子曰：「不曰『如之何，如之何』者，吾末如之何也已矣！」

（一六）子曰：「群居終日，言不及義，好行小慧，難矣哉！」

（一七）子曰：「君子義以為質，禮以行之，孫以出之，信以成之，君子哉！」

（一八）子曰：「君子病無能焉，不病人之不己知也。」

（一九）子曰：「君子疾沒世而名不稱焉。」

（二〇）子曰：「君子求諸己，小人求諸人。」

（二一）子曰：「君子矜而不爭，群而不黨。」

（二二）子曰：「君子不以言舉人，不以人廢言。」

（二三）子貢問曰：「有一言而可以終身行之者乎？」子曰：「其恕乎！己所不欲，勿施於人。」

（二四）子曰：「吾之於人也，誰毀誰譽？如有所譽者，其有所試矣。斯民也，三代之所以直道而行也。」

（二五）子曰：「吾猶及史之闕文也，有馬者，借人乘之，今亡矣夫！」

（二六）子曰：「巧言亂德。小不忍，則亂大謀。」

（二七）子曰：「眾惡之，必察焉；眾好之，必察焉。」

（二八）子曰：「人能弘道，非道弘人。」

（二九）子曰：「過而不改，是謂過矣！」

（三〇）子曰：「吾嘗終日不食，終夜不寢，以思；無益，不如學也。」

（三一）子曰：「君子謀道不謀食。耕也，餒在其中矣；學也，祿在其中矣。君子憂道不憂貧。」

（三二）子曰：「知及之，仁不能守之，雖得之，必失之。知及之，仁能守之，不莊以涖之，則民不敬。知及之，仁能守之，莊以涖之，動之不以禮，未善也。」

（三三）子曰：「君子不可小知，而可大受也。小人不可大受，而可小知也。」

（三四）子曰：「民之於仁也，甚於水火。水火，吾見蹈而死者矣，未見蹈仁而死者也。」

（三五）子曰：「當仁不讓於師。」

（三六）子曰：「君子貞而不諒。」

（三七）子曰：「事君敬其事而後其食。」

（三八）子曰：「有教無類。」

（三九）子曰：「道不同，不相為謀。」

（四〇）子曰：「辭，達而已矣！」

（四一）師冕見。及階，子曰：「階也。」及席，子曰：「席也。」皆坐，子告之曰：「某在斯，某在斯。」師冕出，子張問曰：「與師言之道與？」子曰：「然，固相師之道也。」

季氏第十六

（一）季氏將伐顓臾。冉有季路見於孔子曰：「季氏將有事於顓臾。」孔子曰：「求！無乃爾是過與？夫顓臾，昔者先王以為東蒙主，且在邦域之中矣，是社稷之臣也，何以伐為？」冉有曰：「夫子欲之，吾二臣者，皆不欲也。」孔子曰：「求！周任有言曰：『陳力就列，不能者止。』危而不持，顛而不扶，則將焉用彼相矣？且爾言過矣！虎兕出於柙，龜玉毀於櫝中，是誰之過與？」冉有曰：「今夫顓臾，固而近於費；今不取，後世必為子孫憂。」孔子曰：「求！君子疾夫舍曰欲之，而必為之辭。丘也，聞有國有家者，不患寡而患不均，不患貧而患不安。蓋均無貧，和無寡，安無傾。夫如是，故遠人不服，則修文德以來之。既來之，則安之。今由與求也，相夫子，遠人不服而不能來也；邦分崩離析，而不能守也；而謀動干戈於邦內。吾恐季孫之憂，不在顓臾，而在蕭牆之內也！」

（二）孔子曰：「天下有道，則禮樂征伐自天子出；天下無道，則禮樂征伐自諸侯出。自諸侯出，蓋十世希不失矣；自大夫出，五世希不失矣；陪臣執國命，三世希不失矣。天下有道，則政不在大夫。天下有道，則庶人不議。」

（三）孔子曰：「祿之去公室，五世矣。政逮於大夫，四世矣。故夫三桓之子孫，微矣。」

（四）孔子曰：「益者三友，損者三友：友直，友諒，友多聞，益矣；友便辟，友善柔，友便佞，損矣。」

（五）孔子曰：「益者三樂，損者三樂：樂節禮樂，樂道人之善，樂多賢友，益矣；樂驕樂，樂佚遊，樂宴樂，損矣。」

（六）孔子曰：「侍於君子有三愆：言未及之而言，謂之躁；言及之而不言，謂之隱；未見顏色而言，謂之瞽。」

（七）孔子曰：「君子有三戒：少之時，血氣未定，戒之在色；及其壯也，血氣方剛，戒之在鬬；及其老也，血氣既衰，戒之在得。」

（八）孔子曰：「君子有三畏：畏天命，畏大人，畏聖人之言。小人不知天命而不畏也，狎大人，侮聖人之言。」

（九）孔子曰：「生而知之者，上也；學而知之者，次也；困而學之，又其次也；困而不學，民斯為下矣！」

（一〇）孔子曰：「君子有九思：視思明，聽思聰，色思溫，貌思恭，言思忠，事思敬，疑思問，忿思難，見得思義。」

（一一）孔子曰：「『見善如不及，見不善而探湯。』吾見其人矣，吾聞其語矣！『隱居以求其志，行義以達其道。』吾聞其語矣，未見其人也！」

（一二）（「誠不以富，亦祇以異。」——）齊景公有馬千駟，死之日，民無德而稱焉。伯夷、叔齊餓於首陽之下，民到于今稱之。其斯之謂與？

（一三）陳亢問於伯魚曰：「子亦有異聞乎？」對曰：「未也。嘗獨立，鯉趨而過庭。曰：『學詩乎？』對曰：『未也。』『不學詩，無以言！』鯉退而學詩。他日，又獨立，鯉趨而過庭。曰：『學禮乎？』對曰：『未也。』『不學禮，無以立！』鯉退而學禮。聞斯二者。」陳亢退而喜曰：「問一得三：聞詩，聞禮，又聞君子之遠其子也。」

（一四）邦君之妻，君稱之曰「夫人」，夫人自稱曰「小童」。邦人稱之曰「君夫人」，稱諸異邦曰「寡小君」。異邦人稱之，亦曰「君夫人」。

陽貨第十七

（一）陽貨欲見孔子，孔子不見，歸孔子豚。孔子時其亡也，而往拜之，遇諸塗。謂孔子曰：「來，予與爾言。」曰：「懷其寶而迷其邦，可謂仁乎？」曰：「不可。」「好從事而亟失時，可謂知乎？」曰：「不可。」「日月逝矣，歲不我與！」孔子曰：「諾，吾將仕矣！」

（二）子曰：「性相近也，習相遠也。」

（三）子曰：「唯上知與下愚不移。」

（四）子之武城，聞弦歌之聲，夫子莞爾而笑曰：「割雞焉用牛刀？」子游對曰：「昔者，偃也聞諸夫子曰：『君子學道則愛人，小人學道則易使也。』」子曰：「二三子！偃之言是也，前言戲之耳！」

（五）公山弗擾以費畔，召，子欲往。子路不說，曰：「末之也已，何必公山氏之之也？」子曰：「夫召我者，而豈徒哉？如有用我者，吾其為東周乎！」

（六）子張問仁於孔子。孔子曰：「能行五者於天下，為仁矣。」「請問之？」曰：「恭、寬、信、敏、惠。恭則不侮，寬則得眾，信則人任焉，敏則有功，惠則足以使人。」

（七）佛肸召，子欲往。子路曰：「昔者由也聞諸夫子曰：『親於其身為不善者，君子不入也』。佛肸以中牟畔，子之往也如之何？」子曰：「然，有是言也。不曰堅乎？磨而不磷。不曰白乎？涅而不緇。吾豈匏瓜也哉？焉能繫而不食！」

（八）子曰：「由也，女聞六言六蔽矣乎？」對曰：「未也。」「居！吾語女：好仁不好學，其蔽也愚；好知不好學，其蔽也蕩；好信不好學，其蔽也賊；好直不好學，其蔽也絞；好勇不好學，其蔽也亂；好剛不好學，其蔽也狂。」

（九）子曰：「小子！何莫學夫《詩》？《詩》，可以興，可以觀，可以群，可以怨；邇之事父，遠之事君；多識於鳥、獸、草、木之名。」

（一〇）子謂伯魚曰：「女為〈周南〉〈召南〉矣乎？人而不為〈周南〉〈召南〉，其猶正牆面而立也與！」

（一一）子曰：「禮云禮云，玉帛云乎哉？樂云樂云，鐘鼓云乎哉？」

（一二）子曰：「色厲而內荏，譬諸小人，其猶穿窬之盜也與！」

（一三）子曰：「鄉原，德之賊也！」

（一四）子曰：「道聽而塗說，德之棄也！」

（一五）子曰：「鄙夫！可與事君也與哉？其未得之也，患得之；既得之，患失之。苟患失之，無所不至矣！」

（一六）子曰：「古者民有三疾，今也或是之亡也。古之狂也肆，今之狂也蕩；古之矜也廉，今之矜也忿戾；古之愚也直，今之愚也詐而已矣。」

（一七）子曰：「巧言令色，鮮矣仁。」

見〈學而〉第三。

（一八）子曰：「惡紫之奪朱也，惡鄭聲之亂雅樂也，惡利口之覆邦家者。」

（一九）子曰：「予欲無言！」子貢曰：「子如不言，則小子何述焉？」子曰：「天何言哉？四時行焉，百物生焉，天何言哉？」

（二〇）孺悲欲見孔子，孔子辭以疾。將命者出戶，取瑟而歌，使之聞之。

（二一）宰我問：「三年之喪，期已久矣！君子三年不為禮，禮必壞；三年不為樂，樂必崩。舊穀既沒，新穀既升，鑽燧改火，期可已矣。」子曰：「食夫稻，衣夫錦，於女安乎？」曰：「安！」「女安，則為之！夫君子之居喪，食旨不甘，聞樂不樂，居處不安，故不為也。今女安，則為之！」宰我出。子曰：「予之不仁也！子生三年，然後免於父母之懷。夫三年之喪，天下之通喪也，予也，有三年之愛於其父母乎？」

（二二）子曰：「飽食終日，無所用心，難矣哉！不有博弈者乎？為之，猶賢乎已！」

（二三）子路曰：「君子尚勇乎？」子曰：「君子義以為上。君子有勇而無義為亂，小人有勇而無義為盜。」

（二四）子貢曰：「君子亦有惡乎？」子曰：「有

惡。惡稱人之惡者，惡居下流而訕上者，惡勇而無禮者，惡果敢而窒者。」曰：「賜也亦有惡乎？」「惡徼以為知者，惡不孫以為勇者，惡訐以為直者。」

（二五）子曰：「唯女子與小人為難養也！近之則不孫，遠之則怨。」

（二六）子曰：「年四十而見惡焉，其終也已！」

微子第十八

（一）微子去之，箕子為之奴，比干諫而死。孔子曰：「殷有三仁焉！」

（二）柳下惠為士師，三黜。人曰：「子未可以去乎？」曰：「直道而事人，焉往而不三黜？枉道而事人，何必去父母之邦？」

（三）齊景公待孔子，曰：「若季氏則吾不能，以季、孟之間待之。」曰：「吾老矣。不能用也。」孔子行。

（四）齊人歸女樂，季桓子受之，三日不朝，孔子行。

（五）楚狂接輿，歌而過孔子，曰：「鳳兮！鳳兮！何德之衰？往者不可諫，來者猶可追。已而！已而！今之從政者殆而！」孔子下，欲與之言。趨而辟之，不得與之言。

（六）長沮、桀溺耦而耕。孔子過之，使子路問津焉。

長沮曰：「夫執輿者為誰？」子路曰：「為孔丘。」曰：「是魯孔丘與？」曰：「是也。」曰：「是知津矣！」

問於桀溺，桀溺曰：「子為誰？」曰：「為仲由。」曰：「是魯孔丘之徒與？」對曰：「然。」曰：「滔滔者，天下皆是也，而誰以易之？且而與其從辟人之士也，豈若從辟世之士哉？」耰而不輟。

子路行以告，夫子憮然曰：「鳥獸不可與同群！吾非斯人之徒與而誰與？天下有道，丘不與易也。」

（七）子路從而後，遇丈人，以杖荷蓧。子路問曰：「子見夫子乎？」丈人曰：「四體不勤，五穀不分，孰為夫子？」植其杖而芸。子路拱而立。止子路宿，殺雞為黍而食之，見其二子焉。明日，子路行以告。子曰：「隱者也。」使子路反見之。至，則行矣。子路曰：「不仕無義。長幼之節，不可廢也；君臣之義，如之何其廢之？欲潔其身，而亂大倫。君子之仕也，行其義也。道之不行，已知之矣！」

（八）逸民：伯夷、叔齊、虞仲、夷逸、朱張、柳下惠、少連。子曰：「不降其志，不辱其身，伯夷叔齊與？」謂柳下惠、少連：「降志辱身矣，言中倫，行中慮，其斯而已矣！」謂虞仲、夷逸：「隱居放言，身中清，廢中權。」「我則異於是，無可無不可。」

（九）大師摯適齊，亞飯干適楚，三飯繚適蔡，四飯缺適秦，鼓方叔入於河，播鼗武入於漢，少師陽、擊磬襄入於海。

（一〇）周公謂魯公曰：「君子不施其親，不使大臣怨乎不以，故舊無大故，則不棄也，無求備於一人。」

（一一）周有八士：伯達、伯适、仲突、仲忽、叔夜、叔夏、季隨、季騧。

子張第十九

（一）子張曰：「士見危致命，見得思義，祭思敬，喪思哀，其可已矣。」

（二）子張曰：「執德不弘，信道不篤，焉能為有？焉能為亡？」

（三）子夏之門人，問交於子張。子張曰：「子夏云何？」對曰：「子夏曰：『可者與之，其不可者拒之。』」子張曰：「異乎吾所聞：『君子尊賢而容眾，嘉善而矜不能。』我之大賢與，於人何所不容？我之不賢與，人將拒我，如之何拒人也？」

（四）子夏曰：「雖小道，必有可觀者焉，致遠恐泥，是以君子不為也。」

（五）子夏曰：「日知其所亡，月無忘其所能，可謂好學也已矣！」

（六）子夏曰：「博學而篤志，切問而近思，仁在其中矣。」

（七）子夏曰：「百工居肆以成其事，君子學以致其道。」

（八）子夏曰：「小人之過也必文。」

（九）子夏曰：「君子有三變：望之儼然，即之也溫，聽其言也厲。」

（一〇）子夏曰：「君子信而後勞其民；未信，則以為厲己也。信而後諫；未信，則以為謗己也。」

（一一）子夏曰：「大德不踰閑，小德出入可也。」

（一二）子游曰：「子夏之門人小子，當洒掃應對進退則可矣，抑末也；本之則無，如之何？」子夏聞之曰：「噫！言游過矣！君子之道，孰先傳焉？孰後倦焉？譬諸草木，區以別矣。君子之道，焉可誣也？有始有卒者，其惟聖人乎！」

（一三）子夏曰：「仕而優則學，學而優則仕。」

（一四）子游曰：「喪致乎哀而止。」

（一五）子游曰：「吾友張也，為難能也，然而未仁。」

（一六）曾子曰：「堂堂乎張也！難與並為仁矣。」

（一七）曾子曰：「吾聞諸夫子：『人未有自致者也，必也親喪乎！』」

（一八）曾子曰：「吾聞諸夫子：『孟莊子之孝也，其他可能也，其不改父之臣與父之政，是難能也。』」

（一九）孟氏使陽膚為士師，問於曾子。曾子曰：

「上失其道，民散久矣！如得其情，則哀矜而勿喜。」

（二〇）子貢曰：「紂之不善，不如是之甚也。是以君子惡居下流，天下之惡皆歸焉。」

（二一）子貢曰：「君子之過也，如日月之食焉。過也，人皆見之；更也，人皆仰之。」

（二二）衛公孫朝問於子貢曰：「仲尼焉學？」子貢曰：「文武之道，未墜於地，在人。賢者識其大者，不賢者識其小者，莫不有文武之道焉。夫子焉不學，而亦何常師之有？」

（二三）叔孫武叔語大夫於朝曰：「子貢賢於仲尼。」子服景伯以告子貢。子貢曰：「譬之宮牆：賜之牆也及肩，窺見室家之好；夫子之牆數仞，不得其門而入，不見宗廟之美，百官之富。得其門者或寡矣！夫子之云，不亦宜乎？」

（二四）叔孫武叔毀仲尼。子貢曰：「無以為也！仲尼不可毀也。他人之賢者，丘陵也，猶可踰也；仲尼，日月也，無得而踰焉。人雖欲自絕，其何傷於日月乎？多見其不知自量也！」

（二五）陳子禽謂子貢曰：「子為恭也，仲尼豈賢於子乎？」子貢曰：「君子一言以為知，一言以為不知，言不可不慎也！夫子之不可及也，猶天之不可階而升也。夫子之得邦家者，所謂『立之斯立，道之斯行，綏之斯來，動之斯和，其生也榮，其死也哀』。如之何其可及也？」

堯曰第二十

（一）堯曰：「咨！爾舜！天之曆數在爾躬，允執其中！四海困窮，天祿永終。」舜亦以命禹。曰：「予小子履，敢用玄牡，敢昭告于皇皇后帝：有罪不敢赦，帝臣不蔽，簡在帝心！朕躬有罪，無以萬方；萬方有罪，罪在朕躬。」「周有大賚，善人是富。」「雖有周親，不如仁人；百姓有過，在予一人。」

謹權量，審法度，修廢官，四方之政行焉。興滅國，繼絕世，舉逸民，天下之民歸心焉。

所重民、食、喪、祭。

寬則得眾，信則民任焉。敏則有功，公則說。

（二）子張問於孔子曰：「何如斯可以從政矣？」子曰：「尊五美，屏四惡，斯可以從政矣。」

子張曰：「何謂五美？」子曰：「君子惠而不費，勞而不怨，欲而不貪，泰而不驕，威而不猛。」

子張曰：「何謂惠而不費？」子曰：「因民之所利而利之，斯不亦惠而不費乎？擇可勞而勞之，又誰怨？欲仁而得仁，又焉貪？君子無眾寡，無小大，無敢慢，斯不亦泰而不驕乎？君子正其衣冠，尊其瞻視，儼然人望而畏之，斯不亦威而不猛乎？」

子張曰：「何謂四惡？」子曰：「不教而殺謂之虐；不戒視成謂之暴；慢令致期謂之賊；猶之與人也，出納之吝，謂之有司。」

（三）子曰：「不知命，無以為君子也；不知禮，無以立也；不知言，無以知人也。」

孟子

梁惠王章句上 凡七章

（一）孟子見梁惠王。王曰：「叟！不遠千里而來，亦將有以利吾國乎？」孟子對曰：「王何必曰利？亦有仁義而已矣。「王曰：『何以利吾國？』大夫曰：『何以利吾家？』士庶人曰：『何以利吾身？』上下交征利，而國危矣。萬乘之國，弒其君者，必千乘之家；千乘之國，弒其君者，必百乘之家。萬取千焉，千取百焉，不為不多矣；苟為後義而先利，不奪不饜。

「未有仁而遺其親者也；未有義而後其君者也。王亦曰仁義而已矣，何必曰利？」

（二）孟子見梁惠王，王立於沼上，顧鴻鴈麋鹿，曰：「賢者亦樂此乎？」

孟子對曰：「賢者而後樂此，不賢者雖有此不樂也。《詩》云：『經始靈臺，經之、營之。庶民攻之，不日成之。經始勿亟，庶民子來。王在靈囿，麀鹿攸伏。麀鹿濯濯，白鳥鶴鶴。王在靈沼，於牣魚躍。』文王以民力為臺、為沼，而民歡樂之，謂其臺曰靈臺，謂其沼曰靈沼，樂其有麋鹿魚鱉；古之人與民偕樂，故能樂也。〈湯誓〉曰：『時日害喪，予及女偕亡！』民欲與之偕亡，雖有臺池鳥獸，豈能獨樂哉？」

（三）梁惠王曰：「寡人之於國也，盡心焉耳矣！河內凶，則移其民於河東，移其粟於河內；河東凶，亦然。察鄰國之政，無如寡人之用心者；鄰國之民不加少，寡人之民不加多，何也？」

孟子對曰：「王好戰，請以戰喻：填然鼓之，兵刃既接，棄甲曳兵而走，或百步而後止，或五十步而後止。以五十步笑百步，則何如？」

曰：「不可，直不百步耳！是亦走也！」

曰：「王如知此，則無望民之多於鄰國也。

「不違農時，穀不可勝食也；數罟不入洿池，魚鱉不可勝食也；斧斤以時入山林，材木不可勝用也。穀與魚鱉不可勝食，材木不可勝用，是使民養生喪死無憾也。養生喪死無憾，王道之始也。

「五畝之宅，樹之以桑，五十者可以衣帛矣；雞豚狗彘之畜，無失其時，七十者可以食肉矣；百畝之田，勿奪其時，數口之家，可以無飢矣。謹庠序之教，申之以孝悌之義，頒白者不負戴於道路矣。七十者衣帛食肉，黎民不飢不寒，然而不王者，未之有也。

「狗彘食人食而不知檢，塗有餓莩而不知發。人死，則曰：『非我也，歲也。』是何異於刺人而殺之，曰：『非我也，兵也。』王無罪歲，斯天下之民至焉。」

（四）梁惠王曰：「寡人願安承教。」

孟子對曰：「殺人以梃與刃，有以異乎？」

曰：「無以異也。」

「以刃與政，有以異乎？」

曰：「無以異也。」

曰：「庖有肥肉，廄有肥馬；民有飢色，野有餓莩；此率獸而食人也！獸相食，且人惡之；為民父母行政，不免於率獸而食人，惡在其為民父母也？仲尼曰：『始作俑者，其無後乎！』為其象人而用之也。如之何其使斯民飢而死也？」

（五）梁惠王曰：「晉國，天下莫強焉，叟之所知也。及寡人之身，東敗於齊，長子死焉；西喪地於秦七百里；南辱於楚。寡人恥之，願比死者一洒之，如之何則可？」

孟子對曰：「地方百里，而可以王。王如施仁政於民，省刑罰，薄稅斂；深耕易耨；壯者以暇日修其孝悌忠信，入以事其父兄，出以事其長上；可使制梃以撻秦楚之堅甲利兵矣。彼奪其民時，使不得耕耨，以養其父母；父母凍餓，兄弟妻子離散。彼陷溺其民，王往而征之，夫誰與王敵？故曰：『仁者無敵。』王請勿疑。」

（六）孟子見梁襄王。出語人曰：「望之不似人君，就之而不見所畏焉。卒然問曰：『天下惡乎定？』吾對曰：『定于一。』『孰能一之？』對曰：『不嗜殺人者能一之。』『孰能與之？』對曰：『天下莫不與也。王知夫苗乎？七八月之間旱，則苗槁矣。天油然作雲，沛然下雨，則苗浡然興之矣。其如是，孰能禦之？今夫天下之人牧，未有不嗜殺人者也；如有不嗜殺人者，則天下之民，皆引領而望之矣。誠如是也，民歸之，由水之就下，沛然誰能禦之？』」

（七）齊宣王問曰：「齊桓、晉文之事，可得聞乎？」

孟子對曰：「仲尼之徒，無道桓、文之事者，是以後世無傳焉，臣未之聞也。無以，則王乎？」

曰：「德何如，則可以王矣？」

曰：「保民而王，莫之能禦也。」

曰：「若寡人者，可以保民乎哉？」

曰：「可。」

曰：「何由知吾可也？」

曰：「臣聞之胡齕曰：『王坐於堂上，有牽牛而過堂下者，王見之，曰：「牛何之？」對曰：「將以釁鐘。」王曰：「舍之！吾不忍其觳觫，若無罪而就死地。」對曰：「然則廢釁鐘與？」曰：「何可廢也？以羊易之！」』不識有諸？」

曰：「有之。」

曰：「是心足以王矣。百姓皆以王為愛也，臣固知王之不忍也。」

王曰：「然！誠有百姓者。齊國雖褊小，吾何愛一牛？即不忍其觳觫，若無罪而就死地，故以羊易之也。」

曰：「王無異於百姓之以王為愛也。以小易大，彼惡知之？王若隱其無罪而就死地，則牛羊何擇焉？」

王笑曰：「是誠何心哉？我非愛其財，而易之以羊也。宜乎百姓之謂我愛也！」

曰：「無傷也，是乃仁術也。見牛未見羊也。君子之於禽獸也，見其生，不忍見其死；聞其聲，不忍食其肉。是以君子遠庖廚也。」

王說曰：「《詩》云：『他人有心，予忖度之。』夫子之謂也。夫我乃行之，反而求之，不得吾心；夫子言之，於我心有戚戚焉。此心之所以合於王者，何也？」

曰：「有復於王者曰：『吾力足以舉百鈞，而不足以舉一羽；明足以察秋毫之末，而不見輿薪。』則王許之乎？」

曰：「否。」

「今恩足以及禽獸，而功不至於百姓者，獨何與？

然則一羽之不舉，為不用力焉；輿薪之不見，為不用明焉；百姓之不見保，為不用恩焉。故王之不王，不為也，非不能也。」

曰：「不為者與不能者之形，何以異？」

曰：「挾太山以超北海，語人曰：『我不能』，是誠不能也；為長者折枝，語人曰：『我不能』，是不為也，非不能也。故王之不王，非挾太山以超北海之類也；王之不王，是折枝之類也。

「老吾老，以及人之老；幼吾幼，以及人之幼；天下可運於掌。《詩》云：『刑于寡妻，至於兄弟，以御于家邦。』言舉斯心加諸彼而已。故推恩，足以保四海；不推恩，無以保妻子。古之人所以大過人者，無他焉，善推其所為而已矣。今恩足以及禽獸，而功不至於百姓者，獨何與？

「權，然後知輕重；度，然後知長短。物皆然，心為甚；王請度之！

「抑王興甲兵，危士臣，構怨於諸侯，然後快於心與？」

王曰：「否，吾何快於是？將以求吾所大欲也。」

曰：「王之所大欲，可得聞與？」王笑而不言。

曰：「為肥甘不足以口與？輕煖不足於體與？抑為采色不足視於目與？聲音不足聽於耳與？便嬖不足使令

於前與？王之諸臣，皆足以供之；而王豈為是哉？」

曰：「否。吾不為是也！」

曰：「然則王之所大欲，可知已：欲辟土地，朝秦楚，莅中國，而撫四夷也。以若所為，求若所欲，猶緣木而求魚也。」

王曰：「若是其甚與？」

曰：「殆有甚焉！緣木求魚，雖不得魚，無後災；以若所為，求若所欲，盡心力而為之，後必有災。」

曰：「可得聞與？」

曰：「鄒人與楚人戰，則王以為孰勝？」

曰：「楚人勝。」

曰：「然則小固不可以敵大，寡固不可以敵眾，弱固不可以敵彊。海內之地，方千里者九，齊集有其一；以一服八，何以異於鄒敵楚哉？蓋亦反其本矣。「今王發政施仁，使天下仕者皆欲立於王之朝，耕者皆欲耕於王之野，商賈皆欲藏於王之市，行旅皆欲出於王之塗；天下之欲疾其君者，皆欲赴愬於王。其若是，孰能禦之？」

王曰：「吾惛，不能進於是矣。願夫子輔吾志，明以教我。我雖不敏，請嘗試之。」

曰：「無恆產而有恆心者，惟士為能。若民，則無恆產，因無恆心；苟無恆心，放辟邪侈，無不為已。及陷於罪，然後從而刑之，是罔民也。焉有仁人在位，罔民而可為也？是故明君制民之產，必使仰足以事父母，俯足以畜妻子；樂歲終身飽，凶年免於死亡；然後驅而之善，故民之從之也輕。

「今也，制民之產，仰不足以事父母，俯不足以畜妻子；樂歲終身苦，凶年不免於死亡；此惟救死而恐不贍，奚暇治禮義哉？

「王欲行之，則盍反其本矣：五畝之宅，樹之以桑，五十者可以衣帛矣；雞豚狗彘之畜，無失其時，七十者可以食肉矣；百畝之田，勿奪其時，八口之家，可以無飢矣。謹庠序之教，申之以孝悌之義，頒白者不負戴於道路矣。老者衣帛食肉，黎民不飢不寒，然而不王者，未之有也。」

梁惠王章句下 凡十六章

（一）莊暴見孟子曰：「暴見於王，王語暴以好樂，暴未有以對也。曰：『好樂』，何如？」

孟子曰：「王之好樂甚，則齊國其庶幾乎！」

他日，見於王曰：「王嘗語莊子以好樂，有諸？」

王變乎色，曰：「寡人非能好先王之樂也，直好世俗之樂耳。」

曰：「王之好樂甚，則齊其庶幾乎！今之樂，由古之樂也。」

曰：「可得聞與？」

曰：「獨樂樂，與人樂樂，孰樂？」

曰：「不若與人。」

曰：「與少樂樂，與眾樂樂，孰樂？」

曰：「不若與眾。」

「臣請為王言樂：

「今王鼓樂於此，百姓聞王鐘鼓之聲、管籥之音，舉疾首蹙頞而相告曰：『吾王之好鼓樂，夫何使我至於此極也？父子不相見，兄弟妻子離散！』今王田獵於此，百姓聞王車馬之音，見羽旄之美，舉疾首蹙頞而相告曰：『吾王之好田獵，夫何使我至於此極也？父子不相見，兄弟妻子離散！』此無他，不與民同樂也。

「今王鼓樂於此，百姓聞王鐘鼓之聲、管籥之音，舉欣欣然有喜色而相告曰：『吾王庶幾無疾病與！何以能鼓樂也？』今王田獵於此，百姓聞王車馬之音，見羽旄之美，舉欣欣然有喜色而相告曰：『吾王庶幾無疾病與！何以能田獵也？』此無他，與民同樂也。

「今王與百姓同樂，則王矣。」

（二）齊宣王問曰：「文王之囿，方七十里，有諸？」

孟子對曰：「於傳有之。」

曰：「若是其大乎？」

曰：「民猶以為小也。」

曰：「寡人之囿，方四十里，民猶以為大，何也？」

曰：「文王之囿，方七十里，芻蕘者往焉，雉兔者往焉，與民同之；民以為小，不亦宜乎？臣始至於境，問國之大禁，然後敢入。臣聞郊關之內，有囿方四十里，殺其麋鹿者，如殺人之罪。則是方四十里，為阱於國中；民以為大，不亦宜乎！」

（三）齊宣王問曰：「交鄰國有道乎？」

孟子對曰：「有。惟仁者為能以大事小，是故湯事葛、文王事昆夷。惟智者為能以小事大，故大王事獯鬻、句踐事吳。以大事小者，樂天者也；以小事大者，畏天者也。樂天者，保天下；畏天者，保其國；《詩》云：『畏天之威，于時保之。』」

王曰：「大哉言矣！寡人有疾，寡人好勇。」

對曰：「王請無好小勇。夫撫劍疾視曰：『彼惡敢當我哉！』此匹夫之勇，敵一人者也。王請大之。《詩》云：『王赫斯怒，爰整其旅，以遏徂莒，以篤周祜，以對于天下。』此文王之勇也。文王一怒而安天下之民。《書》曰：『天降下民，作之君，作之師，惟曰：其助上帝，寵之。四方有罪無罪，惟我在，天下曷敢有越厥志？』一人衡行於天下，武王恥之，此武王之勇也。而武王亦一怒而安天下之民。今王亦一怒而安天下之民，民惟恐王之不好勇也。」

（四）齊宣王見孟子於雪宮。王曰：「賢者亦有此樂乎？」

孟子對曰：「有。人不得，則非其上矣。不得而非其上者，非也；為民上而不與民同樂者，亦非也。樂民之樂者，民亦樂其樂；憂民之憂者，民亦憂其憂。樂以天下，憂以天下，然而不王者，未之有也。

「昔者齊景公問於晏子曰：『吾欲觀於轉附、朝儛，遵海而南，放於琅邪；吾何修而可以比於先王觀也？』

「晏子對曰：『善哉問也！天子適諸侯曰巡狩；巡狩者，巡所守也。諸侯朝於天子曰述職；述職者，述所職也。無非事者。春省耕而補不足，秋省斂而助不給；夏諺曰：「吾王不遊，吾何以休？吾王不豫，吾何以助？一遊一豫，為諸侯度。」今也不然：師行而糧食，飢者弗食，勞者弗息；睊睊胥讒，民乃作慝。方命虐民，飲食若流；流連荒亡，為諸侯憂。從流下而忘反，謂之流；從流上而忘反，謂之連；從獸無厭，謂之荒；樂酒無厭，謂之亡。先王無流連之樂、荒亡之行。惟君所行也。』

「景公說，大戒於國，出舍於郊。於是始興發，補不足。召太師，曰：『為我作君臣相說之樂。』蓋〈徵招〉、〈角招〉是也。其《詩》曰：『畜君何尤！』畜君者，好君也。」

（五）齊宣王問曰：「人皆謂我毀明堂。毀諸？已乎？」

孟子對曰：「夫明堂者，王者之堂也；王欲行王政，則勿毀之矣。」

王曰：「王政可得聞與？」

對曰：「昔者文王之治岐也，耕者九一，仕者世祿，關市譏而不征，澤梁無禁，罪人不孥。老而無妻曰鰥，老而無夫曰寡，老而無子曰獨，幼而無父曰孤——此四者，天下之窮民而無告者；文王發政施仁，必先斯四者。《詩》云：『哿矣富人，哀此煢獨。』」

王曰：「善哉言乎！」

曰：「王如善之，則何為不行？」

王曰：「寡人有疾，寡人好貨。」

對曰：「昔者公劉好貨；《詩》云：『乃積乃倉，乃裹餱糧。于橐于囊，思戢用光。弓矢斯張，干戈戚揚，爰方啟行。』故居者有積倉，行者有裹糧也，然後可以『爰方啟行』。王如好貨，與百姓同之，於王何有？」

王曰：「寡人有疾，寡人好色。」

對曰：「昔者大王好色，愛厥妃；《詩》云：『古公亶父，來朝走馬，率西水滸，至於岐下，爰及姜女，聿來胥宇。』當是時也，內無怨女，外無曠夫。王如好色，與百姓同之，於王何有？」

（六）孟子謂齊宣王曰：「王之臣，有託其妻子於其友，而之楚遊者；比其反也，則凍餒其妻子。則如之何？」

王曰：「棄之。」

曰：「士師不能治士，則如之何？」

王曰：「已之。」

曰：「四境之內不治，則如之何？」

王顧左右而言他。

（七）孟子見齊宣王，曰：「所謂故國者，非謂有喬木之謂也，有世臣之謂也。王無親臣矣；昔者所進，今日不知其亡也。」

王曰：「吾何以識其不才而舍之？」

曰：「國君進賢，如不得已，將使卑踰尊，疏踰戚，可不慎與？左右皆曰賢，未可也；諸大夫皆曰賢，未可也；國人皆曰賢，然後察之，見賢焉，然後用之。左右皆曰不可，勿聽；諸大夫皆曰不可，勿聽；國人皆曰不可，然後察之，見不可焉，然後去之。左右皆曰可殺，勿聽；諸大夫皆曰可殺，勿聽；國人皆曰可殺，然後察之，見可殺焉，然後殺之。故曰國人殺之也。如此，然後可以為民父母。」

（八）齊宣王問曰：「湯放桀，武王伐紂，有諸？」

孟子對曰：「於傳有之。」

曰：「臣弒其君，可乎？」

曰：「賊仁者，謂之賊；賊義者，謂之殘。殘賊之人，謂之一夫。聞誅一夫紂矣，未聞弒君也。」

（九）孟子見齊宣王，曰：「為巨室，則必使工師求大木。工師得大木，則王喜，以為能勝其任也。匠人斲而小之，則王怒，以為不勝其任矣。夫人幼而學之，壯而欲行之；王曰：『姑舍女所學而從我。』則何如？今有璞玉於此，雖萬鎰，必使玉人雕琢之。至於治國家，則曰：『姑舍女所學而從我。』則何以異於教玉人雕琢玉哉？」

（一〇）齊人伐燕，勝之。宣王問曰：「或謂寡人勿取，或謂寡人取之。以萬乘之國，伐萬乘之國，五旬而舉之，人力不至於此。不取，必有天殃，取之何如？」

孟子對曰：「取之而燕民悅，則取之；古之人有行之者，武王是也。取之而燕民不悅，則勿取；古之人有行之者，文王是也。以萬乘之國，伐萬乘之國，簞食壺漿以迎王師，豈有他哉？避水火也。如水益深，如火益熱，亦運而已矣。」

（一一）齊人伐燕，取之。諸侯將謀救燕。宣王曰：「諸侯多謀伐寡人者，何以待之？」

孟子對曰：「臣聞七十里為政於天下者，湯是也。未聞以千里畏人者也。《書》曰：『湯一征，自葛始，天下信之。東面而征，西夷怨；南面而征，北狄怨；曰：「奚為後我！」』民望之，若大旱之望雲霓也。歸市者不止，耕者不變。誅其君而弔其民，若時雨降，民大悅；《書》曰：『徯我后，后來其蘇。』今燕虐其民，王往而征之，民以為將拯己於水火之中也，簞食壺漿以迎王師；若殺其父兄，係累其子弟，毀其宗廟，遷其重器，如之何其可也？天下固畏齊之彊也，今又倍地而不行仁政，是動天下之兵也。王速出令，反其旄倪，止其重器；謀於燕眾，置君而後去之；則猶可及止也。」

（一二）鄒與魯鬨。穆公問曰：「吾有司死者三十三人，而民莫之死也。誅之，則不可勝誅；不誅，則疾視其長上之死而不救。如之何則可也？」

孟子對曰：「凶年饑歲，君之民，老弱轉乎溝壑，壯者散而之四方者，幾千人矣；而君之倉廩實、府庫充，有司莫以告。是上慢而殘下也。曾子曰：『戒之戒之！出乎爾者，反乎爾者也。』夫民今而後得反之也，君無尤焉。君行仁政，斯民親其上，死其長矣。」

（一三）滕文公問曰：「滕，小國也，間於齊楚。事齊乎？事楚乎？」

孟子對曰：「是謀非吾所能及也。無已，則有一焉：鑿斯池也，築斯城也，與民守之，效死而民弗去，則是可為也。」

（一四）滕文公問曰：「齊人將築薛，吾甚恐，如之何則可？」

孟子對曰：「昔者大王居邠，狄人侵之，去之岐山之下居焉。非擇而取之，不得已也。苟為善，後世子孫必有王者矣。君子創業垂統，為可繼也；若夫成功，則天也。君如彼何哉？彊為善而已矣。」

（一五）滕文公問曰：「滕，小國也；竭力以事大國，則不得免焉。如之何則可？」

孟子對曰：「昔者大王居邠，狄人侵之。事之以皮幣，不得免焉；事之以犬馬，不得免焉；事之以珠玉，不得免焉。乃屬其耆老而告之曰：『狄人之所欲者，吾土地也。吾聞之也：君子不以其所以養人者害人。二三子何患乎無君？我將去之。』去邠，踰梁山，邑於岐山之下居焉。邠人曰：『仁人也，不可失也。』從之者如歸市。或曰：『世守也，非身之所能為也；效死勿去！』君請擇於斯二者。」

（一六）魯平公將出，嬖人臧倉者請曰：「他日君出，則必命有司所之；今乘輿已駕矣，有司未知所之，敢請。」

公曰：「將見孟子。」

曰：「何哉？君所為輕身以先於匹夫者，以為賢乎？禮義由賢者出，而孟子之後喪踰前喪，君無見焉。」

公曰：「諾。」

樂正子入見曰：「君奚為不見孟軻也？」曰：「或告寡人曰：『孟子之後喪踰前喪。』是以不往見也。」曰：「何哉？君所謂踰者。前以士，後以大夫；前以三鼎，而後以五鼎與？」曰：「否，謂棺椁衣衾之美也。」曰：「非所謂踰也，貧富不同也。」

樂正子見孟子曰：「克告於君，君為來見也；嬖人有臧倉者沮君，君是以不果來也。」曰：「行，或使之；止，或尼之；行止，非人所能也。吾之不遇魯侯，天也。臧氏之子，焉能使予不遇哉？」

公孫丑章句上 凡九章

（一）公孫丑問曰：「夫子當路於齊，管仲、晏子之功，可復許乎？」

孟子曰：「子誠齊人也，知管仲、晏子而已矣！或問乎曾西曰：『吾子與子路孰賢？』曾西蹵然曰：『吾先子之所畏也。』曰：『然則吾子與管仲孰賢？』曾西艴然不悅曰：『爾何曾比予於管仲！管仲得君如彼其專也，行乎國政如彼其久也，功烈如彼其卑也！爾何曾比予於是！』」曰：「管仲，曾西之所不為也。而子為我願之乎？」

曰：「管仲以其君霸，晏子以其君顯；管仲、晏子，猶不足為與？」

曰：「以齊王，由反手也。」

曰：「若是，則弟子之惑滋甚。且以文王之德，百年而後崩，猶未洽於天下；武王、周公繼之，然後大行。今言王若易然，則文王不足法與？」

曰：「文王何可當也？由湯至於武丁，賢聖之君六七作，天下歸殷久矣，久則難變也。武丁朝諸侯，有天下，猶運之掌也。紂之去武丁未久也，其故家遺俗，流風善政，猶有存者；又有微子、微仲、王子比干、箕子、膠鬲，皆賢人也，相與輔相之；故久而後失之也。尺地，莫非其有也；一民，莫非其臣也；然而文王猶方百里起，是以難也。齊人有言曰：『雖有智慧，不如乘勢；雖有鎡基，不如作時。』今時則易然也：夏后、殷、周之盛，地未有過千里者也，而齊有其地矣；雞鳴狗吠相聞，而達乎四境，而齊有其民矣。地不改辟矣，民不改聚矣；行仁政而王，莫之能禦也。且王者之不作，未有疏於此時者也；民之憔悴於虐政，未有甚於此時者也。飢者易為食，渴者易為飲。孔子曰：『德之流行，速於置、郵而傳命。』當今之時，萬乘之國行仁政，民之悅之，猶解倒懸也。故事半古之人，功必倍之，惟此時為然。」

（二）公孫丑問曰：「夫子加齊之卿相，得行道焉，雖由此霸王不異矣。如此，則動心否乎？」

孟子曰：「否。我四十不動心。」

曰：「若是，則夫子過孟賁遠矣！」

曰：「是不難。告子先我不動心。」

曰：「不動心有道乎？」

曰：「有。北宮黝之養勇也，不膚橈，不目逃；思以一毫挫於人，若撻之於市朝，不受於褐寬博，亦不受於萬乘之君；視刺萬乘之君，若刺褐夫，無嚴諸侯；惡聲至，必反之。孟施舍之所養勇也，曰：『視不勝猶勝也；量敵而後進，慮勝而後會，是畏三軍者也。舍豈能為必勝哉？能無懼而已矣。』孟施舍似曾子，北宮黝似子夏。夫二子之勇，未知其孰賢；然而孟施舍守約也。昔者曾子謂子襄曰：『子好勇乎？吾嘗聞大勇於夫子矣：自反而不縮，雖褐寬博，吾不惴焉？自反而縮，雖千萬人，吾往矣！』孟施舍之守氣，又不如曾子之守約也。」

曰：「敢問夫子之不動心，與告子之不動心，可得聞與？」

「告子曰：『不得於言，勿求於心；不得於心，勿求於氣。』不得於心，勿求於氣，可；不得於言，勿求於心，不可。夫志，氣之帥也；氣，體之充也。夫志至焉，氣次焉，故曰：『持其志，無暴其氣。』」

「既曰『志至焉，氣次焉』，又曰『持其志，無暴其氣』者，何也？」

曰：「志壹則動氣，氣壹則動志也。今夫蹶者、趨者，是氣也；而反動其心。」

「敢問夫子惡乎長？」

曰：「我知言，我善養吾浩然之氣。」

「敢問何謂浩然之氣？」

曰：「難言也。其為氣也，至大至剛，以直養而無害，則塞于天地之間。其為氣也，配義與道；無是，餒也。是集義所生者，非義襲而取之也；行有不慊於心，則餒矣。我故曰告子未嘗知義，以其外之也。必有事焉而勿正，心勿忘，勿助長也。無若宋人然：宋人有閔其苗之不長而揠之者，芒芒然歸，謂其人曰：『今日病矣！予助苗長矣！』其子趨而往視之，苗則槁矣！天下之不助苗長者寡矣。以為無益而舍之者，不耘苗者也。助之長者，揠苗者也；非徒無益，而又害之。」

「何謂知言？」

曰：「詖辭，知其所蔽；淫辭，知其所陷；邪辭，知其所離；遁辭，知其所窮。生於其心，害於其政，發於其政，害於其事。聖人復起，必從吾言矣。」

「宰我、子貢，善為說辭。冉牛、閔子、顏淵，善言德行。孔子兼之，曰：『我於辭命，則不能也。』然則夫子既聖矣乎？」

曰：「惡！是何言也！昔者子貢問於孔子曰：『夫子聖矣乎？』孔子曰：『聖，則吾不能；我學不厭，而教不倦也。』子貢曰：『學不厭，智也；教不倦，仁也。仁且智，夫子既聖矣！』夫聖，孔子不居。是何言也！」

「昔者竊聞之：子夏、子游、子張，皆有聖人之一體；冉牛、閔子、顏淵，則具體而微；敢問所安？」

曰：「姑舍是。」

曰：「伯夷、伊尹何如？」

曰：「不同道。非其君不事，非其民不使，治則進，亂則退，伯夷也。何事非君？何使非民？治亦進，亂亦進，伊尹也。可以仕則仕，可以止則止，可以久則久，可以速則速，孔子也。皆古聖人也，吾未能有行焉；乃所願，則學孔子也。」

「伯夷、伊尹於孔子，若是班乎？」

曰：「否。自有生民以來，未有孔子也。」

曰：「然則有同與？」

曰：「有。得百里之地而君之，皆能以朝諸侯，有天下；行一不義，殺一不辜，而得天下，皆不為也。是則同。」

曰：「敢問其所以異？」

曰：「宰我、子貢、有若，智足以知聖人；汙，不至阿其所好。宰我曰：『以予觀於夫子，賢於堯舜遠矣。』子貢曰：『見其禮而知其政，聞其樂而知其德，由百世之後，等百世之王，莫之能違也。自生民以來，未有夫子也！』有若曰：『豈惟民哉？麒麟之於走獸，鳳凰之於飛鳥，泰山之於丘垤，河海之於行潦，類也。聖人之於民，亦類也；出於其類，拔乎其萃，自生民以來，未有盛於孔子也！』」

（三）孟子曰：「以力假仁者霸，霸必有大國。以德行仁者王，王不待大：湯以七十里，文王以百里。以力服人者，非心服也，力不贍也。以德服人者，中心悅而誠服也，如七十子之服孔子也。《詩》云：『自西自東，自南自北，無思不服。』此之謂也。」

（四）孟子曰：「仁則榮，不仁則辱。今惡辱而居不仁，是猶惡濕而居下也。

「如惡之，莫如貴德而尊士。賢者在位，能者在職，國家閒暇，及是時明其政刑，雖大國必畏之矣。《詩》云：『迨天之未陰雨，徹彼桑土，綢繆牖戶；今此下民，或敢侮予？』孔子曰：『為此詩者，其知道乎！能治其國家，誰敢侮之？』

「今國家閒暇，及是時般樂怠敖，是自求禍也。禍福無不自己求之者！《詩》云：『永言配命，自求多福。』〈太甲〉曰：『天作孽，猶可違；自作孽，不可活。』此之謂也。」

（五）孟子曰：「尊賢使能，俊傑在位，則天下之士，皆悅而願立於其朝矣；市，廛而不征，法而不廛，則天下之商，皆悅而願藏於其市矣；關，譏而不征，則天下之旅，皆悅而願出於其路矣；耕者，助而不稅，則天下之農，皆悅而願耕於其野矣；廛，無夫里之布，則天下之民，皆悅而願為之氓矣。信能行此五者，則鄰國之民，仰之若父母矣。率其子弟，攻其父母，自生民以來，未有能濟者也。如此，則無敵於天下；無敵於天下者，天吏也。然而不王者，未之有也。」

（六）孟子曰：「人皆有不忍人之心。先王有不忍人之心，斯有不忍人之政矣。以不忍人之心，行不忍人之政，治天下可運之掌上。

「所以謂人皆有不忍人之心者：今人乍見孺子將入於井，皆有怵惕惻隱之心；非所以內交於孺子之父母也，非所以要譽於鄉黨朋友也，非惡其聲而然也。

「由是觀之，無惻隱之心，非人也；無羞惡之心，非人也；無辭讓之心，非人也；無是非之心，非人也。

惻隱之心，仁之端也；羞惡之心，義之端也；辭讓之心，禮之端也；是非之心，智之端也。人之有是四端也，猶其有四體也；有是四端而自謂不能者，自賊者也；謂其君不能者，賊其君者也。

「凡有四端於我者，知皆擴而充之矣，若火之始然，泉之始達。苟能充之，足以保四海；苟不充之，不足以事父母。」

（七）孟子曰：「矢人豈不仁於函人哉？矢人惟恐不傷人，函人惟恐傷人。巫匠亦然。故術不可不慎也。孔子曰：『里仁為美；擇不處仁，焉得智？』夫仁，天之尊爵也，人之安宅也；莫之禦而不仁，是不智也。不仁不智，無禮無義，人役也。人役而恥為役，由弓人而恥為弓、矢人而恥為矢也。如恥之，莫如為仁。仁者如射：射者正己而後發；發而不中，不怨勝己者，反求諸己而已矣。」

（八）孟子曰：「子路，人告之以有過則喜；禹聞善言則拜。大舜有大焉：善與人同，舍己從人，樂取於人以為善。自耕稼陶漁，以至為帝，無非取於人者。取諸人以為善，是與人為善者也。故君子莫大乎與人為善。」

（九）孟子曰：「伯夷，非其君不事，非其友不友；不立於惡人之朝，不與惡人言；立於惡人之朝，與惡人言，如以朝衣朝冠，坐於塗炭。推惡惡之心，思與鄉人立，其冠不正，望望然去之，若將浼焉。是故諸侯雖有善其辭命而至者，不受也；不受也者，是亦不屑就已。柳下惠不羞汙君，不卑小官；進不隱賢，必以其道；遺佚而不怨，阨窮而不憫。故曰：『爾為爾，我為我，雖袒裼裸裎於我側，爾焉能浼我哉！』故由由然與之偕而不自失焉。援而止之而止；援而止之而止者，是亦不屑去已。」孟子曰：「伯夷隘，柳下惠不恭。隘與不恭，君子不由也。」

公孫丑章句下 凡十四章

（一）孟子曰：「天時不如地利，地利不如人和。「三里之城，七里之郭，環而攻之而不勝。夫環而攻之，必有得天時者矣；然而不勝者，是天時不如地利也。城非不高也，池非不深也，兵革非不堅利也，米粟非不多也；委而去之，是地利不如人和也。「故曰：域民不以封疆之界，固國不以山谿之險，威天下不以兵革之利；得道者多助，失道者寡助。寡助之至，親戚畔之；多助之至，天下順之。以天下之所順，攻親戚之所畔；故君子有不戰，戰必勝矣。」

（二）孟子將朝王。王使人來曰：「寡人如就見者也，有寒疾，不可以風。朝，將視朝，不識可使寡人得見乎？」

對曰：「不幸而有疾，不能造朝。」

明日，出弔於東郭氏。公孫丑曰：「昔者辭以病，今日弔，或者不可乎？」

曰：「昔者疾，今日愈，如之何不弔？」

王使人問疾，醫來。孟仲子對曰：「昔者有王命，有采薪之憂，不能造朝。今病小愈，趨造於朝，我不識能至否乎？」

使數人要於路，曰：「請必無歸，而造於朝。」

不得已，而之景丑氏宿焉。景子曰：「內則父子，外則君臣，人之大倫也。父子主恩，君臣主敬；丑見王之敬子也，未見所以敬王也。」曰：「惡！是何言也！齊人無以仁義與王言者，豈以仁義為不美也？其心曰：『是何足與言仁義也』云爾，則不敬莫大乎是。我非堯舜之道，不敢以陳於王前。故齊人莫如我敬王也。」景子曰：「否，非此之謂也。《禮》曰：『父召，無諾；君命召，不俟駕。』固將朝也，聞王命而遂不果，宜與夫禮若不相似然。」

曰：「豈謂是與？曾子曰：『晉楚之富，不可及也。彼以其富，我以吾仁；彼以其爵，我以吾義；吾何慊乎哉？』夫豈不義而曾子言之？是或一道也。天下有達尊三：爵一，齒一，德一。朝廷莫如爵，鄉黨莫如齒，輔世長民莫如德。惡得有其一，以慢其二哉？故將大有為之君，必有不召之臣，欲有謀焉則就之。其尊德樂道，不如是，不足與有為也。故湯之於伊尹，學焉而後臣之，故不勞而王；桓公之於管仲，學焉而後臣之，故不勞而霸。今天下地醜德齊，莫能相尚；無他，好臣其所教，而不好臣其所受教。湯之於伊尹，桓公之於管仲，則不敢召；管仲且猶不可召，而況不為管仲者乎？」

（三）陳臻問曰：「前日於齊，王餽兼金一百而不受；於宋，餽七十鎰而受；於薛，餽五十鎰而受。前日之不受是，則今日之受非也；今日之受是，則前日之不受非也。夫子必居一於此矣！」

孟子曰：「皆是也。當在宋也，予將有遠行；行者必以贐，辭曰：『餽贐』，予何為不受？當在薛也。予有戒心；辭曰：『聞戒，故為兵餽之。』予何為不受？若於齊，則未有處也。無處而餽之，是貨之也。焉有君子而可以貨取乎？」

（四）孟子之平陸，謂其大夫曰：「子之持戟之士，一日而三失伍，則去之否乎？」

曰：「不待三。」

「然則子之失伍也亦多矣！凶年飢歲，子之民，老羸轉於溝壑，壯者散而之四方者，幾千人矣。」

曰：「此非距心之所得為也。」

曰：「今有受人之牛羊而為之牧之者，則必為之求牧與芻矣。求牧與芻而不得，則反諸其人乎？抑亦立而視其死與？」

曰：「此則距心之罪也。」

他日，見於王曰：「王之為都者，臣知五人焉；知其罪者，惟孔距心。」為王誦之。

王曰：「此則寡人之罪也。」

（五）孟子謂蚳鼃曰：「子之辭靈丘而請士師，似也；為其可以言也。今既數月矣，未可以言與？」蚳鼃諫於王而不用，致為臣而去。齊人曰：「所以為蚳鼃，則善矣；所以自為，則吾不知也。」

公都子以告。

曰：「吾聞之也：有官守者，不得其職則去；有言責者，不得其言則去。我無官守，我無言責也。則吾進退，豈不綽綽然有餘裕哉？」

（六）孟子為卿於齊，出弔於滕，王使蓋大夫王驩為輔行。王驩朝暮見，反齊滕之路，未嘗與之言行事也。

公孫丑曰：「齊卿之位，不為小矣；齊滕之路，不為近矣；反之而未嘗與言行事，何也？」

曰：「夫既或治之，予何言哉？」

（七）孟子自齊葬於魯，反於齊，止於嬴。

充虞請曰：「前日不知虞之不肖，使虞敦匠事。嚴，虞不敢請；今願竊有請也：木若以美然。」

曰：「古者棺椁無度。中古棺七寸，椁稱之，自天子達於庶人；非直為觀美也，然後盡於人心。不得，不可以為悅；無財，不可以為悅；得之為有財，古之人皆用之，吾何為獨不然？且比化者，無使土親膚，於人心獨無恔乎？吾聞之也：君子不以天下儉其親。」

（八）沈同以其私問曰：「燕可伐與？」孟子曰：「可。子噲不得與人燕，子之不得受燕於子噲。有仕於此，而子悅之，不告於王，而私與之吾子之祿爵；夫士也，亦無王命，而私受之於子；則可乎？何以異於是？」

齊人伐燕。

或問曰：「勸齊伐燕，有諸？」

曰：「未也。沈同問：『燕可伐與？』吾應之曰：『可。』彼然而伐之也。彼如曰：『孰可以伐之？』則將應之曰：『為天吏，則可以伐之。』今有殺人者，或問之曰：『人可殺與？』則將應之曰：『可。』彼如曰：『孰可以殺之？』則將應之曰：『為士師，則可以殺之。』今以燕伐燕，何為勸之哉？」

（九）燕人畔。王曰：「吾甚慙於孟子。」陳賈曰：「王無患焉。王自以為與周公孰仁且智？」王曰：「惡！是何言也！」曰：「周公使管叔監殷，管叔以殷畔。知而使之，是不仁也；不知而使之，是不智也。仁、智，周公未之盡也；而況於王乎？賈請見而解之。」

見孟子，問曰：「周公何人也？」

曰：「古聖人也。」

曰：「使管叔監殷，管叔以殷畔也，有諸？」

曰：「然。」

曰：「周公知其將畔而使之與？」

曰：「不知也。」

「然則聖人且有過與？」

曰：「周公弟也，管叔兄也，周公之過，不亦宜乎？且古之君子，過則改之；今之君子，過則順之。古之君子，其過也，如日月之食，民皆見之；及其更也，民皆仰之。今之君子，豈徒順之，又從為之辭。」

（一〇）孟子致為臣而歸，王就見孟子曰：「前日願見而不可得，得侍同朝，甚喜。今又棄寡人而歸，不識可以繼此而得見乎？」

對曰：「不敢請耳，固所願也。」

他日，王謂時子曰：「我欲中國而授孟子室，養弟子以萬鍾，使諸大夫國人，皆有所矜式。子盍為我言之。」

時子因陳子而以告孟子。

陳子以時子之言告孟子，孟子曰：「然；夫時子惡知其不可也？如使予欲富，辭十萬而受萬，是為欲富乎？季孫曰：『異哉，子叔疑！使己為政，不用，則亦已矣；又使其子弟為卿。人亦孰不欲富貴？而獨於富貴之中，有私龍斷焉。』古之為市者，以其所有，易其所無者，有司者治之耳。有賤丈夫焉，必求龍斷而登之，以左右望而罔市利；人皆以為賤，故從而征之。征商，自此賤丈夫始矣。」

（一一）孟子去齊，宿於晝。有欲為王留行者，坐而言；不應，隱几而臥。

客不悅曰：「弟子齊宿而後敢言，夫子臥而不聽，請勿復敢見矣！」

曰：「坐！我明語子。昔者魯繆公無人乎子思之側，則不能安子思；泄柳、申詳無人乎繆公之側，則不能安其身。子為長者慮，而不及子思；子絕長者乎？長者絕子乎？」

（一二）孟子去齊，尹士語人曰：「不識王之不可以為湯武，則是不明也；識其不可，然且至，則是干澤也。千里而見王，不遇故去，三宿而後出晝；是何濡滯也！士則茲不悅。」

高子以告。

曰：「夫尹士惡知予哉！千里而見王，是予所欲也；不遇故去，豈予所欲哉？予不得已也！予三宿而出晝，於予心猶以為速；王庶幾改之。王如改諸，則必反予。夫出晝而王不予追也，予然後浩然有歸志。予雖然，豈舍王哉？王由足用為善；王如用予，則豈徒齊民安，天下之民舉安。王庶幾改之，予日望之！予豈是若小丈夫然哉？諫於其君而不受，則怒，悻悻然見於其面；去則窮日之力而後宿哉？」

尹士聞之曰：「士誠小人也！」

（一三）孟子去齊，充虞路問曰：「夫子若有不豫色然。前日虞聞諸夫子曰：『君子不怨天，不尤人。』」

曰：「彼一時，此一時也。五百年必有王者興，其間必有名世者。由周而來，七百有餘歲矣。以其數，則過矣；以其時考之，則可矣。夫天未欲平治天下也；

如欲平治天下，當今之世，舍我其誰也？吾何為不豫哉？」

（一四）孟子去齊，居休。公孫丑問曰：「仕而不受祿，古之道乎？」曰：「非也。於崇，吾得見王，退而有去志；不欲變，故不受也。繼而有師命，不可以請；久於齊，非我志也。」

滕文公章句上 凡五章

（一）滕文公為世子，將之楚，過宋而見孟子。孟子道性善，言必稱堯舜。

世子自楚反，復見孟子。

孟子曰：「世子疑吾言乎？夫道，一而已矣。成覸謂齊景公曰：『彼，丈夫也；我，丈夫也；吾何畏彼哉？』顏淵曰：『舜何人也？予何人也？有為者亦若是。』公明儀曰：『文王我師也，周公豈欺我哉？』今滕絕長補短，將五十里也，猶可以為善國。《書》曰：『若藥不瞑眩，厥疾不瘳。』」

（二）滕定公薨，世子謂然友曰：「昔者孟子嘗與我言於宋，於心終不忘。今也不幸，至於大故，吾欲使子問於孟子，然後行事。」

然友之鄒，問於孟子。

孟子曰：「不亦善乎！親喪，固所自盡也。曾子曰：『生，事之以禮；死，葬之以禮，祭之以禮；可謂孝矣。』諸侯之禮，吾未之學也。雖然，吾嘗聞之矣：三年之喪，齊疏之服，飦粥之食，自天子達於庶人，三代共之。」

然友反命。定為三年之喪。父兄百官皆不欲，故曰：「吾宗國魯先君莫之行，吾先君亦莫之行也。至於子之身而反之，不可。且志曰：『喪祭從先祖。』」曰：「吾有所受之也。」謂然友曰：「吾他日未嘗學問，好馳馬試劍。今也父兄百官不我足也，恐其不能盡於大事。子為我問孟子。」

然友復之鄒，問孟子。

孟子曰：「然。不可以他求者也。孔子曰：『君薨，聽於冢宰，歠粥，面深墨，即位而哭；百官有司，莫敢不哀，先之也。上有好者，下必有甚焉者矣。君子之德，風也；小人之德，草也；草尚之風必偃。』是在世子。」

然友反命。

世子曰：「然。是誠在我。」

五月居廬，未有命戒，百官族人：「可謂曰知。」

及至葬，四方來觀之，顏色之戚，哭泣之哀，弔者大悅。

（三）滕文公問為國。

孟子曰：「民事不可緩也。《詩》云：『晝爾于茅，宵爾索綯；亟其乘屋，其始播百穀。』民之為道也，有恆產者有恆心，無恆產者無恆心；苟無恆心，放僻邪侈，無不為已。及陷乎罪，然後從而刑之，是罔民也。焉有仁人在位，罔民而可為也？是故賢君必恭儉禮下，取於民有制。陽虎曰：『為富，不仁矣；為仁，不富矣。』

「夏后氏五十而貢，殷人七十而助，周人百畝而徹；其實皆什一也。徹者，徹也。助者，藉也。龍子曰：『治地莫善於助，莫不善於貢。』貢者，校數歲之中以為常：樂歲粒米狼戾，多取之而不為虐，則寡取之；凶年糞其田而不足，則必取盈焉。為民父母，使民盻盻然，將終歲勤動，不得以養其父母，又稱貸而益之，使老稚轉乎溝壑；惡在其為民父母也？夫世祿，滕固行之矣。《詩》云：『雨我公田，遂及我私。』惟助為有公田。由此觀之，雖周亦助也。

「設為庠序學校以教之。庠者，養也；校者，教也；序者，射也。夏曰校，殷曰序，周曰庠，學則三代共之；皆所以明人倫也。人倫明於上，小民親於下；有王者起，必來取法，是為王者師也。

也。子力行之，亦以新子之國。」《詩》云：『周雖舊邦，其命維新。』文王之謂

使畢戰問井地。

孟子曰：「子之君將行仁政，選擇而使子，子必勉之。夫仁政，必自經界始。經界不正，井地不均，穀祿不平；是故暴君汙吏，必慢其經界。經界既正，分田制祿，可坐而定也。

「夫滕，壤地褊小；將為君子焉，將為野人焉；無君子莫治野人，無野人莫養君子。請野九一而助，國中什一使自賦。卿以下，必有圭田，圭田五十畝。餘夫二十五畝。死徙無出鄉。鄉田同井，出入相友，守望相

助，疾病相扶持，則百姓親睦。方里而井，井九百畝；其中為公田。八家皆私百畝，同養公田。公事畢，然後敢治私事。所以別野人也。此其大略也。若夫潤澤之，則在君與子矣。」

（四）有為神農之言者許行，自楚之滕，踵門而告文公曰：「遠方之人，聞君行仁政，願受一廛而為氓。」

文公與之處。其徒數十人，皆衣褐，捆屨織蓆以為食。

陳良之徒陳相，與其弟辛，負耒耜而自宋之滕，曰：「聞君行聖人之政，是亦聖人也。願為聖人氓。」

陳相見許行而大悅，盡棄其學而學焉。陳相見孟子，道許行之言曰：「滕君則誠賢君也；雖然，未聞道也！賢者與民並耕而食，饔飧而治。今也滕有倉廩府庫，則是厲民而以自養也，惡得賢？」

孟子曰：「許子必種粟而後食乎？」

曰：「然。」

「許子必織布而後衣乎？」

曰：「否，許子衣褐。」

「許子冠乎？」

曰：「冠。」

曰：「奚冠？」

曰：「冠素。」

曰：「自織之與？」

曰：「否，以粟易之。」

曰：「許子奚為不自織？」

曰：「害於耕。」

曰：「許子以釜甑爨，以鐵耕乎？」

曰：「然。」

「自為之與？」

曰：「否，以粟易之。」

「以粟易械器者，不為厲陶冶；陶冶亦以其械器易粟者，豈為厲農夫哉？且許子何不為陶冶，舍皆取諸其宮中而用之？何為紛紛然與百工交易？何許子之不憚煩？」

曰：「百工之事，固不可耕且為也。」

「然則治天下獨可耕且為與？有大人之事，有小人之事。且一人之身，而百工之所為備；如必自為而後用之，是率天下而路也。故曰：或勞心，或勞力。勞心者治人，勞力者治於人；治於人者食人，治人者食於人；天下之通義也。

「當堯之時，天下猶未平，洪水橫流，氾濫於天下；草木暢茂，禽獸繁殖。五穀不登，禽獸偪人，獸蹄鳥跡之道交於中國；堯獨憂之，舉舜而敷治焉。舜使益掌火，益烈山澤而焚之，禽獸逃匿。禹疏九河；瀹濟漯而注諸海；決汝漢，排淮泗，而注之江，然後中國可得而食也。當是時也，禹八年於外，三過其門而不入；雖欲耕，得乎？

「后稷教民稼穡，樹藝五穀；五穀熟，而民人育。人之有道也。飽食、煖衣、逸居而無教，則近於禽獸。聖人有憂之，使契為司徒，教以人倫：父子有親，君臣有義，夫婦有別，長幼有序，朋友有信。放勳曰：『勞之，來之，匡之，直之，輔之，翼之，使自得之，又從而振德之。』聖人之憂民如此，而暇耕乎？

「堯以不得舜為己憂，舜以不得禹、皋陶為己憂；

夫以百畝之不易為己憂者，農夫也。分人以財謂之惠，教人以善謂之忠，為天下得人者謂之仁。是故以天下與人易，為天下得人難。孔子曰：『大哉，堯之為君！惟天為大，惟堯則之；蕩蕩乎民無能名焉。君哉，舜也！巍巍乎有天下而不與焉！』堯舜之治天下，豈無所用其心哉？亦不用於耕耳。

「吾聞用夏變夷者，未聞變於夷者也。陳良，楚產也。悦周公仲尼之道，北學於中國；北方之學者，未能或之先也。彼所謂豪傑之士也。子之兄弟，事之數十年，師死而遂倍之！昔者孔子沒，三年之外，門人治任將歸，入揖於子貢，相嚮而哭，皆失聲，然後歸。子貢反，築室於場，獨居三年，然後歸。他日，子夏、子張、子游以有若似聖人，欲以所事孔子事之，彊曾子。曾子曰：『不可。江漢以濯之，秋陽以暴之，皜皜乎不可尚已。』今也南蠻鴃舌之人，非先王之道，子倍子之師而學之，亦異於曾子矣！吾聞出於幽谷，遷於喬木者；未聞下喬木，而入於幽谷者。〈魯頌〉曰：『戎狄是膺，荊舒是懲。』周公方且膺之；子是之學，亦為不善變矣！」

「從許子之道，則市賈不貳，國中無偽，雖使五尺之童適市，莫之或欺。布帛長短同，則賈相若；麻縷絲絮輕重同，則賈相若；五穀多寡同，則賈相若；屨大小同，則賈相若。」

曰：「夫物之不齊，物之情也。或相倍蓰，或相什百，或相千萬；子比而同之，是亂天下也！巨屨小屨同賈，人豈為之哉？從許子之道，相率而為偽者也，惡能治國家？」

（五）墨者夷之，因徐辟而求見孟子。孟子曰：「吾固願見，今吾尚病。病愈，我且往見，夷子不來。」

他日，又求見孟子。孟子曰：「吾今則可以見矣。不直，則道不見；我且直之！吾聞夷子墨者，墨之治喪也，以薄為其道也。夷子思以易天下，豈以為非是而不貴也？然而夷子葬其親厚，則是以所賤事親也。」

徐子以告夷子，夷子曰：「儒者之道，古之人『若保赤子』，此言何謂也？之則以為愛無差等，施由親始。」

徐子以告孟子，孟子曰：「夫夷子信以為人之親其兄之子，為若親其鄰之赤子乎？彼有取爾也。赤子匍匐將入井，非赤子之罪也。且天之生物也，使之一本；而夷子二本故也。蓋上世嘗有不葬其親者，其親死，則舉而委之於壑。他日過之，狐狸食之，蠅蚋姑嘬之；其顙有泚，睨而不視。夫泚也，非為人泚，中心達於面目。蓋歸反虆梩而掩之。掩之誠是也，則孝子仁人之掩其親，亦必有道矣。」

徐子以告夷子，夷子憮然為間，曰：「命之矣！」

滕文公章句下 凡十章

（一）陳代曰：「不見諸侯，宜若小然。今一見之，大則以王，小則以霸。且志曰：『枉尺而直尋。』宜若可為也。」

孟子曰：「昔齊景公田，招虞人以旌，不至，將殺之。『志士不忘在溝壑，勇士不忘喪其元。』孔子奚取焉？取非其招不往也。如不待其招而往，何哉？且夫枉尺而直尋者，以利言也。如以利，則枉尋直尺而利，亦可為與？昔者趙簡子使王良與嬖奚乘，終日而不獲一禽。嬖奚反命曰：『天下之賤工也。』或以告王良。良曰：『請復之。』彊而後可。一朝而獲十禽。嬖奚反命曰：『天下之良工也。』簡子曰：『我使掌與女乘。』謂王良；良不可，曰：『吾為之範我馳驅，終日不獲一；為之詭遇，一朝而獲十。《詩》云：「不失其馳，舍矢如破。」我不貫與小人乘，請辭。』御者且羞與射者比；比而得禽獸，雖若丘陵，弗為也。如枉道而從彼，何也？且子過矣：枉己者，未有能直人者也。」

（二）景春曰：「公孫衍、張儀，豈不誠大丈夫哉？一怒而諸侯懼，安居而天下熄。」

孟子曰：「是焉得為大丈夫乎？子未學禮乎？丈夫之冠也，父命之；女子之嫁也，母命之，往送之門，戒之曰：『往之女家，必敬必戒，無違夫子。』以順為正者，妾婦之道也。居天下之廣居，立天下之正位，行天下之大道；得志與民由之，不得志獨行其道；富貴不能淫，貧賤不能移，威武不能屈；此之謂大丈夫！」

（三）周霄問曰：「古之君子仕乎？」

孟子曰：「仕。傳曰：『孔子三月無君，則皇皇如也。出疆必載質。』公明儀曰：『古之人，三月無君則弔。』」

「三月無君則弔，不以急乎？」

曰：「士之失位也，猶諸侯之失國家也。《禮》曰：『諸侯耕助，以供粢盛；夫人蠶繅，以為衣服。犧牲不成，粢盛不潔，衣服不備，不敢以祭。惟士無田，則亦不祭。』牲殺、器皿、衣服不備，不敢以祭，則不敢以宴，亦不足弔乎？」

「出疆必載質，何也？」

曰：「士之仕也，猶農夫之耕也；農夫豈為出疆舍其耒耜哉？」

曰：「晉國，亦仕國也，未嘗聞仕如此其急。仕如此其急也，君子之難仕，何也？」

曰：「丈夫生而願為之有室，女子生而願為之有家；父母之心，人皆有之。不待父母之命、媒妁之言，鑽穴隙相窺，踰牆相從，則父母國人皆賤之。古之人未嘗不欲仕也，又惡不由其道；不由其道而往者，與鑽穴隙之類也。」

（四）彭更問曰：「後車數十乘，從者數百人，以傳食於諸侯，不以泰乎？」

孟子曰：「非其道，則一簞食不可受於人。如其道，則舜受堯之天下，不以為泰；子以為泰乎？」

曰：「否。士無事而食，不可也。」

曰：「子不通功易事，以羨補不足，則農有餘粟，女有餘布。子如通之，則梓匠輪輿，皆得食於子。於此有人焉，入則孝，出則悌，守先王之道，以待後之學者，而不得食於子；子何尊梓匠輪輿，而輕為仁義者哉？」

曰：「梓匠輪輿，其志將以求食也。君子之為道也，其志亦將以求食與？」

曰：「子何以其志為哉！其有功於子，可食而食之矣。且子食志乎？食功乎？」

曰：「食志。」

曰：「有人於此，毀瓦畫墁，其志將以求食也，則子食之乎？」

曰：「否。」

曰：「然則子非食志也，食功也。」

（五）萬章問曰：「宋，小國也，今將行王政，齊楚惡而伐之，則如之何？」

孟子曰：「湯居亳，與葛為鄰。葛伯放而不祀，湯使人問之曰：『何為不祀？』曰：『無以供犧牲也。』湯使遺之牛羊。葛伯食之，又不以祀。湯又使人問之曰：『何為不祀？』曰：『無以供粢盛也。』湯使亳眾，往為之耕，老弱饋食。葛伯率其民，要其有酒食黍稻者，奪之；不授者，殺之。有童子以黍肉餉，殺而奪之。《書》曰：『葛伯仇餉。』此之謂也。為其殺是童子而征之，四海之內，皆曰：『非富天下也，為匹夫匹婦復讎也。』

「湯始征，自葛載，十一征而無敵於天下。東面而征，西夷怨；南面而征，北狄怨；曰：『奚為後我？』民之望之，若大旱之望雨也。歸市者弗止，芸者不變；誅其君，弔其民，如時雨降，民大悅。《書》曰：『徯我后，后來其無罰！』『有攸不惟臣，東征，綏厥士女。篚厥玄黃，紹我周王見休，惟臣附于大邑周。』其君子實玄黃于匪，以迎其君子；其小人簞食壺漿，以迎其小人；救民於水火之中，取其殘而已矣。〈太誓〉曰：『我武惟揚，侵于之疆，則取于殘，殺伐用張，于湯有光。』不行王政云爾。苟行王政，四海之內，皆舉首而望之，欲以為君；齊、楚雖大，何畏焉？」

（六）孟子謂戴不勝曰：「子欲子之王之善與？我明告子：有楚大夫於此，欲其子之齊語也；則使齊人傅諸？使楚人傅諸？」

曰：「使齊人傅之。」

曰：「一齊人傅之，眾楚人咻之，雖日撻而求其齊也，不可得矣；引而置之莊、嶽之間數年，雖日撻而求其楚，亦不可得矣。

「子謂薛居州，善士也，使之居於王所。在於王所者，長幼卑尊皆薛居州也，王誰與為不善？在王所者，長幼卑尊皆非薛居州也，王誰與為善？一薛居州，獨如宋王何？」

（七）公孫丑問曰：「不見諸侯，何義？」

孟子曰：「古者不為臣不見。段干木踰垣而辟之，泄柳閉門而不內，是皆已甚；迫，斯可以見矣。陽貨欲見孔子，而惡無禮。大夫有賜於士，不得受於其家，則往拜其門。陽貨矙孔子之亡也，而饋孔子蒸豚；孔子亦矙其亡也，而往拜之。當是時，陽貨先，豈得不見？曾子曰：『脅肩諂笑，病于夏畦！』子路曰：『未同而言，觀其色赧赧然，非由之所知也。』由是觀之，則君子之所養，可知已矣。」

（八）戴盈之曰：「什一，去關市之征，今茲未能。請輕之，以待來年然後已，何如？」

孟子曰：「今有人日攘其鄰之雞者，或告之曰：『是非君子之道。』曰：『請損之，月攘一雞，以待來年然後已。』如知其非義，斯速已矣；何待來年？」

（九）公都子曰：「外人皆稱夫子好辯，敢問何也？」

孟子曰：「予豈好辯哉？予不得已也！天下之生久矣，一治一亂：

「當堯之時，水逆行，氾濫於中國，蛇龍居之。民無所定，下者為巢，上者為營窟。《書》曰：『洚水警余。』——洚水者，洪水也——使禹治之。禹掘地而注之海，驅蛇龍而放之菹。水由地中行，江、淮、河、漢是也。險阻既遠，鳥獸之害人者消，然後人得平土而居之。

「堯舜既沒，聖人之道衰，暴君代作，壞宮室以為汙池，民無所安息；棄田以為園囿，使民不得衣食。邪說暴行又作。園囿、汙池、沛澤多而禽獸至。及紂之身，天下又大亂。周公相武王誅紂，伐奄，三年討其君，驅飛廉於海隅而戮之；滅國者五十；驅虎豹犀象而遠之；天下大悅。《書》曰：『丕顯哉，文王謨！丕承哉，武王烈！佑啟我後人，咸以正無缺。』

「世衰道微，邪說暴行有作。臣弒其君者有之，子弒其父者有之。孔子懼，作《春秋》。《春秋》，天子之事也；是故孔子曰：『知我者，其惟《春秋》乎？罪我者，其惟《春秋》乎？』

「聖王不作，諸侯放恣，處士橫議，楊朱、墨翟之言盈天下；天下之言，不歸楊則歸墨。楊氏為我，是無君也；墨氏兼愛，是無父也；無父無君，是禽獸也！公明儀曰：『庖有肥肉，廄有肥馬；民有飢色，野有餓莩。此率獸而食人也！』楊墨之道不息，孔子之道不著，是邪說誣民，充塞仁義也。仁義充塞，則率獸食人。人將相食，吾為此懼；閑先聖之道，距楊墨，放淫辭，邪說者不得作。作於其心，害於其事；作於其事，害於其政。聖人復起，不易吾言矣。

「昔者禹抑洪水，而天下平；周公兼夷狄，驅猛獸，而百姓寧；孔子成《春秋》，而亂臣賊子懼。《詩》云：『戎狄是膺，荊舒是懲，則莫我敢承。』無父無君，是周公所膺也。我亦欲正人心，息邪說，距詖行，放淫辭，以承三聖者。豈好辯哉？予不得已也！能言距楊墨者，聖人之徒也。」

（一〇）匡章曰：「陳仲子，豈不誠廉士哉？居於陵，三日不食，耳無聞，目無見也。井上有李，螬食實者過半矣，匍匐往，將食之，三咽，然後耳有聞，目有見。」孟子曰：「於齊國之士，吾必以仲子為巨擘焉。雖然，仲子惡能廉？充仲子之操，則蚓而後可者也。夫蚓，上食槁壤，下飲黃泉；仲子所居之室，伯夷之所築與？抑亦盜跖之所築與？所食之粟，伯夷之所樹與？抑亦盜跖之所樹與？是未可知也。」

曰：「是何傷哉？彼身織屨，妻辟纑，以易之也。」

曰：「仲子，齊之世家也，兄戴，蓋祿萬鍾，以兄之祿為不義之祿，而不食也；以兄之室為不義之室，而不居也；辟兄離母，處於於陵。他日歸，則有饋其兄生鵝者，己頻顣曰：『惡用是鶂鶂者為哉！』他日，其母殺是鵝也，與之食之；其兄自外至，曰：『是鶂鶂之肉也！』出而哇之。以母則不食，以妻則食之；以兄之室則弗居，以於陵則居之；是尚為能充其類也乎？若仲子者，蚓而後充其操者也。」

離婁章句上 凡二十八章

（一）孟子曰：「離婁之明，公輸子之巧，不以規矩，不能成方員；師曠之聰，不以六律，不能正五音；堯舜之道，不以仁政，不能平治天下。

「今有仁心仁聞，而民不被其澤，不可法於後世者，不行先王之道也。故曰：徒善不足以為政，徒法不能以自行。《詩》云：『不愆不忘，率由舊章。』遵先王之法而過者，未之有也。

「聖人既竭目力焉，繼之以規矩準繩，以為方員平直，不可勝用也；既竭耳力焉，繼之以六律，正五音，不可勝用也；既竭心思焉，繼之以不忍人之政，而仁覆天下矣。故曰：為高必因丘陵，為下必因川澤。為政不因先王之道，可謂智乎？是以惟仁者宜在高位；不仁而在高位，是播其惡於眾也。

「上無道揆也，下無法守也；朝不信道，工不信度；君子犯義，小人犯刑；國之所存者，幸也。故曰：城郭不完，兵甲不多，非國之災也；田野不辟，貨財不聚，非國之害也；上無禮，下無學，賊民興，喪無日矣。

「《詩》曰：『天之方蹶，無然泄泄。』泄泄，猶沓沓也。事君無義，進退無禮，言則非先王之道者，猶沓沓也。故曰：責難於君謂之恭，陳善閉邪謂之敬，吾君不能謂之賊。」

（二）孟子曰：「規矩，方員之至也；聖人，人倫之至也。欲為君盡君道，欲為臣盡臣道，二者皆法堯、舜而已矣。不以舜之所以事堯事君，不敬其君者也；不以堯之所以治民治民，賊其民者也。孔子曰：『道二，仁與不仁而已矣。』暴其民甚，則身弒國亡；不甚，則身危國削，名之曰『幽』、『厲』，雖孝子慈孫，百世不能改也。《詩》云：『殷鑒不遠，在夏后之世。』此之謂也。」

（三）孟子曰：「三代之得天下也，以仁；其失天下也，以不仁。國之所以廢興存亡者亦然。天子不仁，不保四海；諸侯不仁，不保社稷；卿大夫不仁，不保宗廟；士庶人不仁，不保四體。今惡死亡而樂不仁，是猶惡醉而強酒。」

（四）孟子曰：「愛人不親，反其仁；治人不治，反其智；禮人不答，反其敬。行有不得者，皆反求諸己；其身正，而天下歸之。《詩》云：『永言配命，自求多福。』」

（五）孟子曰：「人有恆言，皆曰：『天下國家。』天下之本在國，國之本在家，家之本在身。」

（六）孟子曰：「為政不難，不得罪於巨室。巨室之所慕，一國慕之；一國之所慕，天下慕之。故沛然德教溢乎四海。」

（七）孟子曰：「天下有道，小德役大德，小賢役大賢；天下無道，小役大，弱役強；斯二者，天也。順天者存，逆天者亡。齊景公曰：『既不能令，又不受命，是絕物也。』涕出而女於吳。今也，小國師大國，而恥受命焉；是猶弟子而恥受命於先師也。如恥之，莫若師文王。師文王，大國五年，小國七年，必為政於天下矣。《詩》云：『商之孫子，其麗不億；上帝既命，侯于周服。侯服于周，天命靡常；殷士膚敏，祼將于京。』孔子曰：『仁，不可為眾也。』夫國君好仁，天下無敵。今也，欲無敵於天下，而不以仁，是猶執熱而不以濯也。《詩》云：『誰能執熱，逝不以濯？』」

（八）孟子曰：「不仁者，可與言哉？安其危而利其菑，樂其所以亡者。不仁而可與言，則何亡國敗家之有？有孺子歌曰：『滄浪之水清兮，可以濯我纓；

滄浪之水濁兮，可以濯我足。』孔子曰：『小子聽之！清斯濯纓，濁斯濯足矣。自取之也。』夫人必自侮，然後人侮之；家必自毀，而後人毀之；國必自伐，而後人伐之。〈太甲〉曰：『天作孽，猶可違；自作孽，不可活。』此之謂也。」

（九）孟子曰：「桀、紂之失天下也，失其民也。失其民者，失其心也。得天下有道：得其民，斯得天下矣。得其民有道：得其心，斯得民矣。得其心有道：所欲與之聚之，所惡勿施爾也。

「民之歸仁也，猶水之就下、獸之走壙也。故為淵敺魚者，獺也；為叢敺爵者，鸇也；為湯武敺民者，桀與紂也。今天下之君有好仁者，則諸侯皆為之敺矣；雖欲無王，不可得已。「今之欲王者，猶七年之病，求三年之艾也。苟為不畜，終身不得。苟不志於仁，終身憂辱，以陷於死亡。《詩》云：『其何能淑？載胥及溺。』此之謂也。」

（一〇）孟子曰：「自暴者，不可與有言也；自棄者，不可與有為也。言非禮義，謂之自暴也；吾身不能居仁由義，謂之自棄也。仁，人之安宅也；義，人之正路也。曠安宅而弗居，舍正路而不由，哀哉！」

（一一）孟子曰：「道在爾，而求諸遠；事在易，而求諸難。人人親其親、長其長，而天下平。」

（一二）孟子曰：「居下位，而不獲於上，民不可得而治也。獲於上有道：不信於友，弗獲於上矣。信於友有道：事親弗悅，弗信於友矣。悅親有道：反身不誠，不悅於親矣。誠身有道：不明乎善，不誠其身矣。是故誠者，天之道也；思誠者，人之道也。至誠而不動者，未之有也；不誠，未有能動者也。」

（一三）孟子曰：「伯夷辟紂，居北海之濱，聞文王作興，曰：『盍歸乎來？吾聞西伯善養老者。』太公辟紂，居東海之濱，聞文王作興，曰：『盍歸乎來？吾聞西伯善養老者。』二老者，天下之大老也，而歸之，是天下之父歸之也；天下之父歸之，其子焉往？諸侯有行文王之政者，七年之內，必為政於天下矣。」

（一四）孟子曰：「求也，為季氏宰，無能改於其德，而賦粟倍他日。孔子曰：『求，非我徒也！小子鳴鼓而攻之可也！』

「由此觀之，君不行仁政而富之，皆棄於孔子者也；況於為之強戰？爭地以戰，殺人盈野；爭城以戰，殺人盈城；此所謂率土地而食人肉，罪不容於死。

「故善戰者服上刑，連諸侯者次之，辟草萊、任土地者次之。」

（一五）孟子曰：「存乎人者，莫良於眸子；眸子不能掩其惡。胸中正，則眸子瞭焉；胸中不正，則眸子眊焉。聽其言也，觀其眸子，人焉廋哉？」

（一六）孟子曰：「恭者不侮人，儉者不奪人。侮奪人之君，惟恐不順焉，惡得為恭儉？恭儉豈可以聲音笑貌為哉？」

（一七）淳于髡曰：「男女授受不親，禮與？」

孟子曰：「禮也。」

曰：「嫂溺，則援之以手乎？」

曰：「嫂溺不援，是豺狼也。男女授受不親，禮也；嫂溺援之以手者，權也。」

曰：「今天下溺矣，夫子之不援，何也？」

曰：「天下溺，援之以道；嫂溺，援之以手。子欲手援天下乎？」

（一八）公孫丑曰：「君子之不教子，何也？」孟子曰：「勢不行也。教者必以正；以正不行，繼之以怒；繼之以怒，則反夷矣。『夫子教我以正，夫子未出於正也！』則是父子相夷也。父子相夷，則惡矣。古者易子而教之，父子之間不責善。責善則離，離則不祥莫大焉。」

（一九）孟子曰：「事，孰為大？事親為大。守，孰為大？守身為大。不失其身而能事其親者，吾聞之矣；失其身而能事其親者，吾未之聞也。孰不為事？事親，事之本也。孰不為守？守身，守之本也。「曾子養曾皙，必有酒肉；將徹，必請所與，問有餘？必曰：『有。』曾皙死，曾元養曾子，必有酒肉；將徹，不請所與；問有餘？曰：『亡矣。將以復進也。』此所謂養口體者也。若曾子，則可謂養志也。事親若曾子者，可也。」

（二〇）孟子曰：「人不足與適也，政不足閒也。惟大人為能格君心之非。君仁，莫不仁；君義，莫不義；君正，莫不正；一正君而國定矣。」

（二一）孟子曰：「有不虞之譽，有求全之毀。」

（二二）孟子曰：「人之易其言也，無責耳矣。」

（二三）孟子曰：「人之患，在好為人師。」

（二四）樂正子從於子敖之齊。樂正子見孟子，孟子曰：「子亦來見我乎？」

曰：「先生何為出此言也？」

曰：「子來幾日矣？」

曰：「昔者。」

曰：「昔者，則我出此言也，不亦宜乎？」

曰：「舍館未定。」

曰：「子聞之也，舍館定，然後求見長者乎？」

曰：「克有罪。」

（二五）孟子謂樂正子曰：「子之從於子敖來，徒餔啜也。我不意子學古之道，而以餔啜也！」

（二六）孟子曰：「不孝有三，無後為大。舜不告而娶，為無後也。君子以為猶告也。」

（二七）孟子曰：「仁之實，事親是也。義之實，從兄是也。智之實，知斯二者弗去是也。禮之實，節文斯二者是也。樂之實，樂斯二者，樂則生矣；生則惡可已也？惡可已，則不知足之蹈之、手之舞之。」

（二八）孟子曰：「天下大悅而將歸己，視天下悅而歸己，猶草芥也，惟舜為然。不得乎親，不可以為人；不順乎親，不可以為子。舜盡事親之道，而瞽瞍厎豫；瞽瞍厎豫而天下化，瞽瞍厎豫而天下之為父子者定。此之謂大孝。」

離婁章句下 凡三十三章

（一）孟子曰：「舜生於諸馮，遷於負夏，卒於鳴條；東夷之人也。文王生於岐周，卒於畢郢；西夷之人也。地之相去也，千有餘里；世之相後也，千有餘歲；得志行乎中國，若合符節。先聖後聖，其揆一也。」

（二）子產聽鄭國之政，以其乘輿濟人於溱、洧。孟子曰：「惠而不知為政。歲十一月徒杠成，十二月輿梁成，民未病涉也。君子平其政，行辟人可也。焉得人人而濟之？故為政者，每人而悅之，日亦不足矣。」

（三）孟子告齊宣王曰：「君之視臣如手足，則臣視君如腹心；君之視臣如犬馬，則臣視君如國人；君之視臣如土芥，則臣視君如寇讎。」

王曰：「禮，為舊君有服；何如斯可為服矣？」

曰：「諫行，言聽，膏澤下於民；有故而去，則君使人導之出疆，又先於其所往；去三年不反，然後收其田里；此之謂三有禮焉。如此，則為之服矣。今也為臣，諫則不行，言則不聽，膏澤不下於民；有故而去，則君搏執之，又極之於其所往；去之日，遂收其田里；此之謂寇讎。寇讎，何服之有？」

（四）孟子曰：「無罪而殺士，則大夫可以去；無罪而戮民，則士可以徙。」

（五）孟子曰：「君仁莫不仁，君義莫不義。」

（六）孟子曰：「非禮之禮，非義之義，大人弗為。」

（七）孟子曰：「中也養不中，才也養不才，故人樂有賢父兄也。如中也棄不中，才也棄不才，則賢不肖之相去，其間不能以寸。」

（八）孟子曰：「人有不為也，而後可以有為。」

（九）孟子曰：「言人之不善，當如後患何？」

（一〇）孟子曰：「仲尼不為已甚者。」

（一一）孟子曰：「大人者，言不必信，行不必果；惟義所在。」

（一二）孟子曰：「大人者，不失其赤子之心者也。」

（一三）孟子曰：「養生者不足以當大事，惟送死可以當大事。」

（一四）孟子曰：「君子深造之以道，欲其自得之也。自得之，則居之安；居之安，則資之深；資之深，則取之左右逢其原。故君子欲其自得之也。」

（一五）孟子曰：「博學而詳說之，將以反說約也。」

（一六）孟子曰：「以善服人者，未有能服人者也。以善養人，然後能服天下。天下不心服而王者，未之有也。」

（一七）孟子曰：「言無實，不祥。不祥之實，蔽賢者當之！」

（一八）徐子曰：「仲尼亟稱於水曰：『水哉！水哉！』何取於水也？」

孟子曰：「原泉混混，不舍晝夜，盈科而後進，放乎四海。有本者如是，是之取爾。苟為無本，七八月之間雨集，溝澮皆盈；其涸也，可立而待也。故聲聞過情，君子恥之。」

（一九）孟子曰：「人之所以異於禽獸者，幾希。庶民去之，君子存之。舜明於庶物、察於人倫，由仁義行，非行仁義也。」

（二〇）孟子曰：「禹惡旨酒，而好善言。湯執中，立賢無方。文王視民如傷，望道而未之見。武王不泄邇，不忘遠。周公思兼三王以施四事，其有不合者，仰而思之，夜以繼日；幸而得之，坐以待旦。」

（二一）孟子曰：「王者之迹熄而《詩》亡，《詩》亡然後春秋作——晉之《乘》、楚之《檮杌》、魯之《春秋》，一也：其事則齊桓、晉文，其文則史，孔子曰：『其義，則丘竊取之矣。』」

（二二）孟子曰：「君子之澤，五世而斬；小人之澤，五世而斬。予未得為孔子徒也，予私淑諸人也。」

（二三）孟子曰：「可以取，可以無取；取，傷廉。可以與，可以無與；與，傷惠。可以死，可以無死；死，傷勇。」

（二四）逢蒙學射於羿，盡羿之道；思天下惟羿為愈己，於是殺羿。孟子曰：「是亦羿有罪焉。公明儀曰：『宜若無罪焉。』曰薄乎云爾；惡得無罪？鄭人使子濯孺子侵衛，衛使庾公之斯追之。子濯孺子曰：『今日我疾作，不可以執弓。吾死矣夫？』問其僕曰：『追我者，誰也？』其僕曰：『庾公之斯也。』曰：

『吾生矣！』其僕曰：『庚公之斯，衛之善射者也；夫子曰「吾生」，何謂也？』曰：『庚公之斯學射於尹公之他，尹公之他學射於我。夫尹公之他，端人也；其取友，必端矣。』庚公之斯至，曰：『夫子何為不執弓？』曰：『今日我疾作，不可以執弓。』曰：『小人學射於尹公之他，尹公之他學射於夫子；我不忍以夫子之道，反害夫子。雖然，今日之事，君事也；我不敢廢。』抽矢扣輪，去其金，發乘矢而後反。」

（二五）孟子曰：「西子蒙不潔，則人皆掩鼻而過之；雖有惡人，齊戒沐浴，則可以祀上帝。」

（二六）孟子曰：「天下之言性也，則故而已矣。

故者，以利為本。所惡於智者，為其鑿也。如智者若禹之行水也，則無惡於智矣。禹之行水也，行其所無事也。如智者亦行其所無事，則智亦大矣。天之高也，星辰之遠也，苟求其故，千歲之日至，可坐而致也。」

（二七）公行子有子之喪，右師往弔。入門，有進而與右師言者，有就右師之位而與右師言者；孟子不與右師言。右師不悅，曰：「諸君子皆與驩言，孟子獨不與驩言，是簡驩也。」

孟子聞之，曰：「禮，朝廷不歷位而相與言，不踰階而相揖也。我欲行禮，子敖以我為簡，不亦異乎？」

（二八）孟子曰：「君子所以異於人者，以其存心也。君子以仁存心，以禮存心；仁者愛人，有禮者敬人。愛人者，人恆愛之；敬人者，人恆敬之。

「有人於此，其待我以橫逆，則君子必自反也：『我必不仁也，必無禮也，此物奚宜至哉？』其自反而仁矣，自反而有禮矣，其橫逆由是也，君子必自反也：『我必不忠。』自反而忠矣，其橫逆由是也，君子曰：『此亦妄人也已矣！如此，則與禽獸奚擇哉？於禽獸，又何難焉？』

「是故，君子有終身之憂，無一朝之患也。乃若所憂，則有之：舜，人也；我，亦人也；舜為法於天下，可傳於後世，我由未免為鄉人也！是則可憂也。憂之如何？如舜而已矣。

「若夫君子所患，則亡矣；非仁無為也，非禮無行也，如有一朝之患，則君子不患矣。」

（二九）禹、稷當平世，三過其門而不入；孔子賢之。顏子當亂世，居於陋巷，一簞食，一瓢飲，人不堪其憂，顏子不改其樂；孔子賢之。

孟子曰：「禹、稷、顏回同道。禹思天下有溺者，由己溺之也；稷思天下有飢者，由己飢之也；是以如是其急也。禹、稷、顏子，易地則皆然。今有同室之人鬥者，救之，雖被髮纓冠而救之，可也。鄉鄰有鬥者，被髮纓冠而往救之，則惑也；雖閉戶可也。」

（三〇）公都子曰：「匡章，通國皆稱不孝焉；夫子與之遊，又從而禮貌之，敢問何也？」

孟子曰：「世俗所謂不孝者五：惰其四肢，不顧父母之養，一不孝也；博弈，好飲酒，不顧父母之養，二不孝也；好貨財，私妻子，不顧父母之養，三不孝也；從耳目之欲，以為父母戮，四不孝也；好勇鬥很，以危父母，五不孝也。章子有一於是乎？

「夫章子，子父責善而不相遇也。責善，朋友之道也；父子責善，賊恩之大者。

「夫章子，豈不欲有夫妻子母之屬哉？為得罪於父，不得近；出妻，屏子，終身不養焉。其設心以為不若是，是則罪之大者。是則章子已矣。」

（三一）曾子居武城，有越寇。或曰：「寇至，盍去諸？」曰：「無寓人於我室，毀傷其薪木。寇退，則曰修我牆屋，我將反。」寇退，曾子反。左右曰：「待先生如此其忠且敬也，寇至，則先去以為民望；寇退，則反。殆於不可！」沈猶行曰：「是非汝所知也。昔沈猶有負芻之禍，從先生者七十人，未有與焉。」子思居於衛，有齊寇。或曰：「寇至，盍去諸？」

子思曰：「如伋去，君誰與守？」

孟子曰：「曾子、子思同道。曾子，師也，父兄也；子思，臣也，微也。曾子、子思易地則皆然。」

（三二）儲子曰：「王使人瞷夫子，果有以異於人乎？」

孟子曰：「何以異於人哉？堯、舜與人同耳。」

（三三）齊人有一妻一妾而處室者，其良人出，則必饜酒肉而後反。其妻問所與飲食者，則盡富貴也。其妻告其妾曰：「良人出，則必饜酒肉而後反。問其與飲食者，盡富貴也；而未嘗有顯者來。吾將瞷良人之所之也。」

蚤起，施從良人之所之。徧國中無與立談者。卒之東郭墦間之祭者，乞其餘；不足，又顧而之他——此其為饜足之道也！

其妻歸，告其妾曰：「良人者，所仰望而終身也。今若此！」與其妾訕其良人，而相泣於中庭；而良人未之知也，施施從外來，驕其妻妾。

由君子觀之，則人之所以求富貴利達者，其妻妾不羞也而不相泣者，幾希矣！

萬章章句上 凡九章

（一）萬章問曰：「舜往于田，號泣于旻天。何為其號泣也？」

孟子曰：「怨慕也。」

萬章曰：「父母愛之，喜而不忘；父母惡之，勞而不怨。然則舜怨乎？」

曰：「長息問於公明高曰：『舜往于田，則吾既得聞命矣；號泣于旻天、于父母，則吾不知也。』公明高曰：『是非爾所知也！』夫公明高，以孝子之心，為不若是恝。我竭力耕田，共為子職而已矣；父母之不我愛，於我何哉？帝使其子九男二女，百官牛羊倉廩備，以事舜於畎畝之中；天下之士，多就之者；帝將胥天下而遷之焉；為不順於父母，如窮人無所歸。天下之士悅之，人之所欲也，而不足以解憂；好色，人之所欲，妻帝之二女，而不足以解憂；富，人之所欲，富有天下，而不足以解憂；貴，人之所欲，貴為天子，而不足以解憂。人悅之，好色、富、貴，無足以解憂者；惟順於父母，可以解憂。人少，則慕父母；知好色，則慕少艾；有妻子，則慕妻子；仕則慕君，不得於君則熱中。大孝終身慕父母。五十而慕者，予於大舜見之矣！」

（二）萬章問曰：「《詩》云：『娶妻如之何？必

告父母。』信斯言也，宜莫如舜；舜之不告而娶，何也？」孟子曰：「告則不得娶。男女居室，人之大倫也。如告，則廢人之大倫，以懟父母；是以不告也。」

萬章曰：「舜之不告而娶，則吾既得聞命矣；帝之妻舜而不告，何也？」

曰：「帝亦知告焉則不得妻也。」

萬章曰：「父母使舜完廩，捐階，瞽瞍焚廩；使浚井，出，從而揜之。象曰：『謨蓋都君，咸我績！牛羊父母，倉廩父母，干戈朕，琴朕，弤朕，二嫂使治朕棲。』象往入舜宮，舜在牀琴。象曰：『鬱陶，思君爾！』忸怩。舜曰：『惟茲臣庶，汝其于予治。』不識舜不知象之將殺己與？」

曰：「奚而不知也！象憂亦憂，象喜亦喜。」

曰：「然則舜偽喜者與？」

曰：「否。昔者有饋生魚於鄭子產，子產使校人畜之池；校人烹之，反命曰：『始舍之，圉圉焉；少則洋洋焉，攸然而逝。』子產曰：『得其所哉！得其所哉！』校人出，曰：『孰謂子產智？予既烹而食之，曰：「得其所哉！得其所哉！」』故君子可欺以其方，難罔以非其道，彼以愛兄之道來，故誠信而喜之；奚偽焉！」

(三)萬章問曰:「象日以殺舜為事,立為天子則放之,何也?」

孟子曰:「封之也,或曰放焉。」

萬章曰:「舜流共工于幽州,放驩兜于崇山,殺三苗于三危,殛鯀于羽山,四罪而天下咸服,誅不仁也。象至不仁,封之有庳。有庳之人奚罪焉?仁人固如是乎?在他人則誅之,在弟則封之!」

曰:「仁人之於弟也,不藏怒焉,不宿怨焉,親愛之而已矣。親之,欲其貴也。愛之,欲其富也。封之有庳,富貴之也。身為天子,弟為匹夫,可謂親愛之乎?」

「敢問『或曰放』者，何謂也？」

曰：「象不得有為於其國，天子使吏治其國，而納其貢稅焉，故謂之放。豈得暴彼民哉？雖然，欲常常而見之，故源源而來。『不及貢，以政接於有庳』，此之謂也。」

（四）咸丘蒙問曰：「語云：『盛德之士，君不得而臣，父不得而子；舜南面而立，堯帥諸侯北面而朝之，瞽瞍亦北面而朝之。舜見瞽瞍，其容有蹙。孔子曰：「於斯時也，天下殆哉，岌岌乎！」』不識此語誠然乎哉？」

孟子曰：「否。此非君子之言，齊東野人之語也。

堯老而舜攝也。〈堯典〉曰：『二十有八載，放勳乃徂落；百姓如喪考妣，三年，四海遏密八音。』孔子曰：『天無二日，民無二王。』舜既為天子矣，又帥天下諸侯以為堯三年喪，是二天子矣！」

咸丘蒙曰：「舜之不臣堯，則吾既得聞命矣。《詩》云：『普天之下，莫非王土；率土之濱，莫非王臣。』而舜既為天子矣，敢問瞽瞍之非臣如何？」

曰：「是詩也，非是之謂也；勞於王事，而不得養父母也。曰：『此莫非王事，我獨賢勞也。』故說詩者，不以文害辭，不以辭害志；以意逆志，是為得之。如以辭而已矣，〈雲漢〉之詩曰：『周餘黎民，靡有孑遺。』信斯言也，是周無遺民也。孝子之至，莫大乎尊親；尊親之至，莫大乎以天下養。為天子父，尊之至也；以天下養，養之至也。《詩》曰：『永言孝思，孝思維則。』此之謂也。《書》曰：『祇載見瞽瞍，夔夔齊栗，瞽瞍亦允若。』是為父不得而子也？」

（五）萬章曰：「堯以天下與舜，有諸？」

孟子曰：「否。天子不能以天下與人。」

「然則舜有天下也，孰與之？」

曰：「天與之。」

「天與之者，諄諄然命之乎？」

曰：「否。天不言，以行與事示之而已矣。」

曰：「以行與事示之者，如之何？」

曰：「天子能薦人於天，不能使天與之天下；諸侯能薦人於天子，不能使天子與之諸侯；大夫能薦人於諸侯，不能使諸侯與之大夫。昔者堯薦舜於天，而天受之，暴之於民，而民受之。故曰：『天不言，以行與事示之而已矣。』」

曰：「敢問『薦之於天，而天受之；暴之於民，而民受之』，如何？」

曰：「使之主祭，而百神享之，是天受之；使之主事而事治，百姓安之，是民受之也。天與之，人與之，故曰：『天子不能以天下與人。』舜相堯，二十有八載，非人之所能為也，天也。堯崩，三年之喪畢，舜避堯之子於南河之南。天下諸侯朝覲者，不之堯之子而之舜；訟獄者，不之堯之子而之舜；謳歌者，不謳歌堯之子而謳歌舜。故曰天也。夫然後，之中國，踐天子位焉。而居堯之宮，逼堯之子，是篡也，非天與也。〈泰誓〉曰：『天視自我民視，天聽自我民聽。』此之謂也。」

（六）萬章問曰：「人有言：『至於禹而德衰，不傳於賢，而傳於子。』有諸？」

孟子曰：「否，不然也。天與賢，則與賢；天與子，則與子。昔者，舜薦禹於天，十有七年，舜崩，三年之喪畢，禹避舜之子於陽城，天下之民從之，若堯崩之後，不從堯之子而從舜也。禹薦益於天，七年，禹崩，三年之喪畢，益避禹之子於箕山之陰，朝覲訟獄者，不之益而之啟，曰：『吾君之子也。』謳歌者，不謳歌益而謳歌啟，曰：『吾君之子也。』丹朱之不肖，舜之子亦不肖；舜之相堯、禹之相舜也，歷年多，施澤於民久。啟賢，能敬承繼禹之道；益之相禹也，歷年少，施澤於民未久。舜、禹、益相去久遠，其子之賢不肖，皆天也，非人之所能為也。莫之為而為者，天也；莫之致而至者，命也。匹夫而有天下者，德必若舜、禹，而又有天子薦之者；故仲尼不有天下。繼世而有天下，天之所廢，必若桀、紂者也；故益、伊尹、周公不有天下。伊尹相湯，以王於天下，湯崩，太丁未立，外丙二年，仲壬四年。太甲顛覆湯之典刑，伊尹放之於桐；三年，太甲悔過，自怨自艾，於桐處仁遷義，三年，以聽伊尹之訓己也，復歸於亳。周公之不有天下，猶益之於夏、伊尹之於殷也。孔子曰：『唐、虞禪，夏后、殷、周繼，其義一也。』」

（七）萬章問曰：「人有言：『伊尹以割烹要湯。』有諸？」

孟子曰：「否，不然。伊尹耕於有莘之野，而樂堯、舜之道焉。非其義也，非其道也，祿之以天下，弗顧也；繫馬千駟，弗視也。非其義也，非其道也，一介不以與人，一介不以取諸人。湯使人以幣聘之，囂囂然曰：『我何以湯之聘幣為哉！我豈若處畎畝之中，由是以樂堯、舜之道哉！』湯三使往聘之，既而幡然改曰：『與我處畎畝之中，由是以樂堯、舜之道，吾豈若使是君為堯、舜之君哉？吾豈若使是民為堯、舜之民哉？吾豈若於吾身親見之哉？天之生此民也，使先知覺後知，使先覺覺後覺也。予，天民之先覺者也；予將以斯道覺斯民也，非予覺之而誰也！』思天下之民，匹夫匹婦，有不被堯、舜之澤者，若己推而內之溝中。其自任以天下之重如此，故就湯而說之以伐夏救民。吾未聞枉己而正人者也，況辱己以正天下者乎？聖人之行不同也：或遠或近，或去或不去；歸潔其身而已矣。吾聞其以堯、舜之道要湯，未聞以割烹也。〈伊訓〉曰：『天誅造攻自牧宮，朕載自亳。』」

（八）萬章問曰：「或謂孔子於衛主癰疽，於齊主侍人瘠環，有諸乎？」

孟子曰：「否，不然也。好事者為之也。於衛主顏讎由。彌子之妻，與子路之妻，兄弟也；彌子謂子路曰：『孔子主我，衛卿可得也。』子路以告，孔子曰：『有命。』孔子進以禮，退以義，得之不得，曰有命。而主癰疽與侍人瘠環，是無義無命也。孔子不悅於魯衛，遭宋桓司馬，將要而殺之，微服而過宋。是時孔子當阨，主司城貞子，為陳侯周臣。吾聞：觀近臣，以其所為主；觀遠臣，以其所主。若孔子主癰疽與侍人瘠環，何以為孔子？」

（九）萬章問曰：「或曰：『百里奚自鬻於秦養牲者五羊之皮，食牛以要秦穆公。』信乎？」

孟子曰：「否，不然，好事者為之也。百里奚，虞人也。晉人以垂棘之壁與屈產之乘，假道於虞以伐虢。宮之奇諫，百里奚不諫。知虞公之不可諫，而去之秦，年已七十矣，曾不知以食牛干秦穆公之為汙也，可謂智乎？不可諫而不諫，可謂不智乎？知虞公之將亡，而先去之，不可謂不智也。時舉於秦，知穆公之可與有行也，而相之，可謂不智乎？相秦而顯其君於天下，可傳於後世，不賢而能之乎？自鬻以成其君，鄉黨自好者不為，而謂賢者為之乎？」

萬章章句下 凡九章

（一）孟子曰：「伯夷，目不視惡色，耳不聽惡聲。非其君不事，非其民不使。治則進，亂則退。橫政之所出，橫民之所止，不忍居也。思與鄉人處，如以朝衣朝冠坐於塗炭也。當紂之時，居北海之濱，以待天下之清也。故聞伯夷之風者，頑夫廉，懦夫有立志。

「伊尹曰：『何事非君？何使非民？』治亦進，亂亦進。曰：『天之生斯民也，使先知覺後知，使先覺覺後覺。予，天民之先覺者也，予將以此道覺此民也。』思天下之民，匹夫匹婦，有不與被堯舜之澤者，若己推而內之溝中，其自任以天下之重也。

「柳下惠，不羞汙君，不辭小官；進不隱賢，必以其道。遺佚而不怨，阨窮而不憫；與鄉人處，由由然不忍去也。『爾為爾，我為我，雖袒裼裸裎於我側，爾焉能浼我哉？』故聞柳下惠之風者，鄙夫寬，薄夫敦。

「孔子之去齊，接淅而行；去魯，曰：『遲遲吾行也！』去父母國之道也。可以速而速，可以久而久，可以處而處，可以仕而仕，孔子也。」

孟子曰：「伯夷，聖之清者也；伊尹，聖之任者也；柳下惠，聖之和者也；孔子，聖之時者也。孔子之謂集大成。集大成也者，金聲而玉振之也。金聲也者，始條理也；玉振之也者，終條理也。始條理者，智之事也；終條理者，聖之事也。智，譬則巧也；聖，譬則力也。由射於百步之外也；其至，爾力也；其中，非爾力也。」

（二）北宮錡問曰：「周室班爵祿也，如之何？」

孟子曰：「其詳不可得聞也。諸侯惡其害己也，而皆去其籍。然而軻也，嘗聞其略也。天子一位，公一位，侯一位，伯一位，子、男同一位，凡五等也。君一位，卿一位，大夫一位，上士一位，中士一位，下士一位，凡六等。天子之制，地方千里；公、侯皆方百里，伯七十里，子、男五十里，凡四等。不能五十里，不達於天子，附於諸侯，曰附庸。天子之卿受地視侯，大夫受地視伯，元士受地視子、男。大國地方百里；君十卿祿，卿祿四大夫，大夫倍上士，上士倍中士，中士倍下士；下士與庶人在官者同祿，祿足以代其耕也。次國地方七十里，君十卿祿，卿祿三大夫，大夫倍上士，上士倍中士，中士倍下士；下士與庶人在官者同祿，祿足以代其耕也。小國地方五十里，君十卿祿，卿祿二大夫，大夫倍上士，上士倍中士，中士倍下士；下士與庶人在官者同祿，祿足以代其耕也。耕者之所獲，一夫百畝；百畝之糞，上農夫食九人，上次食八人，中食七人，中次食六人，下食五人；庶人在官者，其祿以是為差。」

（三）萬章問曰：「敢問友？」

孟子曰：「不挾長，不挾貴，不挾兄弟而友；友也者，友其德也，不可以有挾也。孟獻子，百乘之家也，有友五人焉：樂正裘、牧仲，其三人則予忘之矣。獻子之與此五人者友也，無獻子之家者也；此五人者，亦有獻子之家，則不與之友矣。非惟百乘之家為然也，雖小國之君亦有之。費惠公曰：『吾於子思，則師之矣；吾於顏般，則友之矣。王順、長息，則事我者也。』非惟小國之君為然也，雖大國之君亦有之。晉平公之於亥唐也，入云則入，坐云則坐，食云則食；雖蔬食菜羹，未嘗不飽，蓋不敢不飽也。然終於此而已矣。弗與共天位也，弗與治天職也，弗與食天祿也。士之尊賢者也，非王公之尊賢也。舜尚見帝，帝館甥於貳室，亦饗舜；迭為賓主。是天子而友匹夫也。用下敬上，謂之貴貴；用上敬下，謂之尊賢；貴貴尊賢，其義一也。」

（四）萬章曰：「敢問交際，何心也？」

孟子曰：「恭也。」

曰：「郤之郤之為不恭，何哉？」

曰：「尊者賜之，曰：『其所取之者，義乎？不義乎？』而後受之；以是為不恭，故弗郤也。」

曰：「請無以辭郤之，以心郤之，曰：『其取諸民之不義也。』而以他辭無受，不可乎？」

曰：「其交也以道，其接也以禮，斯孔子受之矣。」

萬章曰：「今有禦人於國門之外者，其交也以道，其餽也以禮，斯可受禦與？」

曰：「不可。〈康誥〉曰：『殺越人于貨，閔不畏死，凡民罔不譈。』是不待教而誅者也。殷受夏，周受殷，所不辭也，於今為烈，如之何其受之！」

曰：「今之諸侯，取之於民也，猶禦也；苟善其禮際矣，斯君子受之？敢問何說也？」

曰：「子以為有王者作，將比今之諸侯而誅之乎？其教之不改，而後誅之乎？夫謂非其有而取之者，盜也。充類至義之盡也。孔子之仕於魯也，魯人獵較，孔子亦獵較；獵較猶可，而況受其賜乎？」

曰：「然則孔子之仕也，非事道與？」

曰：「事道也。」

「事道，奚獵較也？」

曰：「孔子先簿正祭器，不以四方之食供簿正。」

曰：「奚不去也？」

曰：「為之兆也，兆足以行矣，而不行，而後去；是以未嘗有所終三年淹也。孔子有見行可之仕，有際可之仕，有公養之仕。於季桓子，見行可之仕也；於衛靈公，際可之仕也；於衛孝公，公養之仕也。」

（五）孟子曰：「仕非為貧也，而有時乎為貧；娶妻非為養也，而有時乎為養。為貧者，辭尊居卑，辭富居貧。辭尊居卑，辭富居貧，惡乎宜乎？抱關擊柝。孔子嘗為委吏矣，曰：『會計當而已矣。』嘗為乘田矣，曰：『牛羊茁壯長而已矣。』位卑而言高，罪也；立乎人之本朝而道不行，恥也。」

（六）萬章曰：「士之不託諸侯，何也？」

孟子曰：「不敢也。諸侯失國而後托於諸侯，禮也；士之托於諸侯，非禮也。」

萬章曰：「君餽之粟，則受之乎？」

曰：「受之。」

「受之何義也？」

曰：「君之於氓也，固周之。」

曰：「周之則受，賜之則不受，何也？」

曰：「不敢也。」

曰：「敢問其『不敢』，何也？」

曰：「抱關擊柝者，皆有常職以食於上；無常職而賜於上者，以為不恭也。」

曰：「君餽之，則受之；不識可常繼乎？」

曰：「繆公之於子思也，亟問，亟餽鼎肉，子思不悅；於卒也，摽使者出諸大門之外，北面稽首，再拜而不受，曰：『今而後，知君之犬馬畜伋！』蓋自是臺無餽也。悅賢不能舉，又不能養也，可謂悅賢乎？」

曰：「敢問國君欲養君子，如何斯可謂養矣？」

曰：「以君命將之，再拜稽首而受；其後廩人繼粟，庖人繼肉，不以君命將之。子思以為鼎肉使己僕僕爾亟拜也，非養君子之道也。堯之於舜也，使其子九男事之，二女女焉，百官牛羊倉廩備，以養舜於畎畝之中，後舉而加諸上位，故曰：王公之尊賢者也。」

（七）萬章曰：「敢問不見諸侯，何義也？」

孟子曰：「在國曰市井之臣，在野曰草莽之臣，皆謂庶人。庶人不傳質為臣，不敢見於諸侯，禮也。」

萬章曰：「庶人，召之役，則往役；君欲見之，召之，則不往見之；何也？」

曰：「往役，義也；往見，不義也。且君之欲見之也，何為也哉？」

曰：「為其多聞也，為其賢也。」

曰：「為其多聞也，則天子不召師，而況諸侯乎？為其賢也，則吾未聞欲見賢而召之也。繆公亟見於子思曰：『古千乘之國以友士，何如？』子思不悅曰：『古之人有言，曰事之云乎；豈曰友之云乎？』子思之不悅也，豈不曰：『以位，則子君也，我臣也，何敢與君友也？以德，則子事我者也，奚可以與我友？』千乘之君，求與之友而不可得也，而況可召與？昔齊景公田，招虞人以旌，不至，將殺之。『志士不忘在溝壑，勇士不忘喪其元。』孔子奚取焉？取非其招不往也。」

曰：「敢問招虞人何以？」

曰：「以皮冠。庶人以旃，士以旂，大夫以旌。以大夫之招招虞人，虞人死不敢往；以士之招招庶人，庶人豈敢往哉？況乎以不賢人之招招賢人乎？欲見賢人而不以其道，猶欲其入而閉之門也。夫義，路也；禮，門也；惟君子能由是路、出入是門也。《詩》云：『周道如底，其直如矢；君子所履，小人所視。』」

萬章曰：「孔子，君命召，不俟駕而行；然則孔子非與？」

曰：「孔子當仕有官職，而以其官召之也。」

（八）孟子謂萬章曰：「一鄉之善士，斯友一鄉之善士；一國之善士，斯友一國之善士；天下之善士，斯友天下之善士。以友天下之善士為未足，又尚論古之人。頌其詩，讀其書，不知其人，可乎？是以論其世也。是尚友也。」

（九）齊宣王問卿。孟子曰：「王何卿之問也？」

王曰：「卿不同乎？」

曰：「不同。有貴戚之卿，有異姓之卿。」

王曰：「請問貴戚之卿？」

曰：「君有大過則諫；反覆之而不聽，則易位。」

王勃然變乎色。曰：「王勿異也。王問臣，臣不敢不以正對。」

王色定，然後請問「異姓之卿」。曰：「君有過則諫；反覆之而不聽，則去。」

告子章句上 凡二十章

（一）告子曰：「性，猶杞柳也；義，猶桮棬也；以人性為仁義，猶以杞柳為桮棬。」

孟子曰：「子能順杞柳之性，而以為桮棬乎？將戕賊杞柳，而後以為桮棬也？如將戕賊杞柳而以為桮棬，則亦將戕賊人以為仁義與？率天下之人而禍仁義者，必子之言夫！」

（二）告子曰：「性，猶湍水也；決諸東方則東流，決諸西方則西流。人性之無分於善不善也，猶水之無分於東西也。」

孟子曰：「水信無分於東西，無分於上下乎？人性之善也，猶水之就下也；人無有不善，水無有不下。今夫水，搏而躍之，可使過顙；激而行之，可使在山；是豈水之性哉？其勢則然也。人之可使為不善，其性亦猶是也。」

（三）告子曰：「生之謂性。」

孟子曰：「生之謂性也，猶白之謂白與？」

曰：「然。」

「白羽之白也，猶白雪之白；白雪之白，猶白玉之白與？」

曰：「然。」

「然則犬之性猶牛之性；牛之性猶人之性與？」

（四）告子曰：「食色，性也。仁，內也，非外也；義，外也，非內也。」

孟子曰：「何以謂仁內義外也？」

曰：「彼長而我長之，非有長於我也；猶彼白而我白之，從其白於外也；故謂之外也。」

曰：「異。於白馬之白也，無以異於白人之白也；不識長馬之長也，無以異於長人之長與？且謂長者義乎？長之者義乎？」

曰：「吾弟則愛之，秦人之弟則不愛也，是以我為悅者也，故謂之內。長楚人之長，亦長吾之長，是以長為悅者也，故謂之外也。」

曰：「耆秦人之炙，無以異於耆吾炙，夫物則亦有然者也。然則耆炙亦有外與？」

（五）孟季子問公都子曰：「何以謂義內也？」

曰：「行吾敬，故謂之內也。」

「鄉人長於伯兄一歲，則誰敬？」

曰：「敬兄。」

「酌則誰先？」

曰：「先酌鄉人。」

「所敬在此，所長在彼，果在外，非由內也。」

公都子不能荅，以告孟子。孟子曰：「『敬叔父乎？敬弟乎？』彼將曰：『敬叔父。』曰：『弟為尸，則誰敬？』彼將曰：『敬弟。』子曰：『惡在其敬叔父也？』彼將曰：『在位故也。』子亦曰：『在位故也。』庸敬在兄，斯須之敬在鄉人。』」

季子聞之，曰：「敬叔父則敬，敬弟則敬，果在外，非由內也。」

公都子曰：「冬日則飲湯，夏日則飲水，然則飲食亦在外也？」

（六）公都子曰：「告子曰：『性無善無不善也。』或曰：『性可以為善，可以為不善。是故，文武興，則民好善；幽厲興，則民好暴。』或曰：『有性善，有性不善。是故，以堯為君，而有象；以瞽瞍為父，而有舜；以紂為兄之子，且以為君，而有微子啟、王子比干。』今曰『性善』，然則彼皆非與？」孟子曰：「乃若其情，則可以為善矣，乃所謂善也。若夫為不善，非才之罪也。惻隱之心，人皆有之；羞惡之心，人皆有之；恭敬之心，人皆有之；是非之心，人皆有之。惻隱之心，仁也；羞惡之心，義也；恭敬之心，禮也；是非之心，智也。仁、義、禮、智，非由外鑠我也，我固有之也，弗思耳矣。故曰：求則得之，舍則失之。或相倍蓰而無算者，不能盡其才者也。《詩》曰：『天生蒸民，有物有則。民之秉夷，好是懿德。』孔子曰：『為此詩者，其知道乎！故有物必有則；民之秉夷也，故好是懿德。』」

（七）孟子曰：「富歲子弟多賴，凶歲子弟多暴。非天之降才爾殊也，其所以陷溺其心者然也。

「今夫麰麥，播種而耰之，其地同，樹之時又同，浡然而生，至於日至之時，皆孰矣；雖有不同，則地有肥磽，雨露之養、人事之不齊也。故凡同類者，舉相似也；何獨至於人而疑之？聖人與我同類者。故龍子曰：『不知足而為屨，我知其不為蕢也！』屨之相似，天下之足同也。

「口之於味，有同耆也，易牙先得我口之所耆者也；如使口之於味也，其性與人殊，若犬馬之與我不同類也，則天下何耆皆從易牙之於味也？至於味，天下期於易牙，是天下之口相似也。惟耳亦然，至於聲，天下期於師曠，是天下之耳相似也。惟目亦然，至於子都，天下莫不知其姣也，不知子都之姣者，無目者也。故曰：口之於味也，有同耆焉；耳之於聲也，有同聽焉；目之於色也，有同美焉。至於心，獨無所同然乎？心之所同然者何也？謂理也，義也。聖人先得我心之所同然耳。故理義之悅我心，猶芻豢之悅我口。」

（八）孟子曰：「牛山之木嘗美矣，以其郊於大國也，斧斤伐之，可以為美乎？是其日夜之所息，雨露之所潤，非無萌蘖之生焉；牛羊又從而牧之，是以若彼濯濯也。人見其濯濯也，以為未嘗有材焉，此豈山之性也哉？

「雖存乎人者，豈無仁義之心哉？其所以放其良心者，亦猶斧斤之於木也，旦旦而伐之，可以為美乎？其日夜之所息，平旦之氣，其好惡與人相近也者幾希；則其旦晝之所為，有梏亡之矣。梏之反覆，則其夜氣不足以存；夜氣不足以存，則其違禽獸不遠矣。人見其禽獸也，而以為未嘗有才焉者，是豈人之情也哉？

「故苟得其養，無物不長；苟失其養，無物不消。孔子曰：『操則存，舍則亡；出入無時，莫知其鄉。』

惟心之謂與！」

（九）孟子曰：「無或乎王之不智也，雖有天下易生之物也，一日暴之，十日寒之，未有能生者也。吾見亦罕矣，吾退而寒之者至矣。吾如有萌焉何哉？今夫弈之為數，小數也；不專心致志，則不得也。弈秋，通國之善弈者也。使弈秋誨二人弈，其一人專心致志，惟弈秋之為聽；一人雖聽之，一心以為有鴻鵠將至，思援弓繳而射之，雖與之俱學，弗若之矣。為是其智弗若與？曰：非然也。」

（一〇）孟子曰：「魚，我所欲也；熊掌，亦我所欲也；二者不可得兼，舍魚而取熊掌者也。生，亦我所欲也；義，亦我所欲也；二者不可得兼，舍生而取義者也。生亦我所欲，所欲有甚於生者，故不為苟得也。死亦我所惡，所惡有甚於死者，故患有所不辟也。如使人之所欲莫甚於生，則凡可以得生者，何不用也？使人之所惡莫甚於死者，則凡可以辟患者，何不為也？由是則生，而有不用也；由是則可以辟患，而有不為也。是故，所欲有甚於生者，所惡有甚於死者；非獨賢者有是心也，人皆有之，賢者能勿喪耳。

「一簞食，一豆羹，得之則生，弗得則死；嘑爾而與之，行道之人弗受；蹴爾而與之，乞人不屑也。萬鍾則不辨禮義而受之，萬鍾於我何加焉？為宮室之美，妻妾之奉、所識窮乏者得我與？鄉為身死而不受，今為宮室之美為之；鄉為身死而不受，今為妻妾之奉為之；鄉為身死而不受，今為所識窮乏者得我而為之；是亦不可以已乎？此之謂失其本心。」

（一一）孟子曰：「仁，人心也；義，人路也；舍其路而弗由，放其心而不知求，哀哉！人有雞犬放，則知求之；有放心，而不知求！學問之道無他，求其放心而已矣。」

（一二）孟子曰：「今有無名之指，屈而不信，非疾痛害事也；如有能信之者，則不遠秦、楚之路，為指之不若人也。指不若人，則知惡之；心不若人，則不知惡；此之謂不知類也。」

（一三）孟子曰：「拱把之桐梓，人苟欲生之，皆知所以養之者；至於身，而不知所以養之者；豈愛身不若桐梓哉？弗思甚也！」

（一四）孟子曰：「人之於身也，兼所愛；兼所愛，則兼所養也；無尺寸之膚不愛焉，則無尺寸之膚不養也。所以考其善不善者，豈有他哉？於己取之而已矣！體有貴賤，有小大；無以小害大，無以賤害貴。養其小者為小人。養其大者為大人。今有場師，舍其梧檟，養其樲棘，則為賤場師焉。養其一指，而失其肩背而不知也，則為狼疾人也。飲食之人，則人賤之矣；為其養小以失大也。飲食之人，無有失也，則口腹豈適為尺寸之膚哉！」

（一五）公都子問曰：「鈞是人也，或為大人，或為小人，何也？」孟子曰：「從其大體為大人，從其小體為小人。」曰：「鈞是人也，或從其大體，或從其小體，何也？」曰：「耳目之官不思，而蔽於物；物交物，則引之而已矣。心之官則思，思則得之，不思則不得也。此天之所與我者，先立乎其大者，則其小者不能奪也。此為大人而已矣。」

（一六）孟子曰：「有天爵者，有人爵者。仁義忠信、樂善不倦，此天爵也；公卿大夫，此人爵也。古之人，修其天爵，而人爵從之。今之人修其天爵，以要人爵；既得人爵，而棄其天爵，則惑之甚者也，終亦必亡而已矣。」

（一七）孟子曰：「欲貴者，人之同心也；人人有貴於己者，弗思耳。人之所貴者，非良貴也。趙孟之所貴，趙孟能賤之。《詩》云：『既醉以酒，既飽以德。』言飽乎仁義也，所以不願人之膏粱之味也。令聞廣譽施於身，所以不願人之文繡也。」

（一八）孟子曰：「仁之勝不仁也，猶水勝火。今之為仁者，猶以一杯水救一車薪之火也；不熄，則謂之水不勝火。此又與於不仁之甚者也，亦終必亡而已矣！」

（一九）孟子曰：「五穀者，種之美者也；苟為不熟，不如荑稗。夫仁，亦在乎熟之而已矣。」

（二〇）孟子曰：「羿之教人射，必志於彀；學者亦必志於彀。大匠誨人，必以規矩；學者亦必以規矩。」

告子章句下 凡十六章

（一）任人有問屋廬子曰：「禮與食孰重？」

曰：「禮重。」

「色與禮孰重？」

曰：「禮重。」

曰：「以禮食，則飢而死；不以禮食，則得食；必以禮乎？親迎，則不得妻；不親迎，則得妻；必親迎乎？」

屋廬子不能對，明日之鄒，以告孟子。

孟子曰：「於答是也，何有！不揣其本，而齊其末，方寸之木，可使高於岑樓。金重於羽者，豈謂一鉤金與一輿羽之謂哉？取食之重者，與禮之輕者而比之，奚翅食重？取色之重者，與禮之輕者而比之，奚翅色重？往應之曰：『紾兄之臂，而奪之食，則得食；不紾，則不得食；則將紾之乎？踰東家牆而摟其處子，則得妻；不摟，則不得妻；則將摟之乎？』」

（二）曹交問曰：「人皆可以為堯舜，有諸？」

孟子曰：「然。」

「交聞文王十尺，湯九尺；今交九尺四寸以長，食粟而已，如何則可？」

曰：「奚有於是？亦為之而已矣。有人於此，力不能勝一匹雛，則為無力人矣；今曰舉百鈞，則為有力人矣。然則舉烏獲之任，是亦為烏獲而已矣。夫人豈以不勝為患哉？弗為耳。徐行後長者，謂之弟；疾行先長者，謂之不弟。夫徐行者，豈人所不能哉？所不為也。堯舜之道，孝弟而已矣。子服堯之服，誦堯之言，行堯之行，是堯而已矣。子服桀之服，誦桀之言，行桀之行，是桀而已矣。」

曰：「交得見於鄒君，可以假館，願留而受業於門。」

曰：「夫道若大路然，豈難知哉？人病不求耳。子歸而求之，有餘師。」

（三）公孫丑問曰：「高子曰：『〈小弁〉，小人之詩也。』」

孟子曰：「何以言之？」

曰：「怨。」

曰：「固哉，高叟之為《詩》也！有人於此，越人關弓而射之，則己談笑而道之；無他，疏之也。其兄關弓而射之，則己垂涕泣而道之；無他，戚之也。小弁之怨，親親也；親親，仁也。固矣夫，高叟之為《詩》也！」

曰：「〈凱風〉何以不怨？」

曰：「〈凱風〉，親之過小者也；〈小弁〉，親之過大者也。親之過大而不怨，是愈疏也；親之過小而怨，是不可磯也。愈疏，不孝也；不可磯，亦不孝也。孔子曰：『舜其至孝矣，五十而慕。』」

（四）宋牼將之楚，孟子遇於石丘，曰：「先生將何之？」

曰：「吾聞秦楚構兵，我將見楚王，說而罷之；楚王不悅，我將見秦王，說而罷之。二王我將有所遇焉。」

曰：「軻也，請無問其詳，願聞其指。說之將何如？」

曰：「我將言其不利也。」

曰：「先生之志則大矣；先生之號則不可。先生以利說秦楚之王，秦楚之王悅於利，以罷三軍之師，是三軍之士樂罷而悅於利也。為人臣者，懷利以事其君；為人子者，懷利以事其父；為人弟者，懷利以事其兄；是君臣、父子、兄弟，終去仁義，懷利以相接；然而不亡者，未之有也！先生以仁義說秦楚之王，秦楚之王悅於仁義，而罷三軍之師；是三軍之士樂罷而悅於仁義也。為人臣者，懷仁義以事其君；為人子者，懷仁義以事其父；為人弟者，懷仁義以事其兄；是君臣、父子、兄弟，去利，懷仁義以相接也；然而不王者，未之有也！何必曰利？」

（五）孟子居鄒，季任為任處守，以幣交；受之而不報。處於平陸，儲子為相，以幣交；受之而不報。他日，由鄒之任，見季子；由平陸之齊，不見儲子。屋廬子喜曰：「連得間矣！」問曰：「夫子之任，見季子；之齊，不見儲子——為其為相與？」

曰：「非也。《書》曰：『享多儀，儀不及物曰不享；惟不役志于享。』為其不成享也。」

屋廬子悅。或問之，屋廬子曰：「季子不得之鄒，儲子得之平陸。」

（六）淳于髡曰：「先名實者，為人也；後名實者，自為也。夫子在三卿之中，名實未加於上下而去之，仁者固如此乎？」

孟子曰：「居下位，不以賢事不肖者，伯夷也。五就湯、五就桀者，伊尹也。不惡汙君、不辭小官者，柳下惠也。三子者不同道，其趨一也。一者何也？曰：仁也。君子亦仁而已矣，何必同！」

曰：「魯繆公之時，公儀子為政，子柳、子思為臣，魯之削也滋甚。若是乎，賢者之無益於國也！」

曰：「虞不用百里奚而亡，秦穆公用之而霸。不用賢則亡；削，何可得與！」

曰：「昔者王豹處於淇，而河西善謳；綿駒處於高唐，而齊右善歌；華周、杞梁之妻，善哭其夫，而變國俗。有諸內，必形諸外；為其事而無其功者，髡未嘗覩之也。是故無賢者也，有則髡必識之。」

曰：「孔子為魯司寇，不用；從而祭，燔肉不至。不稅冕而行。不知者，以為為肉也；其知者，以為為無禮也。乃孔子則欲以微罪行，不欲為苟去。君子之所為，眾人固不識也。」

（七）孟子曰：「五霸者，三王之罪人也；今之諸侯，五霸之罪人也；今之大夫，今之諸侯之罪人也。天子適諸侯曰巡狩，諸侯朝於天子曰述職。春省耕而補不足，秋省斂而助不給。入其疆，土地辟，田野治，養老尊賢，俊傑在位，則有慶；慶以地。入其疆，土地荒蕪，遺老失賢，掊克在位，則有讓。一不朝，則貶其爵；再不朝，則削其地；三不朝，則六師移之。是故，天子討而不伐，諸侯伐而不討。五霸者，摟諸侯以伐諸侯者也；故曰：五霸者，三王之罪人也。五霸，桓公為盛。葵丘之會，諸侯束牲載書而不歃血。初命曰：『誅不孝，無易樹子，無以妾為妻。』再命曰：『尊賢育才，以彰有德。』三命曰：『敬老慈幼，無忘賓旅。』四命曰：『士無世官，官事無攝，取士必得，無專殺大夫。』五命曰：『無曲防，無遏糴，無有封而不告。』曰：『凡我同盟之人，既盟之後，言歸于好。』今之諸侯，皆犯此五禁；故曰：今之諸侯，五霸之罪人也。長君之惡，其罪小；逢君之惡，其罪大。今之大夫，皆逢君之惡；故曰：今之大夫，今之諸侯之罪人也。」

（八）魯欲使慎子為將軍。孟子曰：「不教民而用之，謂之殃民；殃民者，不容於堯、舜之世。一戰勝齊，遂有南陽，然且不可……。」

慎子勃然不悅曰：「此則滑釐所不識也！」

曰：「吾明告子：天子之地方千里，不千里不足以待諸侯；諸侯之地方百里，不百里不足以守宗廟之典籍。周公之封於魯，為方百里也；地非不足，而儉於百里。太公之封於齊也，亦為方百里也；地非不足也，而儉於百里。今魯方百里者五，子以為有王者作，則魯在所損乎？在所益乎？徒取諸彼以與此，然且仁者不為；況於殺人以求之乎？君子之事君也，務引其君以當道，志於仁而已。」

（九）孟子曰：「今之事君者，皆曰：『我能為君辟土地、充府庫。』今之所謂良臣，古之所謂民賊也。君不鄉道，不志於仁，而求富之，是富桀也！『我能為君約與國，戰必克。』今之所謂良臣，古之所謂民賊也。君不鄉道，不志於仁，而求為之強戰，是輔桀也！由今之道，無變今之俗，雖與之天下，不能一朝居也。」

（一〇）白圭曰：「吾欲二十而取一，何如？」

孟子曰：「子之道，貉道也。萬室之國，一人陶，則可乎？」

曰：「不可，器不足用也。」

曰：「夫貉，五穀不生，惟黍生之；無城郭宮室宗廟祭祀之禮，無諸侯幣帛饔飧，無百官有司，故二十取一而足也。今居中國，去人倫，無君子，如之何其可也？陶以寡，且不可以為國，況無君子乎？欲輕之於堯、舜之道者，大貉、小貉也；欲重之於堯、舜之道者，大桀、小桀也。」

（一一）白圭曰：「丹之治水也，愈於禹。」

孟子曰：「子過矣！禹之治水，水之道也。是故禹以四海為壑。今吾子以鄰國為壑。水逆行，謂之洚水——洚水者，洪水也——仁人之所惡也。吾子過矣！」

（一二）孟子曰：「君子不亮，惡乎執！」

（一三）魯欲使樂正子為政。孟子曰：「吾聞之，喜而不寐。」

公孫丑曰：「樂正子強乎？」

曰：「否。」

「有知慮乎？」

曰：「否。」

「多聞識乎？」

曰：「否。」

「然則奚為喜而不寐？」

曰：「其為人也好善。」

「好善足乎？」

曰：「好善優於天下，而況魯國乎？夫苟好善，則四海之內，皆將輕千里而來告之以善；夫苟不好善，則人將曰訑訑，『予既已知之矣』！訑訑之聲音顏色，距人於千里之外。士止於千里之外，則讒諂面諛之人至矣。與讒諂面諛之人居，國欲治，可得乎？」

（一四）陳子曰：「古之君子，何如則仕？」

孟子曰：「所就三，所去三。迎之致敬以有禮，言將行其言也，則就之；禮貌未衰，言弗行也，則去之。其次，雖未行其言也，迎之致敬以有禮，則就之；禮貌衰，則去之。其下，朝不食，夕不食，飢餓不能出門戶，君聞之，曰：『吾大者不能行其道，又不能從其言也，使飢餓於我土地，吾恥之。』周之，亦可受也；免死而已矣！」

（一五）孟子曰：「舜發於畎畝之中，傅說舉於版築之間，膠鬲舉於魚鹽之中，管夷吾舉於士，孫叔敖舉於海，百里奚舉於市。故天將降大任於是人也，必先苦其心志，勞其筋骨，餓其體膚，空乏其身，行拂亂其所為；所以動心忍性，曾益其所不能。人恆過，然後能改；困於心，衡於慮，而後作；徵於色，發於聲，而後喻。入則無法家拂士、出則無敵國外患者，國恆亡。然後知生於憂患，而死於安樂也。」

（一六）孟子曰：「教亦多術矣！予不屑之教誨也者，是亦教誨之而已矣。」

盡心章句上 凡四十六章

（一）孟子曰：「盡其心者，知其性也。知其性，則知天矣。存其心，養其性，所以事天也。殀壽不貳，修身以俟之，所以立命也。」

（二）孟子曰：「莫非命也，順受其正。是故，知命者不立乎巖墻之下。盡其道而死者，正命也；桎梏死者，非正命也。」

（三）孟子曰：「求則得之，舍則失之，是求有益於得也，求在我者也。求之有道，得之有命，是求無益於得也，求在外者也。」

（四）孟子曰：「萬物皆備於我矣。反身而誠，樂莫大焉。強恕而行，求仁莫近焉。」

（五）孟子曰：「行之而不著焉，習矣而不察焉，終身由之而不知其道者，眾也。」

（六）孟子曰：「人不可以無恥；無恥之恥，無恥矣。」

（七）孟子曰：「恥之於人大矣。為機變之巧者，無所用恥焉。不恥不若人，何若人有？」

（八）孟子曰：「古之賢王，好善而忘勢；古之賢士，何獨不然？樂其道而忘人之勢。故王公不致敬盡禮，則不得亟見之；見且由不得亟，而況得而臣之乎？」

（九）孟子謂宋句踐曰：「子好遊乎？吾語子游。人知之亦囂囂，人不知亦囂囂。」

曰：「何如斯可以囂囂矣？」

曰：「尊德樂義，則可以囂囂矣。故士窮不失義，達不離道。窮不失義，故士得己焉；達不離道，故民不失望焉。古之人，得志，澤加於民；不得志，修身見於世。窮則獨善其身，達則兼善天下。」

（一〇）孟子曰：「待文王而後興者，凡民也；若夫豪杰之士，雖無文王猶興。」

（一一）孟子曰：「附之以韓、魏之家，如其自視欿然，則過人遠矣。」

（一二）孟子曰：「以佚道使民，雖勞不怨；以生道殺民，雖死不怨殺者。」

（一三）孟子曰：「霸者之民，驩虞如也。王者之民，皞皞如也。殺之而不怨，利之而不庸，民日遷善而不知為之者。夫君子，所過者化，所存者神，上下與天地同流，豈曰小補之哉？」

（一四）孟子曰：「仁言，不如仁聲之入人深也；善政，不如善教之得民也。善政，民畏之；善教，民愛之。善政，得民財；善教，得民心。」

（一五）孟子曰：「人之所不學而能者，其良能也；所不慮而知者，其良知也。孩提之童，無不知愛其親者；及其長也，無不知敬其兄也。親親，仁也；敬長，義也。無他，達之天下也。」

（一六）孟子曰：「舜之居深山之中，與木石居，與鹿豕遊，其所以異於深山之野人者幾希；及其聞一善言，見一善行，若決江河，沛然莫之能禦也。」

（一七）孟子曰：「無為其所不為，無欲其所不欲，如此而已矣。」

（一八）孟子曰：「人之有德慧術知者，恆存乎疢疾。獨孤臣孽子，其操心也危，其慮患也深，故達。」

（一九）孟子曰：「有事君人者，事是君則為容悅者也；有安社稷臣者，以安社稷為悅者也；有天民者，達可行於天下而後行之者也；有大人者，正己而物正者也。」

（二〇）孟子曰：「君子有三樂，而王天下不與存焉。父母俱存，兄弟無故，一樂也；仰不愧於天，俯不怍於人，二樂也；得天下英才而教育之，三樂也。君子有三樂，而王天下不與存焉。」

（二一）孟子曰：「廣土眾民，君子欲之，所樂不存焉。中天下而立，定四海之民；君子樂之，所性不存焉。君子所性，雖大行不加焉，雖窮居不損焉，分定故也。君子所性，仁義禮智根於心；其生色也，睟然見於面，盎於背，施於四體，四體不言而喻。」

（二二）孟子曰：「伯夷辟紂，居北海之濱，聞文王作興，曰：『盍歸乎來，吾聞西伯善養老者。』太公辟紂，居東海之濱，聞文王作興，曰：『盍歸乎來，吾聞西伯善養老者。』天下有善養老，則仁人以為己歸矣。五畝之宅，樹牆下以桑，匹婦蠶之，則老者足以衣帛矣。五母雞，二母彘，無失其時，老者足以無失肉矣。百畝之田，匹夫耕之，八口之家，足以無飢矣。所謂西伯善養老者，制其田里，教之樹畜；導其妻子，使養其老。五十非帛不煖，七十非肉不飽；不煖不飽，謂之凍餒。文王之民，無凍餒之老者，此之謂也。」

（二三）孟子曰：「易其田疇，薄其稅斂，民可使富也。食之以時，用之以禮，財不可勝用也。民非水火不生活，昏暮叩人之門戶，求水火，無弗與者；至足矣。聖人治天下，使有菽粟如水火；菽粟如水火，而民焉有不仁者乎！」

（二四）孟子曰：「孔子登東山而小魯，登泰山而小天下。故觀於海者難為水，遊於聖人之門者難為言。觀水有術，必觀其瀾；日月有明，容光必照焉。流水之為物也，不盈科不行；君子之志於道也，不成章不達。」

（二五）孟子曰：「雞鳴而起，孳孳為善者，舜之徒也；雞鳴而起，孳孳為利者，蹠之徒也。欲知舜與蹠之分，無他，利與善之間也。」

（二六）孟子曰：「楊子取為我，拔一毛而利天下，不為也。墨子兼愛，摩頂放踵利天下，為之。子莫執中，執中為近之；執中無權，猶執一也。所惡執一者，為其賊道也，舉一而廢百也。」

（二七）孟子曰：「飢者甘食，渴者甘飲；是未得飲食之正也，飢渴害之也。豈惟口腹有飢渴之害，人心亦皆有害。人能無以飢渴之害為心害，則不及人不為憂矣。」

（二八）孟子曰：「柳下惠不以三公易其介。」

（二九）孟子曰：「有為者，辟若掘井——掘井九軔而不及泉，猶為棄井也。」

（三〇）孟子曰：「堯、舜，性之也；湯、武，身之也；五霸，假之也。久假而不歸，惡知其非有也？」

（三一）公孫丑曰：「伊尹曰：『予不狎于不

順。』放太甲於桐，民大悅。太甲賢，又反之，民大悅。賢者之為人臣也，其君不賢，則固可放與？」孟子曰：「有伊尹之志則可，無伊尹之志則篡也。」

（三二）公孫丑曰：「《詩》曰：『不素餐兮。』君子之不耕而食，何也？」孟子曰：「君子居是國也，其君用之，則安富尊榮；其子弟從之，則孝弟忠信。『不素餐兮』，孰大於是？」

（三三）王子墊問曰：「士何事？」孟子曰：「尚志。」

曰：「何謂尚志？」

曰：「仁義而已矣。殺一無罪，非仁也；非其有而取之，非義也。居惡在？仁是也。路惡在？義是也。居仁由義，大人之事備矣。」

（三四）孟子曰：「仲子，不義與之齊國而弗受，人皆信之。是舍簞食豆羹之義也。人莫大焉亡親戚君臣上下。以其小者，信其大者，奚可哉？」

（三五）桃應問曰：「舜為天子，皐陶為士；瞽瞍殺人，則如之何？」

孟子曰：「執之而已矣！」

「然則舜不禁與？」

曰：「夫舜惡得而禁之？夫有所受之也。」

「然則舜如之何？」

曰：「舜視棄天下猶棄敝蹝也。竊負而逃，遵海濱而處，終身訢然，樂而忘天下。」

（三六）孟子自范之齊，望見齊王之子，喟然歎曰：「居移氣，養移體；大哉居乎！夫非盡人之子與？（孟子曰：）王子宮室、車馬、衣服多與人同，而王子若彼者，其居使之然也；況居天下之廣居者乎？魯君之宋，呼於垤澤之門。守者曰：『此非吾君也，何其聲之似我君也？』此無他，居相似也。」

（三七）孟子曰：「食而弗愛，豕交之也；愛而不敬，獸畜之也。恭敬者，幣之未將者也；恭敬而無實，君子不可虛拘。」

（三八）孟子曰：「形色，天性也；惟聖人然後可以踐形。」

（三九）齊宣王欲短喪。公孫丑曰：「為朞之喪，猶愈於已乎？」

孟子曰：「是猶或紾其兄之臂，子謂之姑徐徐云爾。亦教之孝弟而已矣！」

王子有其母死者，其傅為之請數月之喪。公孫丑曰：「若此者何如也？」

曰：「是欲終之而不可得也，雖加一日愈於已。謂夫莫之禁而弗為者也。」

（四〇）孟子曰：「君子之所以教者五：有如時雨化之者，有成德者，有達財者，有荅問者，有私淑艾者。此五者，君子之所以教也。」

（四一）公孫丑曰：「道則高矣、美矣，宜若登天然，似不可及也；何不使彼為可幾及，而日孳孳也？」

孟子曰：「大匠不為拙工改廢繩墨，羿不為拙射變其彀率。君子引而不發，躍如也。中道而立，能者從之。」

（四二）孟子曰：「天下有道，以道殉身；天下無道，以身殉道；未聞以道殉乎人者也。」

（四三）公都子曰：「滕更之在門也，若在所禮；而不答，何也？」

孟子曰：「挾貴而問，挾賢而問，挾長而問，挾有勳勞而問，挾故而問，皆所不答也。滕更有二焉。」

（四四）孟子曰：「於不可已而已者，無所不已；於所厚者薄，無所不薄也。其進銳者，其退速。」

（四五）孟子曰：「君子之於物也，愛之而弗仁；於民也，仁之而弗親。親親而仁民，仁民而愛物。」

（四六）孟子曰：「知者無不知也，當務之為急；仁者無不愛也，急親賢之為務。堯、舜之知而不徧物，急先務也；堯、舜之仁不徧愛人，急親賢也。不能三年之喪，而緦、小功之察；放飯流歠，而問無齒決；是之謂不知務。」

盡心章句下 凡三十八章

（一）孟子曰：「不仁哉，梁惠王也！仁者以其所愛，及其所不愛；不仁者以其所不愛，及其所愛。」

公孫丑問曰：「何謂也？」

「梁惠王以土地之故，糜爛其民而戰之，大敗；將復之，恐不能勝，故驅其所愛子弟以殉之。是之謂以其所不愛，及其所愛也。」

（二）孟子曰：「春秋無義戰；彼善於此，則有之矣。征者，上伐下也；敵國不相征也。」

（三）孟子曰：「盡信書，則不如無書。吾於〈武成〉，取二三策而已矣。仁人無敵於天下；以至仁伐至不仁，而何其血之流杵也！」

（四）孟子曰：「有人曰：『我善為陳，我善為戰。』大罪也。國君好仁，天下無敵焉。南面而征，北狄怨；東面而征，西夷怨；曰：『奚為後我？』武王之伐殷也，革車三百兩，虎賁三千人，王曰：『無畏，寧爾也，非敵百姓也。』若崩厥角稽首。征之為言正也，各欲正己也，焉用戰？」

（五）孟子曰：「梓匠輪輿，能與人規矩，不能使人巧。」

（六）孟子曰：「舜之飯糗茹草也，若將終身焉。及其為天子也，被袗衣，鼓琴，二女果，若固有之。」

（七）孟子曰：「吾今而後知殺人親之重也。殺人之父，人亦殺其父；殺人之兄，人亦殺其兄。然則非自殺之也，一間耳！」

（八）孟子曰：「古之為關也，將以禦暴；今之為關也，將以為暴。」

（九）孟子曰：「身不行道，不行於妻子；使人不以道，不能行於妻子。」

（一〇）孟子曰：「周於利者，凶年不能殺；周於德者，邪世不能亂。」

（一一）孟子曰：「好名之人，能讓千乘之國；苟非其人，簞食豆羹見於色。」

（一二）孟子曰：「不信仁賢，則國空虛；無禮義，則上下亂；無政事，則財用不足。」

（一三）孟子曰：「不仁而得國者，有之矣；不仁而得天下者，未之有也。」

（一四）孟子曰：「民為貴，社稷次之，君為輕。是故，得乎丘民而為天子，得乎天子為諸侯，得乎諸侯為大夫。諸侯危社稷，則變置。犧牲既成，粢盛既潔，祭祀以時；然而旱乾水溢，則變置社稷。」

（一五）孟子曰：「聖人，百世之師也；伯夷、柳下惠是也。故聞伯夷之風者，頑夫廉，懦夫有立志；聞柳下惠之風者，薄夫敦，鄙夫寬。奮乎百世之上，百世之下，聞者莫不興起也。非聖人而能若是乎？而況於親炙之者乎！」

（一六）孟子曰：「仁也者，人也。合而言之，道也。」

（一七）孟子曰：「孔子之去魯，曰：『遲遲吾行也！』去父母國之道也。去齊，接淅而行。去他國之道也。」

（一八）孟子曰：「君子之戹於陳、蔡之間，無上下之交也。」

（一九）貉稽曰：「稽大不理於口。」

孟子曰：「無傷也，士憎茲多口。《詩》云：『憂心悄悄，慍于群小。』孔子也。『肆不殄厥慍，亦不隕厥問。』文王也。」

（二〇）孟子曰：「賢者以其昭昭，使人昭昭；今以其昏昏，使人昭昭。」

（二一）孟子謂高子曰：「山徑之蹊間，介然用之而成路；為間不用，則茅塞之矣。今茅塞子之心矣。」

（二二）高子曰：「禹之聲，尚文王之聲。」

孟子曰：「何以言之？」

曰：「以追蠡。」

曰：「是奚足哉！城門之軌，兩馬之力與？」

（二三）齊饑。陳臻曰：「國人皆以夫子將復為發棠，殆不可復？」

孟子曰：「是為馮婦也。晉人有馮婦者，善搏虎；卒為善，士則之。野有眾逐虎，虎負嵎，莫之敢攖。望見馮婦，趨而迎之。馮婦攘臂下車，眾皆悅之；其為士者笑之。」

（二四）孟子曰：「口之於味也，目之於色也，耳之於聲也，鼻之於臭也，四肢之於安佚也，性也，有命焉；君子不謂性也。仁之於父子也，義之於君臣也，禮之於賓主也，智之於賢者也，聖人之於天道也，命也，有性焉；君子不謂命也。」

（二五）浩生不害問曰：「樂正子，何人也？」孟子曰：「善人也，信人也。」「何謂善？何謂信？」曰：「可欲之謂善，有諸己之謂信，充實之謂美，充實而有光輝之謂大，大而化之之謂聖，聖而不可知之之謂神。樂正子，二之中，四之下也。」

（二六）孟子曰：「逃墨必歸於楊，逃楊必歸於儒。歸，斯受之而已矣。今之與楊、墨辯者，如追放豚，既入其苙，又從而招之。」

（二七）孟子曰：「有布縷之征，粟米之征，力役之征。君子用其一，緩其二。用其二而民有殍，用其三而父子離。」

（二八）孟子曰：「諸侯之寶三：土地，人民，政事。寶珠玉者，殃必及身。」

（二九）盆成括仕於齊。孟子曰：「死矣盆成括！」盆成括見殺，門人問曰：「夫子何以知其將見殺？」曰：「其為人也小有才，未聞君子之大道也，則足以殺其軀而已矣！」

（三〇）孟子之滕，館於上宮。有業屨於牖上，館人求之弗得。或問之曰：「若是乎，從者之廋也！」曰：「子以是為竊屨來與？」曰：「殆非也。」「夫子（予）之設科也，往者不追，來者不拒；苟以是心至，斯受之而已矣。」

（三一）孟子曰：「人皆有所不忍，達之於其所忍，仁也；人皆有所不為，達之於其所為，義也。人能充無欲害人之心，而仁不可勝用也。人能充無穿窬之心，而義不可勝用也。人能充無受爾汝之實，無所往而不為義也。士未可以言而言，是以言餂之也；可以言而不言，是以不言餂之也；是皆穿窬之類也。」

（三二）孟子曰：「言近而指遠者，善言也；守約而施博者，善道也。君子之言也，不下帶而道存焉；君子之守，脩其身而天下平。人病舍其田而芸人之田；所求於人者重，而所以自任者輕。」

（三三）孟子曰：「堯、舜，性者也；湯、武，反之也。動容周旋中禮者，盛德之至也。哭死而哀，非為生者也。經德不回，非以干祿也。言語必信，非以正行也。君子行法以俟命而已矣。」

（三四）孟子曰：「說大人，則藐之，勿視其巍巍然。堂高數仞，榱題數尺，我得志弗為也；食前方丈，侍妾數百人，我得志弗為也；般樂飲酒，驅騁田獵，後車千乘，我得志弗為也。在彼者，皆我所不為也；在我者，皆古之制也；吾何畏彼哉！」

（三五）孟子曰：「養心莫善於寡欲。其為人也寡欲，雖有不存焉者，寡矣；其為人也多欲，雖有存焉者，寡矣。」

（三六）曾皙嗜羊棗，而曾子不忍食羊棗。

公孫丑問曰：「膾炙與羊棗孰美？」

孟子曰：「膾炙哉！」

公孫丑曰：「然則曾子何為食膾炙而不食羊棗？」

曰：「膾炙，所同也；羊棗所獨也。諱名不諱姓，姓所同也，名所獨也。」

（三七）萬章問曰：「孔子在陳曰：『盍歸乎來！吾黨之士狂簡，進取不忘其初。』孔子在陳，何思魯之狂士？」

孟子曰：「孔子不得中道而與之，必也狂獧乎！狂者進取，獧者有所不為也。孔子豈不欲中道哉？不可必得，故思其次也。」

「敢問何如斯可謂狂矣？」

曰：「如琴張、曾皙、牧皮者，孔子之所謂狂矣。」

「何以謂之狂也？」

曰：「其志嘐嘐然，曰：『古之人！古之人！』夷考其行，而不掩焉者也。狂者又不可得；欲得不屑不潔之士而與之，是獧也，是又其次也。孔子曰：『過我門而不入我室，我不憾焉者，其惟鄉原乎！鄉原，德之賊也。』」

「曰：何如斯可謂之鄉原矣？」

「曰：『何以是嘐嘐也？言不顧行，行不顧言，則曰：「古之人！古之人！」行何為踽踽涼涼？生斯世也，為斯世也，善斯可矣。』閹然媚於世也者，是鄉原也。」

萬子曰：「一鄉皆稱原人焉，無所往而不為原人；孔子以為德之賊，何哉？」

曰：「非之無舉也，刺之無刺也；同乎流俗，合乎汙世；居之似忠信，行之似廉潔；眾皆悅之，自以為是，而不可與入堯舜之道，故曰德之賊也。孔子曰：『惡似而非者；惡莠，恐其亂苗也；惡佞，恐其亂義也；惡利口，恐其亂信也；惡鄭聲，恐其亂樂也；惡紫，恐其亂朱也；惡鄉原，恐其亂德也。』君子反經而已矣。經正，則庶民興；庶民興，斯無邪慝矣。」

（三八）孟子曰：「由堯、舜至於湯，五百年有餘歲，若禹、皋陶則見而知之，若湯則聞而知之。由湯至於文王，五百有餘歲，若伊尹、萊朱則見而知之，若文王則聞而知之。由文王至於孔子，五百有餘歲，若太公望、散宜生則見而知之，若孔子則聞而知之。由孔子而來至於今，百有餘歲，去聖人之世若此其未遠也，近聖人之居若此其甚也，然而無有乎爾！則亦無有乎爾！」

孝經

孔子著

開宗明義章第一

仲尼居，曾子侍。子曰：「先王有至德要道，以順天下，民用和睦，上下無怨。汝知之乎？」曾子避席曰：「參不敏，何足以知之！」子曰：「夫孝，德之本也，教之所由生也。復坐！吾語汝。身體髮膚，受之父母，不敢毀傷，孝之始也。立身行道，揚名於後世，以顯父母，孝之終也。夫孝，始於事親，中於事君，終於立身。〈大雅〉云：『無念爾祖？聿脩厥德。』」

天子章第二

子曰：「愛親者，不敢惡於人；敬親者，不敢慢於人。愛敬盡於事親，而德教加於百姓，刑於四海，蓋天子之孝也。〈甫刑〉云：『一人有慶，兆民賴之。』」

諸侯章第三

「在上不驕，高而不危；制節謹度，滿而不溢。高而不危，所以長守貴也；滿而不溢，所以長守富也。富貴不離其身，然後能保其社稷，而和其民人，蓋諸侯之孝也。《詩》云：『戰戰兢兢，如臨深淵，如履薄冰。』」

卿大夫章第四

「非先王之法服不敢服，非先王之法言不敢道，非先王之德行不敢行。是故非法不言，非道不行；口無擇言，身無擇行。言滿天下無口過，行滿天下無怨惡。三者備矣，然後能守其宗廟，蓋卿大夫之孝也。《詩》云：『夙夜匪懈，以事一人。』」

士章第五

「資於事父以事母，而愛同；資於事父以事君，而敬同。故母取其愛，而君取其敬，兼之者父也。故以孝事君，則忠；以敬事長，則順。忠順不失，以事其上，然後能保其祿位，而守其祭祀，蓋士之孝也。《詩》云：『夙興夜寐，無忝爾所生。』」

庶人章第六

「用天之道，分地之利，謹身節用，以養父母，此庶人之孝也。故自天子至於庶人，孝無終始，而患不及者，未之有也。」

三才章第七

曾子曰：「甚哉！孝之大也。」子曰：「夫孝，天之經也，地之義也，民之行也。天地之經，而民是則之；則天之明，因地之利，以順天下。是以其教不肅而成，其政不嚴而治。先王見教之可以化民也，是故先之以博愛，而民莫遺其親；陳之於德義，而民興行；先之以敬讓，而民不爭；導之以禮樂，而民和睦；示之以好惡，而民知禁。《詩》云：『赫赫師尹，民具爾瞻。』」

孝治章第八

子曰：「昔者明王之以孝治天下也，不敢遺小國之臣，而況於公、侯、伯、子、男乎？故得萬國之懽心，以事其先王。治國者不敢侮於鰥寡，而況於士民乎？故得百姓之懽心，以事其先君。治家者不敢失於臣妾，而況於妻子乎？故得人之懽心，以事其親。夫然，故生則親安之，祭則鬼享之，是以天下和平，災害不生，禍亂不作。故明王之以孝治天下也如此。《詩》云：『有覺德行，四國順之。』」

聖治章第九

曾子曰：「敢問聖人之德，無以加於孝乎？」子曰：「天地之性，人為貴；人之行，莫大於孝，孝莫大於嚴父。嚴父莫大於配天，則周公其人也。昔者，周公郊祀后稷以配天，宗祀文王於明堂以配上帝。是以四海之內，各以其職來祭。夫聖人之德，又何以加於孝乎？故親生之膝下，以養父母日嚴。聖人因嚴以教敬，因親以教愛。聖人之教，不肅而成，其政不嚴而治，其所因者本也。父子之道天性也，君臣之義也。父母生之，續莫大焉。君親臨之，厚莫重焉。故不愛其親而愛他人者，謂之悖德；不敬其親而敬他人者，謂之悖禮。以順則逆，民無則焉。不在於善，而皆在於凶德，雖得之，君子不貴也。君子則不然，言思可道，行思可樂，德義可尊，作事可法。容止可觀，進退可度，以臨其民；是以其民畏而愛之，則而象之；故能成其德教，而行其政令。《詩》云：『淑人君子，其儀不忒。』」

紀孝行章第十

子曰：「孝子之事親也，居則致其敬，養則致其樂，病則致其憂，喪則致其哀，祭則致其嚴。五者備矣，然後能事親。事親者，居上不驕，為下不亂，在醜不爭。居上而驕則亡，為下而亂則刑，在醜而爭則兵。三者不除，雖日用三牲之養，猶為不孝也。」

五刑章第十一

子曰：「五刑之屬三千，而罪莫大於不孝。要君者無上，非聖人者無法，非孝者無親，此大亂之道也。」

廣要道章第十二

子曰：「教民親愛，莫善於孝；教民禮順，莫善於悌；移風易俗，莫善於樂；安上治民，莫善於禮。禮者，敬而已矣。故敬其父則子悅，敬其兄則弟悅，敬其君則臣悅，敬一人而千萬人悅。所敬者寡，而悅者眾，此之謂要道也。」

廣至德章第十三

子曰：「君子之教以孝也，非家至而日見之也。教以孝，所以敬天下之為人父者也；教以悌，所以敬天下之為人兄者也；教以臣，所以敬天下之為人君者也。

《詩》云：『愷悌君子，民之父母。』非至德，其孰能順民，如此其大者乎？」

廣揚名章第十四

子曰：「君子之事親孝，故忠可移於君；事兄悌，故順可移於長；居家理，故治可移於官。是以行成於內，而名立於後世矣。」

諫諍章第十五

曾子曰：「若夫慈愛、恭敬、安親、揚名，則聞命矣。敢問子從父之令，可謂孝乎？」子曰：「是何言與！是何言與！昔者天子有爭臣七人，雖無道，不失其天下；諸侯有爭臣五人，雖無道，不失其國；大夫有爭臣三人，雖無道，不失其家；士有爭友，則身不離於令名；父有爭子，則身不陷於不義。故當不義，則子不可以不爭於父，臣不可以不爭於君。故當不義則爭之，從父之令，又焉得為孝乎？」

感應章第十六

子曰：「昔者明王事父孝，故事天明；事母孝，故事地察；長幼順，故上下治；天地明察，神明彰矣。故雖天子，必有尊也，言有父也；必有先也，言有兄也；宗廟致敬，不忘親也；脩身愼行，恐辱先也；宗廟致敬，鬼神著矣。孝悌之至，通於神明，光於四海，無所不通。《詩》云：『自西自東，自南自北，無思不服。』」

事君章第十七

子曰：「君子之事上也，進思盡忠，退思補過，將順其美，匡救其惡，故上下能相親也。《詩》云：『心乎愛矣，遐不謂矣；中心藏之，何日忘之！』」

喪親章第十八

子曰：「孝子之喪親也，哭不偯，禮無容，言不文，服美不安，聞樂不樂，食旨不甘，此哀慼之情也。三日而食，教民無以死傷生，毀不滅性，此聖人之政也。喪不過三年，示民有終也。為之棺、椁、衣、衾而舉之，陳其簠簋而哀慼之。擗踊哭泣，哀以送之；卜其宅兆，而安措之；為之宗廟，以鬼享之；春秋祭祀，以時思之。生事愛敬，死事哀慼，生民之本盡矣，死生之義備矣，孝子之事親終矣。」

荀子

荀子著

勸學篇

君子曰：學不可以已。青，取之於藍，而青於藍；冰，水為之，而寒於水。木直中繩，輮以為輪，其曲中規，雖有槁暴，不復挺者，輮使之然也。故木受繩則直，金就礪則利，君子博學而日參省乎己，則知明而行無過矣。故不登高山，不知天之高也；不臨深谿，不知地之厚也；不聞先王之遺言，不知學問之大也。干越夷貉之子，生而同聲，長而異俗，教使之然也。《詩》曰：「嗟爾君子，無恆安息。靖共爾位，好是正直。神之聽之，介爾景福。」神莫大於化道，福莫長於無禍。

吾嘗終日而思矣，不如須臾之所學也。吾嘗跂而望矣，不如登高之博見也。登高而招，臂非加長也，而見者遠；順風而呼，聲非加疾也，而聞者彰。假輿馬者，非利足也，而致千里；假舟檝者，非能水也，而絕江河。君子生非異也，善假於物也。

南方有鳥焉，名曰「蒙鳩」，以羽為巢，而編之以髮，繫之葦苕。風至苕折，卵破子死。巢非不完也，所繫者然也。西方有木焉，名曰「射干」，莖長四寸，生於高山之上，而臨百仞之淵。木莖非能長也，所立者然也。蓬生麻中，不扶而直；白沙在涅，與之俱黑。蘭槐之根是為芷，其漸之滫，君子不近，庶人不服。其質非不美也，所漸者然也。故君子居必擇鄉，遊必就士，所以防邪僻而近中正也。

物類之起，必有所始；榮辱之來，必象其德。肉腐出蟲，魚枯生蠹。怠慢忘身，禍災乃作。強自取柱，柔自取束。邪穢在身，怨之所構。施薪若一，火就燥也；平地若一，水就濕也。草木疇生，禽獸群焉，物各從其類也。是故質的張而弓矢至焉，林木茂而斧斤至焉，樹成蔭而眾鳥息焉，醯酸而蜹聚焉。故言有召禍也，行有招辱也，君子慎其所立乎！

積土成山，風雨興焉；積水成淵，蛟龍生焉；積善成德，而神明自得，聖心備焉。故不積蹞步，無以至千里；不積小流，無以成江海。騏驥一躍，不能十步；駑馬十駕，功在不舍。鍥而舍之，朽木不折；鍥而不舍，金石可鏤。螾無爪牙之利，筋骨之強，上食埃土，下飲黃泉，用心一也。蟹六跪而二螯，非虵蟺之穴，無可寄託者，用心躁也。是故無冥冥之志者，無昭昭之明；無惛惛之事者，無赫赫之功。行衢道者不至，事兩君者不容。目不能兩視而明，耳不能兩聽而聰。螣蛇無足而飛，梧鼠五技而窮。《詩》曰：「尸鳩在桑，其子七兮。淑人君子，其儀一兮。其儀一兮，心如結兮。」故君子結於一也。

昔者瓠巴鼓瑟，而流魚出聽；伯牙鼓琴，而六馬仰秣。故聲無小而不聞，行無隱而不形。玉在山而草木潤，淵生珠而崖不枯。為善不積邪？安有不聞者乎！

學惡乎始？惡乎終？曰：其數則始乎誦經，終乎讀禮；其義則始乎為士，終乎為聖人。真積力久則入，學至乎沒而後止也。故學數有終，若其義則不可須臾舍也。為之，人也，舍之，禽獸也。故《書》者，政事之紀也；《詩》者，中聲之所止也；禮者，法之大分，類之綱紀也。故學至乎禮而止矣。夫是之謂道德之極。禮之敬文也，樂之中和也，《詩》《書》之博也，《春秋》之微也，在天地之間者畢矣。

君子之學也，入乎耳，箸乎心，布乎四體，形乎動靜。端而言，蝡而動，一可以為法則。小人之學也，入乎耳，出乎口。口耳之間則四寸耳，曷足以美七尺之軀哉！古之學者為己，今之學者為人。君子之學也以美其身，小人之學也以為禽犢。故不問而告謂之傲，問一而告二謂之囋。傲、非也，囋、非也，君子如嚮矣。

學莫便乎近其人，《禮》《樂》法而不說，《詩》《書》故而不切，《春秋》約而不速。方其人之習君子之說，則尊以徧矣，周於世矣！故曰：學莫便乎近其人。學之經莫速乎好其人，隆禮次之。上不能好其人，下不能隆禮，安特將學雜識志順《詩》《書》而已耳！則末世窮年，不免為陋儒而已！將原先王，本仁義，則禮正其經緯蹊徑也。若挈裘領，詘五指而頓之，順者不可勝數也。不道禮憲，以《詩》《書》為之，譬之猶以指測河也，以戈舂黍也，以錐飡壺也，不可以得之矣。故隆禮，雖未明，法士也；不隆禮，雖察辯，散儒也。

問楛者勿告也，告楛者勿問也，說楛者勿聽也，有爭氣者勿與辯也。故必由其道至然後接之，非其道則避之。故禮恭而後可與言道之方，辭順而後可與言道之理，色從而後可與言道之致。故未可與言而言謂之傲，可與言而不言謂之隱，不觀氣色而言謂之瞽。故君子不傲、不隱、不瞽，謹順其身。《詩》曰：「匪交匪舒，天子所予。」此之謂也。

百發失一，不足謂善射；千里蹞步不至，不足謂善御；倫類不通，仁義不一，不足謂善學。學也者，固學一之也。一出焉，一入焉，涂巷之人也。其善者少，不善者多，桀紂盜跖也。全之盡之，然後學者也。君子知夫不全不粹之不足以為美也，故誦數以貫之，思索以通之，為其人以處之，除其害者以持養之。使目非是無欲見也，使耳非是無欲聞也，使口非是無欲言也，使心非是無欲慮也。及至其致好之也，目好之五色，耳好之五聲，口好之五味，心利之有天下。是故權利不能傾也，群眾不能移也，天下不能蕩也。生乎由是，死乎由是，夫是之謂德操。德操然後能定，能定然後能應。能定能應，夫是之謂成人。天見其明，地見其光，君子貴其全也。

修身篇

見善，修然必以自存也；見不善，愀然必以自省也。善在身，介然必以自好也；不善在身，菑然必以自惡也。故非我而當者，吾師也；是我而當者，吾友也；諂諛我者，吾賊也。故君子隆師而親友以致惡其賊。好善無厭，受諫而能誡，雖欲無進，得乎哉！小人反是：致亂而惡人之非己也；致不肖而欲人之賢己也；心如虎狼，行如禽獸，而又惡人之賊己也；諂諛者親，諫爭者疏；修正為笑，至忠為賊；雖欲無滅亡，得乎哉！

《詩》曰：「噏噏呰呰，亦孔之哀。謀之其臧，則具是違；謀之不臧，則具是依。」此之謂也。

扁善之度，以治氣養生，則後彭祖；以修身自名，則配堯禹。宜於時通，利以處窮，禮信是也。凡用血氣、志意、知慮，由禮則治通，不由禮則勃亂提僈；食飲、衣服、居處、動靜，由禮則和節，不由禮則觸陷生疾；容貌、態度、進退、趨行，由禮則雅，不由禮則夷固僻違庸眾而野。故人無禮則不生，事無禮則不成，國家無禮則不寧。《詩》曰：「禮儀卒度，笑語卒獲。」此之謂也。

以善先人者謂之教，以善和人者謂之順，以不善先人者謂之諂，以不善和人者謂之諛。是是非非謂之知，非是是非謂之愚。傷良曰讒，害良曰賊。是謂是非謂非曰直。竊貨曰盜，匿行曰詐，易言曰誕。趣舍無定謂之無常，保利弃義謂之至賊。多聞曰博，少聞曰淺。多見曰閑，少見曰陋。難進曰偍，易忘曰漏。少而理曰治，多而亂曰秏。

治氣養心之術，血氣剛強，則柔之以調和；知慮漸深，則一之以易良；勇膽猛戾，則輔之以道順；齊給便利，則節之以動止；狹隘褊小，則廓之以廣大；卑濕重遲貪利，則抗之以高志；庸眾駑散，則刦之以師友；怠慢僄弃，則炤之以禍災；愚款端慤，則合之以禮樂，通之以思索。凡治氣養心之術，莫徑由禮，莫要得師，莫神一好。夫是之謂治氣養心之術也。

志意修則驕富貴，道義重則輕王公；內省而外物輕矣。傳曰：「君子役物，小人役於物。」此之謂矣。身勞而心安，為之；利少而義多，為之；事亂君而通，不如事窮君而順焉。故良農不為水旱不耕，良賈不為折閱不市，士君子不為貧窮怠乎道。

體恭敬而心忠信，術禮義而情愛人；橫行天下，雖困四夷，人莫不貴。勞苦之事則爭先，饒樂之事則能讓，端慤誠信，拘守而詳；橫行天下，雖困四夷，人莫不任。體倨固而心執詐，術順墨而精雜汙；橫行天下，雖達四方，人莫不賤。勞苦之事則偷儒轉脫，饒樂之事則佞兑而不曲，辟違而不慤，程役而不錄，橫行天下，雖達四方，人莫不弃。

行而供冀，非漬淖也；行而俯項，非擊戾也；偶視而先俯，非恐懼也。然夫士欲獨修其身，不以得罪於比俗之人也。

夫驥一日而千里，駑馬十駕則亦及之矣。將以窮無窮、逐無極與？其折骨絕筋終身不可以相及也；將有所止之，則千里雖遠，亦或遲、或速、或先、或後，胡為乎其不可以相及也！不識步道者，將以窮無窮、逐無極與？意亦有所止之與？夫「堅白」「同異」「有厚無厚」之察，非不察也，然而君子不辯，止之也。倚魁之行，非不難也，然而君子不行，止之也。故學曰：「遲彼止而待我，我行而就之，則亦或遲、或速、或先、或後，胡為乎其不可以同至也！」故蹞步而不休，跛鼈千里；累土而不輟，丘山崇成。厭其源，開其瀆，江河可竭。一進一退，一左一右，六驥不致。彼人之才性之相縣也，豈若跛鼈之與六驥足哉！然而跛鼈致之，六驥不致，是無他故焉，或為之或不為爾！道雖邇，不行不至；事雖小，不為不成。其為人也，多暇日者，其出入不遠矣。

好法而行，士也；篤志而體，君子也；齊明而不竭，聖人也。人無法則倀倀然，有法而無志其義則渠渠然，依乎法而又深其類然後溫溫然。

禮者所以正身也，師者所以正禮也；無禮何以正身，無師安知禮之為是也。禮然而然，則是情安禮也；師云而云，則是知若師也。情安禮，知若師，則是聖人也。故非禮，是無法也；非師，是無師也。不是師法，而好自用，譬之是猶以盲辨色，以聾辨聲也；舍亂妄無為也。故學也者，禮法也；夫師以身為正儀，而貴自安者也。《詩》云：「不識不知，順帝之則。」此之謂也。

端愨順弟，則可謂善少者矣；加好學遜敏焉，則有鈞無上，可以為君子矣。偷儒憚事，無廉恥而嗜乎飲食，則可謂惡少者矣；加惕悍而不順，險賊而不弟焉，則可謂不詳少者矣，雖陷刑戮可也。

老老而壯者歸焉，不窮窮而通者積焉，行乎冥冥而施乎無報而賢不肖一焉；人有此三行，雖有大過，天其不遂乎。

君子之求利也略，其遠害也早，其避辱也懼，其行道理也勇。君子貧窮而志廣，富貴而體恭，安燕而血氣不惰，勞勸而容貌不枯，怒不過奪，喜不過予。君子貧窮而志廣，隆仁也；富貴而體恭，殺埶也；安燕而血氣不惰，柬理也；勞勸而容貌不枯，好交也；怒不過奪，喜不過予，是法勝私也。《書》曰：「無有作好，遵王之道。無有作惡，遵王之路。」此言君子之能以公義勝私欲也。

不苟篇

君子行不貴苟難，說不貴苟察，名不貴苟傳，唯其當之為貴。故懷負石而赴河，是行之難為者也，而申徒狄能之；然而君子不貴者，非禮義之中也。山淵平，天地比，齊秦襲，入乎耳，出乎口，鉤有須，卵有毛，是說之難持者也，而惠施鄧析能之；然而君子不貴者，非禮義之中也。盜跖吟口，名聲若日月，與舜禹俱傳而不息；然而君子不貴者，非禮義之中也。故曰：君子行不貴苟難，說不貴苟察，名不貴苟傳，唯其當之為貴。《詩》曰：「物其有矣，唯其時矣。」此之謂也。

君子易知而難狎，易懼而難脅，畏患而不避義死，欲利而不為所非，交親而不比，言辯而不辭，蕩蕩乎其有以殊於世也！

君子能亦好，不能亦好；小人能亦醜，不能亦醜。君子能則寬容易直以開道人，不能則恭敬縛絀以畏事人；小人能則倨傲僻違以驕溢人，不能則妒嫉怨誹以傾覆人。故曰：君子能則人榮學焉，不能則人樂告之；小人能則人賤學焉，不能則人羞告之。是君子小人之分也。

君子寬而不優，廉而不劌，辯而不爭，察而不激，寡立而不勝，堅彊而不暴，柔從而不流，恭敬謹慎而容。夫是之謂至文。《詩》曰：「溫溫恭人，惟德之基。」此之謂矣。

君子崇人之德，揚人之美，非諂諛也；正義直指，舉人之過，非毀疵也；言己之光美，擬於舜禹，參於天地，非夸誕也；與時屈伸，柔從若蒲葦，非懾怯也；剛強猛毅，靡所不信，非驕暴也；以義變應，知當曲直故也。《詩》曰：「左之左之，君子宜之。右之右之，君子有之。」此言君子能以義屈信變應故也。

君子小人之反也，君子大心則天而道，小心則畏義而節；知則明通而類，愚則端慤而法；見由則恭而止，見閉則敬而齊；喜則和而理，憂則靜而理；通則文而明，窮則約而詳。小人則不然，大心則慢而暴，小心則淫而傾；知則攫盜而漸，愚則毒賊而亂；見由則兌而倨，見閉則怨而險；喜則輕而翾，憂則挫而懾；通則驕而偏，窮則弃而儑。傳曰：「君子兩進，小人兩廢。」此之謂也。

君子治治，非治亂也。曷謂邪？曰：禮義之謂治，非禮義之謂亂也。故君子者，治禮義者也，非治非禮義者也。然則國亂將弗治與？曰：國亂而治之者，非案亂而治之之謂也，去亂而被之以治。人汙而修之者，非案汙而修之之謂也，去汙而易之以修。故去亂而非治亂也，去汙而非修汙也。治之為名，猶曰君子為治而不為亂，為修而不為汙也。

君子絜其辯而同焉者合矣，善其言而類焉者應矣。故馬鳴而馬應之，非知也，其埶然也。故新浴者振其衣，新沐者彈其冠，人之情也。其誰能以己之潐潐受人之掝掝者哉！

君子養心莫善於誠，致誠則無它事矣；唯仁之為守，唯義之為行。誠心守仁則形，形則神，神則能化矣。誠心行義則理，理則明，明則能變矣。變化代興，謂之天德。天不言而人推高焉，地不言而人推厚焉，四時不言而百姓期焉，夫此有常以至其誠者也。君子至德，嘿然而喻，未施而親，不怒而威；夫此順命，以慎其獨者也。善之為道者，不誠則不獨，不獨則不形，不形則雖作於心，見於色，出於言，民猶若未從也；雖從必疑。天地為大矣，不誠則不能化萬物；聖人為知矣，不誠則不能化萬民；父子為親矣，不誠則疏；君子為尊矣，不誠則卑。夫誠者，君子之所守也，而政事之本也；唯所居以其類至。操之則得之，舍之則失之。操而得之則輕，輕則獨行，獨行而不舍，則濟矣。濟而材盡，長遷而不反其初，則化矣。

君子位尊而志恭，心小而道大；所聽視者近，而所聞見者遠；是何邪？則操術然也。故千人萬人之情，一人之情也。天地始者，今日是也。百王之道，後王是也。君子審後王之道，而論於百王之前，若端拜而議。推禮義之統，分是非之分，總天下之要，治海內之衆，若使一人。故操彌約，而事彌大。五寸之矩，盡天下之方也。故君子不下室堂，而海內之情舉積此者，則操術然也。

有通士者，有公士者，有直士者，有愨士者，有小人者。上則能尊君，下則能愛民，物至而應，事起而辨，若是則可謂通士矣。不下比以闇上，不上同以疾下，分爭於中，不以私害之，若是則可謂公士矣。身之所長，上雖不知，不以悖君；身之所短，上雖不知，不以取賞；長短不飾，以情自竭；若是則可謂直士矣。庸言必信之，庸行必慎之，畏法流俗，而不敢以其所獨甚，若是則可謂愨士矣。言無常信，行無常貞，唯利所在，無所不傾，若是則可謂小人矣。

公生明，偏生闇，端愨生通，詐偽生塞，誠信生神，夸誕生惑，此六生者，君子慎之，而禹桀所以分也。

欲惡取舍之權，見其可欲也，則必前後慮其可惡也者；見其可利也，則必前後慮其可害也者；而兼權之，孰計之，然後定其欲惡取舍；如是則常不失陷矣。凡人之患，偏傷之也，見其可欲也，則不慮其可惡也者；見其可利也，則不顧其可害也者。是以動則必陷，為則必辱，是偏傷之患也。

人之所惡者，吾亦惡之。夫富貴者，則類傲之；夫貧賤者，則求柔之；是非仁人之情也，是姦人將以盜名於晻世者也，險莫大焉。故曰：盜名不如盜貨。田仲史鰌不如盜也。

榮辱篇

憍泄者，人之殃也。恭儉者，偋五兵也。雖有戈矛之刺，不如恭儉之利也。故與人善言，煖於布帛；傷人之言，深於矛戟。故薄薄之地，不得履之，非地不安也；危足無所履者，凡在言也。巨涂則讓，小涂則殆，雖欲不謹，若云不使。

快快而亡者怒也，察察而殘者忮也，博而窮者訾也，清之而俞濁者口也，豢之而俞瘠者交也，辯而不說者爭也，直立而不見知者勝也，廉而不見貴者劌也，勇而不見憚者貪也，信而不見敬者好剸行也，此小人之所務，而君子之所不為也。

鬬者忘其身者也，忘其親者也，忘其君者也。行其少頃之怒，而喪終身之軀，然且為之，是忘其身也。室家立殘，親戚不免乎刑戮，然且為之，是忘其親也。君上之所惡也，刑法之所大禁也，然且為之，是忘其君也。憂忘其身，內忘其親，上忘其君，是刑法之所不舍也，聖王之所不畜也。乳彘觸虎，乳狗不遠遊，不忘其親也。人也，憂忘其身，內忘其親，上忘其君，則是人也，而曾狗彘之不若也。凡鬭者，必自以為是而以人為非也。己誠是也，人誠非也，則是己君子而人小人也；以君子與小人相賊害也，憂以忘其身，內以忘其親，上以忘其君，豈不過甚矣哉！是人也，所謂以狐父之戈钃牛矢也。將以為智邪？則愚莫大焉。將以為利邪？則害莫大焉。將以為榮邪？則辱莫大焉。將以為安邪？則危莫大焉。人之有鬬，何哉？我欲屬之狂惑疾病邪？則不可，聖王又誅之。我欲屬之鳥鼠禽獸邪？則不可，其形體又人，而好惡多同。人之有鬬，何哉？我甚醜之。

有狗彘之勇者，有賈盜之勇者，有小人之勇者，有士君子之勇者。爭飲食，無廉恥，不知是非，不辟死傷，不畏眾彊，恈恈然唯利飲食之見，是狗彘之勇也。為事利，爭貨財，無辭讓，果敢而振，猛貪而戾，恈恈然唯利之見，是賈盜之勇也。輕死而暴，是小人之勇也。義之所在，不傾於權，不顧其利，舉國而與之不為改視，重死持義而不橈，是士君子之勇也。

鯈鉢者，浮陽之魚也，胠於沙而思水，則無逮矣。

挂於患而欲謹，則無益矣。自知者不怨人，知命者不怨天。怨人者窮，怨天者無志。失之己，反之人，豈不迂乎哉！

榮辱之大分，安危利害之常體：先義而後利者榮，先利而後義者辱；榮者常通，辱者常窮；通者常制人，窮者常制於人；是榮辱之大分也。材愨者常安利，蕩悍者常危害；安利者常樂易，危害者常憂險；樂易者常壽長，憂險者常夭折；是安危利害之常體也。

夫天生蒸民，有所以取之；志意致修，德行致厚，智慮致明，是天子之所以取天下也。政令法，舉措時，聽斷公，上則能順天子之命，下則能保百姓，是諸侯之所以取國家也。志行修，臨官治，上則能順上，下則能保其職，是士大夫之所以取田邑也。循法則度量刑辟圖籍，不知其義，謹守其數，慎不敢損益也；父子相傳，以持王公，是故三代雖亡，治法猶存，是官人百吏之所以取祿秩也。孝弟原慤，軥錄疾力，以敦比其事業，而不敢怠傲，是庶人之所以取煖衣飽食長生久視以免於刑戮也。飾邪說，文姦言，為倚事，陶誕突盜，惕悍憍暴，以偷生反側於亂世之間，是姦人之所以取危辱死刑也；其慮之不深，其擇之不謹，其定取舍楛僈，是其所以危也。

材性知能，君子小人一也；好榮惡辱，好利惡害，是君子小人之所同也；若其所以求之之道則異矣。小人也者，疾為誕而欲人之信己也，疾為詐而欲人之親己也，禽獸之行而欲人之善己也，慮之難知也，行之難安也，持之難立也，成則必不得其所好，必遇其所惡焉。故君子者，信矣，而亦欲人之信己也；忠矣，而亦欲人之親己也；修正治辨矣，而亦欲人之善己也；慮之易知也，行之易安也，持之易立也，成則必得其所好，必不遇其所惡焉；是故窮則不隱，通則大明，身死而名彌白；小人莫不延頸舉踵而願曰：知慮才性，固有以賢人矣！夫不知其與己無以異也，則君子注錯之當，而小人注錯之過也。故孰察小人之知能，足以知其有餘可以為君子之所為也；譬之越人安越，楚人安楚，君子安雅。是非知能材性然也，是注錯習俗之節異也。仁義德行，常安之術也，然而未必不危也。汙僈突盜，常危之術也，然而未必不安也。故君子道其常，而小人道其怪。

凡人有所一同，飢而欲食，寒而欲煖，勞而欲息，好利而惡害，是人之所生而有也，是無待而然者也，是禹桀之所同也。目辨白黑美惡，耳辨音聲清濁，口辨酸鹹甘苦，鼻辨芬芳腥臊，骨體膚理辨寒暑疾養，是又人之所常生而有也，是無待而然者也，是禹桀之所同也。可以為堯禹，可以為桀跖，可以為工匠，可以為農賈，在埶注錯習俗之所積耳！是又人之所生而有也，是無待而然者也，是禹桀之所同也。為堯禹則常安榮，為桀跖則常危辱，為堯禹則常愉佚，為工匠農賈則常煩勞。然而人力為此而寡為彼，何也？曰：陋也。堯禹者，非生而具者也，夫起於變故，成乎修修之為，待盡而後備者也。人之生固小人，無師無法則唯利之見耳！人之生固小人，又以遇亂世得亂俗，是以小重小也，以亂得亂也。君子非得埶以臨之，則無由得開內焉。今是人之口腹，安知禮義？安知辭讓？安知廉恥隅積？亦呥呥而噍，鄉鄉而飽已矣。人無師無法，則其心正其口腹也。今使人生而未嘗睹芻豢稻粱也，惟菽藿糟糠之為睹，則以至足為在此也，俄而粲然有秉芻豢稻粱而至者，則瞲然視之曰：此何怪也？彼臭之而無嗛於鼻，嘗之而甘於口，食之而安於體，則莫不弃此而取彼矣。今以夫先王之道，仁義之統，以相群居，以相持養，以相藩飾，以相安固邪？以夫桀跖之道，是其為相縣也，幾直夫芻豢粱之縣糟糠爾哉！然而人力為此而寡為彼，何也？曰：陋也。陋也者，天下之公患也，人之大殃大害也。故曰：仁者好告示人。告之示之，靡之儇之，鈆之重之，則夫塞者俄且通也，陋者俄且僩也，愚者俄且知也。是若不行，則湯武在上曷益？桀紂在上曷損？湯武存，則天下從而治，桀紂存，則天下從而亂；如是者，豈非人之情固可與如此可與如彼也哉！

人之情，食欲有芻豢，衣欲有文繡，行欲有輿馬，又欲夫餘財蓄積之富也；然而窮年累世不知不足，是人之情也。今人之生也，方知畜雞狗豬彘，又畜牛羊，然而食不敢有酒肉；餘刀布，有囷窌，然而衣不敢有絲帛；約者有筐篋之藏，然而行不敢有輿馬。是何也？非不欲也，幾不長慮顧後而恐無以繼之故也？於是又節用御欲，收斂蓄藏以繼之也；是於己長慮顧後，幾不甚善矣哉！今夫偷生淺知之屬，曾此而不知也，糧食大侈，不顧其後，俄則屈安窮矣；是其所以不免於凍餓，操瓢囊為溝壑中瘠者也；況夫先王之道，仁義之統，《詩》《書》《禮》《樂》之分乎！彼固為天下之大慮也，將為天下生民之屬長慮顧後而保萬世也。其沠長矣，其溫厚矣，其功盛姚遠矣，非孰修為之君子，莫之能知也。故曰：短綆不可以汲深井之泉，知不幾者不可與及聖人之言。夫《詩》《書》《禮》《樂》之分，固非庸人之所知也。故曰：一之而可再也，有之而可久也，廣之而可通也，慮之而可安也，反鈆察之而俞可好也。以治情則利，以為名則榮，以群則和，以獨則足樂，意者其是邪？

夫貴為天子，富有天下，是人情之所同欲也；然則從人之欲，則埶不能容，物不能贍也。故先王案為之制禮義以分之，使有貴賤之等，長幼之差，知愚能不能之分，皆使人載其事而各得其宜，然後使慤祿多少厚薄之稱，是夫群居和一之道也。故仁人在上，則農以力盡田，賈以察盡財，百工以巧盡械器，士大夫以上，至於公侯，莫不以仁厚知能盡官職，夫是之謂至平。故或祿天下，而不自以為多；或監門御旅，抱關擊柝，而不自以為寡。故曰：斬而齊，枉而順，不同而一，夫是之謂人倫。《詩》曰：「受小共大共，為下國駿蒙。」此之謂也。

非相篇

相人，古之人無有也，學者不道也。古者有姑布子卿，今之世梁有唐舉，相人之形狀顏色，而知其吉凶妖祥，世俗稱之；古之人無有也，學者不道也。故相形不如論心，論心不如擇術。形不勝心，心不勝術。術正而心順之，則形相雖惡而心術善，無害為君子也。形相雖善而心術惡，無害為小人也。君子之謂吉，小人之謂凶。故長短小大善惡形相，非吉凶也；古之人無有也，學者不道也。

蓋帝堯長，帝舜短；文王長，周公短；仲尼長，子弓短。昔者衛靈公有臣曰公孫呂，身長七尺，面長三尺，焉廣三寸，鼻目耳具，而名動天下。楚之孫叔敖，期思之鄙人也，突禿長左，軒較之下，而以楚霸。葉公子高，微小短瘠，行若將不勝其衣然；白公之亂也，令尹子西司馬子期皆死焉，葉公子高入據楚，誅白公，定楚國，如反手爾，仁義功名善於後世。故事不揣長，不揳大，不權輕重，亦將志乎爾。長短大小，美惡形相，豈論也哉！且徐偃王之狀，目可瞻馬。仲尼之狀，面如蒙倛。周公之狀，身如斷菑。皋陶之狀，色如削瓜。閎夭之狀，面無見膚。傅說之狀，身如植鰭。伊尹之狀，面無須麋。禹跳，湯偏，堯舜參牟子。從者將論志意比類文學邪？直將差長短，辨美惡，而相欺傲邪？古者桀紂長巨姣美，天下之傑也；筋力越勁，百人之敵也；然而身死國亡，為天下大僇，後世言惡，則必稽焉。是非容貌之患也，聞見之不眾，論議之卑爾！今世俗之亂君，鄉曲之儇子，莫不美麗姚冶，奇衣婦飾，血氣態度，擬於女子；婦人莫不願得以為夫，處女莫不願得以為士，弃其親家而欲奔之者，比肩竝起，然而中君羞以為臣，中父羞以為子，中兄羞以為弟，中人羞以為友；俄則束乎有司而戮乎大市，莫不呼天啼哭，苦傷其今，而後悔其始。是非容貌之患也，聞見之不眾，論議之卑爾！然則從者將孰可也？

人有三不祥：幼而不肯事長，賤而不肯事貴，不肖而不肯事賢，是人之三不祥也。人有三必窮：為上則不能愛下，為下則好非其上，是人之一必窮也；鄉則不若，借則謾之，是人之二必窮也；知行淺薄，曲直有以相縣矣，然而仁人不能推，知士不能明，是人之三必窮也。人有此三數行者，以為上則必危，為下則必滅。《詩》曰：「雨雪瀌瀌，宴然聿消。莫肯下隧，式居屢驕。」此之謂也。

人之所以為人者何已也？曰：以其有辨也。飢而欲食，寒而欲煖，勞而欲息，好利而惡害，是人之所生而有也，是無待而然者也，是禹桀之所同也。然則人之所以為人者，非特以二足而無毛也，以其有辨也。今夫狌狌形笑亦二足而毛也，然而君子啜其羹，食其胾。故人之所以為人者，非特以其二足而無毛也，以其有辨也。

夫禽獸有父子，而無父子之親；有牝牡，而無男女之別。故人道莫不有辨。

辨莫大於分，分莫大於禮，禮莫大於聖王。聖王有百，吾孰法焉？故曰：文久而息，節族久而絕，守法數之有司，極禮而褫。故曰：欲觀聖王之跡，則於其粲然者矣，後王是也。彼後王者，天下之君也；舍後王而道上古，譬之是猶舍己之君而事人之君也。故曰：欲觀千歲，則數今日；欲知億萬，則審一二；欲知上世，則審周道；欲知周道，則審其人所貴君子。故曰：以近知遠，以一知萬，以微知明，此之謂也。

夫妄人曰：「古今異情，其以治亂者異道。」而眾人惑焉。彼眾人者，愚而無說，陋而無度者也。其所見焉，猶可欺也，而況於千世之傳也！妄人者，門庭之間，猶可誣欺也，而況於千世之上乎！聖人何以不欺？曰：聖人者，以己度者也。故以人度人，以情度情，以類度類，以說度功，以道觀盡，古今一度也。類不悖，雖久同理，故鄉乎邪曲而不迷，觀乎雜物而不惑，以此度之，五帝之外無傳人，非無賢人也，久故也。五帝之中無傳政，非無善政也，久故也。禹湯有傳政而不若周之察也，非無善政也，久故也。傳者久則論略，近則論詳；略則舉大，詳則舉小。愚者聞其略而不知其詳，聞其詳而不知其大也，是以文久而滅，節族久而絕。

凡言不合先王，不順禮義，謂之姦言；雖辯，君子不聽。法先王，順禮義，黨學者，然而不好言，不樂言，則必非誠士也。故君子之於言也，志好之，行安之，樂言之。故君子必辯：凡人莫不好言其所善，而君子為甚。故贈人以言，重於金石珠玉；觀人以言，美於黼黻文章；聽人以言，樂於鍾鼓琴瑟。故君子之於言無厭。鄙夫反是：好其實不恤其文，是以終身不免埤汙傭俗。故《易》曰：「括囊無咎無譽。」腐儒之謂也。

凡說之難，以至高遇至卑，以至治接至亂。未可直至也，遠舉則病繆，近世則病傭。善者於是間也，亦必遠舉而不繆，近世而不傭，與時遷徙，與世偃仰，緩急贏絀，府然若渠匽檃栝之於己也，曲得所謂焉，然而不折傷。故君子之度己則以繩，接人則用抴。度己以繩，故足以為天下法則矣；接人用抴，故能寬容，因求以成天下之大事矣。故君子賢而能容罷，知而能容愚，博而能容淺，粹而能容雜，夫是之謂兼術。《詩》曰：「徐方既同，天子之功。」此之謂也。

談說之術：矜莊以莅之，端誠以處之，堅彊以持之，分別以喻之，譬稱以明之，欣驩芬薌以送之，寶之珍之，貴之神之；如是則說常無不受；雖不說人，人莫不貴。夫是之謂為能貴其所貴。傳曰：「唯君子為能貴其所貴。」此之謂也。

君子必辯。凡人莫不好言其所善，而君子為甚焉。是以小人辯言險，而君子辯言仁也。言而非仁之中也，則其言不若其默也，其辯不若其吶也。言而仁之中也，則好言者上矣，不好言者下也。故仁言大矣，起於上所以道於下，政令是也；起於下所以忠於上，謀救是也。故君子之行仁也無厭。志好之，行安之，樂言之；故言君子必辯。小辯不如見端，見端不如見本分。小辯而察，見端而明，本分而理。聖人士君子之分具矣。有小人之辯者，有士君子之辯者，有聖人之辯者。不先慮，不早謀，發之而當，成文而類，居錯遷徙，應變不窮，是聖人之辯者也。先慮之，早謀之，斯須之言而足聽，文而致實，博而黨正，是士君子之辯者也。聽其言則辭辯而無統，用其身則多詐而無功，上不足以順明王，下不足以和齊百姓；然而口舌之均，噡唯則節，足以為奇偉偃卻之屬；夫是之謂姦人之雄。聖王起，所以先誅也，然後盜賊次之。盜賊得變，此不得變也。

非十二子篇

假今之世，飾邪說，文姦言，以梟亂天下，矞宇嵬瑣，使天下混然不知是非治亂之所存者有人矣。縱情性，安恣睢，禽獸行，不足以合文通治；然而其持之有故，其言之成理，足以欺惑愚眾；是它囂魏牟也。忍情性，綦谿利跂，苟以分異人為高，不足以合大眾，明大分；然而其持之有故，其言之成理，足以欺惑愚眾；是陳仲史鰌也。不知壹天下建國家之權稱，上功用，大儉約，而僈差等，曾不足以容辨異，縣君臣；然而其持之有故，其言之成理，足以欺惑愚眾；是墨翟宋鈃也。尚法而無法，下脩而好作，上則取聽於上，下則取從於俗，終日言成文典，反紃察之，則倜然無所歸宿，不可以經國定分；然而其持之有故，其言之成理，足以欺惑愚眾；是慎到田駢也。不法先王，不是禮義，而好治怪說，玩琦辭，甚察而不惠，辯而無用，多事而寡功，不可以為治綱紀；然而其持之有故，其言之成理，足以欺惑愚眾；是惠施鄧析也。略法先王而不知其統，猶然而材劇志大，聞見雜博。案往舊造說，謂之五行，甚僻違而無類，幽隱而無說，閉約而無解。案飾其辭，而祗敬之曰：此真先君子之言也。子思唱之，孟軻和之，世俗之溝猶瞀儒嚾嚾然不知其所非也，遂受而傳之，以為仲尼子游為茲厚於後世。是則子思孟軻之罪也。

若夫總方略，齊言行，壹統類，而群天下之英傑而告之以大古，教之以至順，奧窔之間，簟席之上，歛然聖王之文章具焉，佛然平世之俗起焉；六說者不能入也，十二子者不能親也；無置錐之地，而王公不能與之爭名；在一大夫之位，則一君不能獨畜，一國不能獨容；成名況乎諸侯，莫不願以為臣；是聖人之不得埶者也，仲尼子弓是也。一天下，財萬物，長養人民，兼利天下，通達之屬，莫不從服，六說者立息，十二子者遷化，則聖人之得埶者，舜禹是也。今夫仁人也，將何務哉？上則法舜禹之制，下則法仲尼子弓之義，以務息十二子之說；如是則天下之害除，仁人之事畢，聖王之跡著矣。

信信，信也；疑疑，亦信也。貴賢，仁也；賤不肖，亦仁也。言而當，知也；默而當，亦知也；故知默猶知言也。故多言而類，聖人也；少言而法，君子也；多少無法，而流湎然，雖辯，小人也。故勞力而不當民務，謂之姦事；勞知而不律先王，謂之姦心；辯說譬諭，齊給便利，而不順禮義，謂之姦說；此三姦者，聖王之所禁也。知而險，賊而神，為詐而巧，言無用而辯，辯不惠而察，治之大殃也。行辟而堅，飾非而好，玩姦而澤，言辯而逆，古之大禁也。知而無法，勇而無憚，察辯而操僻，淫太而用之，好姦而與眾，利足而迷，負石而墜，是天下之所弃也。

兼服天下之心，高上尊貴不以驕人，聰明聖知不以窮人，齊給速通不爭先人，剛毅勇敢不以傷人。不知則問，不能則學，雖能必讓，然後為德。遇君則修臣下之義，遇鄉則修長幼之義，遇長則修子弟之義，遇友則修禮節辭讓之義，遇賤而少者則修告導寬容之義。無不愛也，無不敬也，無與人爭也，恢然如天地之苞萬物。如是則賢者貴之，不肖者親之，如是而不服者，則可謂訞怪狡猾之人矣；雖則子弟之中，刑及之而宜。《詩》云：「匪上帝不時，殷不用舊。雖無老成人，尚有典刑。曾是莫聽，大命以傾。」此之謂也。

古之所謂士仕者，厚敦者也，合群者也，樂富貴者也，樂分施者也，遠罪過者也，務事理者也，羞獨富者也。今之所謂士仕者，汙漫者也，賊亂者也，恣睢者也，貪利者也，觸抵者也，無禮義而唯權埶之嗜者也。古之所謂處士者，德盛者也，能靜者也，修正者也，知命者也，箸是者也。今之所謂處士者，無能而云能者也，無知而云知者也，利心無足而佯無欲者也，行偽險穢而彊高言謹愨者也，以不俗為俗離縱而跂訾者也。

士君子之所能不能為：君子能為可貴，不能使人必貴己；能為可信，不能使人必信己；能為可用，不能使人必用己。故君子恥不修，不恥見汙；恥不信，不恥不見信；恥不能，不恥不見用。是以不誘於譽，不恐於誹，率道而行，端然正己，不為物傾側，夫是之謂誠君子。《詩》云：「溫溫恭人，維德之基。」此之謂也。

士君子之容：其冠進，其衣逢，其容良；儼然壯然，祺然蕼然，恢恢然，廣廣然，昭昭然，蕩蕩然，是父兄之容也。其冠進，其衣逢，其容愨，儉然恀然，輔然端然，訾然洞然，綴綴然，瞀瞀然，是子弟之容也。吾語汝學者之嵬容，其冠絻，其纓禁緩，其容簡連；填填然，狄狄然，莫莫然，瞡瞡然，瞿瞿然，盡盡然，盱盱然；酒食聲色之中則瞞瞞然，瞑瞑然；禮節之中則疾疾然，訾訾然；勞苦事業之中則儢儢然，離離然；偷儒而罔，無廉恥而忍謑詢，是學者之嵬也。

弟佗其冠，神禫其辭，禹行而舜趨，是子張氏之賤儒也。正其衣冠，齊其顏色，嗛然而終日不言，是子夏氏之賤儒也。偷儒憚事，無廉恥而耆飲食，必曰君子固不用力，是子游氏之賤儒也。彼君子則不然，佚而不惰，勞而不優，宗原應變，曲得其宜，如是然後聖人也。

仲尼篇

仲尼之門人，五尺之豎子，言羞稱乎五伯，是何也？曰：然，彼誠可羞稱也。齊桓五伯之盛者也，前事則殺兄而爭國，內行則姑姊妹之不嫁者七人，閨門之內，般樂奢汰，以齊之分奉之而不足；外事則詐邾襲莒，并國三十五；其事行也，若是其險汙淫汰也，彼固曷足稱乎大君子之門哉！若是而不亡，乃霸，何也？曰：於乎！夫齊桓公有天下之大節焉，夫孰能亡之！

倓然見管仲之能足以託國也，是天下之大知也。安忘其怒，出忘其讎，遂立以為仲父，是天下之大決也。立以為仲父，而貴戚莫之敢妬也；與之高國之位，而本朝之臣莫之敢惡也；與之書社三百，而富人莫之敢距也；貴賤長少，秩秩焉，莫不從桓公而貴敬之，是天下之大節也。諸侯有一節如是，則莫之能亡也；桓公兼此數節者而盡有之，夫又何可亡也！其霸也宜哉！非幸也，數也。然而仲尼之門，五尺之豎子，言羞稱五伯，是何也？曰：然，彼非本政教也，非致隆高也，非綦文理也，非服人之心也。鄉方略，審勞佚，畜積修鬬，而能顛倒其敵者也，詐心以勝矣，彼以讓飾爭，依乎仁而蹈利者也，小人之傑也，彼固曷足稱乎大君子之門哉！彼王者則不然，致賢而能以救不肖，致彊而能以寬弱，戰必能殆之而羞與之鬬，委然成文以示之天下，而暴國安自化矣，有災繆者然後誅之。故聖王之誅也，綦省矣。文王誅四，武王誅二，周公卒業，至於成王則安以無誅矣。故道豈不行矣哉！文王載百里地而天下一；桀紂舍之，厚於有天下之埶而不得以匹夫老。故善用之，則百里之國足以獨立矣；不善用之，則楚六千里而為讎人役。故人主不務得道，而廣有其埶，是其所以危也。

持寵處位終身不厭之術：主尊貴之則恭敬而僔，主信愛之則謹慎而嗛，主專任之則拘守而詳，主安近之則慎比而不邪，主疏遠之則全一而不倍，主損絀之則恐懼而不怨。貴而不為夸，信而不處謙，任重而不敢專；財利至則善而不及也，必將盡辭讓之義然後受。福事至則和而理，禍事至則靜而理；富則施廣，貧則用節；可貴可賤也，可富可貧也，可殺而不可使為姦也。是持寵處位終身不厭之術也。雖在貧窮徒處之埶，亦取象於是矣；夫是之謂吉人。《詩》曰：「媚茲一人，應侯順德。永言孝思，昭哉嗣服。」此之謂也。

求善處大重理任大事，擅寵於萬乘之國，必無後患之術：莫若好同之，援賢博施，除怨而無妨害人。能耐任之，則慎行此道也；能而不耐任，且恐失寵，則莫若早同之，推賢讓能，而安隨其後。如是，有寵則必榮，失寵則必無罪。是事君者之寶而必無後患之術也。故知者之舉事也，滿則慮嗛，平則慮險，安則慮危，曲重其豫，猶恐及其旤，是以百舉而不陷也。孔子曰：「巧而好度必節，勇而好同必勝，知而好謙必賢。」此之謂也。愚者反是：處重擅權，則好專事而妬賢能，抑有功而擠有罪，志驕盈而輕舊怨；以吝嗇而不行施，道乎上為重，招權於下以妨害人；雖欲無危得乎哉！是以位尊則必危，任重則必廢，擅寵則必辱，可立而待也，可炊而傹也。是何也？則墮之者眾而持之者寡矣。

天下之行術，以事君則必通，以為仁則必聖，立隆而勿貳也。然後恭敬以先之，忠信以統之，慎謹以行之，端愨以守之，頓窮則從之疾力以申重之。君雖不知，無怨疾之心；功雖甚大，無伐德之色；省求多功，愛敬不勌；如是則常無不順矣。以事君則必通，以為仁則必聖，夫是之謂天下之行術。

少事長，賤事貴，不肖事賢，是天下之通義也。有人也，埶不在人上，而羞為人下，是姦人之心也。志不免乎姦心，行不免乎姦道，而求有君子聖人之名，辟之是猶伏而咶天，救經而引其足也；說必不行矣！俞務而俞遠。故君子時詘則詘，時伸則伸也。

儒效篇

大儒之效：武王崩，成王幼，周公屏成王而及武王，以屬天下，惡天下之倍周也。履天子之籍，聽天下之斷，偃然如固有之，而天下不稱貪焉。殺管叔，虛殷國，而天下不稱戾焉。兼制天下，立七十一國，姬姓獨居五十三人，而天下不稱偏焉。教誨開導成王，使諭於道，而能揜迹於文武。周公歸周，反籍於成王，而天下不輟事周；然而周公北面而朝之。天子也者，不可以少當也，不可以假攝為也；能則天下歸之，不能則天下去之。是以周公屏成王而及武王，以屬天下，惡天下之離周也。成王冠成人，周公歸周反籍焉，明不滅主之義也。周公無天下矣；鄉有天下，今無天下，非擅也；成王鄉無天下，今有天下，非奪也；變埶次序節然也。故以枝代主而非越也，以弟誅兄而非暴也，君臣易位而非不順也。因天下之和，遂文武之業，明枝主之義，抑亦變化矣，天下厭然猶一也。非聖人莫之能為。夫是之謂大儒之效。

秦昭王問孫卿子曰：儒無益於人之國？孫卿子曰：儒者法先王，隆禮義，謹乎臣子而致貴其上者也。人主用之，則埶在本朝而宜；不用則退編百姓而愨；必為順下矣。雖窮困凍餧，必不以邪道為貪；無置錐之地，而明於持社稷之大義。嗚呼而莫之能應；然而通乎財萬物養百姓之經紀。埶在人上，則王公之材也；在人下，則社稷之臣，國君之寶也。雖隱於窮閻漏屋，人莫不貴之；道誠存也。仲尼將為司寇，沈猶氏不敢朝飲其羊，公慎氏出其妻也，慎潰氏踰境而徙，魯之粥牛馬者不豫賈，必蚤正以待之也。居於闕黨，闕黨之子弟，罔不分，有親者取多，孝弟以化之也。儒者在本朝則美政，在下位則美俗。儒之為人下如是矣。

王曰：然則其為人上何如？孫卿曰：其為人上也，廣大矣！志意定乎內，禮節脩乎朝，法則度量正乎官，忠信愛利形乎下。行一不義，殺一無罪，而得天下，不為也。此君義信乎人矣，通於四海，則天下應之如讙。

是何也？則貴名白而天下治也。故近者歌謳而樂之，遠者竭蹶而趨之。四海之內若一家，通達之屬，莫不從服。夫是之謂人師。《詩》曰：「自西自東，自南自北，無思不服。」此之謂也。夫其為人下也，如彼；其為人上也，如此；何謂其無益於人之國也！昭王曰：善！

先王之道，仁之隆也，比中而行之。曷謂中？曰：禮義是也。道者，非天之道，非地之道，人之所以道也，君子之所道也。君子之所謂賢者，非能偏能人之所能之謂也；君子之所謂知者，非能偏知人之所知之謂也；君子之所謂辯者，非能偏辯人之所辯之謂也；君子之所謂察者，非能徧察人之所察之謂也；有所正矣。相高下，視墝肥，序五種，君子不如農人。通財貨，相美惡，辯貴賤，君子不如賈人。設規矩，陳繩墨，便備用，君子不如工人。不卹是非然不然之情，以相薦撙，以相恥怍，君子不若惠施鄧析。若夫謫德而定次，量能而授官，使賢不肖皆得其位，能不能皆得其官，萬物得其宜，事變得其應，慎墨不得進其談，惠施鄧析不敢竄其察。言必當理，事必當務；是，然後君子之所長也。

凡事行，有益於理者立之，無益於理者廢之，夫是之謂中事。凡知說，有益於理者為之，無益於理者舍之，夫是之謂中說。事行失中謂之姦事，知說失中謂之姦道；姦事姦道，治世之所弃而亂世之所從服也。若夫充虛之相施易也，「堅白」「同異」之分隔也，是聰耳之所不能聽也，明目之所不能見也，辯士之所不能言也；雖有聖人之知，未能僂指也。不知無害為君子，知之無損為小人。工匠不知，無害為巧。君子不知，無害為治。王公好之則亂法，百姓好之則亂事。而狂惑戇陋之人，乃始率其群徒，辯其談說，明其辟稱，老身長子，不知惡也。夫是之謂上愚；曾不如相雞狗之可以為名也。《詩》曰：「為鬼為蜮，則不可得，有靦面目，視人罔極。作此好歌，以極反側。」此之謂也。

我欲賤而貴，愚而智，貧而富，可乎？曰：其唯學乎！彼學者，行之，曰士也；敦慕焉，君子也；知之，聖人也。上為聖人，下為士君子，孰禁我哉！鄉也混然涂之人也，俄而並乎堯禹，豈不賤而貴矣哉！鄉也效門室之辨，混然曾不能決也，俄而原仁義，分是非，圖回天下於掌上，而辯白黑，豈不愚而知矣哉！鄉也胥靡之人，俄而治天下之大器舉在此，豈不貧而富矣哉！今有人於此，屑然藏千溢之寶，雖行貣而食，人謂之富矣。彼寶也者，衣之不可衣也，食之不可食也，賣之不可僂售也；然而人謂之富，何也？豈不大富之器誠在此也？是杅杅亦富人已，豈不貧而富矣哉！

故君子無爵而貴，無祿而富，不言而信，不怒而威，窮處而榮，獨居而樂；豈不至尊至富至重至嚴之情舉積此哉！故曰：貴名不可以比周爭也，不可以夸誕有也，不可以埶重脅也，必將誠此然後就也。爭之則失，讓之則至，遵道則積，夸誕則虛。故君子務脩其內而讓之於外，務積德於身而處之以遵道；如是，則貴名起如日月，天下應之如雷霆。故曰：君子隱而顯，微而明，辭讓而勝。《詩》曰：「鶴鳴于九皋，聲聞于天。」此之謂也。鄙夫反是：比周而譽俞少，鄙爭而名俞辱，煩勞以求安利其身俞危。《詩》曰：「民之無良，相怨一方。受爵不讓，至于己斯亡。」此之謂也。故能小而事大，辟之是猶力之少而任重也，舍粹折無適也。身不肖而誣賢，是猶傴伸而好升高也，指其頂者愈眾。故明主譎德而序位，所以為不亂也；忠臣誠能然後敢受職，所以為不窮也。分不亂於上，能不窮於下，治辯之極也。《詩》曰：「平平左右，亦是率從。」是言上下之交不相亂也。

以從俗為善，以貨財為寶，以養生為己至道，是民德也。行法至堅，不以私欲亂所聞，如是則可謂勁士矣。行法至堅，好脩正其所聞，以橋飾其情性；其言多當矣，而未諭也；其行多當矣，而未安也；其知慮多當矣，而未周密也；上則能大其所隆，下則能開道不若己者；如是，則可謂篤厚君子矣。脩百王之法若辨白黑，應當時之變若數一二，行禮要節而安之若生四枝，要時立功之巧若詔四時，平正和民之善，億萬之眾而博若一人；如是，則可謂聖人矣。

井井兮其有理也，嚴嚴兮其能敬己也，分分兮其有終始也，猒猒兮其能長久也，樂樂兮其執道不殆也，炤炤兮其用知之明也，脩脩兮其用統類之行也，綏綏兮其有文章也，熙熙兮其樂人之臧也，隱隱兮其恐人之不當也；如是，則可謂聖人矣。此其道出乎一。曷謂一？曰：執神而固。曷謂神？曰：盡善挾治之謂神，萬物莫足以傾之之謂固。神固之謂聖人。聖也者，道也管也。天下之道管是矣，百王之道一是矣。故《詩》《書》

《禮》《樂》之歸是矣。《詩》言是其志也，《書》言是其事也，《禮》言是其行也，《樂》言是其和也，《春秋》言是其微也。故〈風〉之所以為不逐者，取是以節之也；〈小雅〉之所以為小雅者，取是而文之也；〈大雅〉之所以為大雅者，取是而光之也；〈頌〉之所以為至者，取是而通之也。天下之道畢是矣。鄉是者臧，倍是者亡。鄉是如不臧，倍是如不亡者，自古及今，未嘗有也。

客有道曰：孔子曰：「周公其盛乎！身貴而愈恭，家富而愈儉，勝敵而愈戒。」應之曰：是殆非周公之行，非孔子之言也。武王崩，成王幼，周公屏成王而及武王，履天子之籍，負扆而坐，諸侯趨走堂下；當是時也，夫又誰為恭矣哉！兼制天下，立七十一國，姬姓獨居五十三人焉；周之子孫，苟不狂惑者，莫不為天下之顯諸侯。孰謂周公儉哉！武王之誅紂也，行之日以兵忌，東面而迎太歲，至氾而汎，至懷而壞，至共頭而山隧。霍叔懼曰：出三日而五災至，無乃不可乎？周公曰：刳比干而囚箕子，飛廉惡來知政，夫又惡有不可焉！遂選馬而進，朝食於戚，暮宿於百泉，厭旦於牧之野。鼓之而紂卒易鄉，遂乘殷人而誅紂。蓋殺者非周人，因殷人也。故無首虜之獲，無蹈難之賞，反而定三革，偃五兵，合天下，立聲樂，於是〈武〉〈象〉起而

〈韶〉〈護〉廢矣。四海之內，莫不變心易慮以化順之；故外闔不閉，跨天下而無蘄。當是時也，夫又誰為戒矣哉！

造父者，天下之善御者也，無輿馬，則無所見其能。羿者，天下之善射者也，無弓矢，則無所見其巧。大儒者，善調一天下者也，無百里之地，則無所見其功。輿固馬選矣，而不能以至遠，一日而千里，則非造父也。弓調矢直矣，而不能以射遠中微，則非羿也。用百里之地，而不能調一天下，制彊暴，則非大儒也。彼大儒者，雖隱於窮閻漏屋，無置錐之地，而王公不能與之爭名。在一大夫之位，則一君不能獨畜，一國不能獨容，成名況乎諸侯，莫不願得以為臣。用百里之地，而千里之國，莫能與之爭勝。箠棰暴國，齊一天下，而莫能傾也。是大儒之徵也。其言有類，其行有禮，其舉事無悔，其持險應變曲當；與時遷徙，與世偃仰，千舉萬變，其道一也；是大儒之稽也。其窮也，俗儒笑之；其通也，英傑化之，嵬瑣逃之，邪說畏之，眾人媿之。通則一天下，窮則獨立貴名。天不能死，地不能埋，桀跖之世不能汙，非大儒莫之能立，仲尼子弓是也。

故有俗人者，有俗儒者，有雅儒者，有大儒者。不學問，無正義，以富利為隆，是俗人者也。逢衣淺帶，解果其冠，略法先王而足亂世術，繆學雜舉，不知法後王而一制度，不知隆禮義而殺《詩》《書》；其衣冠行僞已同於世俗矣，然而不知惡者，其言議談說已無以異於墨子矣，然而明不能別；呼先王以欺愚者而求衣食焉，得委積足以揜其口，則揚揚如也；隨其長子，事其便辟，舉其上客，億然若終身之虜，而不敢有他志；是俗儒者也。法後王，一制度，隆禮義而殺《詩》《書》；其言行已有大法矣，然而明不能齊，法教之所不及，聞見之所未至，則知不能類也；知之曰知之，不知曰不知，內不自以誣，外不自以欺，以是尊賢畏法而不敢怠傲，是雅儒者也。法先王，統禮義，一制度，以淺持博，以古持今，以一持萬；苟仁義之類也，雖在鳥獸之中，若別白黑；倚物怪變，所未嘗聞也，所未嘗見也，卒然起一方，則舉統類而應之，無所儗怍；張法而度之，則晻然若合符節，是大儒者也。故人主用俗人，則萬乘之國亡；用俗儒，則萬乘之國存；用雅儒，則千乘之國安；用大儒，則百里之地久而後三年，天下為一，諸侯為臣；用萬乘之國，則舉錯而定，一朝而伯。

不聞不若聞之，聞之不若見之，見之不若知之，知之不若行之。學至於行之而止矣。行之明也，明之為聖人。聖人也者，本仁義，當是非，齊言行，不失豪釐；無它道焉，已乎行之矣。故聞之而不見，雖博必謬；見之而不知，雖識必妄；知之而不行，雖敦必困。不聞不見，則雖當非仁也；其道百舉而百陷也。

故人無師無法而知，則必為盜；勇，則必為賊；云能，則必為亂；察，則必為怪；辯，則必為誕。人有師有法而知，則速通；勇，則速威；云能，則速成；察，則速盡；辯，則速論。故有師法者，人之大寶也；無師法者，人之大殃也。人無師法，則隆性矣；有師法，則隆積矣；而師法者，所得乎情，非所受乎性；不足以獨立而治。性也者，吾所不能為也，然而可化也。情也者，非吾所有也，然而可為也。注錯習俗，所以化性也。并一而不二，所以成積也。習俗移志，安久移質。并一而不二，則通於神明，參於天地矣。

故積土而為山，積水而為海，旦暮積謂之歲。至高謂之天，至下謂之地，宇中六指謂之極。涂之人百姓，積善而全盡謂之聖人。彼求之而後得，為之而後成，積之而後高，盡之而後聖。故聖人也者，人之所積也。人積耨耕而為農夫，積斲削而為工匠，積反貨而為商賈，積禮義而為君子。工匠之子莫不繼事，而都國之民安習其服。居楚而楚，居越而越，居夏而夏。是非天性也，積靡使然也。故人知謹注錯，慎習俗，大積靡，則為君子矣；縱性情而不足問學，則為小人矣。為君子則常安榮矣；為小人則常危辱矣。凡人莫不欲安榮而惡危辱，故唯君子為能得其所好，小人則日徼其所惡。《詩》

曰：「維此良人，弗求弗迪。維彼忍心，是顧是復。民之貪亂，寧為荼毒。」此之謂也。

人論：志不免於曲私，而冀人之以己為公也；行不免於汙漫，而冀人之以己為修也；其愚陋溝瞀，而冀人之以己為知也；是眾人也。志忍私然後能公，行忍情性然後能脩，知而好問然後能才；公脩而才，可謂小儒矣。志安公，行安脩，知通統類，如是則可謂大儒矣。大儒者，天子三公也。小儒者，諸侯大夫士也。眾人者，工農商賈也。禮者人主之所以為群臣寸尺尋丈檢式也。人倫盡矣。

君子言有壇宇，行有防表，道有一隆。言道德之求，不下於安存。言志意之求，不下於士。言道德之求，不二後王。道過三代謂之蕩，法二後王謂之不雅。高之下之，小之臣之，不外是矣。是君子之所以騁志意於壇宇宮庭也。故諸侯問政，不及安存，則不告也。匹夫問學，不及為士，則不教也。百家之說，不及後王，則不聽也。夫是之謂君子言有壇宇，行有防表也。

王制篇

請問為政？曰：賢能不待次而舉，罷不能不待須而廢，元惡不待教而誅，中庸民不待政而化。分未定也，則有昭繆。雖王公士大夫之子孫，不能屬於禮義，則歸之庶人。雖庶人之子孫也，積文學，正身行，能屬於禮義，則歸之卿相士大夫。故姦言姦說姦事姦能，遁逃反側之民，職而教之，須而待之。勉之以慶賞，懲之以刑罰。安職則畜，不安職則棄。五疾，上收而養之，材而事之，官施而衣食之，兼覆無遺。才行反時者死無赦。夫是之謂天德，王者之政也。

聽政之大分，以善至者待之以禮，以不善至者待之以刑。兩者分別，則賢不肖不雜，是非不亂。賢不肖不雜則英傑至，是非不亂則國家治。若是名聲日聞，天下願，令行禁止，王者之事畢矣。凡聽：威嚴猛厲而不好假道人，則下畏恐而不親，周閉而不竭；若是，則大事殆乎弛，小事殆乎遂。和解調通，好假道人，而無所凝止之，則姦言竝至，嘗試之說鋒起；若是，則聽大事煩，是又傷之也。故法而不議，則法之所不至者必廢；職而不通，則職之所不及者必隊。故法而議，職而通，無隱謀，無遺善，而百事無過，非君子莫能。故公平者，職之衡也；中和者，聽之繩也。其有法者以法行，無法者以類舉，聽之盡也。偏黨而無經，聽之辟也。故有良法而亂者，有之矣；有君子而亂者，自古及今，未嘗聞也。傳曰：「治生乎君子，亂生乎小人。」此之謂也。

分均則不偏，埶齊則不壹，眾齊則不使。有天有地，而上下有差；明王始立，而處國有制。夫兩貴之不能相事，兩賤之不能相使，是天數也。埶位齊，而欲惡同，物不能澹則必爭。爭則必亂，亂則窮矣。先王惡其亂也，故制禮義以分之，使有貧富貴賤之等，足以相兼臨者，是養天下之本也。《書》曰：「維齊非齊。」此之謂也。

馬駭輿，則君子不安輿；庶人駭政，則君子不安位。馬駭輿，則莫若靜之；庶人駭政，則莫若惠之。選賢良，舉篤敬，興孝弟，收孤寡，補貧窮；如是，則庶人安政矣。庶人安政，然後君子安位。傳曰：「君者，舟也；庶人者，水也。水則載舟，水則覆舟。」此之謂也。故君人者，欲安，則莫若平政愛民矣；欲榮，則莫若隆禮敬士矣；欲立功名，則莫若尚賢使能矣；是君人者之大節也。三節者當，則其餘莫不當矣。三節者不當，則其餘雖曲當，猶將無益也。孔子曰：「大節是也，小節是也，上君也。大節是也，小節一出焉，一入焉，中君也。大節非也，小節雖是也，吾無觀其餘矣。」成侯嗣公聚斂計數之君也，未及取民也。子產取民者也，未及為政也。管仲為政者也，未及修禮也。故修禮者王，為政者彊，取民者安，聚斂者亡。故王者富民，霸者富士，僅存之國富大夫，亡國富筐篋，實府庫。筐篋已富，府庫已實，而百姓貧；夫是之謂上溢而下漏。入不可以守，出不可以戰，則傾覆滅亡可立而待也。故我聚之以亡，敵得之以彊。聚斂者，召寇肥敵亡國危身之道也，故明君不蹈也。

王奪之人，霸奪之與，彊奪之地。奪之人者臣諸侯，奪之與者友諸侯，奪之地者敵諸侯。臣諸侯者王，友諸侯者霸，敵諸侯者危。用彊者，人之城守，人之出戰，而我以力勝之也，則傷人之民必甚矣；傷人之民必甚，則人之民惡我必甚矣；人之民惡我甚，則日欲與我鬬。人之城守，人之出戰，而我以力勝之，則傷吾民必甚矣；傷吾民甚，則吾民之惡我必甚矣；吾民之惡我甚，則日不欲為我鬬。人之民日欲與我鬬，吾民日不欲為我鬬，是彊者之所以反弱也。地來而民去，累多而功少，雖守者益，所以守者損，是以大者之所以反削也。諸侯莫不懷交接怨而不忘其敵，伺彊大之間，承彊大之敝，此彊大之殆時也。知彊大者不務彊也。慮以王命，全其力，凝其德。力全則諸侯不能弱也，德凝則諸侯不能削也，天下無王霸主，則常勝矣；是知彊道者也。彼霸者不然，辟田野，實倉廩，便備用，案謹募選閱材伎之士，然後漸慶賞以先之，嚴刑罰以糾之；存亡繼絕，衛弱禁暴，而無兼并之心，則諸侯親之矣。修友敵之道，以敬接諸侯，則諸侯說之矣。所以親之者，以不并也；并之見，則諸侯疏矣。所以說之者，以友敵也；臣之見，則諸侯離矣。故明其不并之行，信其友敵之道，天下無王霸主，則常勝矣；是知霸道者也。閔王毀於五國，桓公劫於魯莊，無它故焉，非其道而慮之以王也。彼王者不然。仁眇天下，義眇天下，威眇天下。仁眇天下，故天下莫不親也。義眇天下，故天下莫不貴也。威眇天下，故天下莫敢敵也。以不敵之威，輔服人之道，故不戰而勝，不攻而得，甲兵不勞而天下服，是知王道者也。知此三具者，欲王而王，欲霸而霸，欲彊而彊矣。

王者之人，飾動以禮義，聽斷以類，明振毫末，舉措應變而不窮，夫是之謂有原。是王者之人也。

王者之制，道不過三代，法不貳後王；道過三代謂之蕩，法貳後王謂之不雅。衣服有制，宮室有度，人徒有數，喪祭械用，皆有等宜。聲則凡非雅聲者舉廢，色則凡非舊文者舉息，械用則凡非舊器者舉毀，夫是之謂復古，是王者之制也。

王者之論，無德不貴，無能不官，無功不賞，無罪不罰。朝無幸位，民無幸生。尚賢使能，而等位不遺；析愿禁悍，而刑罰不過。百姓曉然皆知夫為善於家而取賞於朝也，為不善於幽而蒙刑於顯也。夫是之謂定論，是王者之論也。

王者之等賦政事，財萬物，所以養萬民也。田野什一，關市幾而不征，山林澤梁以時禁發而不稅。相地而衰政，理道之遠近而致貢，通流財物粟米，無有滯留，使相歸移也；四海之內若一家。故近者不隱其能，遠者不疾其勞。無幽閒隱僻之國，莫不趨使而安樂之。夫是之謂人師，是王者之法也。

北海則有走馬吠犬焉，然而中國得而畜使之。南海則有羽翮齒革曾青丹干焉，然而中國得而財之。東海則有紫紶魚鹽焉，然而中國得而衣食之。西海則有皮革文旄焉，然而中國得而用之。故澤人足乎木，山人足乎魚，農夫不斲削不陶冶而足械用，工賈不耕田而足菽粟。故虎豹為猛矣，然君子剝而用之。故天之所覆，地之所載，莫不盡其美致其用，上以飾賢良，下以養百姓而安樂之。夫是之謂大神。《詩》曰：「天作高山，大王荒之。彼作矣，文王康之。」此之謂也。

以類行雜，以一行萬；始則終，終則始，若環之無端也，舍是而天下以衰矣。天地者，生之始也；禮義者，治之始也；君子者，禮義之始也。為之貫之，積重之，致好之者，君子之始也。故天地生君子，君子理天地；君子者，天地之參也，萬物之總也，民之父母也。無君子，則天地不理，禮義無統；上無君師，下無父子，夫是之謂至亂。君臣父子兄弟夫婦，始則終，終則始，與天地同理，與萬世同久，夫是之謂大本。故喪祭朝聘師旅一也，貴賤殺生與奪一也，君君臣臣父父子子兄兄弟弟一也，農農士士工工商商一也。

水火有氣而無生，草木有生而無知，禽獸有知而無義；人有氣有生有知亦且有義，故最為天下貴也。力不若牛，走不若馬，而牛馬為用，何也？曰：人能群，彼不能群也。人何以能群？曰：分。分何以能行？曰：義。故義以分則和，和則一，一則多力，多力則彊，彊則勝物；故宮室可得而居也。故序四時，裁萬物，兼利天下，無它故焉，得之分義也。故人生不能無群，群而無分則爭，爭則亂，亂則離，離則弱，弱則不能勝物。故宮室不可得而居也，不可少頃舍禮義之謂也。能以事親謂之孝，能以事兄謂之弟，能以事上謂之順，能以使下謂之君。君者，善群也。群道當則萬物皆得其宜，六畜皆得其長，群生皆得其命。故養長時，則六畜育；殺生時，則草木殖；政令時，則百姓一，賢良服。聖王之制也。草木榮華滋碩之時，則斧斤不入山林，不夭其生，不絕其長也；黿鼉魚鱉鰌鱣孕別之時，罔罟毒藥不入澤，不夭其生，不絕其長也；春耕夏耘，秋收冬藏，四者不失時，故五穀不絕，而百姓有餘食也；汙池淵沼川澤，謹其時禁，故魚鱉優多而百姓有餘用也；斬伐養長不失其時，故山林不童而百姓有餘材也。聖王之用也。上察於天，下錯於地，塞備天地之間，加施萬物之上；微而明，短而長，狹而廣，神明博大以至約。故曰：一與一是為人者，謂之聖人。

序官：宰爵知賓客祭祀饗食犧牲之牢數，司徒知百宗城郭立器之數，司馬知師旅甲兵乘白之數。脩憲命，審詩商，禁淫聲，以時順脩，使夷俗邪音不敢亂雅，大師之事也。脩隄梁，通溝澮，行水潦，安水臧，以時決塞，歲雖凶敗水旱，使民有所耘艾，司空之事也。相高下，視肥墝，序五種，省農功，謹蓄藏，以時順脩，使農夫樸力而寡能，治田之事也。脩火憲，養山林藪澤草木魚鼈百索，以時禁發，使國家足用而財物不屈，虞師之事也。順州里，定廛宅，養六畜，閒樹藝，勸教化，趨孝弟，以時順修，使百姓順命，安樂處鄉，鄉師之事也。論百工，審時事，辨功苦，尚完利，便備用，使雕琢文采不敢專造於家，工師之事也。相陰陽，占祲兆，鑽龜陳卦，主攘擇五卜，知其吉凶妖祥，傴巫跛擊之事也。脩採清，易道路，謹盜賊，平室律，以時順修，使賓旅安而貨財通，治市之事也。抃急禁悍，防淫除邪，戮之以五刑，使暴悍以變，姦邪不作，司寇之事也。本政教，正法則，兼聽而時稽之，度其功勞，論其慶賞，以時順脩，使百吏免盡，而眾庶不偷，冢宰之事也。論禮樂，正身行，廣教化，美風俗，兼覆而調一之，辟公之事也。全道德，致隆高，綦文理，一天下，振毫末，使天下莫不順比從服，天王之事也。故政事亂，則冢宰之罪也；國家失俗，則辟公之過也；天下不一，諸侯俗反，則天王非其人也。

具具而王，具具而霸，具具而存，具具而亡。用萬乘之國者，威彊之所以立也，名聲之所以美也，敵人之所以屈也，國之所以安危臧否也，制與在此亡乎人；王霸安存危殆滅亡，制與在我亡乎人。夫威彊未足以殆鄰敵也，名聲未足以縣天下也，則是國未能獨立也，豈渠得免夫累乎！天下脅於暴國，而黨為吾所不欲於是者，日與桀同事同行，無害為堯；是非功名之所就也，非存亡安危之所墮也。功名之所就，存亡安危之所墮，必將於愉殷赤心之所。誠以其國為王者之所亦王，以其國為危殆滅亡之所亦危殆滅亡。殷之日，案以中立無有所偏而為縱橫之事，偃然案兵無動，以觀夫暴國之相卒也；案平政教，審節奏，砥礪百姓，為是之日，而兵剸天下勁矣；案然修仁義，伉隆高，正法則，選賢良，養百姓，為是之日，而名聲剸天下之美矣。權者重之，兵者勁之，名聲者美之；夫堯舜者一天下也，不能加毫末於是矣！

權謀傾覆之人退，則賢良知聖之士案自進矣。刑政平，百姓和，國俗節，則兵勁城固，敵國案自詘矣。務本事，積財物，而勿忘棲遲薛越也，是使群臣百姓皆以制度行，則財物積，國家案自富矣。三者體此而天下服，暴國之君案自不能用其兵矣。何則？彼無與至也。彼其所與至者，必其民也；其民之親我也，歡若父母，好我芳若芝蘭，反顧其上則若灼黥，若仇讎；彼人之情性也雖桀跖，豈有肯為其所惡賊其所好者哉！彼以奪矣。故古之人，有以一國取天下者，非往行之也；脩政其所莫不願，如是而可以誅暴禁悍矣。故周公南征而北國怨，曰：何獨不來也！東征而西國怨，曰：何獨後我也！孰能有與是鬭者與！安以其國為是者王。殷之日，安以靜兵息民，慈愛百姓，辟田野，實倉廩，便備用，安謹募選閱材伎之士；然後漸賞慶以先之，嚴刑罰以防之，擇士之知事者使相率貫也，是以厭然畜積修飾而物用之足也。兵革器械者，彼將日日暴露毀折之中原；我今將脩飾之，拊循之，掩蓋之於府庫。貨財粟米者，彼將日日棲遲薛越之中野；我今將畜積并聚之於倉廩。材技股肱健勇爪牙之士，彼將日日挫頓竭之於仇敵；我今將來致之，并閱之，砥礪之於朝廷。如是，則彼日積敝，我日積完；彼日積貧，我日積富；彼日積勞，我日積佚。君臣上下之間者，彼將厲厲焉日日相離疾也，我今將頓頓焉日日相親愛也，以是待其敝，安以其國為是者霸。立身則從傭俗，事行則遵傭故，進退貴賤則舉傭士，之所以接下之人百姓者則庸寬惠，如是者，則安存。立身則輕楛，事行則蠲疑，進退貴賤則舉佞侻，之所以接下之人百姓者則好取侵奪，如是者危殆。立身則憍暴，事行則傾覆，進退貴賤則舉幽險詐故，之所以接下之人百姓者，則好用其死力矣，而慢其功勞，好用其籍斂矣，而忘其本務，如是者滅亡。此五等者，不可不善擇也，王霸安存危殆滅亡之具也。善擇者制人，不善擇者人制之；善擇之者王，不善擇之者亡。夫王者之與亡者，制人之與人制之也，是其為相縣也亦遠矣。

富國篇

萬物同宇而異體，無宜而有用為人，數也。人倫竝處，同求而異道，同欲而異知，生也。皆有可也，知愚同；所可異也，知愚分。埶同而知異，行私而無禍，縱欲而不窮，則民心奮而不可說也。如是，則知者未得治也；知者未得治，則功名未成也；功名未成，則群眾未縣也；群眾未縣，則君臣未立也。無君以制臣，無上以制下，天下害生縱欲。欲惡同物，欲多而物寡，寡則必爭矣。故百技所成，所以養一人也；而能不能兼技，人不能兼官；離居不相待則窮，群而無分則爭。窮者患也，爭者禍也。救患除禍，則莫若明分使群矣。彊脅弱也，知懼愚也，民下違上，少陵長；不以德為政；如是，則老弱有失養之憂，而壯者有分爭之禍矣。事業所惡也，功利所好也，職業無分；如是，則人有樹事之患，而有爭功之禍矣。男女之合，夫婦之分，婚姻娉內送逆無禮；如是，則人有失合之憂，而有爭色之禍矣。故知者為之分也。

足國之道，節用裕民，而善臧其餘。節用以禮，裕民以政。彼裕民故多餘，裕民則民富，民富則田肥以易，田肥以易則出實百倍。上以法取焉，而下以禮節用之，餘若丘山，不時焚燒，無所臧之；夫君子奚患乎無餘！故知節用裕民，則必有仁義聖良之名，而且有富厚丘山之積矣。此無它故焉，生於節用裕民也。不知節用裕民則民貧，民貧則田瘠以穢，田瘠以穢則出實不半；

上雖好取侵奪，猶將寡獲也。而或以無禮節用之，則必有貪利糾譑之名，而且有空虛窮乏之實矣。此無它故焉，不知節用裕民也。〈康誥〉曰：「弘覆乎天，若德裕乃身。」此之謂也。

禮者，貴賤有等，長幼有差，貧富輕重皆有稱者也。故天子袾裷衣冕，諸侯玄裷衣冕，大夫裨冕，士皮弁服。德必稱位，位必稱祿，祿必稱用，由士以上則必以禮樂節之，眾庶百姓則必以法數制之。量地而立國，計利而畜民，度人力而授事；使民必勝事，事必出利，利足以生民，皆使衣食百用出入相揜；必時臧餘，謂之稱數。故自天子通於庶人，事無大小多少，由是推之。

故曰：「朝無幸位，民無幸生。」此之謂也。輕田野之稅，平關市之征，省商賈之數，罕興力役，無奪農時，如是則國富矣。夫是之謂以政裕民。

人之生，不能無群，群而無分則爭，爭則亂，亂則窮矣。故無分者，人之大害也；有分者，天下之本利也。而人君者，所以管分之樞要也。故美之者，是美天下之本也；安之者，是安天下之本也；貴之者，是貴天下之本也。古者先王分割而等異之也，致使或美或惡，或厚或薄，或佚或樂，或劬或勞，非特以為淫泰夸麗之聲，將以明仁之文，通仁之順也。故為之雕琢刻鏤黼黻文章，使足以辨貴賤而已，不求其觀；為之鐘鼓管磬琴瑟竽笙，使足以辨吉凶合歡定和而已，不求其餘；為之宮室臺榭，使足以避燥濕養德辨輕重而已，不求其外。《詩》曰：「雕琢其章，金玉其相。亹亹我王，綱紀四方。」此之謂也。

若夫重色而衣之，重味而食之，重財物而制之，合天下而君之，非特以為淫泰也，固以為王天下。治萬變，材萬物，養萬民，兼制天下者，為莫若仁人之善也夫！故其知慮足以治之，其仁厚足以安之，其德音足以化之。得之則治，失之則亂。百姓誠賴其知也，故相率而為之勞苦，以務佚之，以養其知也。誠美其厚也，故為之出死斷亡以覆救之，以養其厚也。誠美其德也，故為之雕琢刻鏤黼黻文章，以藩飾之，以養其德也。故仁人在上，百姓貴之如帝，親之如父母，為之出死斷亡而愉者，無它故焉：其所是焉誠美，其所得焉誠大，其所利焉誠多。《詩》曰：「我任我輦，我車我牛。我行既集，蓋云歸哉。」此之謂也。

故曰：君子以德，小人以力。力者，德之役也。百姓之力，待之而後功；百姓之群，待之而後和；百姓之財，待之而後聚；百姓之埶，待之而後安；百姓之壽，待之而後長。父子不得不親，兄弟不得不順，男女不得不歡。少者以長，老者以養。故曰：「天地生之，聖人成之。」此之謂也。今之世而不然，厚刀布之斂以奪之財，重田野之稅以奪之食，苛關市之征以難其事。不然而已矣，有掎挈伺詐，權謀傾覆，以相顛倒，以靡敝之，百姓曉然皆知其汙漫暴亂而將大危亡也，是以臣或弒其君，下或殺其上，粥其城，倍其節，而不死其事者，無它故焉，人主自取之。《詩》曰：「無言不讎，無德不報。」此之謂也。

兼足天下之道在明分，掩地表畝，刺屮殖穀，多糞肥田，是農夫眾庶之事也。守時力民，進事長功，和齊百姓，使人不偷，是將率之事也。高者不旱，下者不水，寒暑和節，而五穀以時孰，是天下之事也。若夫兼而覆之，兼而愛之，兼而制之，歲雖凶敗水旱，使百姓無凍餒之患，則是聖君賢相之事也。

墨子之言，昭昭然為天下憂不足。夫不足，非天下之公患也，特墨子之私憂過計也。今是土之生五穀也，人善治之，則畝數盆，一歲而再獲之；然後瓜桃棗李一本數以盆鼓，然後葷菜百蔬以澤量，然後六畜禽獸一而剸車，黿鼉魚鱉鰌鱣以時別一而成群，然後飛鳥鳧雁若煙海，然後昆蟲萬物生其間，可以相食養者不可勝數也。夫天地之生萬物也，固有餘足以食人矣；麻葛繭絲鳥獸之羽毛齒革也，固有餘足以衣人矣。夫有餘不足，非天下之公患也，特墨子之私憂過計也。

天下之公患，亂傷之也。胡不嘗試相與求亂之者誰也！我以墨子之「非樂」也，則使天下亂；墨子之「節用」也，則使天下貧；非將墮之也，說不免焉。墨子大有天下，小有一國，將蹙然衣麤食惡，憂戚而非樂；若是則瘠，瘠則不足欲，不足欲則賞不行。墨子大有天下，小有一國，將少人徒，省官職，上功勞苦，與百姓均事業，齊功勞，若是則不威，不威則罰不行。賞不行，則賢者不可得而進也。罰不行，則不肖者不可得而退也。賢者不可得而進也，不肖者不可得而退也，則能不能不可得而官也。若是，則萬物失宜，事變失應，上失天時，下失地利，中失人和，天下敖然，若燒若焦。墨子雖為之衣褐帶索，嚽菽飲水，惡能足之乎！既以伐其本，竭其原，而焦天下矣。故先王聖人為之不然，知夫為人主上者不美不飾之不足以一民也；不富不厚之不足以管下也；不威不強之不足以禁暴勝悍也；故必將撞大鐘，擊鳴鼓，吹笙竽，彈琴瑟，以塞其耳；必將錭琢刻鏤，黼黻文章，以塞其目；必將芻豢稻粱，五味芬芳，以塞其口；然後眾人徒，備官職，漸慶賞，嚴刑罰，以戒其心；使天下生民之屬，皆知己之所願欲之舉在是于也，故其賞行；皆知己之所畏恐之舉在是于也，故其罰威。賞行罰威，則賢者可得而進也，不肖者可得而退也，能不能可得而官也。若是，則萬物得宜，事變得應，上得天時，下得地利，中得人和，則財貨渾渾如泉源，汸汸如河海，暴暴如丘山，不時焚燒，無所臧之，夫天下何患乎不足也。故儒術誠行，則天下大而富，使而功，撞鐘擊鼓而和。《詩》曰：「鐘鼓喤喤，管磬瑲瑲，降福穰穰，降福簡簡，威儀反反。既醉既飽，福祿來反。」此之謂也。故墨術誠行，則天下尚儉而彌貧，非鬬而日爭，勞苦頓萃而愈無功，愀然憂戚非樂而日不和。《詩》曰：「天方薦瘥，喪亂弘多。民言無嘉，憯莫懲嗟。」此之謂也。

垂事養民，拊循之，唲嘔之，冬日則為之饘粥，夏日則與之瓜麩，以偷取少頃之譽焉，是偷道也；可以少頃得姦民之譽，然而非長久之道也；事必不就，功必不立，是姦治者也。僡然要時務民，進事長功，輕非譽而恬失民，事進矣而百姓疾之，是又不可偷偏者也。徙壞墮落，必反無功，故垂事養譽不可，以遂功而忘民亦不可，皆姦道也。故古人為之不然，使民夏不宛暍，冬不凍寒，急不傷力，緩不後時，事成功立，上下俱富；而百姓皆愛其上，人歸之如流水，親之歡如父母，為之出死斷亡而愉者，無它故焉，忠信調和均辨之至也。故君國長民者，欲趨時遂功，則和調累解，速乎急疾；忠信均辨，說乎慶賞矣；必先脩正其在我者，然後徐責其在人者，威乎刑罰。三德者誠乎上，則下應之如景嚮，雖欲無明達，得乎哉！《書》曰：「乃大明服，惟民其力懋，和而有疾。」此之謂也。故不教而誅，則刑繁而邪不勝；教而不誅，則姦民不懲；誅而不賞，則勤屬之民不勸；誅賞而不類，則下疑俗儉而百姓不一。故先王明禮義以壹之，致忠信以愛之，尚賢使能以次之，爵服慶賞以申重之。時其事，輕其任，以調齊之。潢然兼覆之，養長之，如保赤子。若是故姦邪不作，盜賊不起，而化善者勸勉矣。是何邪？則其道易，其塞固，其政令一，其防表明。故曰：上一則下一矣，上二則下二矣。辟之若中木枝葉必類本。此之謂也。

不利而利之，不如利而後利之之利也。不愛而用之，不如愛而後用之之功也。利而後利之，不如利而不利者之利也。愛而後用之，不如愛而不用者之功也。利而不利也，愛而不用也者，取天下矣。利而後利之，愛而後用之者，保社稷也。不利而利之，不愛而用之者，危國家也。

觀國之治亂臧否，至於疆易而端已見矣。其候徼支繚，其竟關之政盡察，是亂國已。入其境，其田疇穢，都邑露，是貪主已。觀其朝廷，則其貴者不賢；觀其官職，則其治者不能；觀其便嬖，則其信者不愨；是闇主已。凡主相臣下百吏之俗，其於貨財取與計數也，須孰盡察；其禮義節奏也，芒軔僈楛；是辱國已。其耕者樂田，其戰士安難，其百吏好法，其朝廷隆禮，其卿相調議；是治國已。觀其朝廷，則其貴者賢，觀其官職，則其治者能；觀其便嬖，則其信者慤；是明主已。凡主相臣下百吏之屬，其於貨財取與計數也，寬饒簡易；其於禮義節奏也，陵謹盡察；是榮國已。賢齊則其親者先貴，能齊則其故者先官；其臣下百吏，汙者皆化而脩，悍者皆化而愿，躁者皆化而慤；是明主之功已。

觀國之強弱貧富有徵，上不隆禮則兵弱，上不愛民則兵弱，已諾不信則兵弱，慶賞不漸則兵弱，將率不能則兵弱。上好功則國貧，上好利則國貧，士大夫眾則國貧，工商眾則國貧，無制數度量則國貧。下貧則上貧，下富則上富。故田野縣鄙者，財之本也；垣窌倉廩者，財之末也。百姓時和，事業得敘者，貨之源也；等賦府庫者，貨之流也。故明主必謹養其和，節其流，開其源，而時斟酌焉。潢然使天下必有餘，而上不憂不足；如是，則上下俱富，交無所藏之，是知國計之極也。故禹十年水，湯七年旱，而天下無菜色者，十年之後，年穀復熟，而陳積有餘，是無它故焉，知本末源流之謂也。故田野荒而倉廩實，百姓虛而府庫滿，夫是之謂國蹷。伐其本，竭其源，而并之其末，然而主相不知惡也，則其傾覆滅亡可立而待也。以國持之而不足以容其身，夫是之謂至貪，是愚主之極也。將以求富而喪其國，將以求利而危其身，古有萬國，今有十數焉，是無它故焉，其所以失之一也。君人者亦可以覺矣！百里之國，足以獨立矣。

凡攻人者，非以為名，則案以為利也，不然則忿之也。仁人之用國，將脩志意，正身行，伉隆高，致忠信，期文理，布衣紃屨之士誠是，則雖在窮閻漏屋，而王公不能與之爭名，以國載之，則天下莫之能隱匿也；若是，則為名者不攻也。將辟田野，實倉廩，便備用，上下一心，三軍同力，與之遠舉極戰則不可，境內之聚也保固，視可午其軍，取其將，若撥麷，彼得之不足以藥傷補敗，彼愛其爪牙，畏其仇敵，若是，則為利者不攻也。將脩小大強弱之義以持慎之，禮節將甚文，珪璧將甚碩，貨賂將甚厚，所以說之者必將雅文辯慧之君子也，彼苟有人意焉，夫誰能忿之，若是，則忿之者不攻也。為名者否，為利者否，為忿者否，則國安於盤石，壽於旗翼。人皆亂，我獨治；人皆危，我獨安；人皆失喪之，我按起而治之。故仁人之用國，非特將持其有而已也。又將兼人。《詩》曰：「淑人君子，其儀不忒。其儀不忒，正是四國。」此之謂也。

持國之難易，事強暴之國難，使強暴之國事我易；事之以貨寶，則貨寶單而交不結；約信盟誓，則約定而畔無日；割國之錙銖以賂之，則割定而欲無猒。事之彌煩，其侵人愈甚，必至於資單國舉然後已，雖左堯而右舜，未有能以此道得免焉者也；辟之是猶使處女嬰寶珠佩寶玉，負戴黃金，而遇中山之盜也，雖為之逢蒙視，詘要撓膕，君盧屋妾，由將不足以免也。故非有一人之道也，直將巧繁拜請而畏事之，則不足以持國安身；故明君不道也。必將脩禮以齊朝，正法以齊官，平政以齊民；然後節奏齊於朝，百事齊於官，眾庶齊於下。如是，則近者競親，遠方致願，上下一心，三軍同力；名聲足以暴炙之，威強足以捶笞之，拱揖指揮，而強暴之國莫不趨使，譬之是猶烏獲與焦僥搏也。故曰：「事強暴之國難，使強暴之國事我易。」此之謂也。

王霸篇

國者，天下之制利用也；人主者，天下之利埶也。得道以持之，則大安也，大榮也，積美之源也；不得道以持之，則大危也，大累也，有之不如無之；及其綦也，索為匹夫不可得也；齊湣宋獻是也。故人主天下之利埶也，然而不能自安也，安之者必將道也。

故用國者，義立而王，信立而霸，權謀立而亡；三者明主之所謹擇也，仁人之所務白也。挈國以呼禮義而無以害之，行一不義，殺一無罪，而得天下，仁者不為也；擽然扶持心國，且若是其固也。之所與為之者，之人則舉義士也；之所以為布陳於國家刑法者，則舉義法也；主之所極然帥群臣而首鄉之者，則與義志也。如是，則下仰上以義矣，是綦定也；綦定而國定，國定而天下定。仲尼無置錐之地，誠義乎志意，加義乎身行，箸之言語，濟之日，不隱乎天下，名垂乎後世。今亦以天下之顯諸侯誠義乎志意，加義乎法則度量，箸之以政事，案申重之以貴賤殺生，使襲然終始猶一也；如是，則夫名聲之部發於天地之間也，豈不如日月雷霆然矣哉！故曰：以國齊義，一日而白，湯武是也。湯以亳，武王以鄗，皆百里之地也，天下為一，諸侯為臣，通達之屬，莫不從服，無它故焉，以濟義矣，是所謂義立而王也。德雖未至也，義雖未濟也，然而天下之理略奏矣，刑賞已諾信乎天下矣，臣下曉然皆知其可要也。政令已陳，雖覩利敗，不欺其民；約結已定，雖覩利敗，不欺其與；如是，則兵勁城固，敵國畏之；國一綦明，與國信之；雖僻陋之國，威動天下，五伯是也。非本政教也，非致隆高也，非綦文理也，非服人之心也，鄉方略，審勞佚，謹畜積，脩戰備，齺然上下相信，而天下莫之敢當。故齊桓晉文楚莊吳闔閭越句踐，是皆僻陋之國也，威動天下，彊殆中國，無它故焉，略信也，是所謂信立而霸也。挈國以呼功利，不務張其義，齊其信，唯利之求，內則不憚詐其民而求小利焉，外則不憚詐其與而求大利焉，內不脩正其所以有，然常欲人之有；如是，則臣下百姓莫不以詐心待其上矣。上詐其下，下詐其上，則是上下析也；如是，則敵國輕之，與國疑之，權謀日行，而國不免危削，綦之而亡，齊閔薛公是也。故用彊齊，非以修禮義也，非以本政教也，非以一天下也，緜緜常以結引馳外為務。故彊南足以破楚，西足以詘秦，北足以敗燕，中足以舉宋；及以燕趙起而攻之，若振槁然，而身死國亡，為天下大戮，後世言惡，則必稽焉；是無它故焉，唯其不由禮義而由權謀也。三者明主之所以謹擇也，而仁人之所以務白也。善擇者制人，不善擇者人制之。

國者，天下之大器也，重任也，不可不善為擇所而後錯之，錯險則危；不可不善為擇道然後道之，涂薉則塞；危塞則亡。彼國錯者，非封焉之謂也，何法之道，誰子之與也。故道王者之法，與王者之人為之，則亦王；道霸者之法，與霸者之人為之，則亦霸；道亡國之法，與亡國之人為之，則亦亡。三者，明主之所以謹擇也，而仁人之所以務白也。

故國者，重任也，不以積持之則不立。故國者，世所以新者也，是憚憚非變也，改王改行也。故一朝之日也，一日之人也，然而厭焉有千歲之固，何也？曰：援夫千歲之信法以持之也，安與夫千歲之信士為之也。人無百歲之壽，而有千歲之信士，何也？曰：以夫千歲之法自持者，是乃千歲之信士矣。故與積禮義之君子為之則王，與端誠信全之士為之則霸，與權謀傾覆之人為之則亡，三者，明主之所以謹擇也，而仁人之所以務白也。善擇之者制人，不善擇之者人制之。

彼持國者，必不可以獨也；然則彊固榮辱在於取相矣。身能，相能，如是者王。身不能，知恐懼而求能者，如是者彊。身不能，不知恐懼而求能者，安唯便僻左右親比己者之用，如是者危削。綦之而亡。國者，巨用之則大，小用之則小；綦大而王，綦小而亡，小巨分流者存。巨用之者，先義而後利，安不卹親疏，不卹貴賤，唯誠能之求，夫是之謂巨用之。小用之者，先利而後義，安不卹是非，不治曲直，唯便僻親比己者之用，夫是之謂小用之。巨用之者若彼，小用之者若此；小巨分流者，亦一若彼，一若此也。故曰：「粹而王，駁而霸，無一焉而亡。」此之謂也。

國無禮則不正。禮之所以正國也，譬之猶衡之於輕重也，猶繩墨之於曲直也，猶規矩之於方圓也，既錯之而人莫之能誣也。《詩》云：「如霜雪之將將，如日月之光明。為之則存，不為則亡。」此之謂也。

國危則無樂君，國安則無憂民。亂則國危，治則國安。今君人者，急逐樂而緩治國，豈不過甚矣哉！譬之是由好聲色而恬無耳目也，豈不哀哉！夫人之情，目欲綦色，耳欲綦聲，口欲綦味，鼻欲綦臭，心欲綦佚，此五綦者，人情之所必不免也。養五綦者有具。無其具，則五綦者不可得而致也。萬乘之國可謂廣大富厚矣，加有治辨彊固之道焉，若是則恬愉無患難矣，然後養五綦之具具也。故百樂者，生於治國者也；憂患者，生於亂國者也。急逐樂而緩治國者，非知樂者也。故明君者，必將先治其國然後百樂得其中；闇君必將急逐樂而緩治國，故憂患不可勝校也；必至於身死國亡然後止也，豈不哀哉！將以為樂，乃得憂焉；將以為安，乃得危焉；將以為福，乃得死亡焉；豈不哀哉！於乎！君人者，亦可以察若言矣！故治國有道，人主有職。若夫貫日而治詳，一日而曲列之，是所使夫百吏官人為也，不足以是傷游玩安燕之樂。若夫論一相以兼率之，使臣下百吏莫不宿道鄉方而務，是夫人主之職也，若是則一天下，名配堯禹；之主者，守至約而詳，事至佚而功，垂衣裳不下簟席之上而海內之人莫不願得以為帝王，夫是之謂至約，樂莫大焉。

人主者，以官人為能者也；匹夫者，以自能為能者也。人主得使人為之，匹夫則無所移之。百畝一守，事業窮，無所移之也。今以一人兼聽天下，日有餘而治不足者，使人為之也。大有天下，小有一國，必自為之然後可，則勞苦秏顇莫甚焉；如是，則雖臧獲不肯與天子易埶業。以是縣天下，一四海，何故必自為之？為之者，役夫之道也，墨子之說也。論德使能而官施之者，聖王之道也，儒之所謹守也。傳曰：農分田而耕，賈分貨而販，百工分事而勸，士大夫分職而聽，建國諸侯之君分土而守，三公總方而議；則天子共己而已！出若入若，天下莫不平均，莫不治辨，是百王之所同也，而禮法之大分也。

百里之地可以取天下，是不虛；其難者在人主之知之也；取天下者，非負其土地而從之之謂也，道足以壹人而已矣。彼其人苟壹，則其土地且奚去我而適它！故百里之地，其等位爵服，足以容天下之賢士矣；其官職事業，足以容天下之能士矣；循其舊法，擇其善者而明用之，足以順服好利之人矣。賢士一焉，能士官焉，好利之人服焉，三者具而天下盡，無有是其外矣。故百里之地，足以竭埶矣；致忠信，箸仁義，足以竭人矣。兩者合而天下取，諸侯後同者先危。《詩》曰：「自西自東，自南自北，無思不服。」一人之謂也。

羿蠭門者，善服射者也。王良造父者，善服馭者也。聰明君子者，善服人者也。人服而埶從之，人不服而埶去之，故王者已於服人矣。故人主欲得善射，射遠中微，則莫若羿蠭門矣；欲得善馭，及速致遠，則莫若王良造父矣；欲得調壹天下，制秦楚，則莫若聰明君子矣。其用知甚簡，其為事不勞而功名致大，甚易處而綦可樂也。故明君以為寶，而愚者以為難。夫貴為天子，富有天下，名為聖王，兼制人，人莫得而制也，是人情之所同欲也，而王者兼而有是者也。重色而衣之，重味而食之，重財物而制之，合天下而君之；飲食甚厚，聲樂甚大，臺謝甚高，園囿甚廣，臣使諸侯，一天下，是又人情之所同欲也，而天子之禮制如是者也。制度以陳，政令以挾，官人失要則死，公侯失禮則幽，四方之國，有侈離之德則必滅。名聲若日月，功績如天地，天下之人應之如景嚮，是又人情之所同欲也，而王者兼而有是者也。故人之情，口好味而臭味莫美焉，耳好聲而聲樂莫大焉，目好色而文章致繁婦女莫眾焉，形體好佚而安重閒靜莫愉焉，心好利而穀祿莫厚焉；合天下之所同願兼而有之，睪牢天下而制之若制子孫，人苟不狂惑戇陋者，其誰能睹是而不樂也哉！欲是之主，竝肩而存；能建是之士，不世絕；千歲而不合，何也？曰：人主不公，人臣不忠也。人主則外賢而偏舉，人臣則爭職而妬賢，是其所以不合之故也。人主胡不廣焉無卹親疏無偏貴賤，唯誠能之求？若是，則人臣輕職業讓賢，而安隨其後；如是，則舜禹還至，王業還起；功壹天下，名配舜禹，物由有可樂如是其美焉者乎！嗚呼！君人者亦可以察若言矣！楊朱哭衢涂，曰：此夫過舉蹞步而覺跌千里者夫！哀哭之。此亦榮辱安危存亡之衢已，此其為可哀甚於衢涂。嗚呼哀哉！君人者，千歲而不覺也。

無國而不有治法，無國而不有亂法；無國而不有賢士，無國而不有罷士；無國而不有愿民，無國而不有悍民；無國而不有美俗，無國而不有惡俗；兩者竝行而國在，上偏而國安，在下偏而國危；上一而王，下一而亡。故其法治，其佐賢，其民愿，其俗美，而四者齊，夫是之謂上一。如是，則不戰而勝，不攻而得，甲兵不勞而天下服。故湯以亳，武王以鄗，皆百里之地也，天下為一，諸侯為臣，通達之屬，莫不從服，無它故焉，四者齊也。桀紂即序於有天下之埶，索為匹夫而不可得也，是無它故焉，四者竝亡也。故百王之法不同若是，所歸者一也。

上莫不致愛其下，而制之以禮，上之於下，如保赤子，政令制度，所以接下之人百姓有不理者如豪末，則雖孤獨鰥寡必不加焉；故下之親上，歡如父母，可殺而不可使不順，君臣上下，貴賤長幼，至于庶人，莫不以是為隆正；然後皆內自省以謹於分，是百王之所以同也，而禮法之樞要也。然後農分田而耕，賈分貨而販，百工分事而勸，士大夫分職而聽，建國諸侯之君分土而守，三公總方而議，則天子共己而止矣。出若入若，天下莫不平均，莫不治辨，是百王之所同，而禮法之大分也。若夫貫日而治平，權物而稱用，使衣服有制，宮室有度，人徒有數，喪祭械用皆有等宜，以是用挾於萬物，尺寸尋丈，莫得不循乎制度數量然後行，則是官人使吏之事也，不足數於大君子之前。故君人者，立隆政本朝而當，所使要百事者誠仁人也，則身佚而國治，功大而名美，上可以王，下可以霸。立隆正本朝而不當，所使要百事者非仁人也，則身勞而國亂，功廢而名辱，社稷必危，是人君者之樞機也。故能當一人而天下取，失當一人而社稷危，不能當一人而能當千人百人者，說無之有也。既能當一人，則身有何勞而為，垂衣裳而天下定。故湯用伊尹，文王用呂尚，武王用召公，成王用周公旦。卑者五伯，齊桓公閨門之內，縣樂奢泰游抏之脩，於天下不見謂脩，然九合諸侯，一匡天下，為五伯長，是亦無它故焉，知一政於管仲也，是君人者之要守也；知者易為之興力，而功名綦大，舍是而孰足為也。故古之人，有大功名者，必道是者也；喪其國，危其身者，必反是者也。故孔子曰：「知者之知，固以多矣，有以守少，能無察乎！愚者之知，固以少矣，有以守多，能無狂乎！」此之謂也。

治國者分已定，則主相臣下百吏各謹其所聞，不務聽其所不聞；各謹其所見，不務視其所不見。所聞所見，誠以齊矣，則雖幽閒隱辟，百姓莫敢不敬分安制以化其上，是治國之徵也。

主道治近不治遠，治明不治幽，治一不治二。主能治近則遠者理，主能治明則幽者化，主能當一則百事正。夫兼聽天下，日有餘而治不足者，如此也，是治之極也。既能治近，又務治遠；既能治明，又務見幽；既能當一，又務正百；是過者也，過猶不及也；辟之是猶立直木而求其影之枉也。不能治近，又務治遠；不能察明，又務見幽；不能當一，又務正百；是悖者也，辟之是猶立枉木而求其影之直也。故明主好要，而闇主好詳。主好要則百事詳，主好詳則百事荒。君者，論一相，陳一法，明一指，以兼覆之，兼炤之，以觀其盛者也。相者，論列百官之長，要百事之聽，以飾朝廷臣下百吏之分，度其功勞，論其慶賞，歲終奉其成功以效於君。當則可，不當則廢。故君人勞於索之，而休於使之。

用國者，得百姓之力者富，得百姓之死者彊，得百姓之譽者榮。三得者具而天下歸之，三得者亡而天下去之。天下歸之之謂王，天下去之之謂亡。湯武者，循其道，行其義，興天下同利，除天下同害，天下歸之。故厚德音以先之，明禮義以道之，致忠信以愛之，賞賢使能以次之，爵服賞慶以申重之，時其事輕其任以調齊之，潢然兼覆之，養長之，如保赤子。生民則致寬，使民則綦理，辯政令制度，所以接天下之人百姓，有非理者如豪末，則雖孤獨鰥寡，必不加焉。是故百姓貴之如帝，親之如父母，為之出死斷亡而不愉者，無他故焉，道德誠明，利澤誠厚也。亂世不然，汙漫突盜以先之，權謀傾覆以示之，俳優侏儒婦女之請謁以悖之，使愚詔知，使不肖臨賢，生民則致貧隘，使民則綦勞苦。是故百姓賤之如尪，惡之如鬼，日欲司間而相與投藉之，去逐之，卒有寇難之事，又望百姓之為己死，不可得也，說無以取之焉。孔子曰：「審吾所以適人，適人之所以來我也。」此之謂也。

傷國者何也？曰：以小人尚民而威，以非所取於民而巧，是傷國之大災也。大國之主也，而好見小利，是傷國。其於聲色臺榭園囿也，愈厭而好新，是傷國。不好循正其所以有，啖啖常欲人之有，是傷國。三邪者在匈中，而又好以權謀傾覆之人斷事其外，若是則權輕名辱，社稷必危，是傷國者也。大國之主也，不隆本行，不敬舊法，而好詐故，若是，則夫朝廷群臣亦從而成俗於不隆禮義，而好傾覆也。朝廷群臣之俗若是，則夫眾庶百姓亦從而成俗於不隆禮義，而好貪利矣。君臣上下之俗莫不若是，則地雖廣，權必輕；人雖眾，兵必弱；刑罰雖繁，令不下通；夫是之謂危國，是傷國者也。儒者為之不然，必將曲辨，朝廷必將隆禮義而審貴賤，若是則士大夫莫不敬節死制者矣。百官則將齊其制度，重其官秩，若是則百吏莫不畏法而遵繩矣。關市幾而不征，質律禁止而不偏，如是則商賈莫不敦愨而無詐矣。百工將時斬伐，佻其期日，而利其巧任，如是則百工莫不忠信而不楛矣。縣鄙將輕田野之稅，省刀布之斂，罕舉力役，無奪農時，如是則農夫莫不朴力而寡能矣。士大夫務節死制，然而兵勁。百吏畏法循繩，然後國常不亂。商賈敦愨無詐，則商旅安，貨通財，而國求給矣。百工忠信而不楛，則器用巧便而財不匱矣。農夫朴力而寡能，則上不失天時，下不失地利，中得人和，而百事不廢。是之謂政令行，風俗美。以守則固，以征則彊，居則有名，動則有功。此儒之所謂曲辨也。

君道篇

有亂君，無亂國；有治人，無治法。羿之法非亡也，而羿不世中；禹之法猶存，而夏不世王。故法不能獨立，類不能自行；得其人則存，失其人則亡。法者，治之端也；君子者，法之原也。故有君子，則法雖省，足以徧矣；無君子，則法雖具，失先後之施，不能應事之變，足以亂矣。不知法之義而正法之數者，雖博臨事必亂。故明主急得其人，而闇主急得其埶。急得其人，則身佚而國治，功大而名美，上可以王，下可以霸；不急得其人，而急得其埶，則身勞而國亂，功廢而名辱，社稷必危。故君人者，勞於索之，而休於使之。《書》曰：「惟文王敬忌，一人以擇。」此之謂也。

合符節、別契券者，所以為信也；上好權謀，則臣下百吏誕詐之人乘是而後欺。探籌投鉤者，所以為公也；上好曲私，則臣下百吏乘是而後偏。衡石稱縣者，所以為平也；上好傾覆，則臣下百吏乘是而後險。斗斛敦槩者，所以為嘖也；上好貪利，則臣下百吏乘是而後豐取刻與以無度取於民。故械數者，治之流也，非治之原也。君子者，治之原也。官人守數，君子養原；原清則流清，原濁則流濁。故上好禮義，尚賢使能，無貪利之心，則下亦將綦辭讓，致忠信，而謹於臣子矣。如是則雖在小民，不待合符節別契券而信，不待探籌投鉤而公，不待衡石稱縣而平，不待斗斛敦槩而嘖。故賞不用而民勸，罰不用而民服，有司不勞而事治，政令不煩而俗美；百姓莫敢不順上之法，象上之志，而勸上之事，而安樂之矣。故藉斂忘費，事業忘勞，寇難忘死。城郭不待飾而固，兵刃不待陵而勁，敵國不待服而詘，四海之民不待令而一。夫是之謂至平。《詩》曰：「王猶允塞，徐方既來。」此之謂也。

請問為人君？曰：以禮分施，均偏而不偏。請問為人臣？曰：以禮侍君，忠順而不懈。請問為人父？曰：

寬惠而有禮。請問為人子？曰：敬愛而致文。請問為人兄？曰：慈愛而見友。請問為人弟？曰：敬詘而不苟。請問為人夫？曰：致功而不流，致臨而有辨。請問為人妻？曰：夫有禮則柔從聽侍，夫無禮則恐懼而自竦也。此道也，偏立而亂，俱立而治，其足以稽矣。請問兼能之奈何？曰：審之禮也，古者先王審禮以方皇周浹於天下，動無不當也。故君子恭而不難，敬而不鞏，貧窮而不約，富貴而不驕，並遇變態而不窮，審之禮也。故君子之於禮，敬而安之；其於事也，徑而不失；其於人也，寡怨寬裕而無阿；其所為身也，謹修飾而不危；其應變故也，齊給便捷而不惑；其於天地萬物也，不務說其所以然而致善用其材；其於百官之事技藝之人也，不與之爭能而致善用其功；其待上也，忠順而不懈；其使下也，均徧而不偏；其交遊也，緣義而有類；其居鄉里也，容而不亂。是故窮則必有名，達則必有功，仁厚兼覆天下而不閔，明達用天地理萬變而不疑。血氣和平，志意廣大，行義塞於天地之間，仁知之極也，夫是之謂聖人，審之禮也。

請問為國？曰：聞脩身，未嘗聞為國也。君者儀也，儀正而景正。君者槃也，槃圓而水圓。君者盂也，盂方而水方。君射則臣決，楚莊王好細腰，故朝有餓人。故曰：聞脩身，未嘗聞為國也。

君者，民之原也；原清則流清，原濁則流濁。故有社稷者而不能愛民不能利民，而求民之親愛己，不可得也。民不親不愛，而求其為己用，為己死，不可得也。民不為己用不為己死，而求兵之勁城之固，不可得也。兵不勁城不固，而求敵之不至，不可得也。敵至而求無危削，不滅亡，不可得也。危削滅亡之情舉積此矣，而求安樂，是狂生者也。狂生者，不胥時而落。故人主欲彊固安樂，則莫若反之民；欲附下一民，則莫若反之政；欲脩政美國，則莫若求其人。彼或蓄積而得之者不世絕，彼其人者，生乎今之世而志乎古之道。以天下之王公莫好之也，然而于是獨好之；以天下之民莫欲之也，然而于是獨為之。好之者貧，為之者窮，然而于是獨猶將為之也，不為少頃輟焉。曉然獨明於先王之所以得之所以失之，知國之安危臧否若別白黑。是其人者也，大用之，則天下為一，諸侯為臣；小用之，則威行鄰敵；縱不能用，使無去其疆域，則國終身無故。故君人者，愛民而安，好士而榮，兩者無一焉而亡。《詩》曰：「介人維藩，大師維垣。」此之謂也。

道者何也？曰：君道也。君者何也？曰：能群也。能群也者何也？曰：善生養人者也，善班治人者也，善顯設人者也，善藩飾人者也。善生養人者人親之，善班治人者人安之，善顯設人者人樂之，善藩飾人者人榮之；四統者俱而天下歸之，夫是之謂能群。不能生養人者，人不親也；不能班治人者，人不安也；不能顯設人者，人不樂也；不能藩飾人者，人不榮也；四統者亡而天下去之，夫是之謂匹夫。故曰：道存則國存，道亡則國亡。省工賈，眾農夫，禁盜賊，除姦邪，是所以生養之也。天子三公，諸侯一相，大夫擅官，士保職，莫不法度而公，是所以班治之也。論德而定次，量能而授官，皆使其人載其事而各得其所宜，上賢使之為三公，次賢使之為諸侯，下賢使之為士大夫，是所以顯設之也。修冠弁衣裳，黼黻文章，琱琢刻鏤，皆有等差，是所以藩飾之也。故由天子至於庶人也，莫不騁其能，得其志，安樂其事，是所同也；衣煖而食充，居安而游樂，事時制明而用足，是又所同也。若夫重色而成文章，重味而成珍備，是所衍也。聖王財衍以明辨異，上以飾賢良而明貴賤，下以飾長幼而明親疏；上在王公之朝，下在百姓之家，天下曉然皆知其非以為異也，將以明分達治而保萬世也。故天子諸侯無靡費之用，士大夫無流淫之行，百吏官人無怠慢之事，眾庶百姓無姦怪之俗，無盜賊之罪，其能以稱義徧矣。故曰：治則衍及百姓，亂則不足及王公。此之謂也。

至道大形，隆禮至法則國有常，尚賢使能則民知方，纂論公察則民不疑，賞克罰偷則民不怠，兼聽齊明則天下歸之；然後明分職，序事業，材技官能，莫不治理，則公道達而私門塞矣，公義明而私事息矣。如是，則德厚者進而佞說者止，貪利者退而廉節者起。《書》曰：「先時者殺無赦，不逮時者殺無赦。」人習其事而固，人之百事，如耳目鼻口之不可以相借官也；故職分而民不探，次定而序不亂，兼聽齊明而百事不留。如是，則臣下百吏至於庶人莫不修己而後敢安正，誠能而後敢受職；百姓易俗，小人變心，姦怪之屬莫不反愨，夫是之謂政教之極。故天子不視而見，不聽而聰，不慮而知，不動而功，塊然獨坐而天下從之如一體，如四胑之從心，夫是之謂大形。《詩》曰：「溫溫恭人，維德之基。」此之謂也。

為人主者，莫不欲彊而惡弱，欲安而惡危，欲榮而惡辱，是禹桀之所同也。要此三欲，辟此三惡，果何道而便？曰：在慎取相，道莫徑是矣。故知而不仁不可，仁而不知不可，既知且仁，是人主之寶也，而王霸之佐也。不急得不知，得而不用不仁。無其人而幸有其功，愚莫大焉。今人主有六患，使賢者為之，則與不肖者規之；使知者慮之，則與愚者論之；使脩士行之，則與汙邪之人疑之；雖欲成功得乎哉！譬之是猶立直木而恐其景之枉也，惑莫大焉。語曰：好女之色，惡者之孽也。公正之士，眾人之痤也。循乎道之人，汙邪之賊也。今使汙邪之人論其怨賊而求其無偏，得乎哉！譬之是猶立枉木而求其景之直也，亂莫大焉。故古之人為之不然，其取人有道，其用人有法。取人之道，參之以禮。用人之法，禁之以等。行義動靜，度之以禮；知慮取舍，稽之以成；日月積久，校之以功。故卑不得以臨尊，輕不得以縣重，愚不得以謀知，是以萬舉而不過也。故校之以禮，而觀其能安敬也；與之舉錯遷移，而觀其能應變也；與之安燕，而觀其能無流慆也；接之以聲色權利忿怒患險，而觀其能無離守也。彼誠有之者，與誠無之者，若白黑然，可詘邪哉！故伯樂不可欺以馬，而君子不可欺以人，此明王之道也。人主欲得善射射遠中微者，縣貴爵重賞以招致之。內不可以阿子弟，外不可以隱遠人，能中是者取之，是豈不必得之之道也哉！雖聖人不能易也。欲得善馭速致遠者，一日而千里，縣貴爵重賞以招致之。內不可以阿子弟，外不可以隱遠人，能致是者取之，是豈不必得之之道也哉！雖聖人不能易也。欲治國馭民，調壹上下，將內以固城，外以拒難，治則制人，人不能制也；亂則危辱滅亡可立而待也；然而求卿相輔佐則獨不若是其公也，案唯便嬖親比己者之用也，豈不過甚矣哉！故有社稷者莫不欲彊，俄則弱矣；莫不欲安，俄則危矣；莫不欲存，俄則亡矣。古有萬國，今有數十焉，是無它故，莫不失之是也。故明主有私人以金石珠玉，無私人以官職事業，是何也？曰：本不利於所私也。彼不能而主使之，則是主闇也；臣不能而誣能，則是臣詐也。主闇於上，臣詐於下，滅亡無日，俱害之道也。夫文王非無貴戚也，非無子弟也，非無便嬖也，倜然乃舉太公於州人而用之，豈私之也哉！以為親邪？則周姬姓也，而彼姜姓也。以為故邪？則未嘗相識也。以為好麗邪？則夫人行年七十有二，齫然而齒墮矣。然而用之者，夫文王欲立貴道，欲白貴名，以惠天下，而不可以獨也，非于是子莫足以舉之，故舉是子而用之。於是乎貴道果立，貴名果明，兼治天下，立七十一國，姬姓獨居五十三人，周之子孫，苟不狂惑者，莫不為天下之顯諸侯，如是者能愛人也。故舉天下之大道，立天下之大功，然後隱其所憐所愛，其下猶足以為天下之顯諸侯。故曰：唯明主為能愛其所愛，闇主則必危其所愛。此之謂也。

牆之外，目不見也；里之前，耳不聞也；而人主之守司，遠者天下，近者境內，不可不略知也。天下之變，境內之事，有弛易齵差者矣，而人主無由知之，則是拘脅蔽塞之端也。耳目之明，如是其狹也；人主之守司，如是其廣也；其中不可以不知也，如是其危也。然則人主將何以知之？曰：便嬖左右者，人主之所以窺遠收眾之門戶牖嚮也，不可不早具也。故人主必將有便嬖左右足信者然後可，其知惠足使規物，其端誠足使定物然後可，夫是之謂國具。人主不能不有遊觀安燕之時，則不得不有疾病物故之變焉。如是，國者，事物之至也如泉原，一物不應，亂之端也。故曰：人主不可以獨也。卿相輔佐，人主之基杖也，不可不早具也。故人主必將有卿相輔佐足任者然後可，其德音足以填撫百姓，其知慮足以應待萬變然後可，夫是之謂國具。四鄰諸侯之相與，不可以不相接也，然而不必相親也，故人主必將有足使喻志決疑於遠方者然後可。其辯說足以解煩，其知慮足以決疑，其齊斷足以距難，不還秩，不反君，然而應薄扞患足以持社稷然後可，夫是之謂國具。

故人主無便嬖左右足信者謂之闇，無卿相輔佐足任者謂之獨，所使於四鄰諸侯者非其人謂之孤，孤獨而晻謂之危。國雖若存，古之人曰亡矣。《詩》曰：「濟濟多士，文王以寧。」此之謂也。

材人：愿慤拘錄，計數纖嗇，而無敢遺喪，是官人使吏之材也。脩飭端正，尊法敬分，而無傾側之心，守職循業，不敢損益，可傳世也，而不可使侵奪，是士大夫官師之材也。知隆禮義之為尊君也，知好士之為美名也，知愛民之為安國也，知有常法之為一俗也，知尚賢使能之為長功也，知務本禁末之為多材也，知無與下爭小利之為便於事也，知明制度權物稱用之為不泥也，是卿相輔佐之材也。未及君道也。能論官此三材者而無失其次，是謂人主之道也。若是則身佚而國治，功大而名美；上可以王，下可以霸，是人主之要守也。人主不能論此三材者，不知道此道，安值將卑埶出勞，併耳目之樂，而親自貫日而治詳，一內而曲辨之，慮與臣下爭小察而綦偏能，自古及今，未有如此而不亂者也。是所謂視乎不可見，聽乎不可聞，為乎不可成，此之謂也。

臣道篇

人臣之論，有態臣者，有篡臣者，有功臣者，有聖臣者。內不足使一民，外不足使距難，百姓不親，諸侯不信；然而巧敏佞說，善取寵乎上；是態臣者也。上不忠乎君，下善取譽乎民；不卹公道通義，朋黨比周，以環主圖私為務；是篡臣者也。內足使以一民，外足使以距難；民親之，士信之，上忠乎君，下愛百姓而不倦；是功臣者也。上則能尊君，下則能愛民；政令教化，刑下如影；應卒遇變，齊給如響；推類接譽，以待無方，曲成制象；是聖臣者也。故用聖臣者王，用功臣者強，用篡臣者危，用態臣者亡。態臣用，則必死；篡臣用，則必危；功臣用，則必榮；聖臣用，則必尊。故齊之蘇秦，楚之州侯，秦之張儀，可謂態臣者也。韓之張去疾，趙之奉陽，齊之孟嘗，可謂篡臣也。齊之管仲，晉之咎犯，楚之孫叔敖，可謂功臣矣。殷之伊尹，周之太公，可謂聖臣矣。是人臣之論也，吉凶賢不肖之極也，必謹志之而慎自為擇取焉，足以稽矣。

從命而利君謂之順，從命而不利君謂之諂；逆命而利君謂之忠，逆命而不利君謂之篡；不卹君之榮辱，不卹國之臧否，偷合苟容以持祿養交而已耳，謂之國賊。君有過謀過事，將危國家殞社稷之懼也，大臣父兄，有能進言於君，用則可，不用則去，謂之諫；有能進言於君，用則可，不用則死，謂之爭；有能比知同力，率群臣百吏而相與彊君撟君，君雖不安，不能不聽，遂以解國之大患，除國之大害，成於尊君安國，謂之輔；有能抗君之命，竊君之重，反君之事，以安國之危，除君之辱，功伐足以成國之大利，謂之拂。故諫爭輔拂之人，社稷之臣也，國君之寶也，明君之所尊厚也，而闇主惑君以為己賊也。故明君之所賞，闇君之所罰也；闇君之所賞，明君之所殺也。伊尹箕子可謂諫矣，比干子胥可謂爭矣，平原君之於趙可謂輔矣，信陵君之於魏可謂拂矣。傳曰：「從道不從君。」此之謂也。故正義之臣設，則朝廷不頗；諫爭輔拂之人信，則君過不遠；爪牙之士施，則仇讎不作；邊境之臣處，則疆垂不喪。故明主好同，而闇主好獨。明主尚賢使能而饗其盛，闇主妬賢畏能而滅其功。罰其忠，賞其賊，夫是之謂至闇，桀紂所以滅也。

事聖君者，有聽從無諫爭；事中君者，有諫爭無諂諛；事暴君者，有補削無撟拂。迫脅於亂時，窮居於暴國，而無所避之，則崇其美，揚其善，違其惡，隱其敗，言其所長，不稱其所短，以為成俗。《詩》曰：「國有大命，不可以告人，妨其躬身。」此之謂也。

恭敬而遜，聽從而敏，不敢有以私決擇也，不敢有以私取與也，以順上為志，是事聖君之義也。忠信而不諛，諫爭而不諂，撟然剛折端志而無傾側之心，是案曰是，非案曰非，是事中君之義也。調而不流，柔而不屈，寬容而不亂，曉然以至道而無不調和也，而能化易，時關內之，是事暴君之義也。若馭樸馬，若養赤子，若食餧人。故因其懼也而改其過，因其憂也而辨其故，因其喜也而入其道，因其怒也而除其怨，曲得所謂焉。《書》曰：「從命而不拂，微諫而不倦；為上則明，為下則遜。」此之謂也。

事人而不順者，不疾者也；疾而不順者，不敬者也；敬而不順者，不忠者也；忠而不順者，無功者也；有功而不順者，無德者也；故無德之為道也，傷疾墮功滅苦，故君子不為也。

有大忠者，有次忠者，有下忠者，有國賊者。以德復君而化之，大忠也；以德調君而補之，次忠也；以是諫非而怒之，下忠也；不䘏君之榮辱，不䘏國之臧否，偷合苟容以之持祿養交而已耳，國賊也。若周公之於成王也，可謂大忠矣；若管仲之於桓公，可謂次忠矣；若子胥之於夫差，可謂下忠矣；若曹觸龍之於紂者，可謂國賊矣。

仁者必敬人。凡人非賢，則案不肖也。人賢而不敬，則是禽獸也；人不肖而不敬，則是狎虎也。禽獸則亂，狎虎則危，災及其身矣。《詩》曰：「不敢暴虎，不敢馮河。人知其一，莫知其它。戰戰兢兢，如臨深淵，如履薄冰。」此之謂也。故仁者必敬人。敬人有道，賢者則貴而敬之，不肖者則畏而敬之；賢者則親而敬之，不肖者則疏而敬之。其敬一也，其情二也。若夫忠信端慤而不害傷，則無接而不然，是仁人之質也。忠信以為質，端慤以為統，禮義以為文，倫類以為理，喘而言，臑而動，而一可以為法則。《詩》曰：「不僭不賊，鮮不為則。」此之謂也。

恭敬，禮也；調和，樂也；謹慎，利也；鬬怒，害也。故君子安禮樂利，謹慎而無鬬怒，是以百舉不過也，小人反是。

通忠之順，權險之平，禍亂之從聲，三者非明主莫之能知也。爭然後善，戾然後功，出死無私，致忠而公，夫是之謂通忠之順；信陵君似之矣。奪然後義，殺然後仁，上下易位然後貞，功參天地，澤被生民，夫是之謂權險之平；湯武是也。過而通情，和而無經，不卹是非，不論曲直，偷合苟容，迷亂狂生，夫是之謂禍亂之從聲，飛廉惡來是也。傳曰：「斬而齊，枉而順，不同而壹。」《詩》曰：「受小球大球，為下國綴流。」此之謂也。

致士篇

衡聽、顯幽、重明、退姦、進良之術：朋黨比周之譽，君子不聽；殘賊加累之譖，君子不用；隱忌雍蔽之人，君子不近；貨財禽犢之請，君子不許。凡流言、流說、流事、流謀、流譽、流愬，不官而衡至者，君子慎之，聞聽而明譽之，定其當而當，然後士其刑賞而還與之；如是，則姦言、姦說、姦事、姦謀、姦譽、姦愬，莫之試也；忠言、忠說、忠事、忠謀、忠譽、忠愬，莫不明通，方起以尚盡矣。夫是之謂衡聽、顯幽、重明、退姦、進良之術。

川淵深而魚鼈歸之，山林茂而禽獸歸之，刑政平而百姓歸之，禮義備而君子歸之。故禮及身而行修，義及國而政明，能以禮挾而貴名白，天下願，令行禁止，王者之事畢矣。《詩》曰：「惠此中國，以綏四方。」此之謂也。川淵者，龍魚之居也；山林者，鳥獸之居也；

國家者，士民之居也。川淵枯則龍魚去之，山林險則鳥獸去之，國家失政則士民去之。無土則人不安居，無人則土不守，無道法則人不至，無君子則道不舉。故土之與人也，道之與法也者，國家之本作也；君子也者，道法之總要也；不可少頃曠也；得之則治，失之則亂；得之則安，失之則危；得之則存，失之則亡。故有良法而亂者有之矣，有君子而亂者，自古及今，未嘗聞也。傳曰：「治生乎君子，亂生於小人。」此之謂也。

得眾動天，美意延年。誠信如神。夸誕逐魂。

人主之患，不在乎不言用賢，而在乎誠必用賢。夫言用賢者，口也；卻賢者，行也；口行相反，而欲賢者之至，不肖者之退也，不亦難乎！夫耀蟬者務在明其火振其樹而已，火不明，雖振其樹，無益也。今人主有能明其德，則天下歸之，若蟬之歸明火也。

臨事接民，而以義變應，寬裕而多容，恭敬以先之，政之始也；然後中和察斷以輔之，政之隆也；然後進退誅賞之，政之終也。故一年與之始，三年與之終。用其終為始，則政令不行而上下怨疾，亂所以自作也。《書》曰：「義刑義殺，勿庸以即，女惟曰未有順事。」言先教也。

程者，物之準也；禮者，節之準也。程以立數，禮以定倫；德以敘位，能以授官。凡節奏欲陵，而生民欲寬；節奏陵而文，生民寬而安。上文下安，功名之極也，不可以加矣。

君者，國之隆也；父者，家之隆也。隆一而治，二而亂；自古及今，未有二隆爭重而能長久者。

師術有四，而博習不與焉。尊嚴而憚，可以為師；耆艾而信，可以為師；誦說而不陵不犯，可以為師；知微而論，可以為師；故師術有四，而博習不與焉。水深而回，樹落則糞本，弟子通利則思師。《詩》曰：「無言不讎，無德不報。」此之謂也。

賞不欲僭，刑不欲濫。賞僭則利及小人，刑濫則害及君子。若不幸而過，寧僭無濫；與其害善，不若利淫。

議兵篇

臨武君與孫卿子議兵於趙孝成王前。王曰：請問兵要？臨武君對曰：上得天時，下得地利，觀敵之變動，後之發，先之至，此用兵之要術也。孫卿子曰：不然，臣所聞古之道，凡用兵攻戰之本，在乎壹民。弓矢不調，則羿不能以中微；六馬不和，則造父不能以致遠；士民不親附，則湯武不能以必勝也。故善附民者，是乃善用兵者也。故兵要在乎善附民而已。臨武君曰：

不然，兵之所貴者埶利也，所行者變詐也，善用兵者感忽悠闇，莫知其所從出；孫吳用之無敵於天下，豈必待附民哉！孫卿子曰：不然，臣之所道，仁人之兵，王者之志也。君之所貴，權謀埶利也；所行，攻奪變詐也；諸侯之事也。仁人之兵，不可詐也；彼可詐者，怠慢者也，路亶者也。君臣上下之間，滑然有離德者也。故以桀詐桀，猶巧拙有幸焉。以桀詐堯，譬之若以卵投石，以指撓沸；若赴水火，入焉焦沒耳。故仁人上下，百將一心，三軍同力；臣之於君也，下之於上也，若子之事父，弟之事兄，若手臂之扞頭目而覆胸腹也；詐而襲之與先驚而後擊之，一也。且仁人之用十里之國，則將有百里之聽；用百里之國，則將有千里之聽；用千里之國，則將有四海之聽；必將聰明警戒和傳而一。故仁人之兵，聚則成卒，散則成列；延則若莫邪之長刃，嬰之者斷；兌則若莫邪之利鋒，當之者潰；圜居而方止，則若盤石然，觸之者角摧；案角鹿埵，隴種東籠而退耳！且夫暴國之君，將誰與至哉！彼其所與至者，必其民也，而其民之親我歡若父母，其好我芬若椒蘭。彼反顧其上，則若灼黥，若仇讎；人之情，雖桀跖，豈又肯為其所惡賊其所好者哉！是猶使人之子孫自賊其父母也，彼必將來告之，夫又何可詐也！故仁人用國日明，諸侯先順者安，後順者危，慮敵之者削，反之者亡。

《詩》曰：「武王載發，有虔秉鉞。如火烈烈，則莫我敢遏。」此之謂也。

孝成王臨武君曰：善！請問王者之兵設何道？何行而可？孫卿子曰：凡在大王，將率末事也；臣請遂道王者諸侯彊弱存亡之效，安危之埶；君賢者其國治，君不能者其國亂；隆禮貴義者其國治，簡禮賤義者其國亂；治者強，亂者弱，是強弱之本也。上足卬則下可用也，上不卬則下不可用也。下可用則強，下不可用則弱；是強弱之常也。隆禮效功，上也；重祿貴節，次也；上功賤節，下也；是強弱之凡也。好士者強，不好士者弱；愛民者強，不愛民者弱；政令信者強，政令不信者弱；

民齊者強，民不齊者弱；賞重者強，賞輕者弱；刑威者強，刑侮者弱；械用兵革攻完便利者強，械用兵革窳楛不便利者弱；重用兵者強，輕用兵者弱；權出一者強，權出二者弱；是強弱之常也。

齊人隆技擊，其技也，得一首者，則賜贖錙金，無本賞矣。是事小敵毳則偷可用也，事大敵堅則渙焉離耳！若飛鳥焉，傾側反覆無日，是亡國之兵也，兵莫弱是矣，是其去賃市傭而戰之幾矣。魏氏之武卒，以度取之，衣三屬之甲，操十二石之弩，負服矢五十个，置戈其上，冠軸帶劍，贏三日之糧，日中而趨百里，中試則復其戶，利其田宅，是數年而衰而未可奪也，改造則不易周也，是故地雖大，其稅必寡，是危國之兵也。秦人其生民也陿阸，其使民也酷烈，劫之以埶，隱之以阸；忸之以慶賞，鰌之以刑罰；使天下之民所以要利於上者，非鬭無由也。阸而用之，得而後功之，功賞相長也；五甲首而隸五家，是最為眾彊長久，多地以正，故四世有勝，非幸也，數也。故齊之技擊不可以遇魏氏之武卒，魏氏之武卒不可以遇秦之銳士，秦之銳士不可以當桓文之節制，桓文之節制不可以敵湯武之仁義；有遇之者，若以焦熬投石焉。兼是數國者，皆干賞蹈利之兵也，傭徒鬻賣之道也，未有貴上安制綦節之理也，諸侯有能微妙之以節，則作而兼殆之耳！故招近募選，隆埶詐，尚功利，是漸之也；禮義教化，是齊之也。故以詐遇詐，猶有巧拙焉；以詐遇齊，辟之猶以錐刀墮太山也，非天下之愚人莫敢試。故王者之兵不試，湯武之誅桀紂也，拱挹指麾，而彊暴之國莫不趨使，誅桀紂若誅獨夫。故〈泰誓〉曰：「獨夫紂。」此之謂也。故兵大齊則制天下，小齊則治鄰敵，若夫招近募選，隆埶詐，尚功利之兵，則勝不勝無常，代翕代張代存代亡相為雌雄耳矣！夫是之謂盜兵，君子不由也。故齊之田單，楚之莊蹻，秦之衛鞅，燕之繆蟣，是皆世俗之所謂善用兵者也，是其巧拙強弱則未有以相君也，若其道一也，未及和齊也；掎契司詐，權謀傾覆，未免盜兵也。齊桓晉文楚莊吳闔閭越句踐是皆和齊之兵也，可謂入其域矣，然而未有本統也，故可以霸而不可以王，是強弱之效也。

孝成王臨武君曰：善！請問為將？孫卿子曰：知莫大乎棄疑，行莫大乎無過，事莫大乎無悔，事至無悔而止矣，成不可必也。故制號政令欲嚴以威；慶賞刑罰欲必以信；處舍收臧欲周以固；徙舉進退，欲安以重，欲疾以速；窺敵觀變，欲潛以深，欲伍以參；遇敵決戰，必道吾所明，無道吾所疑；夫是之謂六術。無欲將而惡廢，無急勝而忘敗，無威內而輕外，無見其利而不顧其害，凡慮事欲孰而用財欲泰，夫是之謂五權。所以不受命於主有三，可殺而不可使處不完，可殺而不可使擊不勝，可殺而不可使欺百姓，夫是之謂三至。凡受命於主而行三軍，三軍既定，百官得序，群物皆正，則主不能喜，敵不能怒，夫是之謂至臣。慮必先事而申之以敬，慎終如始，終始如一，夫是之謂大吉。凡百事之成也必在敬之，其敗也必在慢之，故敬勝怠則吉，怠勝敬則滅，計勝欲則從，欲勝計則凶。戰如守，行如戰，有功如幸。敬謀無壙，敬事無壙，敬吏無壙，敬眾無壙，敬敵無壙，夫是之謂五無壙。慎行此六術、五權、三至，而處之以恭敬無壙，夫是之謂天下之將，則通於神明矣。

臨武君曰：善！請問王者之軍制？孫卿子曰：將死鼓，御死轡，百吏死職，士大夫死行列。聞鼓聲而進，聞金聲而退，順命為上，有功次之；令不進而進，猶令不退而退也，其罪惟均。不殺老弱，不獵禾稼，服者不禽，格者不舍，犇命者不獲。凡誅非誅其百姓也，誅其亂百姓者也；百姓有扞其賊，則是亦賊也。以故順刃者生，蘇刃者死，犇命者貢。微子開封於宋，曹觸龍斷於軍，殷之服民所以養生之者也無異周人；故近者歌謳而樂之，遠者竭蹷而趨之，無幽間辟陋之國，莫不趨使而安樂之，四海之內若一家，通達之屬莫不從服，夫是之謂人師。《詩》曰：「自西自東，自南自北，無思不服。」此之謂也。王者有誅而無戰，城守不攻，兵格不擊。上下相喜則慶之。不屠城，不潛軍，不留眾，師不越時，故亂者樂其政，不安其上，欲其至也。臨武君曰：善！

陳囂問孫卿子曰：先生議兵，常以仁義為本；仁者愛人，義者循理，然則又何以兵為？凡所為有兵者，為爭奪也。孫卿子曰：非女所知也，彼仁者愛人，愛人故惡人之害之也；義者循理，循理故惡人之亂之也。彼兵者，所以禁暴除害也，非爭奪也。故仁人之兵，所存者神，所過者化，若時雨之降，莫不說喜。是以堯伐驩兜，舜伐有苗，禹伐共工，湯伐有夏，文王伐崇，武王伐紂，此四帝兩王，皆以仁義之兵行於天下也。故近者親其善，遠方慕其德；兵不血刃，遠邇來服，德盛於此，施及四極。《詩》曰：「淑人君子，其儀不忒」此之謂也。

李斯問孫卿子曰：秦四世有勝，兵強海內，威行諸侯，非以仁義為之也，以便從事而已！孫卿子曰：非女所知也，女所謂便者，不便之便也。吾所謂仁義者，大便之便也。彼仁義者，所以脩政者也；政脩則民親其上，樂其君，而輕為之死。故曰：凡在於軍將率末事也。秦四世有勝，諰諰然常恐天下之一合而軋己也，此所謂末世之兵，未有本統也。故湯之放桀也，非其逐之鳴條之時也；武王之誅紂也，非以甲子之朝而後勝之也，皆前行素脩也，此所謂仁義之兵也。今女不求之於本而索之於末，此世之所以亂也。

禮者，治辨之極也，強國之本也，威行之道也，功名之總也，王公由之所以得天下也，不由所以隕社稷也；故堅甲利兵不足以為勝，高城深池不足以為固，嚴令繁刑不足以為威，由其道則行，不由其道則廢。楚人鮫革犀兕以為甲，鞈如金石；宛鉅鐵釶，慘如蠭蠆，輕利僄遫，卒如飄風；然而兵殆於垂沙，唐蔑死。莊蹻起，楚分而為三四，是豈無堅甲利兵也哉！其所以統之者非其道故也。汝潁以為險，江漢以為池，限之以鄧林，緣之以方城，然而秦師至而鄢郢舉，若振槁然。是豈無固塞隘阻也哉！其所以統之者非其道故也。紂刳比干，囚箕子，為炮烙刑；殺戮無時，臣下懍然莫必其命，然而周師至而令不行乎下，不能用其民，是豈令不嚴，刑不繁也哉！其所以統之者非其道故也。古之兵，戈矛弓矢而已矣，然而敵國不待試而詘，城郭不辨，溝池不抇，固塞不樹，機變不張，然而國晏然不畏外而明內者，無它故焉，明道而分鈞之，時使而誠愛之，下之和上也如影嚮，有不由令者，然後誅之以刑。故刑一人而天下服，罪人不郵其上，知罪之在己也；是故刑罰省而威流，無它故焉，由其道故也。古者帝堯之治天下也，蓋殺一人刑二人而天下治。傳曰：「威厲而不試，刑錯而不用。」此之謂也。

凡人之動也，為賞慶為之，則見害傷焉止矣。故賞慶刑罰埶詐不足以盡人之力，致人之死。為人主上者也，其所以接下之百姓者，無禮義忠信，焉慮率用賞慶刑罰埶詐除阸其下，獲其功用而已矣，大寇則至，使之持危城則必畔，遇敵處戰則必北，勞苦煩辱則必犇，霍焉離耳，下反制其上。故賞慶刑罰埶詐之為道者，傭徒鬻賣之道也，不足以合大眾，美國家；故古之人羞而不道也。故厚德音以先之，明禮義以道之，致忠信以愛之，尚賢使能以次之，爵服慶賞以申之，時其事輕其任以調齊之，長養之，如保赤子。政令以定，風俗以一，有離俗不順其上，則百姓莫不敦惡，莫不毒孽，若祓不祥；然後刑於是起矣，是大刑之所加也，辱孰大焉。將以為利邪？則大刑加焉。身苟不狂惑戇陋，誰睹是而不改也哉！然後百姓曉然皆知脩上之法，像上之志而安樂之，於是有能化善脩身正行，積禮義，尊道德，百姓莫不貴敬，莫不親譽，然後賞於是起矣，是高爵豐祿之所加也，榮孰大焉。將以為害邪？則高爵豐祿以持養之。生民之屬，孰不願也。雕雕焉縣貴爵重賞於其前，縣明刑大辱於其後，雖欲無化，能乎哉！故民歸之如流水，所存者神，所為者化而順，暴悍勇力之屬為之化而愿，旁辟曲私之屬為之化而公，矜糾收繚之屬為之化而調，夫是之謂大化至一。《詩》曰：「王猶允塞，徐方既來。」此之謂也。

凡兼人者有三術：有以德兼人者，有以力兼人者，有以富兼人者。彼貴我名聲，美我德行，欲為我民，故辟門除涂，以迎吾入，因其民，襲其處，而百姓皆安；立法施令莫不順比；是故得地而權彌重，兼人而兵俞強，是以德兼人者也。非貴我名聲也，非美我德行也，彼畏我威，劫我埶，故民雖有離心，不敢有畔慮，若是則戎甲俞眾，奉養必費；是故得地而權彌輕，兼人而兵俞弱，是以力兼人者也。非貴我名聲也，非美我德行也，用貧求富，用飢求飽，虛腹張口，來歸我食；若是則必發夫掌窌之粟以食之，委之財貨以富之，立良有司以接之，已朞三年，然後民可信也；是故得地而權彌輕，兼人而國俞貧，是以富兼人者也。故曰：以德兼人者王，以力兼人者弱，以富兼人者貧。古今一也。

兼并易能也，唯堅凝之難焉。齊能并宋，而不能凝也，故魏奪之。燕能并齊，而不能凝也，故田單奪之。韓之上地，方數百里，完全富足而趨趙，趙不能凝也，故秦奪之。故能并之而不能凝則必奪，不能并之又不能凝其有則必亡。能凝之則必能并之矣。得之則凝，兼并無強。古者湯以薄，武王以滈，皆百里之地也，天下為一，諸侯為臣，無它故焉，能凝之也。故凝士以禮，凝民以政；禮脩而士服，政平而民安；士服民安，夫是之謂大凝。以守則固，以征則強，令行禁止，王者之事畢矣。

彊國篇

刑范正，金錫美，工冶巧，火齊得，剖刑而莫邪已；然而不剝脫，不砥厲，則不可以斷繩；剝脫之，砥厲之，則劙盤盂刎牛馬忽然耳。彼國者，亦彊國之剖刑已；然而不教誨，不調一，則入不可以守，出不可以戰；教誨之，調一之，則兵勁城固，敵國不敢嬰也。彼國者亦有砥厲，禮義節奏是也。故人之命在天，國之命在禮。人君者，隆禮尊賢而王，重法愛民而霸，好利多詐而危，權謀傾覆幽險而亡。

威有三：有道德之威者，有暴察之威者，有狂妄之威者。此三威者，不可不孰察也。禮義則脩，分義則明，舉錯則時，愛利則形；如是，百姓貴之如帝，高之如天，親之如父母，畏之如神明；故賞不用而民勸，罰不用而威行，夫是之謂道德之威。禮樂則不脩，分義則不明，舉錯則不時，愛利則不形；然而其禁暴也察，其誅不服也審，其刑罰重而信，其誅殺猛而必，黭然而雷擊之，如牆厭之；如是，百姓劫則致畏，嬴則敖上，執拘則最，得間則散，敵中則奪；非劫之以形埶，非振之以誅殺，則無以有其下，夫是之謂暴察之威。無愛人之心，無利人之事，而日為亂人之道，百姓讙敖，則從而執縛之，刑灼之，不和人心；如是，下比周賁潰以離上矣，傾覆滅亡，可立而待也，夫是之謂狂妄之威。此三威者，不可不孰察也。道德之威成乎安彊，暴察之威成乎危弱，狂妄之威成乎滅亡也。

公孫子曰：子發將西伐蔡，克蔡，獲蔡侯；歸致命曰：「蔡侯奉其社稷而歸之楚，舍屬二三子而治其地。」既楚發其賞，子發辭曰：「發誡布令而敵退，是主威也；徙舉相攻而敵退，是將威也；合戰用力而敵退，是衆威也。臣舍不宜以衆威受賞。」譏之曰：子發之致命也恭，其辭賞也固。夫尚賢使能，賞有功，罰有罪，非獨一人為之也，彼先王之道也，一人之本也，善善惡惡之應也，治必由之，古今一也。古者明王之舉大事立大功也，大事已博，大功已立，則君享其成，群臣享其功，士大夫益爵，官人益秩，庶人益祿；是以為善者勸，為不善者沮，上下一心，三軍同力，是以百事成而功名大也。今子發獨不然，反先王之道，亂楚國之法，墮興功之臣，恥受賞之屬，無僇乎族黨，而抑卑其後世，案獨以為私廉，豈不過甚矣哉！故曰：子發之致命也恭，其辭賞也固。

荀卿子說齊相曰：處勝人之埶，行勝人之道，天下莫忿，湯武是也。處勝人之埶，不以勝人之道，厚於有天下之埶，索為匹夫不可得也，桀紂是也。然則得勝人之埶者，其不如勝人之道遠矣。夫主相者，勝人以埶也，是為是，非為非，能為能，不能為不能，併己之私欲，必以道夫公道通義之可以相兼容者，是勝人之道也。今相國上則得專主，下則得專國，相國之於勝人之埶，亶有之矣。然則胡不敺此勝人之埶，赴勝人之道，求仁厚明通之君子而託王焉，與之參國政，正是非；如是，則國孰敢不為義矣！君臣上下，貴賤長少，至於庶人，莫不為義，則天下孰不欲合義矣。賢士願相國之朝，能士願相國之官，好利之民莫不願以齊為歸，是一天下也。相國舍是而不為，案直為世俗之所以為，則女主亂之宮，詐臣亂之朝，貪吏亂之官，眾庶百姓皆以貪利爭奪為俗，曷若是而可以持國乎！今巨楚縣吾前，大燕鰌吾後，勁魏鉤吾右，西壤之不絕若繩，楚人則乃有襄賁開陽以臨吾左，是一國作謀，則三國必起而乘我；如是，則齊必斷而為四三，國若假城然耳！必為天下大笑，曷若兩者孰足為也。夫桀紂，聖王之後子孫也，有天下者之世也，埶籍之所存，天下之宗室也；土地之大，封內千里，人之眾數以億萬；俄而天下倜然舉去桀紂而犇湯武，反然舉惡桀紂而貴湯武。是何也？夫桀紂何失？而湯武何得也？曰：是無它故焉，桀紂者善為人所惡也，而湯武者善為人所好也。人之所惡何也？曰：汙漫爭奪貪利是也。人之所好者何也？曰：禮義辭讓忠信是也。今君人者，辟稱比方則欲自竝乎湯武，若其所以統之，則無以異於桀紂，而求有湯武之功名，可乎？故凡得勝者，必與人也；凡得人者，必與道也。道也者何也？曰：禮讓忠信是也。故自四五萬而往者，彊勝，非衆之力也，隆在信矣。自數百里而往者，安固，非大之力也，隆在脩政矣。今已有數萬之衆者也，陶誕比周以爭與；已有數百里之國者也，汙漫突盜以爭地；然則是棄己之所安彊，而爭己之所以危弱也；損己之所不足，以重己之所有餘；若是其悖繆也，而求有湯武之功名，可乎？辟之是猶伏而咶天，救經而引其足也；說必不行矣，愈務而愈遠。為人臣者，不恤己行之不行，苟得利而已矣，是渠衝入穴而求利也，是仁人之所羞而不為也。故人莫貴乎生，莫樂乎安；所以養生安樂者莫大乎禮義。人知貴生樂安而棄禮義，辟之是猶欲壽而歾頸也，愚莫大焉。故君人者，愛民而安，好士而榮，兩者無一而亡。《詩》曰：「价人維藩，大師維垣。」此之謂也。

力術止，義術行，曷謂也？曰：秦之謂也。威彊乎湯武，廣大乎舜禹，然而憂患不可勝校也；諰諰然常恐天下之一合而軋己也，此所謂力術止也。曷謂乎威彊乎湯武？湯武也者，乃能使說己者使耳！今楚父死焉，國舉焉，負三王之廟而辟於陳蔡之間，視可司間，案欲剡其脛而以蹈秦之腹，然而秦使左案左，使右案右，是乃使讐人役也；此所謂威彊乎湯武也。曷謂廣大乎舜禹也？曰：古者百王之一天下臣諸侯也，未有過封內千里者也，今秦南乃有沙羨與俱，是乃江南也，北與胡貉為鄰，西有巴戎，東在楚者乃界於齊，在韓者踰常山乃有臨慮，在魏者乃據圍津，即去大梁百有二十里耳！其在趙者剡然有苓而據松柏之塞，負西海而固常山，是地徧天下也，威動海內，彊殆中國，然而憂患不可勝校也，諰諰然常恐天下之一合而軋己也。此所謂廣大乎舜禹也。然則奈何？曰：節威反文，案用夫端誠信全之君子治天下焉，因與之參國政，正是非，治曲直，聽咸陽。順者錯之，不順者而後誅之。若是則兵不復出於塞外而令行於天下矣。若是則雖為之築明堂於塞外而朝諸侯，殆可矣。假今之世，益地不如益信之務也。

應侯問孫卿子曰：入秦何見？孫卿子曰：其固塞險，形埶便，山林川谷美，天材之利多，是形勝也。入境，觀其風俗，其百姓樸，其聲樂不流汙，其服不挑，甚畏有司而順，古之民也。及都邑官府，其百吏肅然，莫不恭儉敦敬忠信而不楛，古之吏也。入其國，觀其士大夫，出於其門，入於公門；出於公門，歸於其家，無有私事也；不比周，不朋黨，倜然莫不明通而公也，古之士大夫也。觀其朝廷，其閒聽決百事不留，恬然如無治者，古之朝也。故四世有勝，非幸也，數也；是所見也。故曰：佚而治，約而詳，不煩而功，治之至也。秦類之矣。雖然，則有其諰矣；兼是數具者而盡有之，然而縣之以王者之功名，則倜倜然不及遠矣！是何也？則其殆無儒邪！故曰：粹而王，駁而霸，無一焉而亡。此亦秦之所短也。

積微：月不勝日，時不勝月，歲不勝時。凡人好敖慢小事，大事至然後興之務之，如是則常不勝夫敦比於小事者矣。是何也？則小事之至也數，其縣日也博，其為積也大。大事之至也希，其縣日也淺，其為積也小。故善日者王，善時者霸，補漏者危，大荒者亡。故王者敬日，霸者敬時，僅存之國危而後戚之。亡國至亡而後知亡，至死而後知死，亡國之禍敗不可勝悔也。霸者之善箸焉，可以時託也；王者之功名，不可勝日志也。財物貨寶以大為重，政教功名反是，能積微者速成。《詩》曰：「德輶如毛，民鮮克舉之。」此之謂也。

凡姦人之所以起者，以上之不貴義不敬義也。夫義者，所以限禁人之為惡與姦者也。今上不貴義不敬義，如是，則下之人百姓皆有棄義之志而有趨姦之心矣，此姦人之所以起也。且上者下之師也，夫下之和上，譬之猶響之應聲，影之像形也。故為人上者，不可不順也。夫義者，內節於人而外節於萬物者也；上安於主而下調於民者也；內外上下節者，義之情也。然則凡為天下之要，義為本，而信次之。古者禹湯本義務信而天下治；桀紂棄義倍信而天下亂。故為人上者，必將慎禮義務忠信然後可。此君人者之大本也。

堂上不糞，則郊草不瞻曠芸；白刃扞乎胸，則目不見流矢！拔戟加乎首，則十指不辭斷；非不以此為務也，疾養緩急之有相先者也。

天論篇

天行有常，不為堯存，不為桀亡。應之以治則吉，應之以亂則凶。彊本而節用，則天不能貧。養備而動時，則天不能病。脩道而不貳，則天不能禍。故水旱不能使之飢渴，寒暑不能使之疾，祆怪不能使之凶。本荒而用侈，則天不能使之富。養略而動罕，則天不能使之全。倍道而妄行，則天不能使之吉。故水旱未至而飢，寒暑未薄而疾，祆怪未至而凶。受時與治世同，而殃禍與治世異，不可以怨天，其道然也。故明於天人之分，則可謂至人矣。

不為而成，不求而得，夫是之謂天職。如是者，雖深，其人不加慮焉；雖大，不加能焉；雖精，不加察焉；夫是之謂不與天爭職。天有其時，地有其財，人有其治，夫是之謂能參。舍其所以參，而願其所參，則惑矣！列星隨旋，日月遞炤，四時代御，陰陽大化，風雨博施，萬物各得其和以生，各得其養以成，不見其事而見其功，夫是之謂神。皆知其所以成，莫知其無形，夫是之謂天。唯聖人為不求知天。天職既立，天功既成，形具而神生，好惡喜怒哀樂臧焉，夫是之謂天情。耳目鼻口形能各有接而不相能也，夫是之謂天官。心居中虛，以治五官，夫是之謂天君。財非其類以養其類，夫是之謂天養。順其類者謂之福，逆其類者謂之禍，夫是之謂天政。暗其天君，亂其天官，棄其天養，逆其天政，背其天情，以喪天功，夫是之謂大凶。聖人清其天君，正其天官，備其天養，順其天政，養其天情，以全其天功；如是則知其所為，知其所不為矣；則天地官而萬物役矣。其行曲治，其養曲適，其生不傷，夫是之謂知天。故大巧在所不為，大智在所不慮。所志於天者，已其見象之可以期者矣。所志於地者，已其見宜之可以息者矣。所志於四時者，已其見數之可以事者矣。所志於陰陽者，已其見知之可以治者矣。官人守天，而自為守道也。

治亂天邪？曰：日月星辰瑞厤，是禹桀之所同也；

禹以治，桀以亂；治亂非天也。時邪？曰：繁啟蕃長於春夏，畜積收臧於秋冬，是又禹桀之所同也；禹以治，桀以亂；治亂非時也。地邪？曰：得地則生，失地則死，是又禹桀之所同也；禹以治，桀以亂；治亂非地也。《詩》曰：「天作高山，大王荒之。彼作矣，文王康之。」此之謂也。

天不為人之惡寒也輟冬，地不為人之惡遼遠也輟廣，君子不為小人匈匈也輟行。天有常道矣，地有常數矣，君子有常體矣。君子道其常，而小人計其功。《詩》曰：「何恤人之言兮。」此之謂也。

楚王後車千乘，非知也；君子啜菽飲水，非愚也；

是節然也。若夫心意脩，德行厚，知慮明，生於今而志乎古，則是其在我者也。故君子敬其在己者，而不慕其在天者；小人錯其在己者，而慕其在天者。君子敬其在己者，而不慕其在天者，是以日進也；小人錯其在己者，而慕其在天者，是以日退也。故君子之所以日進，與小人之所以日退，一也。君子小人之所以相縣者在此耳！

星隊木鳴，國人皆恐。曰：是何也？曰：無何也，是天地之變，陰陽之化，物之罕至者也。怪之可也，而畏之非也。夫日月之有蝕，風雨之不時，怪星之黨見，是無世而不常有之。上明而政平，則是雖竝世起，無傷也。上闇而政險，則是雖無一至者，無益也。夫星之隊，木之鳴，是天地之變，陰陽之化，物之罕至者也；怪之可也，而畏之非也。

物之已至者，人祅則可畏也。楛耕傷稼，耘耨失薉，政險失民，田薉稼惡，糴貴民飢，道路有死人，夫是之謂人祅。政令不明，舉錯不時，本事不理，夫是之謂人祅。禮義不脩，內外無別，男女淫亂，則父子相疑，上下乖離，寇難竝至，夫是之謂人祅。祅是生於亂，三者錯，無安國。其說甚爾，其菑甚慘。勉力不時，則牛馬相生，六畜作祅，可怪也，而亦可畏也。傳曰：「萬物之怪書不說。」無用之辯，不急之察，棄而不治。若夫君臣之義，父子之親，夫婦之別，則日切瑳而不舍也。

雩而雨，何也？曰：無何也，猶不雩而雨也。日月食而救之，天旱而雩，卜筮然後決大事，非以為得求也，以文之也。故君子以為文，而百姓以為神。以為文則吉，以為神則凶也。

在天者莫明於日月，在地者莫明於水火，在物者莫明於珠玉，在人者莫明於禮義。故日月不高，則光暉不赫；水火不積，則暉潤不博；珠玉不睹乎外，則王公不以為寶；禮義不加於國家，則功名不白。故人之命在天，國之命在禮。君人者，隆禮尊賢而王，重法愛民而霸，好利多詐而危，權謀傾覆幽險而盡亡矣。

大天而思之，孰與物畜而制之；從天而頌之，孰與制天命而用之；望時而待之，孰與應時而使之；因物而多之，孰與騁能而化之；思物而物之，孰與理物而勿失之也；願於物之所以生，孰與有物之所以成。故錯人而思天，則失萬物之情。

百王之無變，足以為道貫。一廢一起，應之以貫，理貫不亂。不知貫，不知應變，貫之大體未嘗亡也。亂生其差，治盡其詳，故道之所善，中則可從，畸則不可為，匿則大惑。水行者表深，表不明則陷。治民者表道，表不明則亂。禮者，表也；非禮，昏世也；昏世，大亂也。故道無不明，外內異表，隱顯有常，民陷乃去。

萬物為道一偏，一物為萬物一偏，愚者為一物一偏，而自以為知道，無知也。慎子有見於後，無見於先。老子有見於詘，無見於信。墨子有見於齊，無見於畸。宋子有見於少，無見於多。有後而無先，則群眾無門。有詘而無信，則貴賤不分。有齊而無畸，則政令不施。有少而無多，則群眾不化。《書》曰：「無有作好，遵王之道。無有作惡，遵王之路。」此之謂也。

正論篇

世俗之為說者曰：「主道利周。」──是不然：主者民之唱也。上者下之儀也；彼將聽唱而應，視儀而動；唱默則民無應也，儀隱則下無動也；不應不動，則上下無以相有也；若是，則與無上同也，不祥莫大焉。故上者下之本也，上宣明則下治辨矣，上端誠則下愿愨矣，上公正則下易直矣。治辨則易一，愿愨則易使，易直則易知；易一則彊，易使則功，易知則明；是治之所由生也。上周密則下疑玄矣，上幽險則下漸詐矣，上偏曲則下比周矣。疑玄則難一，漸詐則難使，比周則難知。難一則不彊，難使則不功，難知則不明；是亂之所由作也。故主道利明不利幽，利宣不利周。故主道明則下安，主道幽則下危。故下安則貴上，下危則賤上。故上易知則下親上矣，上難知則下畏上矣。下親上則上安，下畏上則上危。故主道莫惡乎難知，莫危乎使下畏己。傳曰：「惡之者眾則危。」《書》曰：「克明明德。」《詩》曰：「明明在下。」故先王明之，豈特玄之耳哉！

世俗之為說者曰：「桀紂有天下，湯武篡而奪之。」是不然：以桀紂為常有天下之籍則然，親有天下之籍則不然，天下謂在桀紂則不然。古者天子千官，諸侯百官。以是千官也，令行於諸夏之國，謂之王；以是百官也，令行於境內，國雖不安，不至於廢易遂亡，謂之君。聖王之子也，有天下之後也，埶籍之所在也，天下之宗室也，然而不材不中，內則百姓疾之，外則諸侯叛之，近者境內不一，遙者諸侯不聽，令不行於境內，甚者諸侯侵削之，攻伐之；若是，則雖未亡，吾謂之無天下矣。聖王沒，有埶籍者罷不足以縣天下，天下無君；諸侯有能德明威積，海內之民莫不願得以為君師；然而暴國獨侈安能誅之，必不傷害無罪之民，誅暴國之君若誅獨夫；若是，則可謂能用天下矣。能用天下之謂王。湯武非取天下也，脩其道，行其義，興天下之同利，除天下之同害，而天下歸之也。桀紂非去天下也，反禹湯之德，亂禮義之分，禽獸之行，積其凶，全其惡，而天下去之也。天下歸之之謂王，天下去之之謂亡。故桀紂無天下，而湯武不弒君，由此效之也。湯武者，民之父母也；桀紂者，民之怨賊也。今世俗之為說者，以桀紂為君，而以湯武為弒，然則是誅民之父母，而師民之怨賊也，不祥莫大焉。以天下之合為君，則天下未嘗合於桀紂也。然則以湯武為弒，則天下未嘗有說也，直墮之耳，故天子唯其人。天子者，至重也，非至彊莫之能任；至大也，非至辨莫之能分；至眾也，非至明莫之能和；此三至者，非聖人莫之能盡。故非聖人莫之能王。聖人備道全美者也，是縣天下之權稱也。

桀紂者，其知慮至險也，其至意至闇也，其行之為至亂也；親者疏之，賢者賤之，生民怨之；禹湯之後也，而不得一人之與；刳比干，囚箕子，身死國亡，為天下之大僇，後世之言惡者必稽焉；是不容妻子之數也。故至賢疇四海，湯武是也；至罷不能容妻子，桀紂是也。今世俗之為說者，以桀紂為有天下而臣湯武，豈不過甚矣哉！譬之是猶傴巫跛匡大自以為有知也。故可以有奪人國，不可以有奪人天下；可以有竊國，不可以有竊天下也。可以奪之者可以有國，而不可以有天下；竊可以得國，而不可以得天下，是何也？曰：國小具也，可以小人有也，可以小道得也，可以小力持也；天下者大具也，不可以小人有也，不可以小道得也，不可以小力持也。國者小人可以有之，然而未必不亡也；天下者至大也，非聖人莫之能有也。

世俗之為說者曰：「治古無肉刑，而有象刑；墨黥慅嬰，共艾畢，菲對屨，殺赭衣而不純。治古如是。」是不然：以為治邪？則人固莫觸罪，非獨不用肉刑，亦不用象刑矣。以為人或觸罪矣，而直輕其刑，然則是殺人者不死，傷人者不刑也；罪至重而刑至輕，庸人不知惡矣，亂莫大焉。凡刑人之本，禁暴惡惡，且徵其未也。殺人者不死，而傷人者不刑，是謂惠暴而寬賊也，非惡惡也。故象刑殆非生於治古，竝起於亂今也。

治古不然，凡爵列官職賞慶刑罰皆報也，以類相從者也。一物失稱，亂之端也。夫德不稱位，能不稱官，賞不當功，罰不當罪，不祥莫大焉。昔者武王伐有商，誅紂，斷其首，縣之赤旆。夫征暴誅悍，治之盛也；殺人者死，傷人者刑，是百王之所同也；未有知其所由來者也。刑稱罪則治，不稱罪則亂。故治則刑重，亂則刑輕；犯治之罪固重，犯亂之罪固輕也。《書》曰：「刑罰世輕世重。」此之謂也。

世俗之為說者曰：「『湯武不能禁令。』是何也？曰：『楚越不受制。』」是不然：湯武者，至天下之善禁令者也，湯居亳，武王居鄗，皆百里之地也，天下為一，諸侯為臣，通達之屬，莫不振動從服以化順之。曷為楚越獨不受制也！彼王者之制也，視形埶而制械用，稱遠邇而等貢獻，豈必齊哉！故魯人以榶，衛人用柯，齊人用一革，土地刑制不同者，械用備飾不可不異也。故諸夏之國同服同儀，蠻夷戎狄之國同服不同制，封內甸服，封外侯服，侯衛賓服，蠻夷要服，戎狄荒服。甸服者祭，侯服者祀，賓服者享，要服者貢，荒服者終王。日祭月祀，時享歲貢，夫是之謂視形埶而制械用，稱遠近而等貢獻，是王者之至也。彼楚越者，且時享歲貢終王之屬也，必齊之日祭月祀之屬然後曰受制邪？是規磨之說也。溝中之瘠也，則未足與及王者之制也。語曰：「淺不足與測深，愚不足與謀知，坎井之鼃，不可與語東海之樂。」此之謂也。

世俗之為說者曰：「堯舜擅讓。」是不然：天子者，埶位至尊，無敵於天下，夫有誰與讓矣！道德純備，智惠甚明，南面而聽天下，生民之屬，莫不振動從服以化順之，天下無隱士，無遺善，同焉者是也，異焉者非也，夫有惡擅天下矣！曰：「死而擅之。」是又不然：聖王在上，圖德而定次，量能而授官，皆使民載其事而各得其宜；不能以義制利，不能以偽飾性，則兼以為民。聖王已沒，天下無聖，則固莫足以擅天下矣。天下有聖而在後者，則天下不離；朝不易位，國不更制，天下厭然與鄉無以異也；以堯繼堯，夫又何變之有矣！聖王不在後子而三公，則天下如歸，猶復而振之矣，天下厭然與鄉無以異也；以堯繼堯，夫又何變之有矣！唯其徙朝改制為難。故天子生，則天下一隆，致順而治，論德而定次，死則能任天下者必有之矣。夫禮義之分盡矣，擅讓惡用矣哉！曰：「老衰而擅。」是又不然：血氣筋力則有衰，若夫智慮取舍則無衰。曰：「老者不堪其勞而休也。」是又畏事者之議也。天子者，埶至重而形至佚，心至愉而志無所詘，而形不為勞，尊無上矣。衣被則服五采，雜間色，重文繡，加飾之以珠玉；食飲則重大牢而備珍怪，期臭味，曼而饋，代睪而食，

〈雍〉而徹乎五祀，執薦者百人侍西房；居則設張容，負依而坐，諸侯趨走乎堂下；出戶而巫覡有事；出門而宗祀有事；乘大路趨越席以養安，側載睪芷以養鼻；前有錯衡以養目；和鸞之聲，步中〈武〉〈象〉，騶中〈韶〉〈護〉以養耳；三公奉軶持納，諸侯持輪挾輿先馬，大侯編後，大夫次之，小侯元士次之，庶士介而夾道，庶人隱竄莫敢視望。居如大神，動如天帝，持老養衰，猶有善於是者與不？老者，休也，休猶有安樂恬愉如是者乎！故曰：諸侯有老，天子無老。有擅國，無擅天下，古今一也。夫曰堯舜擅讓，是虛言也，是淺者之傳，陋者之說也，不知逆順之理，小大至不至之變者也，未可與及天下之大理者也。

世俗之為說者曰：「堯舜不能教化。是何也？曰：朱象不化。」是不然也：堯舜，至天下之善教化者也，南面而聽，天下生民之屬，莫不振動從服以化順之；然而朱象獨不化，是非堯舜之過，朱象之罪也。堯舜者，天下之英也；朱象者，天下之嵬，一時之瑣也。今世俗之為說者，不怪朱象而非堯舜，豈不過甚矣哉！夫是之謂嵬說。羿蠭門者，天下之善射者也，不能以撥弓曲矢中；王梁造父者，天下之善馭者也，不能以辟馬毀輿致遠；堯舜者，天下之善教化者也，不能使嵬瑣化。何世而無嵬？何時而無瑣？自太皞燧人莫不有也。故作者不祥，學者受其殃，非者有慶。《詩》曰：「下民之孽，匪降自天，噂沓背憎，職競由人。」此之謂也。

世俗之為說者曰：「太古薄葬，棺厚三寸，衣衾三領，葬田不妨田，故不掘也。亂今厚葬，飾棺，故抇也。」是不及知治道，而不察於抇不抇者之所言也。凡人之盜也，必以有為，不以備不足，足則以重有餘也；而聖王之生民也，皆使當厚優猶不知足，而不得以有餘過度。故盜不竊，賊不刺，狗豕吐菽粟，而農賈皆能以貨財讓，風俗之美，男女自不取於涂，而百姓羞拾遺。故孔子曰：「天下有道，盜其先變乎！」雖珠玉滿體，文繡充棺，黃金充椁，加之以丹矸，重之以曾青，犀象以為樹，琅玕龍茲華覲以為實，人猶且莫之扣也。是何也？則求利之詭緩，而犯分之羞大也。夫亂今然後反是：上以無法使，下以無度行；知者不得慮，能者不得治，賢者不得使；若是，則上失天性，下失地利，中失人和；故百事廢，財物詘，而禍亂起；王公則病不足於上，庶人則凍餧羸瘠於下；於是焉桀紂群居，而盜賊擊奪以危上矣；安禽獸行，虎狼貪，故脯巨人而炙嬰兒矣；若是，則有何尤扣人之墓抉人之口而求利矣哉！雖此倮而薶之，猶且必扣也，安得葬薶哉！彼乃將食其肉而齕其骨也。夫曰：太古薄葬，故不扣也；亂今厚葬，故扣也。是特姦人之誤於亂說以欺愚者，而潮陷之以偷取利焉，夫是之謂大姦。傳曰：「危人而自安，害人而自利。」此之謂也。

子宋子曰：「明見侮之不辱，使人不鬬。人皆以見侮為辱，故鬬也；知見侮之為不辱，則不鬬矣。」應之曰：然則亦以人之情為不惡侮乎？曰：「惡而不辱也。」曰：若是則必不得所求焉。凡人之鬬也，必以其惡之為說，非以其辱之為故也。今俳優侏儒狎徒詈侮而不鬬者，是豈鉅知見侮之為不辱哉！然而不鬬者，不惡故也。今人或入其央瀆，竊其豬彘，則援劍戟而逐之，不避死傷，是豈以喪豬為辱也哉！然而不憚鬬者，惡之故也。雖以見侮為辱也，不惡則不鬬；雖知見侮為不辱，惡之則必鬪。然而鬪與不鬪邪，亡於辱之與不辱也，乃在於惡之與不惡也。夫今子宋子不能解人之惡侮，而務說人以勿辱也，豈不過甚矣哉！金舌弊口，猶將無益也。不知其無益，則不知；知其無益也，直以欺人，則不仁。不仁不知，辱莫大焉。將以為有益於人，則與無益於人也，則得大辱而退耳！說莫病是矣。

子宋子曰：「見侮不辱。」應之曰：凡議，必將立隆正然後可也，無隆正則是非不分而辨訟不決。故所聞曰：「天下之大隆，是非之封界，分職名象之所起，王制是也。」故凡言議期命，是非以聖王為師，而聖王之分，榮辱是也。是有兩端矣，有義榮者，有埶榮者；有義辱者，有埶辱者。志意脩，德行厚，知慮明，是榮之由中出者也，夫是之謂義榮。爵列尊，貢祿厚，形埶勝，上為天子諸侯，下為卿相士大夫，是榮之從外至者也，夫是之謂埶榮。流淫汙僈，犯分亂理，驕暴貪利，是辱之由中出者也，夫是之謂義辱。詈侮捽搏，捶笞臏腳，斬斷枯磔，藉靡舌纆，是辱之由外至者也，夫是之謂埶辱。是榮辱之兩端也。故君子可以有埶辱，而不可以有義辱；小人可以有埶榮，而不可以有義榮。有埶辱無害為堯，有埶榮無害為桀。義榮埶榮，唯君子然後兼有之；義辱埶辱，唯小人然後兼有之。是榮辱之分也。聖王以為法，士大夫以為道，官人以為守，百姓以為成俗，萬世不能易也。今子宋子案不然，獨詘容為己，慮一朝而改之，說必不行矣！譬之是猶以摶涂塞江海也，以焦僥而戴太山也，蹎跌碎折不待頃矣。二三子之善於子宋子者，殆不若止之，將恐得傷其體也。

子宋子曰：「人之情，欲寡；而皆以己之情，為欲多；是過也。故率其群徒，辨其談說，明其譬稱，將使人知情欲之寡也。」應之曰：然則亦以人之情為欲目不欲綦色，耳不欲綦聲，口不欲綦味，鼻不欲綦臭，形不欲綦佚，此五綦者，亦以人之情為不欲乎？曰：「人之情欲是已。」曰：若是則說必不行矣，以人之情為欲此五綦者而不欲多，譬之是猶以人之情為欲富貴而不欲貨也，好美而惡西施也。古之人為之不然：以人之情為欲多而不欲寡，故賞以富厚，而罰以殺損也，是百王之所同也。故上賢祿天下，次賢祿一國，下賢祿田邑，愿慤之民完衣食。今子宋子以是之情為欲寡而不欲多也。然則先王以人之所不欲者賞，而以人之所欲者罰邪！亂莫大焉。今子宋子嚴然而好說，聚人徒，立師學，成文典，然而說不免於以至治為至亂也，豈不過甚矣哉！

禮論篇

一　禮起於何也？曰：人生而有欲，欲而不得，則不能無求。求而無度量分界，則不能不爭。爭則亂，亂則窮。先王惡其亂也，故制禮義以分之，以養人之欲，給人之求。使欲必不窮乎物，物必不屈於欲，兩者相持而長，是禮之所起也。故禮者養也；芻豢稻粱，五味調香，所以養口也；椒蘭芬苾，所以養鼻也；雕琢刻鏤黼黻文章，所以養目也；鐘鼓管磬琴瑟竽笙，所以養耳也；疏房檖貇越席牀笫几筵，所以養體也。故禮者養也。君子既得其養，又好其別。曷謂別？曰：貴賤有等，長幼有差，貧富輕重皆有稱者也。故天子大路越席，所以養體也；側載睪芷，所以養鼻也；前有錯衡，所以養目也；和鸞之聲，步中〈武〉〈象〉，趨中〈韶〉〈護〉，所以養耳也；龍旗九斿，所以養信也；

寢兕，持虎，蛟韅，絲末，彌龍，所以養威也；故大路之馬必倍至，教順然後乘之，所以養安也。孰知夫出死要節之所以養生也，孰知夫出費用之所以養財也，孰知夫恭敬辭讓之所以養安也，孰知夫禮義文理之所以養情也。故人苟生之為見，若者必死；苟利之為見，若者必害；苟怠惰偷懦之為安，若者必危；苟情說之為樂，若者必滅。故人一之於禮義，則兩得之矣；一之於情性，則兩喪之矣。故儒者將使人兩得之者也，墨者將使人兩喪之者也，是儒墨之分也。

禮有三本：天地者，生之本也；先祖者，類之本也；君師者，治之本也。無天地，惡生？無先祖，惡出？無君師，惡治？三者偏亡焉無安人。故禮上事天，下事地，尊先祖而隆君師，是禮之三本也。故王者天太祖，諸侯不敢壞，大夫士有常宗，所以別貴始；貴始得之本也。郊止乎天子，而社止於諸侯，道及士大夫，所以別尊者事尊，卑者事卑，宜大者巨，宜小者小也。故有天下者事十世，有一國者事五世，有五乘之地者事三世，有三乘之地者事二世，持手而食者不得立宗廟，所以別積厚，積厚者流澤廣，積薄者流澤狹也。

大饗尚玄尊，俎生魚，先大羹，貴食飲之本也。饗尚玄尊而用酒醴。先黍稷而飯稻粱。祭齊大羹而飽庶羞，貴本而親用也。貴本之謂文，親用之謂理，兩者合而成文，以歸大一，夫是之謂大隆。故尊之尚玄酒也，俎之尚生魚也，俎之先大羹也，一也。利爵之不醮也，成事之俎不嘗也，三臭之不食也，一也。大昏之未發齊也，太廟之未入尸也，始卒之未小斂也，一也。大路之素未集也，郊之麻絻也，喪服之先散麻也，一也。三年之喪，哭之不文也，〈清廟〉之歌，一唱而三歎也，縣一鍾，尚拊之膈，朱絃而通越也，一也。

凡禮，始乎梲，成乎文，終乎悅校。故至備，情文俱盡；其次，情文代勝；其下復情以歸大一也。天地以合，日月以明，四時以序，星辰以行，江河以流，萬物以昌；好惡以節，喜怒以當；以為下則順，以為上則明，萬物變而不亂，貳之則喪也，禮豈不至矣哉！立隆以為極，而天下莫之能損益也。本末相順，終始相應，至文以有別，至察以有說，天下從之者治，不從者亂，從之者安，不從者危，從之者存，不從者亡。小人不能測也。

禮之理誠深矣，「堅白」「同異」之察，入焉而溺；其理誠大矣，擅作典制辟陋之說，入焉而喪；其理誠高矣，暴慢恣睢輕俗以為高之屬，入焉而隊。故繩墨誠陳矣，則不可欺以曲直；衡誠縣矣，則不可欺以輕重；規矩誠設矣，則不可欺以方圓；君子審於禮，則不可欺以詐偽。故繩者，直之至；衡者，平之至；規矩者，方圓之至；禮者，人道之極也。然而不法禮，不足禮，謂之無方之民；法禮，足禮，謂之有方之士。禮之中焉能思索，謂之能慮；禮之中焉能勿易，謂之能固。能慮能固，加好者焉，斯聖人矣。故天者，高之極也；無窮者，廣之極也；聖人者，道之極也。故學者，固學為聖人也，非特學為無方之民也。

禮者，以財物為用，以貴賤為文，以多少為異，以隆殺為要。文理繁，情用省，是禮之隆也。文理省，情用繁，是禮之殺也。文理情用相為內外表裏，竝行而雜，是禮之中流也。故君子上致其隆，下盡其殺，而中處其中。步驟馳騁厲鶩不外是矣，是君子之壇宇宮廷也。人有是，士君子也；外是，民也；於是其中焉，方皇周挾，曲得其次序，是聖人也。故厚者，禮之積也；大者，禮之廣也；高者，禮之隆也；明者，禮之盡也。《詩》曰：「禮儀卒度，笑語卒獲。」此之謂也。

禮者，謹於治生死者也。生，人之始也；死，人之終也；終始俱善，人道畢矣。故君子敬始而慎終，終始如一，是君子之道，禮義之文也。夫厚其生而薄其死，是敬其有知而慢其無知也，是姦人之道而倍叛之心也。君子以倍叛之心接臧穀，猶且羞之，而況以事其所隆親乎！故死之為道也，一而不可得再復也，臣之所以致重其君，子之所以致重其親，於是盡矣。故事生不忠厚，不敬文，謂之野；送死不忠厚，不敬文，謂之瘠。君子賤野而羞瘠；故天子棺槨十重，諸侯五重，大夫三重，士再重。然後皆有衣衾多少厚薄之數，皆有翣菨文章之等，以敬飾之，使生死終始若一；一足以為人願，是先王之道，忠臣孝子之極也。天子之喪動四海，屬諸侯。諸侯之喪動通國，屬大夫。大夫之喪動一國，屬脩士。脩士之喪動一鄉，屬朋友。庶人之喪，合族黨，動州里。刑餘罪人之喪，不得合族黨，獨屬妻子，棺槨三寸，衣衾三領，不得飾棺，不得晝行，以昏殣，凡緣而往埋之，反無哭泣之節，無衰麻之服，無親疏月數之等，各反其平，各復其始，已葬埋，若無喪者而止，夫是之謂至辱。禮者，謹於吉凶不相厭者也。紸纊聽息之時，則夫忠臣孝子亦知其閔已，然而殯斂之具，未有求也；垂涕恐懼，然而幸生之心未已，持生之事未輟也；卒矣，然後作具之。故雖備家必踰日然後能殯，三日而成服。然後告遠者出矣，備物者作矣。故殯久不過七十日，速不損五十日。是何也？曰：遠者可以至矣，百求可以得矣，百事可以成矣；其忠至矣，其節大矣，其文備矣。然後月朝卜日，月夕卜宅，然後葬也。當是時也，其義止，誰得行之！其義行，誰得止之！故三月之葬，其須以生設飾死者也，殆非直留死者以安生也；是致隆思慕之義也。

喪禮之凡：變而飾，動而遠，久而平。故死之為道也，不飾則惡，惡則不哀；尒則翫，翫則厭，厭則忘，忘則不敬。一朝而喪其嚴親，而所以送葬之者不哀不敬，則嫌於禽獸矣；君子恥之。故變而飾，所以滅惡也；動而遠，所以遂敬也；久而平，所以優生也。禮者，斷長續短，損有餘，益不足，達愛敬之文，而滋成行義之美者也。故文飾麤惡，聲樂哭泣，恬愉憂戚，是反也；然而禮兼而用之，時舉而代御。故文飾聲樂恬愉，所以持平奉吉也；麤衰哭泣憂戚，所以持險奉凶也。故其立文飾也，不至於窕冶；其立麤惡也，不至於瘠弃；其立聲樂恬愉也，不至於流淫惰慢；其立哭泣哀戚也，不至於隘懾傷生，是禮之中流也。故情貌之變，足以別吉凶，明貴賤親疏之節，期止矣；外是，姦也；雖難，君子賤之。故量食而食之，量要而帶之，相高以毀瘠，是姦人之道也，非禮義之文也，非孝子之情也，將以有為者也。故說豫娩澤、憂戚萃惡，是吉凶憂愉之情發於顏色者也。歌謠謸笑，哭泣諦號，是吉凶憂愉之情發於聲音者也。芻豢稻粱酒醴餰鬻，魚肉菽藿酒漿，是吉凶憂愉之情發於食飲者也；卑絻黼黻文織，資麤衰經菲繐菅屨，是吉凶憂愉之情發於衣服者也。疏房檖貌越席牀第几筵，屬茨倚廬席薪枕塊，是吉凶憂愉之情發於居處者也。兩情者，人生固有端焉。若夫斷之繼之，博之淺之，益之損之，類之盡之，盛之美之，使本末終始莫不順比，足以為萬世則，則是禮也。非順孰脩為之君子，莫之能知也。故曰：性者，本始材朴也；偽者，文理隆盛也。無性則偽之無所加；無偽則性不能自美；性偽合，然後聖人之名一，天下之功於是就也。故曰：天地合而萬物生，陰陽接而變化起，性偽合而天下治。天能生物，不能辨物也；地能載人，不能治人也；宇中萬物，生人之屬，待聖人然後分也。《詩》曰：「懷柔百神，及河喬嶽。」此之謂也。

喪禮者，以生者飾死者也，大象其生以送其死也。故如死如生，如亡如存，終始一也。始卒，沐浴鬠體飯唅，象生執也。不沐則濡櫛三律而止，不浴則濡巾三式而止。充耳而設瑱，飯以生稻，唅以槁骨，反生術矣。設褻衣，襲三稱，縉紳而無鉤帶矣。設掩面儇目，鬠而不冠笄矣。書其名置於其重，則名不見而柩獨明矣。薦器則冠有鍪而毋縰，甕廡虛而不實，有簟席而無牀第，木器不成斲，陶器不成物，薄器不成內。笙竽具而不和，琴瑟張而不均。輿藏而馬反，告不用也。具生器以適墓，象徙道也。略而不盡，貌而不功，趨輿而藏之，金革轡靷而不入，明不用也。象徙道，又明不用也。是皆所以重哀也。故生器文而不功，明器貌而不用。凡禮，事生，飾歡也；送死，飾哀也；祭祀，飾敬也；師旅，飾威也；是百王之所同，古今之所一也，未有知其所由來者也。故壙壠其須象室屋也；棺椁其須象版蓋斯象拂也；無帾絲歶縷翣其須以象菲帷幬尉也；抗折其須以象槾茨番閼也。故喪禮者，無它焉，明死生之義，送以哀敬，而終周藏也。故葬埋，敬藏其形也；祭祀，敬事其神也；其銘誄繫世，敬傳其名也。事生，飾始也；送死，飾終也；終始具而孝子之事畢，聖人之道備矣。刻死而附生謂之墨，刻生而附死謂之惑，殺生而送死謂之賊。大象其生以送其死，使死生終始莫不稱宜而好善，是禮義之法式也，儒者是矣。

三年之喪，何也？曰：稱情而立文，因以飾群，別親疏貴賤之節，而不可益損也。故曰：無適不易之術也。創巨者其日久，痛甚者其愈遲；三年之喪，稱情而立文，所以為至痛極也。齊衰苴杖，居廬食粥，席薪枕塊，所以為至痛飾也。三年之喪，二十五月而畢，哀痛未盡，思慕未忘，然而禮以是斷之者，豈不以送死有已，復生有節也哉！凡生乎天地之間者，有血氣之屬必有知，有知之屬莫不愛其類。今夫大鳥獸則失亡其群匹，越月踰時，則必反鉛；過故鄉，則必徘徊焉，鳴號焉，躑躅焉，踟躕焉，然後能去之也。小者是燕爵猶有啁噍之頃焉，然後能去之。故有血氣之屬莫知於人；故人之於其親也，至死無窮。將由夫愚陋淫邪之人與？則彼朝死而夕忘之；然而縱之，則是曾鳥獸之不若也，彼安能相與群居而無亂乎！將由夫脩飾之君子與？則三年之喪，二十五月而畢，若駟之過隙，然而遂之，則是無窮也。故先王聖人安為之立中制節，一使足以成文理，則舍之矣。然則何以分之？曰：至親以期斷。是何也？曰：天地則已易矣，四時則已徧矣，其在宇中者莫不更始矣，故先王案以此象之也。然則三年何也？曰：加隆焉，案使倍之，故再期也。由九月以下，何也？曰：案使不及也。故三年以為隆，緦小功以為殺，期九月以為閒。上取象於天，下取象於地，中取則於人，人所以群居和一之理盡矣。故三年之喪，人道之至文者也，夫是之謂至隆；是百王之所同也，古今之所一也。君之喪所以取三年，何也？曰：君者，治辨之主也，文理之原也，情貌之盡也，相率而至隆也，不亦可乎！《詩》曰：「愷悌君子，民之父母。」彼君子者，固有為民父母之說焉。父能生之，不能養之；母能食之，不能教誨之；君者，已能食之矣，又善教誨之者也，三年畢矣哉！乳母，飲食之者也，而三月；慈母，衣被之者也，而九月；君，曲備之者也，三年畢乎哉！得之則治，失之則亂，文之至也。得之則安，失之則危，情之至也。兩至者俱積焉，以三年事之猶未足也，直無由進之耳！故社，祭社也；稷，祭稷也；郊者，并百王於上天而祭祀之者也。三月之殯，何也？曰：大之也，重之也；所致隆也，所致親也，將舉錯之，遷徙之，離宮室而歸丘陵也，先王恐其不文也，是以繇其期，足之日也。故天子七月，諸侯五月，大夫三月，皆使其須足以容事，事足以容成，成足以容文，文足以容備，曲容備物之謂道矣。

祭者，志意思慕之情也。愅詭唈僾而不能無時至焉。故人之歡欣和合之時，則夫忠臣孝子亦愅詭而有所至矣。彼其所至者，甚大動也；案屈然已，則其於志意之情者惆然不嗛，其於禮節者闕然不具。故先王案為之立文，尊尊親親之義至矣。故曰：祭者，志意思慕之情也，忠信愛敬之至矣，禮節文貌之盛矣，苟非聖人，莫之能知也。聖人明知之，士君子安行之，官人以為守，百姓以成俗。其在君子，以為人道也；其在百姓，以為鬼事也。故鐘鼓管磬，琴瑟竽笙，〈韶〉〈夏〉〈護〉〈武〉，〈汋〉〈桓〉〈箾〉簡〈象〉，是君子之所以為愅詭其所喜樂之。文也齊衰苴杖，居廬食粥，席薪枕塊，是君子之所以為愅詭其所哀痛之文也。師旅有制，刑法有等，莫不稱罪，是君子之所以為愅詭其所敦惡之文也。卜筮視日，齋戒脩涂，几筵饋薦告祝，如或饗之。物取而皆祭之，如或嘗之。毋利舉爵，主人有尊，如或觴之。賓出，主人拜送，反易服，即位而哭，如或去之。哀夫！敬夫！事死如事生，事亡如事存，狀乎無形影，然而成文。

樂論篇

夫樂者，樂也，人情之所必不免也。故人不能無樂；樂則必發於聲音，形於動靜；而人之道，聲音動靜，性術之變盡是矣。故人不能不樂；樂則不能無形；形而不為道，則不能無亂。先王惡其亂也，故制雅頌之聲以道之，使其聲足以樂而不流，使其文足以辨而不諰；使其曲直繁省廉肉節奏足以感動人之善心，使夫邪汙之氣無由得接焉；是先王立樂之方也，而墨子非之，奈何！

故樂在宗廟之中，君臣上下同聽之，則莫不和敬；閨門之內，父子兄弟同聽之，則莫不和親；鄉里族長之中，長少同聽之，則莫不和順。故樂者，審一以定和者也，比物以飾節者也，合奏以成文者也；足以率一道，足以治萬變；是先王立樂之術也，而墨子非之，奈何！

故聽其雅頌之聲，而志意得廣焉；執其干戚，習其俯仰屈伸，而容貌得莊焉；行其綴兆，要其節奏，而行列得正焉，進退得齊焉。故樂者，出所以征誅也，入所以揖讓也。征誅揖讓，其義一也。出所以征誅，則莫不聽從；入所以揖讓，則莫不從服。故樂者，天下之大齊也，中和之紀也，人情之所必不免也；是先王立樂之術也，而墨子非之，奈何！

且樂者，先王之所以飾喜也；軍旅鈇鉞者，先王之所以飾怒也。先王喜怒皆得其齊焉。是故喜而天下和之，怒而暴亂畏之。先王之道，禮樂正其盛者也，而墨子非之！故曰：墨子之於道也，猶瞽之於白黑也，猶聾之於清濁也，猶欲之楚而北求之也。

夫聲樂之入人也深，其化人也速，故先王謹為之文；樂中平則民和而不流，樂肅莊則民齊而不亂。民和齊則兵勁城固，敵國不敢嬰也。如是，則百姓莫不安其處，樂其鄉，以至足其上矣。然後名聲於是白，光輝於是大；四海之民，莫不願得以為師；是王者之始也。樂姚冶以險，則民流僈鄙賤矣。流僈則亂，鄙賤則爭。亂爭則兵弱城犯，敵國危之。如是，則百姓不安其處，不樂其鄉，不足其上矣。故禮樂廢而邪音起者，危削侮辱之本也。故先王貴禮樂而賤邪音。其在序官也，曰：「脩憲命，審誅賞，禁淫聲，以時順脩，使夷俗邪音不敢亂雅，太師之事也。」

墨子曰：「樂者，聖王之所非也，而儒者為之，過也。」君子以為不然：樂者，聖人之所樂也，而可以善民心，其感人深，其移風易俗，故先王導之以禮樂而民和睦。夫民有好惡之情，而無喜怒之應，則亂；先王惡其亂也，故修其行，正其樂，而天下順焉。故齊衰之服，哭泣之聲，使人之心悲；帶甲嬰軸，歌於行伍，使人之心傷；姚冶之容，鄭衛之音，使人之心淫；紳端章甫，舞〈韶〉歌〈武〉，使人之心莊。故君子耳不聽淫聲，目不視女色，口不出惡言，此三者君子慎之。凡姦聲感人而逆氣應之，逆氣成象而亂生焉。正聲感人而順氣應之，順氣成象而治生焉。唱和有應，善惡相象，故君子慎其所去就也。君子以鐘鼓道志，以琴瑟樂心；動以干戚，飾以羽旄，從以磬管；故其清明象天，其廣大象地，其俯仰周旋有似於四時。故樂行而志清，禮脩而行成，耳目聰明，血氣和平，移風易俗，天下皆寧，美善相樂。故曰：樂者樂也；君子樂得其道，小人樂得其欲。以道制欲，則樂而不亂；以欲忘道，則惑而不樂。故樂者，所以道樂也。金石絲竹，所以道德也；樂行而民鄉方矣。故樂者，治人之盛者也；而墨子非之。且樂也者，和之不可變者也；禮也者，理之不可易者也。樂合同，禮別異；禮樂之統，管乎人心矣。窮本極變，樂之情也；著誠去偽，禮之經也。墨子非之，幾遇刑也。明王已沒，莫之正也。愚者學之，危其身也。君子明樂，乃其德也。亂世惡善，不此聽也。於乎哀哉！不得成也。弟子勉學，無所營也。

聲樂之象：鼓大麗，鐘統實，磬廉制，竽笙簫和，筦籥發猛，塤箎翁博，瑟易良，琴婦好，歌清盡，舞意天道兼，鼓其樂之君邪！故鼓似天，鐘似地，磬似水，竽笙簫和筦籥似星辰日月，鞉柷拊鞷椌楬似萬物。曷以知舞之意？曰：目不自見，耳不自聞也，然而治俯仰詘信進退遲速莫不廉制，盡筋骨之力以要鐘鼓俯會之節，而靡有悖逆者，眾積意謘謘乎！

吾觀於鄉，而知王道之易易也。主人親速賓及介，而眾賓皆從之，至於門外；主人拜賓及介，而眾賓皆入；貴賤之義別矣。三揖至於階，三讓以賓升，拜至，獻酬，辭讓之節繁，及介省矣。至于眾賓，升受，坐祭，立飲，不酢而降，隆殺之義辨矣。工入，升歌三終，主人獻之；笙入三終，主人獻之；間歌三終，合樂三終，工告樂備，遂出。二人揚觶，乃立司正，焉知其能和樂而不流也。賓酬主人，主人酬介，介酬眾賓，少長以齒，終於沃洗者，焉知其能弟長而無遺也。降，說屨升坐，脩爵無數。飲酒之節，朝不廢朝，莫不廢夕。賓出，主人拜送，節文終遂，焉知其能安燕而不亂也。貴賤明，隆殺辨，和樂而不流，弟長而無遺，安燕而不亂，此五行者，是足以正身安國矣。彼國安而天下安。故曰：吾觀於鄉而知王道之易易也。

亂世之徵，其服組，其容婦，其俗淫，其志利，其行雜，其聲樂險，其文章匿而采。其養生無度，其送死瘠墨，賤禮義而貴勇力，貧則為盜，富則為賊；治世反是也。

解蔽篇

凡人之患，蔽於一曲，而闇於大理。治則復經，兩疑則惑矣。天下無二道，聖人無兩心。今諸侯異政，百家異說，則必或是或非，或治或亂。亂國之君，亂家之人，此其誠心莫不求正而以自為也，妬繆於道而人誘其所迨也。私其所積，唯恐聞其惡也。倚其所私以觀異術，唯恐聞其美也。是以與治雖走而是己不輟也，豈不蔽於一曲而失正求也哉！心不使焉，則白黑在前而目不見，雷鼓在側而耳不聞，況於使者乎！德道之人，亂國之君非之上，亂家之人非之下，豈不哀哉！

故為蔽：欲為蔽，惡為蔽，始為蔽，終為蔽，遠為蔽，近為蔽，博為蔽，淺為蔽，古為蔽，今為蔽。凡萬物異則莫不相為蔽，此心術之公患也。

昔人君之蔽者，夏桀殷紂是也；桀蔽於末喜斯觀，而不知關龍逢，以惑其心而亂其行；紂蔽於妲己飛廉，而不知微子啟，以惑其心而亂其行。故群臣去忠而事私，百姓怨非而不用，賢良退處而隱逃，此其所以喪九牧之地而虛宗廟之國也。桀死於亭山，紂縣於赤旆；身不先知，人莫之諫，此蔽塞之禍也。成湯監於夏桀，故主其心而慎治之，是以能長用伊尹而身不失道，此其所以代夏王而受九有也。文王監於殷紂，故主其心而慎治之，是以能長用呂望而身不失道，此其所以代殷王而受九牧也。遠方莫不致其珍，故目視備色，耳聽備聲，口食備味，形居備宮，名受備號，生則天下歌，死則四海哭，夫是之謂至盛。《詩》曰：「鳳凰秋秋，其翼若干，其聲若簫，有鳳有凰，樂帝之心。」此不蔽之福也。

昔人臣之蔽者，唐鞅奚齊是也；唐鞅蔽於欲權，而逐載子；奚齊蔽於欲國，而罪申生；唐鞅戮於宋，奚齊戮於晉。逐賢相而罪孝兄，身為刑戮，然而不知，此蔽塞之禍也。故以貪鄙背叛爭權，而不危辱滅亡者，自古及今，未嘗有之也。鮑叔甯戚隰朋仁知且不蔽，故能持管仲，而名利福祿與管仲齊。召公呂望仁知且不蔽，故能持周公，而名利福祿與周公齊。傳曰：「知賢之謂明，輔賢之謂能。勉之彊之，其福必長。」此之謂也。

昔賓孟之蔽者，亂家是也。墨子蔽於用而不知文，宋子蔽於欲而不知得，慎子蔽於法而不知賢，申子蔽於埶而不知知，惠子蔽於辭而不知實，莊子蔽於天而不知人。故由用謂之道，盡利矣；由俗謂之道，盡嗛矣；由法謂之道，盡數矣；由埶謂之道，盡便矣；由辭謂之道，盡論矣；由天謂之道，盡因矣。此數具者，皆道之一隅也。夫道者，體常而盡變，一隅不足以舉之。曲知之人，觀於道之一隅，而未之能識也。故以為足而飾之，內以自亂，外以惑人，上以蔽下，下以蔽上，此蔽塞之禍也。孔子仁知且不蔽，故學亂術，足以為先王者也。一家得周道，舉而用之，不蔽於成積也。故德與周公齊，名與三王竝；此不蔽之福也。

聖人知心術之患，見蔽塞之禍，故無欲無惡，無始無終，無近無遠，無博無淺，無古無今，兼陳萬物而中縣衡焉。是故眾異不得相蔽以亂其倫也。何謂衡？曰：道。故心不可以不知道；心不知道，則不可道而可非道。人孰欲得恣而守其所不可以禁其所可！以其不可道之心取人，則必合於不道人而不知合於道人。以其不可道之心與不道人論道人，亂之本也。夫何以知？曰：心知道然後可道。可道然後能守道以禁非道。以其可道之心取人，則合於道人而不合於不道之人矣。以其可道之心與道人論非道，治之要也，何患不知？

故治之要在於知道，人何以知道？曰心。心何以知？曰虛壹而靜。心未嘗不臧也，然而有所謂虛；心未嘗不滿也，然而有所謂一；心未嘗不動也，然而有所謂靜。人生而有知，知而有志，志也者，臧也；然而有所謂虛；不以所已藏害所將受，謂之虛。心生而有知，知而有異，異也者，同時兼知之；同時兼知之，兩也；然而所有謂一，不以夫一害此一謂之壹。心臥則夢，偷則自行，使之則謀；故心未嘗不動也，然而有所謂靜；不以夢劇亂知謂之靜。未得道而求道者，謂之虛壹而靜。作之則將須道者之虛則入，將事道者之壹則盡，盡將思道者靜則察。知道察，知道行，體道者也。虛壹而靜，謂之大清明。萬物莫形而不見，莫見而不論，莫論而失位。坐於室而見四海，處於今而論久遠，疏觀萬物而知其情，參稽治亂而通其度，經緯天地，而材官萬物，制割大理，而宇宙裏矣。恢恢廣廣，孰知其極！睪睪廣廣，孰知其德！涫涫紛紛，孰知其形！明參日月，大滿八極，夫是之謂大人。夫惡有蔽矣哉！

心者，形之君也，而神明之主也；出令而無所受令。自禁也，自使也，自奪也，自取也，自行也，自止也。故口可劫而使墨云，形可劫而使詘申；心不可劫而使易意，是之則受，非之則辭。故曰：心容，其擇也無禁，必自見，其物也雜博，其情之至也不貳。《詩》云：「采采卷耳，不盈頃筐。嗟我懷人，寘彼周行。」頃筐易滿也，卷耳易得也，然而不可以貳周行。故曰：心枝則無知，傾則不精，貳則疑惑。以贊稽之，萬物可兼知也。身盡其故則美。類不可兩也，故知者擇一而壹焉。農精於田而不可以為田師，賈精於市而不可以為賈師，工精於器而不可以為器師；有人也，不能此三技，而可使治三官；曰：精於道者也，精於物者也。精於物者以物物，精於道者兼物物。故君子壹於道，而以贊稽物。壹於道則正，以贊稽物則察；以正志行察論，則萬物官矣。昔者舜之治天下也，不以事詔而萬物成。處一危之，其榮滿側；養一之微，榮矣而未知。故《道經》曰：「人心之危，道心之微。」危微之幾，惟明君子而後能知之。故人心譬如槃水，正錯而勿動，則湛濁在下，而清明在上，則足以見鬒眉而察理矣。微風過之，湛濁動乎下，清明亂於上，則不可以得大形之正也。心亦如是矣。故導之以理，養之以清，物莫之傾，則足以定是非決嫌疑矣。小物引之，則其正外易，其心內傾，則不足以決庶理矣。故好書者眾矣，而倉頡獨傳者，壹也；好稼者眾矣，而后稷獨傳者，壹也；好樂者眾矣，而夔獨傳者，壹也；好義者眾矣，而舜獨傳者，壹也；倕作弓，浮游作矢，而羿精於射；奚仲作車，乘杜作乘馬，而造父精於御；自古及今，未嘗有兩能而精者也。曾子曰：「是其庭可以搏鼠，惡能與我歌矣！」

空石之中有人焉，其名曰觙。其為人也，善射以好思。耳目之欲接，則敗其思；蚊蝱之聲聞，則挫其精。是以闢耳目之欲，而遠蚊蝱之聲，閑居靜思則通。思仁若是，可謂微乎？孟子惡敗而出妻，可謂能自彊矣；有子惡臥而焠掌，可謂能自忍矣；未及好也。闢耳目之欲，可謂能自彊矣，未及思也。蚊虻之聲聞則挫其精，可謂危矣；未可謂微也。夫微者至人也。至人也，何彊何忍何危？故濁明外景，清明內景。聖人縱其欲，兼其情，而制焉者理矣；夫何彊何忍何危？故仁者之行道也，無為也；聖人之行道也，無彊也。仁者之思也恭，聖人之思也樂，此治心之道也。

凡觀物有疑，中心不定，則外物不清；吾慮不清，則未可定然否也。冥冥而行者，見寢石以為伏虎也，見植林以為後人也；冥冥蔽其明也。醉者越百步之溝，以為蹞步之澮也；俯而出城門，以為小之閨也：酒亂其神也。厭目而視者，視一以為兩；掩耳而聽者，聽漠漠而以為㘋㘋；埶亂其官也。故從山上望牛者若羊，而求羊者不下牽也；遠蔽其大也。從山下望木者，十仞之木若箸，而求箸者不上折也；高蔽其長也。水動而景搖，人不以定美惡；水埶玄也。瞽者仰視而不見星，人不以定有無；用精惑也。有人焉，以此時定物，則世之愚者也。彼愚者之定物，以疑決疑，決必不當。夫苟不當，安能無過乎！夏首之南有人焉，曰涓蜀梁，其為人也，愚而善畏。明月而宵行，俯見其影，以為伏鬼也；卬視其髮，以為立魅也；背而走，比至其家，失氣而死。豈不哀哉！凡人之有鬼也，必以其感忽之間疑玄之時正之。此人之所以無有而有無之時也。而已以正事，故傷於涇而擊鼓鼓痺，則必有敝鼓喪豚之費矣，而未有俞疾之福也。故雖不在夏首之南，則無以異矣。

凡以知人之性也，可以知物之理也。以可以知人之性，求可以知物之理，而無所疑止之，則沒世窮年不能徧也。其所以貫理焉，雖億萬已不足以浹萬物之變，與愚者若一；學，老身長子，而與愚者若一；獨不知錯，夫是之謂妄人。故學也者，固學止之也。惡乎止之？曰：止諸至足。曷謂至足？曰：聖也。聖也者，盡倫者也；王也者，盡制者也；兩盡者，足以為天下極矣。故學者以聖王為師，案以聖王之制為法，法其法，以求其統類，以務象效其人。嚮是而務，士也；類是而幾，君子也；知之，聖人也。故有知非以慮是，則謂之懼；有勇非以持是，則謂之賊；察孰非以分是，則謂之篡；多能非以脩蕩是，則謂之知；辯利非以言是，則謂之詍。傳曰：「天下有二：非察是，是察非。」謂合王制不合王制也。天下有不以是為隆正也，然而猶有能分是非治曲直者邪？若夫非分是非，非治曲直，非辨治亂，非治人道；雖能之無益於人，不能無損於人；案直將治怪說，玩奇辭，以相撓滑也；案彊鉗而利口，厚顏而忍詬，無正而恣睢，妄辨而幾利；不好辭讓，不敬禮節，而好相推擠，此亂世姦人之說也，則天下之治說者，方多然矣。傳曰：「析辭而為察，言物而為辨，君子賤之。博聞彊志，不合王制，君子賤之。」此之謂也。為之無益於成也，求之無益於得也，憂戚之無益於幾也。則廣焉能棄之矣！不以自妨也，不少頃干之胸中。不慕往，不閔來，無邑憐之心，當時則動，物至而應，事起而辨，治亂可否，昭然明矣！

周而成，泄而敗，明君無之有也。宣而成，隱而敗，闇君無之有也。故君人者，周則讒言至矣，直言反矣；小人邇而君子遠矣！《詩》云：「墨以為明，狐狸而蒼。」此言上幽而下險也。君人者，宣則直言至矣，而讒言反矣；君子邇而小人遠矣！《詩》曰：「明明在下，赫赫在上。」此言上明而下化也。

正名篇

後王之成名，刑名從商，爵名從周，文名從禮。散名之加於萬物者，則從諸夏之成俗曲期。遠方異俗之鄉，則因之而為通。散名之在人者，生之所以然者謂之性。性之和所生，精合感應，不事而自然謂之性。性之好惡喜怒哀樂謂之情。情然而心為之擇謂之慮。心慮而能為之動謂之偽。慮積焉，能習焉，而後成謂之偽。正利而為謂之事。正義而為謂之行。所以知之在人者謂之知。知有所合謂之智。智所以能之在人者謂之能。能有所合謂之能。性傷謂之病。節遇謂之命。是散名之在人者也，是後王之成名也。

故王者之制名，名定而實辨，道行而志通，則慎率民而一焉。故析辭擅作名以亂正名，使民疑惑，人多辨訟，則謂之大姦；其罪猶為符節度量之罪也。故其民莫敢託為奇辭以亂正名，故其民愨；愨則易使，易使則公。其民莫敢託為奇辭以亂正名；故壹於道法而謹於循令矣，如是則其迹長矣。迹長功成，治之極也，是謹於守名約之功也。

今聖王沒，名守慢，奇辭起，名實亂，是非之形不明，則雖守法之吏，誦數之儒，亦皆亂也。若有王者起，必將有循於舊名，有作於新名。然則所為有名，與所緣以同異，與制名之樞要，不可不察也。

異形離心交喻，異物名實玄紐，貴賤不明，同異不別；如是，則志必有不喻之患，而事必有困廢之禍。故知者為之分別制名以指實；上以明貴賤，下以辨同異。貴賤明，同異別；如是，則志無不喻之患，事無困廢之禍，此所為有名也。

然則何緣以同異？曰：緣天官。凡同類同情者，其天官之意物也同；故比方之疑似而通。是所以共其約名以相期也。形體色理以目異，聲音清濁調竽奇聲以耳異；甘苦鹹淡辛酸奇味以口異，香臭芬鬱腥臊洒酸奇臭以鼻異，疾養滄熱滑鈹輕重以形體異，說故喜怒哀樂愛惡欲以心異。心有徵知。徵知，則緣耳而知聲可也，緣目而知形可也，然而徵知必將待天官之當簿其類然後可也；五官簿之而不知，心徵之而無說，則人莫不然謂之不知，此所緣而以同異也。

然後隨而命之，同則同之，異則異之；單足以喻則單，單不足以喻則兼；單與兼無所相避，則共；雖共，不為害矣。知異實者之異名也，故使異實者莫不異名也，不可亂也，猶使異實者莫不同名也。故萬物雖眾，有時而欲徧舉之，故謂之物。物也者，大共名也。推而共之，共則有共，至於無共然後止。有時而欲徧舉之，故謂之鳥獸。鳥獸也者，大別名也。推而別之，別則有別，至於無別然後止。名無固宜，約之以命，約定俗成謂之宜，異於約則謂之不宜。名無固實，約之以命實，約定俗成謂之實名。名有固善，徑易而不拂，謂之善名。物有同狀而異所者，有異狀而同所者，可別也。狀同而為異所者，雖可合，謂之二實。狀變而實無別而為異者，謂之化；有化而無別，謂之一實。此事之所以稽實定數也。此制名之樞要也；後王之成名，不可不察也。

「見侮不辱」，「聖人不愛己」，「殺盜非殺人也」，此惑於用名以亂名者也。驗之所以為有名而觀其孰行，則能禁之矣。「山淵平」，「情欲寡」，「芻豢不加甘，大鍾不加樂」，此惑於用實以亂名者也。驗之所緣無以同異而觀其孰調，則能禁之矣。「非而謁，楹有牛，馬非馬也」，此惑於用名以亂實者也。驗之名約，以其所受，悖其所辭，則能禁之矣。凡邪說辟言之離正道而擅作者，無不類於三惑者矣。故明君知其分而不與辨也。

夫民易一以道而不可與共故；故明君臨之以埶，道之以道，申之以命，章之以論，禁之以刑；故其民之化道也如神，辨埶惡用矣哉！今聖王沒，天下亂，姦言起，君子無埶以臨之，無刑以禁之，故辨說也。實不喻然後命，命不喻然後期，期不喻然後說，說不喻然後辨。故期命辨說也者，用之大文也，而王業之始也。名聞而實喻，名之用也。累而成文，名之麗也。用麗俱得，謂之知名。名也者，所以期累實也。辭也者，兼異實之名以論一意也。辨說也者，不異實名以喻動靜之道也。期命也者，辨說之用也。辨說也者，心之象道也。心也者，道之工宰也。道也者，治之經理也。心合於道，說合於心，辭合於說，正名而期，質請而喻，辨異而不過，推類而不悖；聽則合文；辨則盡故。以正道而辨姦，猶引繩以持曲直；是故邪說不能亂，百家無所竄。有兼聽之明，而無奮矜之容；有兼覆之厚，而無伐德之色。說行則天下正，說不行則白道而冥窮，是聖人之辨說也。《詩》曰：「顒顒卬卬，如珪如璋，令聞令望，豈弟君子，四方為綱。」此之謂也。

辭讓之節得矣，長少之理順矣；忌諱不稱，祅辭不出。以仁心說，以學心聽，以公心辨。不動乎眾人之非譽，不治觀者之耳目，不賂貴者之權埶，不利傳辟者之辭；故能處道而不貳，吐而不奪，利而不流，貴公正而賤鄙爭，是士君子之辨說也。《詩》曰：「長夜漫兮，永思騫兮。大古之不慢兮，禮義之不愆兮，何恤人之言兮。」此之謂也。

君子之言，涉然而精，俛然而類，差差然而齊。彼正其名，當其辭，以務白其志義者也。彼名辭也者，志義之使也，足以相通則舍之矣；苟之，姦也。故名足以指實，辭足以見極，則舍之矣；外是者謂之訒，是君子之所弃，而愚者拾以為己寶。故愚者之言，芴然而粗，嘖然而不類，誻誻然而沸。彼誘其名，眩其辭，而無深於其志義者也。故窮藉而無極，甚勞而無功，貪而無名，故知者之言也，慮之易知也，行之易安也，持之易立也；成則必得其所好而不遇其所惡焉。而愚者反是。《詩》曰：「為鬼為蜮，則不可得。有靦面目，視人罔極。作此好歌，以極反側。」此之謂也。

凡語治而待去欲者，無以道欲而困於有欲者也。凡語治而待寡欲者，無以節欲而困於多欲者也。有欲無欲，異類也，生死也，非治亂也。欲之多寡，異類也，情之數也，非治亂也。欲不待可得，而求者從所可。欲不待可得，所受乎天也；求者從所可，受乎心也。所受乎天之一，欲制於所受乎心之多，固難類所受乎天也。人之所欲生甚矣，人之所惡死甚矣，然而人有從生成死者，非不欲生而欲死也，不可以生而可以死也。故欲過之而動不及，心止之也，心之所可中理，則欲雖多，奚傷於治！欲不及而動過之，心使之也，心之所可失理，則欲雖寡，奚止於亂！故治亂在於心之所可，亡於情之所欲。不求之其所在而求之其所亡，雖曰我得之，失之矣。

性者，天之就也；情者，性之質也；欲者，情之應也。以所欲為可得而求之；情之所必不免也。以為可而道之，知所必出也。故雖為守門，欲不可去；性之具也。雖為天子，欲不可盡。欲雖不可盡，可以近盡也；欲雖不可去，求可節也。所欲雖不可盡，求者猶近盡，欲雖不可去，所求不得，慮者欲節求也。道者，進則近盡，退則節求，天下莫之若也。

凡人莫不從其所可，而去其所不可，知道之莫之若也，而不從道者，無之有也。假之有人而欲南，無多，而惡北，無寡，豈為夫南者之不可盡也，離南行而北走也哉！今人所欲，無多，所惡，無寡，豈為夫所欲之不可盡也，離得欲之道而取所惡也哉！故可道而從之，奚以損之而亂！不可道而離之，奚以益之而治！故知者論道而已矣，小家珍說之所願者皆衰矣。

凡人之取也，所欲未嘗粹而來也；其去也，所惡未嘗粹而往也。故人無動而不可以不與權俱。衡不正；則重縣於仰，而人以為輕；輕縣於俛，而人以為重；此人所以惑於輕重也。權不正，則禍託於欲，而人以為福，福託於惡，而人以為禍；此亦人所以惑於禍福也。道者，古今之正權也；離道而內自擇，則不知禍福之所託。易者，以一易一，人曰無得亦無喪也。以一易兩，人曰無喪而有得也。以兩易一，人曰無得而有喪也。計者取所多，謀者從所可。以兩易一，人莫之為，明其數也。從道而出，猶以一易兩也，奚喪！離道而內自擇，是猶以兩易一也，奚得！其累百年之欲，易一時之嫌，然且為之，不明其數也。

有嘗試深觀其隱而難其察者，志輕理而不重物者，無之有也；外重物而不內憂者，無之有也。行離理而不外危者，無之有也；外危而不內恐者，無之有也。心憂恐則口銜芻豢而不知其味，耳聽鐘鼓而不知其聲，目視黼黻而不知其狀，輕煖平簟而體不知其安。故嚮萬物之美而不能嗛也，假而得問而嗛之，則不能離也。故嚮萬物之美而盛憂，兼萬物之利而盛害，如此者，其求物也，養生也？粥壽也？故欲養其欲而縱其情，欲養其性而危其形，欲養其樂而攻其心，欲養其名而亂其行；如此者，雖封侯稱君，其與夫盜無以異；乘軒戴絻，其與無足無以異；夫是之謂以己為物役矣！心平愉，則色不及傭而可以養目，聲不及傭而可以養耳，蔬食菜羹而可以養口，麤布之衣麤紃之履而可以養體，屋室廬庾葭稾蓐尚机筵而可以養形。故無萬物之美而可以養樂，無埶列之位而可以養名，如是而加天下焉，其為天下多，其和樂少矣，夫是之謂重己役物。

無稽之言，不見之行，不聞之謀，君子慎之。

性惡篇

人之性惡，其善者偽也。今人之性，生而有好利焉，順是，故爭奪生而辭讓亡焉；生而有疾惡焉，順是，故殘賊生而忠信亡焉；生而有耳目之欲，有好聲色焉，順是，故淫亂生而禮義文理亡焉。然則從人之性，順人之情，必出於爭奪，合於犯分亂理而歸於暴。故必將有師法之化，禮義之道，然後出於辭讓，合於文理而歸於治。用此觀之，然則人之性惡明矣，其善者偽也。故枸木必將待檃栝烝矯然後直；鈍金必將待礱厲然後利；今人之性惡，必將待師法然後正，得禮義然後治。今人無師法，則偏險而不正，無禮義，則悖亂而不治。

古者聖王以人之性惡，以為偏險而不正，悖亂而不治；是以為之起禮義，制法度，以矯飾人之情性而正之，以擾化人之情性而導之也，始皆出於治，合於道者也。今之人，化師法，積文學，道禮義者，為君子；縱性情，安恣睢，而違禮義者，為小人。用此觀之，然則人之性惡明矣，其善者偽也。

孟子曰：「人之學者，其性善。」曰：是不然，是不及知人之性，而不察乎人之性偽之分者也。凡性者，天之就也，不可學，不可事。禮義者，聖人之所生也，人之所學而能，所事而成者也。不可學，不可事，而在人者，謂之性；可學而能，可事而成，之在人者，謂之僞；是性僞之分也。今人之性，目可以見，耳可以聽。夫可以見之明不離目，可以聽之聰不離耳；目明而耳聰，不可學明矣。孟子曰：「今人之性善，將皆失喪其性故也。」曰：若是則過矣；今人之性，生而離其朴，離其資，必失而喪之。用此觀之，然則人之性惡明矣。所謂性善者，不離其朴而美之，不離其資而利之也；使夫資朴之於美，心意之於善，若夫可以見之明不離目，可以聽之聰不離耳，故曰目明而耳聰也。今人之性，飢而欲飽，寒而欲煖，勞而欲休，此人之情性也。今人飢，見長而不敢先食者，將有所讓也；勞而不敢求息者，將有所代也。夫子之讓乎父，弟之讓乎兄；子之代乎父，弟之代乎兄；此二行者，皆反於性而悖於情也；然而孝子之道，禮義之文理也。故順情性則不辭讓矣，辭讓則悖於情性矣。用此觀之，然則人之性惡明矣，其善者偽也。

問者曰：「人之性惡，則禮義惡生？」應之曰：凡禮義者，是生於聖人之偽，非故生於人之性也。故陶人埏埴而為器，然則器生於工人之偽，非故生於人之性也。故工人斲木而成器，然則器生於工人之偽，非故生於人之性也。聖人積思慮，習偽故，以生禮義而起法度，然則禮義法度者，是生於聖人之偽，非故生於人之性也。若夫目好色，耳好聲，口好味，心好利，骨體膚理好愉佚，是皆生於人之情性者也；感而自然，不待事而後生之者也。夫感而不能然，必且待事而後然者，謂之生於偽。是性偽之所生，其不同之徵也。故聖人化性而起偽，偽起而生禮義，禮義生而制法度；然則禮義法度者，是聖人之所生也。故聖人之所以同於眾其不異於眾者，性也；所以異而過眾者，偽也。夫好利而欲得者，此人之情性也。假之人有弟兄資財而分者，且順情性，好利而欲得，若是則兄弟相拂奪矣；且化禮義之文理，若是則讓乎國人矣。故順情性則弟兄爭矣，化禮義則讓乎國人矣。

凡人之欲為善者，為性惡也。夫薄願厚，惡願美，狹願廣，貧願富，賤願貴，苟無之中者，必求於外。故富而不願財，貴而不願埶，苟有之中者，必不及於外。用此觀之，人之欲為善者，為性惡也。今人之性，固無禮義，故彊學而求有之也；性不知禮義，故思慮而求知之也。然則生而已，則人無禮義，不知禮義。人無禮義則亂；不知禮義則悖。然則生而已，則悖亂在已。用此觀之，人之性惡明矣，其善者偽也。

孟子曰：「人之性善。」曰：是不然；凡古今天下之所謂善者，正理平治也；所謂惡者，偏險悖亂也；是善惡之分也已。今誠以人之性固正理平治邪？則有惡用聖王，惡用禮義矣哉！雖有聖王禮義，將曷加於正理平治也哉！今不然：人之性惡；故古者聖人以人之性惡，以為偏險而不正，悖亂而不治，故為之立君上之埶以臨之，明禮義以化之，起法正以治之，重刑罰以禁之，使天下皆出於治，合於善也；是聖王之治而禮義之化也。今當試去君上之埶，無禮義之化，去法正之治，無刑罰之禁，倚而觀天下民人之相與也，若是，則夫彊者害弱而奪之，衆者暴寡而譁之，天下之悖亂而相亡不待頃矣。用此觀之，然則人之性惡明矣，其善者偽也。故善言古者必有節於今，善言天者必有徵於人。凡論者，貴其有辨合，有符驗。故坐而言之，起而設張而可施行。今孟子曰人之性善，無辨合符驗，坐而言之，起而不可設張而不可施行，豈不過甚矣哉！故性善則去聖王，息禮義矣；性惡則與聖王，貴禮義矣。故檃栝之生，為枸木也；繩墨之起，為不直也；立君上，明禮義，為性惡也。用此觀之，然則人之性惡明矣，其善者偽也。直木不待檃栝而直者，其性直也。枸木必將待檃栝烝矯然後直者，以其性不直也。今人之性惡，必將待聖王之治，禮義之化，然後皆出於治，合於善也。用此觀之，然則人之性惡明矣，其善者偽也。

問者曰：「禮義積偽者，是人之性，故聖人能生之也。」應之曰：是不然：夫陶人埏埴而生瓦，然則瓦埴豈陶人之性也哉！工人斲木而生器，然則器木豈工人之性也哉！夫聖人之於禮義也，辟則陶埏而生之也；然則禮義積偽者，豈人之本性也哉！凡人之性者，堯舜之與桀跖，其性一也；君子之與小人，其性一也。今將以禮義積偽為人之性邪？然則有曷貴堯禹，曷貴君子矣哉！凡所貴堯禹君子者，能化性，能起偽，偽起而生禮義；然則聖人之於禮義積偽也，亦猶陶埏而生之也。用此觀之，然則禮義積偽者，豈人之性也哉！所賤於桀跖小人者，從其性，順其情，安恣睢，以出乎貪利爭奪。故人之性惡明矣，其善者偽也。天非私曾騫孝己而外眾人也；然而曾騫孝己獨厚於孝之實，而全於孝之名者，何也？以綦於禮義故也。天非私齊魯之民而外秦人也，然而於父子之義，夫婦之別，不如齊魯之孝具敬文者，何也？以秦人之從情性，安恣睢，慢於禮義故也，豈其性異矣哉！

「塗之人可以為禹」，曷謂也？曰：凡禹之所以為禹者，以其為仁義法正也。然則仁義法正有可知可能之理，然而塗之人也，皆有可以知仁義法正之質，皆有可以能仁義法正之具；然則其可以為禹明矣。今以仁義法正為固無可知可能之理邪？然則唯禹不知仁義法正不能仁義法正也。將使塗之人固無可以知仁義法正之質，而固無可以能仁義法正之具邪？然則塗之人也，且內不可以知父子之義，外不可以知君臣之正。不然，今塗之人者，皆內可以知父子之義，外可以知君臣之正，然則其可以知之質，可以能之具，其在塗之人明矣。今使塗之人者，以其可以知之質，可以能之具，本夫仁義之可知之理，可能之具，然則其可以為禹明矣。今使塗之人伏術為學，專心一志，思索孰察，加日縣久，積善而不息，則通於神明，參於天地矣。故聖人者，人之所積而致也。曰：「聖可積而致，然而皆不可積，何也？」曰：可以而不可使也。故小人可以為君子，而不肯為君子；君子可以為小人，而不肯為小人。小人君子者，未嘗不可以相為也；然而不相為者，可以而不可使也。故塗之人可以為禹，則然；塗之人能為禹，未必然也。

雖不能為禹，無害可以為禹。足可以徧行天下，然而未嘗有能徧行天下者也。夫工匠農賈，未嘗不可以相為事也，然而未嘗能相為事也。用此觀之，然則可以為，未必能也；雖不能，無害可以為。然則能不能之與可不可，其不同遠矣，其不可以相為明矣。

堯問於舜曰：「人情何如？」舜對曰：「人情甚不美，又何問焉！妻子具而孝衰於親，嗜欲得而信衰於友，爵祿盈而忠衰於君。人之情乎！人之情乎！甚不美，又何問焉！」唯賢者為不然。有聖人之知者，有士君子之知者，有小人之知者，有役夫之知者。多言則文而類，終日議其所以，言之千舉萬變，其統類一也，是聖人之知也。少言則徑而省，論而法，若佚之以繩，是士君子之知也。其言也諂，其行也悖，其舉事多悔，是小人之知也。齊給便敏而無類，雜能旁魄而無用，析速粹孰而不急，不恤是非，不論曲直，以期勝人為意，是役夫之知也。

有上勇者，有中勇者，有下勇者。天下有中，敢直其身；先王有道，敢行其意；上不循於亂世之君，下不俗於亂世之民；仁之所在無貧窮，仁之所亡無富貴；天下知之，則欲與天下同苦樂之，天下不知之，則傀然獨立天地之間而不畏；是上勇也。禮恭而意儉，大齊信焉而輕貨財；賢者敢推而尚之，不肖者敢援而廢之；是中勇也。輕身而重貨，恬禍而廣解苟免；不恤是非然不然之情，以期勝人為意；是下勇也。

繁弱鉅黍，古之良弓也；然而不得排檄，則不能自正。桓公之蔥，太公之闕，文王之錄，莊君之曶，闔閭之干將莫邪鉅闕辟閭，此皆古之良劍也；然而不加砥厲，則不能利；不得人力，則不能斷。驊騮騹驥纖離綠耳，此皆古之良馬也；然而前必有銜轡之制，後有鞭策之威，加之以造父之馭，然後一日而致千里也。夫人雖有性質美而心辯知，必將求賢師而事之，擇良友而友之。得賢師而事之，則所聞者堯舜禹湯之道也；得良友而友之，則所見者忠信敬讓之行也。身日進於仁義而不自知也者，靡使然也。今與不善人處，則所聞者欺誣詐僞也，所見者汙漫淫邪貪利之行也，身且加於刑戮而不自知者，靡使然也。傳曰：「不知其子視其友，不知其君視其左右。」靡而已矣！靡而已矣！

君子篇

天子無妻，告人無匹也。四海之內無客禮，告無適也。足能行，待相者然後進；口能言，待官人然後詔，不視而見，不聽而聰，不言而信，不慮而知，不動而功，告至備也。天子也者，埶至重，形至佚，心至愈，志無所詘，形無所勞，尊無上矣。《詩》曰：「普天之下，莫非王土；率土之濱，莫非王臣。」此之謂也。

聖王在上，分義行乎下，則士大夫無流淫之行，百吏官人無怠慢之事，衆庶百姓無姦怪之俗，無盜賊之罪，莫敢犯大上之禁，天下曉然皆知夫盜竊之人不可以為富也，皆知夫賊害之人不可以為壽也，皆知夫犯上之禁不可以為安也。由其道則人得其所好焉，不由其道則必遇其所惡焉。是故刑罰綦省而威行如流，世曉然皆知夫為姦則雖隱竄逃亡之由不足以免也，故莫不服罪而請。《書》曰：「凡人自得罪。」此之謂也。故刑當罪則威，不當罪則侮；爵當賢則貴，不當賢則賤。古者刑不過罪，爵不踰德。故殺其父而臣其子，殺其兄而臣其弟。刑罰不怒罪，爵賞不踰德，分然各以其誠通。是以為善者勸，為不善者沮；刑罰綦省而威行如流，政令致明而化易如神。傳曰：「一人有慶，兆民賴之。」此之謂也。亂世則不然：刑罰怒罪，爵賞踰德，以族論罪，以世舉賢。故一人有罪而三族皆夷，德雖如舜，不免刑均，是以族論罪也。先祖當賢，後子孫必顯，行雖如桀紂，列從必尊，此以世舉賢也。以族論罪，以世舉賢，雖欲無亂，得乎哉！《詩》曰：「百川沸騰，山冢崒崩。高岸為谷，深谷為陵。哀今之人，胡憯莫懲。」此之謂也。

論法聖王，則知所貴矣；以義制事，則知所利矣；

論知所貴，則知所養矣；事知所利，則動知所出矣；二者，是非之本，得失之原也。故成王之於周公也，無所往而不聽，知所貴也。桓公之於管仲也，國事無所往而不用，知所利也。吳有伍子胥而不能用，國至於亡，倍道失賢也。故尊聖者王，貴賢者霸，敬賢者存，慢賢者亡，古今一也。故尚賢使能，等貴賤，分親疏，序長幼，此先王之道也。故尚賢使能，則主尊下安；貴賤有等，則令行而不流；親疏有分，則施行而不悖；長幼有序，則事業捷成而有所休。故仁者，仁此者也；義者，分此者也；節者，死生此者也；忠者，惇慎此者也；兼此而能之備矣；備而不矜，一自善也，謂之聖。不矜矣，夫故天下不與爭能而致善用其功。有而不有也，夫故為天下貴矣。《詩》曰：「淑人君子，其儀不忒。其儀不忒，正是四國。」此之謂也。

成相篇

請成相，世之殃，愚闇愚闇墮賢良，人主無賢，如瞽無相，何倀倀。請布基，慎聖人，愚而自專事不治，主忌苟勝，群臣莫諫，必逢災。論臣過，反其施，尊主安國尚賢義，拒諫飾非，愚而上同，國必禍。曷謂罷？國多私，比周還主黨與施，遠賢近讒，忠臣蔽塞，主埶移。曷謂賢？明君臣，上能尊主愛下民，主誠聽之，天下為一，海內賓。主之孽，讒人達，賢能遁逃國乃蹷，愚以重愚，闇以重闇，成為桀。世之災，妬賢能，飛廉知政任惡來，卑其志意，大其園囿，高其臺。武王怒，師牧野，紂卒易鄉啟乃下，武王善之，封之於宋，立其祖。世之衰，讒人歸，比干見刳箕子累，武王誅之，呂尚招麾，殷民懷。世之禍，惡賢士，子胥見殺百里徙，穆公任之，強配五伯，六卿施。世之愚，惡大儒，逆斥不通孔子拘，展禽三絀，春申道綴，基畢輸。請牧基，賢者思，堯在萬世如見之。讒人罔極，險陂傾側，此之疑。基必施，辨賢罷，文武之道同伏戲，由之者治，不由者亂，何疑為！凡成相，辨法方，至治之極復後王，慎墨季惠，百家之說誠不詳。治復一，脩之吉，君子執之心如結，眾人貳之，讒夫棄之，形是詰。水至平，端不傾，心術如此象聖人，而有埶，直而用抴，必參天。世無王，窮賢良，暴人芻豢，仁人糟糠，禮樂滅息，聖人隱伏，墨術行。治之經，禮與刑，君子以脩百姓寧，明德慎罰，國家既治，四海平。治之志，後埶富，君子誠之好以待，處之敦固，有深藏之，能遠思。思乃精，志之榮，好而壹之神以成，精神相反，一而不貳，為聖人。治之道，美不老，君子由之佼以好，下以教誨子弟，上以事祖考。成相竭，辭不蹷，君子道之順以達，宗其賢良，辨其殃孽。

請成相，道聖王，堯舜尚賢身辭讓，許由善卷，重義輕利，行顯明。堯讓賢，以為民，氾利兼愛德施均，辨治上下，貴賤有等，明君臣。堯授能，舜遇時，尚賢推德天下治，雖有賢聖，適不遇世，孰知之。堯不德，舜不辭，妻以二女任以事，大人哉舜，南面而立，萬物備。舜授禹，以天下，尚得推賢不失序，外不避仇，內不阿親，賢者予。禹勞心力，堯有德，干戈不用三苗服，舉舜甽畝，任之天下身休息。得后稷，五穀殖，夔為樂正鳥獸服，契為司徒，民知孝弟，尊有德。禹有功，抑下鴻，辟除民害逐共工，北決九河，通十二渚，疏三江。禹傅土，平天下，躬親為民行勞苦，得益皋陶橫革直成為輔。契玄王，生昭明，居于砥石遷于商，十有四世，乃有天乙是成湯。天乙湯，論舉當，身讓卞隨舉牟光，道古賢聖，基必張。

願陳辭，世亂惡善不此治，隱諱疾賢，良由姦詐，鮮無災。患難哉，阪為先，聖知不用愚者謀，前車已覆，後未知更，何覺時。不覺悟，不知苦，迷惑失指易上下，中不上達，蒙揜耳目，塞門戶。門戶塞，大迷惑，悖亂昏莫不終極，是非反易，比周欺上，惡正直。正直惡，心無度，邪枉辟回失道途，己無郵人、我獨自美，豈獨無故。不知戒，後必有，恨後遂過不肯悔，讒夫多進，反覆言語，生詐態。人之態，不如備，爭寵嫉賢利惡忌，妬功毀賢，下斂黨與，上蔽匿。上壅蔽，失輔埶，任用讒夫不能制，孰公長父之難，厲王流于彘。周幽厲，所以敗，不聽規諫忠是害，嗟我何人，獨不遇時，當亂世。欲衷對，言不從，恐為子胥身離凶，進諫不聽，剄而獨鹿，棄之江。觀往事，以自戒，治亂是非亦可識，託於成相以喻意。

請成相，言治方，君論有五約以明，君謹守之，下皆平正，國乃昌。臣下職，莫游食，務本節用財無極，事業聽上，莫得相使，一民力。守其職，足衣食，厚薄有等明爵服，利往卬上，莫得擅與，孰私得。君法明，論有常，表儀既設民知方，進退有律，莫得貴賤，孰私王。君法儀，禁不為，莫不說教名不移，脩之者榮，離之者辱，孰它師。刑稱陳，守其銀，下不得用輕私門，罪禍有律，莫得輕重，威不分。請牧祺，明有基，主好論議必善謀，五聽脩領，莫不理續，主執持。聽之經，明其請，參伍明謹施賞刑，顯者必得，隱者復顯，民反誠。言有節，稽其實，信誕以分賞罰必，下不欺上，皆以情言，明若日。上通利，隱遠至，觀法不法見不視，耳目既顯，吏敬法令，莫敢恣。君教出，行有律，吏謹將之無鈹滑，下不私請，各以宜，舍巧拙。臣謹脩，君制變，公察善思論不亂，以治天下，後世法之，成律貫。

賦篇

　　爰有大物，非絲非帛，文理成章；非日非月，為天下明；生者以壽，死者以葬；城郭以固，三軍以強；粹而王，駁而伯，無一焉而亡。臣愚不識，敢請之王。王曰：此夫文而不采者與？簡然易知而致有理者與？君子所敬而小人所不者與？性不得則若禽獸，性得之則甚雅似者與？匹夫隆之則為聖人，諸侯隆之則一四海者與？致明而約，甚順而體，請歸之禮。——禮。

　　皇天隆物，以示下民；或厚或薄，帝不齊均；桀紂以亂，湯武以賢。涽涽淑淑，皇皇穆穆；周流四海，曾不崇日；君子以脩，跖以穿室。大參乎天，精微而無形；行義以正，事業以成；可以禁暴足窮，百姓待之而後寧泰。臣愚不識，願問其名。曰：此夫安寬平而危險隘者邪？脩潔之為親而雜汙之為狄者邪？甚深藏而外勝敵者邪？法禹舜而能弇迹者邪？行為動靜待之而後適者邪？血氣之精也，志意之榮也，百姓待之而後寧也，天下待之而後平也，明達純粹而無疵也，夫是之謂君子之知。——知。

有物於此，居則周靜致下，動則綦高以鉅；圓者中規，方者中矩；大參天地，德厚堯禹；精微乎毫毛，而大盈乎大寓。忽乎其極之遠也，攭兮其相逐而反也，卬卬兮天下之咸蹇也。德厚而不捐，五采備而成文；往來惛憊，通于大神；出入甚極，莫知其門；天下失之則滅，得之則存。弟子不敏，此之願陳。君子設辭，請測意之。曰：此夫大而不塞者與？充盈大宇而不窕，入郄穴而不偪者與？行遠疾速而不可託訊者與？往來惛憊而不可為固塞者與？暴至殺傷而不億忌者與？功被天下而不私置者與？託地而游宇，友風而子雨；冬日作寒，夏日作暑。廣大精神，請歸之雲。——雲。

有物於此，儳儳兮其狀，屢化如神；功被天下，為萬世文；禮樂以成，貴賤以分；養老長幼，待之而後存；名號不美，與暴為鄰。功立而身廢，事成而家敗；棄其耆老，收其後世；人屬所利，飛鳥所害。臣愚不識，請占之五泰。五泰占之曰：此夫身女好而頭馬首者與？屢化而不壽者與？善壯而拙老者與？有父母而無牝牡者與？冬伏而夏游，食桑而吐絲，前亂而後治，夏生而惡暑，喜溼而惡雨，蛹以為母，蛾以為父。三俯三起，事乃大已，夫是之謂蠶理。——蠶。

有物於此，生於山阜，處於室堂；無知無巧，善治衣裳；不盜不竊，穿窬而行；日夜合離，以成文章；以能合從，又善連衡；下覆百姓，上飾帝王；功業甚博，不見賢良；時用則存，不用則亡。臣愚不識，敢請之王。王曰：此夫始生鉅其成功小者邪？長其尾而銳其剽者邪？頭銛達而尾趙繚者邪？一往一來，結尾以為事；

無羽無翼，反覆甚極；尾生而事起，尾邅而事已；簪以為父，管以為母；既以縫表，又以連裏；夫是之謂箴理。——箴。

天下不治，請陳佹詩：天地易位，四時易鄉；列星殞墜，旦暮晦盲；幽晦登昭，日月下藏；公正無私，反見從橫；志愛公利，重樓疏堂；無私罪人，憼革貳兵；道德純備，讒口將將。仁人絀約，敖暴擅彊；天下幽險，恐失世英；螭龍為蝘蜓，鴟梟為鳳皇；比干見刳，孔子拘匡。昭昭乎其知之明也，郁郁乎其遇時之不祥也，拂乎其欲禮義之大行也，闇乎天下之晦盲也，皓天不復，憂無疆也；千歲必反，古之常也；弟子勉學，天不忘也；聖人共手，時幾將矣。與愚以疑，願聞反辭。

其小歌曰：念彼遠方，何其塞矣；仁人絀約，暴人衍矣；忠臣危殆，讒人服矣。

琁玉瑤珠，不知佩也；雜布與錦，不知異也；閭娵子奢，莫之媒也；嫫母力父，是之喜也。以盲為明，以聾為聰，以危為安，以吉為凶。嗚呼上天！曷維其同。

大略篇

大略：君人者，隆禮尊賢而王，重法愛民而霸，好利多詐而危。

欲近四旁，莫如中央；故王者必居天下之中，禮也。

天子外屏，諸侯內屏，禮也。外屏，不欲見外也；內屏，不欲見內也。

諸侯召其臣，臣不俟駕，顛倒衣裳而走，禮也。《詩》曰：「顛之倒之，自公召之。」天子召諸侯，諸侯輦輿就馬，禮也。《詩》曰：「我出我輿，于彼牧矣。自天子所，謂我來矣。」

天子山冕，諸侯玄冠，大夫裨冕，士韋弁，禮也。

天子御珽，諸侯御荼，大夫服笏，禮也。

天子彫弓，諸侯彤弓，大夫黑弓，禮也。

諸侯相見，卿為介，以其教士畢行，使仁居守。

聘人以珪，問士以壁，召人以瑗，絕人以玦，反絕以環。

人主仁心設焉，知其役也，禮其盡也，故王者先仁而後禮，天施然也。

〈聘禮志〉曰：「幣厚則傷德，財侈則殄禮。」禮云禮云，玉帛云乎哉！《詩》曰：「物其指矣，唯其偕矣。」不時宜，不敬交，不驩欣，雖指非禮也。

水行者表深，使人無陷；治民者表亂，使人無失。禮者，其表也，先王以禮義表天下之亂，今廢禮者，是去表也。故民迷惑而陷禍患，此刑罰之所以繁也。

舜曰：「維予從欲而治。」故禮之生，為賢人之下至庶民也，非為成聖也；然而亦所以成聖也；不學不成。堯學於君疇，舜學於務成昭，禹學於西王國。

五十不成喪，七十唯衰存。

親迎之禮，父南鄉而立，子北面而跪，醮而命之：「往迎爾相，成我宗事，隆率以敬先妣之嗣，若則有常。」子曰：「諾！唯恐不能，敢忘命矣！」

夫行也者，行禮之謂也。禮也者，貴者敬焉，老者孝焉，長者弟焉，幼者慈焉，賤者惠焉。

賜予其宮室，猶用慶賞於國家也；忿怒其臣妾，猶用刑罰於萬民也。

君子之於子，愛之而勿面，使之而勿貌，導之以道而勿彊。

禮以順人心為本，故亡於《禮經》而順人心者，皆禮也。

禮之大凡，事生飾驩也，送死飾哀也，軍旅飾威也。

親親故故庸庸勞勞，仁之殺也。貴貴尊尊賢賢老老長長，義之倫也。行之得其節，禮之序也。仁，愛也，故親；義，理也，故行；禮，節也，故成。仁有里，義有門。仁非其里而虛之，非禮也。義非其門而由之，非義也。推恩而不理，不成仁；遂理而不敢，不成義；審節而不知，不成禮；和而不發，不成樂。故曰：仁義禮樂，其致一也。君子處仁以義，然後仁也；行義以禮，然後義也；制禮反本成末，然後禮也；三者皆通，然後道也。

貨財曰賻，輿馬曰賵，衣服曰襚，玩好曰贈，玉貝曰唅。賻賵所以佐生也，贈襚所以送死也。送死不及柩尸，弔生不及悲哀，非禮也。故吉行五十，犇喪百里，賵贈及事，禮之大也。

禮者，政之輓也；為政不以禮，政不行矣。

天子即位，上卿進曰：「如之何憂之長也？能除患則為福，不能除患則為賊。」授天子一策。中卿進曰：「配天而有下土者，先事慮事，先患慮患。先事慮事謂之接，接則事優成。先患慮患謂之豫，豫則禍不生。事至而後慮者謂之後，後則事不舉。患至而後慮者謂之困，困則禍不可禦。」授天子二策。下卿進曰：「敬戒無怠。慶者在堂，弔者在閭。禍與福鄰，莫知其門。豫哉豫哉！萬民望之。」授天子三策。

禹見耕者耦立而式，過十室之邑必下。

殺大蚤，朝大晚，非禮也。治民不以禮，動斯陷矣。

平衡曰拜，下衡曰稽首，至地曰稽顙。大夫之臣拜不稽首，非尊家臣也，所以辟君也。

一命齒於鄉，再命齒於族，三命，族人雖七十，不敢先。

上大夫，中大夫，下大夫。

吉事尚尊，喪事尚親。

君臣不得不尊，父子不得不親，兄弟不得不順，夫婦不得不驩；少者以長，老者以養。故天地生之，聖人成之。

聘，問也。享，獻也。私覿，私見也。

言語之美，穆穆皇皇。朝廷之美，濟濟鎗鎗。

為人臣下者，有諫而無訕，有亡而無疾，有怨而無怒。

君於大夫，三問其疾，三臨其喪；於士，一問，一臨。諸侯非問疾弔喪，不之臣之家。

既葬，君若父之友食之，則食矣，不辟粱肉，有酒醴則辭。

寢不踰廟，設衣不踰祭服，禮也。

《易》之咸，見夫婦。夫婦之道，不可不正也，君臣父子之本也。咸，感也，以高下下，以男下女，柔上而剛下。

聘士之義，親迎之道，重始也。

禮者，人之所履也，失所履，必顛蹷陷溺。所失微而其為亂大者，禮也。

禮之於正國家也，如權衡之於輕重也，如繩墨之於曲直也。故人無禮不生，事無禮不成，國家無禮不寧。和樂之聲，步中〈武〉〈象〉，趨中〈韶〉〈護〉，君子聽律習容而後士。霜降逆女，冰泮殺，內十日一御。坐視膝，立視足，應對言語視面。立視前六尺而大之，六六三十六，三丈六尺。文貌情用，相為內外表裏。禮之中焉，能思索謂之能慮。

禮者，本末相順，終始相應。

禮者，以財物為用，以貴賤為文，以多少為異。

下臣事君以貨，中臣事君以身，上臣事君以人。

《易》曰：「復自道，何其咎？」《春秋》賢穆公，以為能變也。

士有妒友，則賢交不親；君有妒臣，則賢人不至。蔽公者謂之昧，隱良者謂之妒，奉妒昧者謂之交譎。交譎之人，妒昧之臣，國之薉孽也。

口能言之，身能行之，國寶也。口不能言，身能行之，國器也。口能言之，身不能行，國用也。口言善，身行惡，國妖也。治國者敬其寶，愛其器，任其用，除其妖。

不富無以養民情，不教無以養民性。故家，五畝宅，百畝田，務其業而勿奪其時，所以富之也。立大學，設庠序，脩六禮，明十教，所以道之也。《詩》曰：「飲之食之，教之誨之。」王事具矣。

武王始入殷，表商容之閭，釋箕子之囚，哭比干之墓，天下鄉善矣。

天下國有俊士，世有賢人。迷者不問路，溺者不問遂，亡人我獨。《詩》曰：「我言維服，勿用為笑。先民有言，詢於芻蕘。」言博問也。

有法者以法行，無法者以類舉。以其本知其末，以其左知其右，凡百事異理而相守也。慶賞刑罰，通類而後應。政教習俗，相順而後行。

八十者一子不事；九十者舉家不事；廢疾非人不養

者，一人不事；父母之喪，三年不事；齊衰大功，三月不事；從諸侯不與新有昏，朞不事。

子謂子家駒續然大夫，不如晏子；晏子，功用之臣也，不如子產；子產，惠人也，不如管仲；管仲之為人，力功不力義，力知不力仁，野人也，不可以為天子大夫。

孟子三見宣王不言事。門人曰：「曷為三遇齊王而不言事？」孟子曰：「我先攻其邪心。」

公行子之之燕，遇曾元於塗，曰：「燕君何如？」曾元曰：「志卑。志卑者輕物，輕物者不求助；苟不求助，何能舉！氐羌之虜也，不憂其係壘也，而憂其不焚也。利夫秋豪，害靡國家，然且為之，幾為知計哉！」

今夫亡箴者，終日求之而不得；其得之，非目益明也，眸而見之也。心之於慮亦然。

義與利者，人之所兩有也。雖堯舜不能去民之欲利，然而能使其欲利不克其好義也。雖桀紂亦不能去民之好義，然而能使其好義不勝其欲利也。故義勝利者為治世，利克義者為亂世。上重義則義克利，上重利則利克義。故天子不言多少，諸侯不言利害，大夫不言得喪，士不通貨財。有國之君不息牛羊，錯質之臣不息雞豚，冢卿不脩幣，大夫不為場園，從士以上皆羞利而不與民爭業，樂分施而恥積臧；然故民不困財，貧窶者有所竄其手。

文王誅四，武王誅二，周公卒業，至成康則案無誅已。

多積財而羞無有，重民任而誅不能，此邪行之所以起，刑罰之所以多也。

上好羞則民闇飾矣。上好富則民死利矣，二者亂之衢也。民語曰：「欲富乎？忍恥矣，傾絕矣，絕故舊矣，與義分背矣。」上好富，則人民之行如此，安得不亂。

湯旱而禱曰：「政不節與？使民疾與？何以不雨至斯極也！官室榮與？婦謁盛與？何以不雨至斯極也！

苞苴行與？讒夫興與？何以不雨至斯極也！」

天之生民，非為君也。天之立君，以為民也。故古者，列地建國，非以貴諸侯而已；列官職，差爵祿，非以尊大夫而已。

主道知人，臣道知事。故舜之治天下，不以事詔而萬物成。農精於田而不可以為田師，工賈亦然。

以賢易不肖，不待卜而後知吉。以治伐亂，不待戰而後知克。

齊人欲伐魯，忌卞莊子，不敢過卞。晉人欲伐衛，畏子路，不敢過蒲。

不知而問堯舜，無有而求天府。曰：先王之道，則堯舜已；六貳之博，則天府已。

君子之學如蛻，幡然遷之。故其行效，其立效，其坐效，其置顏色出辭氣效。無留善，無宿問。

善學者盡其理，善行者究其難。

君子立志如窮，雖天子三公問，正以是非對。

君子隘窮而不失，勞倦而不苟，臨患難而不忘細席之言。歲不寒，無以知松柏；事不難，無以知君子無日不在是。

雨小，漢故潛。夫盡小者大，積微者箸，德至者色澤洽，行盡而聲問遠。小人不誠於內，而求之於外。

言而不稱師謂之畔，教而不稱師謂之倍。倍畔之人，明君不內，朝士大夫遇諸塗不與言。

不足於行者，說過；不足於信者，誠言；故《春秋》善胥命，而《詩》非屢盟，其心一也。

善為《詩》者不說，善為《易》者不占，善為《禮》者不相，其心同也。

曾子曰：「孝子言為可聞，行為可見。言為可聞，所以說遠也；行為可見，所以說近也；近者說則親，遠者說則附。親近而附遠，孝子之道也。」

曾子行，晏子從於郊。曰：「嬰聞之，君子贈人以言，庶人贈人以財。嬰貧無財，請假於君子，贈吾子以言。乘輿之輪，太山之木也，示諸檃栝，三月五月，為幬菜，敝而不反其常。君子之檃栝不可不謹也。慎之！蘭茝槀本，漸於蜜醴，一佩易之，正君漸於香酒可讒而得也，君子之所漸不可不慎也。」

人之於文學也，猶玉之於琢磨也。《詩》曰：「如切如瑳，如琢如磨。」謂學問也。和之璧，井里之厥也，玉人琢之，為天子寶。子贛季路，故鄙人也，被文學，服禮義，為天下列士。

學問不厭，好士不倦，是天府也。

君子疑則不言，未問則不立。道遠日益矣。

多知而無親，博學而無方，好多而無定者，君子不與。

少不諷，壯不論議；雖可，未成也。

君子壹教，弟子壹學，亟成。

君子進則能益上之譽，而損下之憂，不能而居之，誣也；無益而厚受之，竊也。學者非必為仕，而仕者必如學。

子貢問於孔子曰：「賜倦於學矣，願息事君。」孔子曰：「《詩》云：『溫恭朝夕，執事有恪。』事君難，事君焉可息哉！」「然則賜願息事親。」孔子曰：「《詩》云：『孝子不匱，永錫爾類。』事親難，事親焉可息哉！」「然則賜願息於妻子。」孔子曰：「《詩》云：『刑于寡妻，至于兄弟，以御于家邦。』

妻子難，妻子焉可息哉！」「然則賜願息於朋友。」孔子曰：「《詩》云：『朋友攸攝，攝以威儀。』朋友難，朋友焉可息哉！」「然則賜願息耕。」孔子曰：「《詩》云：『晝爾于茅，宵爾索綯，亟其乘屋，其始播百穀。』耕難，耕焉可息哉！」「然則賜無息者乎？」孔子曰：「望其壙，皋如也，嵮如也，鬲如也，此則知所息矣。」子貢曰：「大哉死乎！君子息焉，小人休焉。」

〈國風〉之好色也，傳曰：「盈其欲而不愆其止。其誠可比於金石，其聲可內於宗廟。」〈小雅〉不以於汙上，自引而居下，疾今之政以思往者，其言有文焉，其聲有哀焉。國將興，必貴師而重傅；貴師而重傅則法度存。國將衰，必賤師而輕傅；賤師而輕傅則人有快；人有快則法度壞。

古者匹夫五十而士。天子諸侯子十九而冠，冠而聽治，其教至也。

君子也者而好之，其人；其人也而不教，不祥。非君子而好之，非其人也；非其人而教之，齎盜糧，借賊兵也。

不自嗛其行者言濫過。古之賢人，賤為布衣，貧為匹夫；食則饘粥不足，衣則豎褐不完；然而非禮不進，非義不受，安取此。

子夏貧，衣若縣鶉。人曰：「子何不仕？」曰：「諸侯之驕我者，吾不為臣；大夫之驕我者，吾不復見。柳下惠與後門者同衣而不見疑，非一日之聞也。爭利如蚤甲而喪其掌。」

君人者不可以不慎取臣，匹夫不可以不慎取友。友者，所以相有也。道不同，何以相有也？均薪施火，火就燥；平地注水，水流溼；夫類之相從也如此之著也，以友觀人焉所疑！取友善人，不可不慎，是德之基也。《詩》曰：「無將大車，維塵冥冥。」言無與小人處也。

藍苴路作，似知而非。偄弱易奪，似仁而非。悍戇好鬭，似勇而非。

仁義禮善之於人也，辟之若貨財粟米之於家也，多有之者富，少有之者貧，至無有者窮。故大者不能，小者不為，是棄國捐身之道也。

凡物有乘而來，乘其出者，是其反者也。

流言滅之，貨色遠之。禍之所由生也，生自纖纖也。是故君子蚤絕之。

言之信者，在乎區蓋之間。疑則不言，未問則不立。

知者明於事，達於數，不可以不誠事也。故曰：

「君子難說，說之不以道，不說也。」

語曰：「流丸止於甌臾，流言止於知者。」此家言邪學之所以惡儒者也。是非疑則度之以遠事，驗之以近物，參之以平心；流言止焉，惡言死焉。

曾子食魚，有餘，曰：「泔之。」門人曰：「泔之傷人，不若奧之。」曾子泣涕曰：「有異心乎哉！」傷其聞之晚也。

無用吾之所短遇人之所長。故塞而避所短，移而從所仕。疏知而不法，察辨而操辟，勇果而亡禮，君子之所憎惡也。

多言而類，聖人也；少言而法，君子也；多言無法，而流詰然，雖辯，小人也。

國法禁拾遺，惡民之串以無分得也，有夫分義，則容天下而治；無分義，則一妻一妾而亂。

天下之人，唯各特意哉，然而有所共予也。言味者予易牙，言音者予師曠，言治者予三王。三王既已定法度，制禮樂而傳之，有不用而改自作，何以異於變易牙之和，更師曠之律。無三王之法，天下不待亡，國不待死。

飲而不食者，蟬也；不飲不食者，浮蝣也。

虞舜孝己孝而親不愛，比干子胥忠而君不用，仲尼顏淵知而窮於世。劫迫於暴國而無所辟之，則崇其善，揚其美，言其所長，而不稱其所短也。惟惟而亡者，誹也；博而窮者，訾也；清之而俞濁者，口也。

君子能為可貴，不能使人必貴己；能為可用，不能使人必用己。

誥誓不及五帝，盟詛不及三王，交質子不及五伯。

宥坐篇

孔子觀於魯桓公之廟，有欹器焉。孔子問於守廟者曰：「此為何器？」守廟者曰：「此蓋為宥坐之器。」孔子曰：「吾聞宥坐之器者，虛則欹，中則正，滿則覆。」孔子顧謂弟子曰：「注水焉。」弟子挹水而注之，中而正，滿而覆，虛而欹。孔子喟然而歎曰：「吁！惡有滿而不覆者哉！」子路曰：「敢問持滿有道乎？」孔子曰：「聰明聖知，守之以愚；功被天下，守之以讓；勇力撫世，守之以怯；富有四海，守之以謙；此所謂挹而損之之道也。」

孔子為魯攝相，朝七日而誅少正卯。門人進問曰：「夫少正卯魯之聞人也，夫子為政而始誅之，得無失乎？」孔子曰：「居！吾語女其故。人有惡者五，而盜竊不與焉；一曰心達而險，二曰行辟而堅，三曰言偽而辯，四曰記醜而博，五曰順非而澤，此五者，有一於人，則不得免於君子之誅，而少正卯兼有之；故居處足以聚徒成群，言談足飾邪營眾，強足以反是獨立，此小人之桀雄也，不可不誅也。是以湯誅尹諧，文王誅潘止，周公誅管叔，太公誅華仕，管仲誅付里乙，子產誅鄧析史付，此七子者，皆異世同心，不可不誅也。《詩》曰：『憂心悄悄，慍于群小。』小人成群，斯足憂矣。」

孔子為魯司寇，有父子訟者，孔子拘之，三月不別。其父請止，孔子舍之。季孫聞之，不說，曰：「是老也欺予。語予曰：為國家必以孝。今殺一人以戮不孝，又舍之。」冉子以告。孔子慨然歎曰：「嗚呼！上失之，下殺之，其可乎！不教其民而聽其獄，殺不辜也。三軍大敗，不可斬也；獄犴不治，不可刑也；罪不在民故也。嫚令謹誅，賊也；今生也有時，斂也無時，暴也；不教而責成功，虐也；已此三者，然後刑可即也。《書》曰：『義刑義殺，勿庸以即，予維曰未有順事。』言先教也。故先王既陳之以道，上先服之；若不可，尚賢以綦之；若不可，廢不能以單之；綦三年而百姓往矣，邪民不從，然後俟之以刑，則民知罪矣。《詩》曰：『尹氏大師，維周之氐。秉國之均，四方是維。天子是庳，卑民不迷。』是以威厲而不試，刑錯而不用，此之謂也。今之世則不然，亂其教，繁其刑，其民迷惑而墮焉，則從而制之，是以刑彌繁而邪不勝。三尺之岸而虛車不能登也，百仞之山任負車登焉，何則？陵遲故也。數仞之牆而民不踰也，百仞之山而豎子馮而游焉，陵遲故也。今夫世之陵遲亦久矣，而能使民勿踰乎！《詩》曰：『周道如砥，其直如矢。君子所履，小人所視。眷焉顧之，潸焉出涕。』豈不哀哉！」《詩》曰：「瞻彼日月，悠悠我思。道之云遠，曷云能來。」子曰：「伊稽首不其有來乎！」

孔子觀於東流之水，子貢問於孔子曰：「君子之所以見大水必觀焉者，是何？」孔子曰：「夫水，大徧與諸生而無為也，似德。其流也埤下裾拘，必循其理，似義。其洸洸乎不淈盡，似道。若有決行之，其應佚若聲響，其赴百仞之谷不懼，似勇。主量必平，似法。盈不求概，似正。淖約微達，似察。以出以入以就鮮絜，似善化。其萬折也必東，似志。是故君子見大水必觀焉。」

孔子曰：「吾有恥也，吾有鄙也，吾有殆也。幼不能彊學，老無以教之，吾恥之。去其故鄉，事君而達，卒遇故人，曾無舊言，吾鄙之。與小人處者，吾殆之也。」

孔子曰：「如垤而進，吾與之；如丘而止，吾已矣。」今學曾未如肬贅，則具然欲為人師。

孔子南適楚，戹於陳蔡之間，七日不火食，藜羹不糂，弟子皆有飢色。子路進問之曰：「由聞之，為善者天報之以福，為不善者天報之以禍，今夫子累德積義懷美，行之日久矣，奚居之隱也？」孔子曰：「由不識，吾語女。女以知者為必用邪？王子比干不見剖心乎！女以忠者為必用邪？關龍逢不見刑乎！女以諫者為必用邪？吳子胥不磔姑蘇東門外乎！夫遇不遇者，時也；賢不肖者，材也；君子博學深謀不遇時者多矣！由是觀之，不遇世者眾矣！何獨丘也哉！且夫芷蘭生於深林，非以無人而不芳。君子之學，非為通也，為窮而不困，憂而意不衰也，知禍福終始而心不惑也。夫賢不肖者，材也；為不為者，人也；遇不遇者，時也；死生者，命也。今有其人不遇其時，雖賢，其能行乎？苟遇其時，何難之有！故君子博學深謀修身端行以俟其時。」孔子曰：「由！居！吾語女。昔晉公子重耳霸心生於曹，越王句踐霸心生於會稽，齊桓公小白霸心生於莒。故居不隱者思不遠，身不佚者志不廣；女庸安知吾不得之桑落之下！」

子貢觀於魯廟之北堂，出而問於孔子曰：「鄉者賜觀於太廟之北堂，吾亦未輟，還復瞻被九蓋皆繼，被有說邪？匠過絕邪？」孔子曰：「太廟之堂亦嘗有說，官致良工，因麗節文，非無良材也，蓋曰貴文也。」

子道篇

入孝出弟，人之小行也。上順下篤，人之中行也。從道不從君，從義不從父，人之大行也。若夫志以禮安，言以類使，則儒道畢矣；雖舜不能加毫末於是矣。

孝子所以不從命有三：從命則親危，不從命則親安，孝子不從命乃衷；從命則親辱，不從命則親榮，孝子不從命乃義；從命則禽獸，不從命則修飾，孝子不從命乃敬。故可以從而不從，是不子也；未可以從而從，是不衷也；明於從不從之義而能致恭敬忠信端慤以慎行之，則可謂大孝矣。傳曰：「從道不從君，從義不從父。」此之謂也。故勞苦彫萃而能無失其敬，災禍患難而能無失其義，則不幸不順見惡而能無失其愛，非仁人莫能行。《詩》曰：「孝子不匱。」此之謂也。

魯哀公問於孔子曰：「子從父命，孝乎？臣從君命，貞乎？」三問，孔子不對。孔子趨出，以語子貢曰：「鄉者，君問丘也，曰，子從父命，孝乎？臣從君命，貞乎？三問而丘不對；賜以為何如？」子貢曰：「子從父命，孝矣；臣從君命，貞矣；夫子有奚對焉。」孔子曰：「小人哉！賜不識也。昔萬乘之國有爭臣四人，則封疆不削；千乘之國有爭臣三人，則社稷不危；百乘之家有爭臣二人，則宗廟不毀。父有爭子，不行無禮；士有爭友，不為不義。故子從父，奚子孝？臣從君，奚臣貞？審其所以從之之謂孝之謂貞也。」

子路問於孔子曰：「有人於此，夙興夜寐，耕耘樹藝，手足胼胝以養其親，然而無孝之名，何也？」孔子曰：「意者身不敬與？辭不遜與？色不順與？古之人有言曰：『衣與繆與不女聊。』今夙興夜寐，耕耘樹藝，手足胼胝以養其親，無此三者，則何以為而無孝之名也？」孔子曰：「由志之，吾語女。雖有國士之力不能自舉其身；非無力也，勢不可也。故入而行不脩，身之罪也；出而名不章，友之過也。故君子入則篤行，出則友賢，何為而無孝之名也！」

子路問於孔子曰：「魯大夫練而牀，禮邪？」孔子曰：「吾不知也。」子路出，謂子貢曰：「吾以夫子為無所不知，夫子徒有所不知。」子貢曰：「女何問哉？」子路曰：「由問魯大夫練而牀禮邪？夫子曰，吾不知也。」子貢曰：「吾將為女問之。」子貢問曰：「練而牀，禮邪？」孔子曰：「非禮也。」子貢出，謂子路曰：「女謂夫子為有所不知乎？夫子徒無所不知；女問非也。禮，居是邑不非其大夫。」

子路盛服見孔子，孔子曰：「由，是裾裾何也？昔者江出於岷山，其始出也，其源可以濫觴，及其至江之津也，不放舟，不避風，則不可涉也，非維下流水多邪？今女衣服既盛，顏色充盈，天下且孰肯諫女矣！

由！」子路趨而出，改服而入，蓋猶若也。孔子曰：「志之，吾語女，奮於言者華，奮於行者伐，色知而有能者小人也。故君子知之曰知之，不知曰不知，言之要也；能之曰能之，不能曰不能，行之至也。言要則知，行至則仁；既知且仁，夫惡有不足矣哉！」

子路入，子曰：「由，知者若何？仁者若何？」子路對曰：「知者使人知己，仁者使人愛己。」子曰：「可謂士矣。」子貢入，子曰：「賜，知者若何？仁者若何？」子貢對曰：「知者知人，仁者愛人。」子曰：「可謂士君子矣。」顏淵入，子曰：「回，知者若何？仁者若何？」顏淵對曰：「知者自知，仁者自愛。」子曰：「可謂明君子矣。」

子路問於孔子曰：「君子亦有憂乎？」孔子曰：「君子其未得也則樂其意；既已得之，又樂其治。是以有終身之樂，無一日之憂。小人者，其未得也，則憂不得；既已得之，又恐失之。是以有終身之憂，無一日之樂也。」

法行篇

公輸不能加於繩，聖人莫能加於禮。禮者，眾人法而不知，聖人法而知之。

曾子曰：「無內人之疏而外人之親，無身不善而怨人，無刑已至而呼天。內人之疏而外人之親，不亦遠乎！身不善而怨人，不亦反乎！刑已至而呼天，不亦晚乎！《詩》曰：『涓涓源水，不雝不塞。轂已破碎，乃大其輻。事已敗矣，乃重大息。』其云益乎！」

曾子病，曾元持足。曾子曰：「元志之，吾語汝。夫魚鼈黿鼉猶以淵為淺而堀其中，鷹鳶猶以山為卑而增巢其上，及其得也必以餌。故君子苟能無以利害義，則恥辱亦無由至矣。」

子貢問於孔子曰：「君子之所以貴玉而賤珉者，何也？為夫玉之少而珉之多邪？」孔子曰：「惡！賜！是何言也！夫君子豈多而賤之少而貴之哉！夫玉者，君子比德焉。溫潤而澤，仁也。栗而理，知也。堅剛而不屈，義也。廉而不劌，行也。折而不撓，勇也。瑕適竝見，情也。扣之，其聲清揚而遠聞，其止輟然，辭也。故雖有珉之雕雕，不若玉之章章。《詩》曰：『言念君子，溫其如玉。』此之謂也。」

曾子曰：「同游而不見愛者，吾必不仁也；交而不見敬者，吾必不長也；臨財而不見信者，吾必不信也。三者在身曷怨人！怨人者窮，怨天者無識。失之己而反諸人，豈不亦迂哉！」

南郭惠子問於子貢曰：「夫子之門何其雜也？」子貢曰：「君子正身以俟，欲來者不距，欲去者不止。且夫良醫之門多病人，檃栝之側多枉木，是以雜也。」

孔子曰：「君子有三恕：有君不能事，有臣而求其使，非恕也；有親不能報，有子而求其孝，非恕也；有兄不能敬，有弟而求其聽令，非恕也。士明於此三恕，則可以端身矣！」

孔子曰：「君子有三思，而不可不思也。少而不學，長無能也；老而不教，死無思也；有而不施，窮無與也。是故君子少思長，則學；老思死，則教；有思窮，則施也。」

哀公篇

魯哀公問於孔子曰：「吾欲論吾國之士與之治國，敢問何如取之邪？」孔子對曰：「生今之世，志古之道；居今之俗，服古之服；舍此而為非者，不亦鮮乎！」哀公曰：「然則夫章甫絇屨紳而搢笏者此賢乎？」孔子對曰：「不必然，夫端衣玄裳，絻而乘路者，志不在於食葷；斬衰菅屨杖而啜粥者，志不在於酒肉。生今之世，志古之道；居今之俗，服古之服；舍此而為非者，雖有不亦鮮乎！」哀公曰：「善！」

孔子曰：「人有五儀：有庸人，有士，有君子，有賢人，有大聖。」哀公曰：「敢問何如斯可謂庸人矣？」孔子對曰：「所謂庸人者，口不能道善言，心不知色色，不知選賢人善士託其身焉以為己憂，勤行不知所務，止交不知所定，日選擇於物，不知所貴，從物如流，不知所歸，五鑿為正，心從而壞，如此則可謂庸人矣。」哀公曰：「善！敢問何如斯可謂士矣？」孔子對曰：「所謂士者，雖不能盡道術，必有率也；雖不能偏美善，必有處也。是故知不務多，務審其所知；言不務多，務審其所謂；行不務多，務審其所由。故知既已知之矣，言既已謂之矣，行既已由之矣，則若性命肌膚之不可易也。故富貴不足以益也，卑賤不足以損也，如此則可謂士矣。」哀公曰：「善！敢問何如斯可謂之君子矣？」孔子對曰：「所謂君子者，言忠信而心不德，仁義在身而色不伐，思慮明通而辭不爭，故猶然如將可及者，君子也。」哀公曰：「善！敢問何如斯可謂賢人矣？」孔子對曰：「所謂賢人者，行中規繩而不傷於本，言足法於天下而不傷於身，富有天下而無怨財，布施天下而不病貧，如此則可謂賢人矣。」哀公曰：「善！敢問何如斯可謂大聖矣？」孔子對曰：「所謂大聖者，知通乎大道，應變而不窮，辨乎萬物之情性者也。大道者，所以變化遂成萬物也；情性者，所以理然不取舍也。是故其事大辨乎天地，明察乎日月，總要萬物於風雨，繆繆肫肫，其事不可循，若天之嗣，其事不可識，百姓淺然不識其鄰，若此則可謂大聖矣。」哀公曰：「善！」

魯哀公問舜冠於孔子，孔子不對。三問，不對。哀公曰：「寡人問舜冠於子，何以不言也？」孔子對曰：「古之王者有務而拘領者矣，其政好生而惡殺焉。是以鳳在列樹，麟在郊野，烏鵲之巢可俯而窺也。君不此問，而問舜冠，所以不對也。」

魯哀公問於孔子曰：「寡人生於深宮之中，長於婦人之手，寡人未嘗知哀也，未嘗知憂也，未嘗知勞也，未嘗知懼也，未嘗知危也。」孔子曰：「君之所問，聖君之問也，丘小人也，何足以知之。」曰：「非吾子無所聞之也。」孔子曰：「君入廟門而右，登自胙階，仰視榱棟，俛見几筵，其器存，其人亡，君以此思哀，則哀將焉而不至矣？君昧爽而櫛冠，平明而聽朝，一物不應，亂之端也，君以此思憂，則憂將焉而不至矣？君平明而聽朝，日昃而退，諸侯之子孫必有在君之末庭者，君以此思勞，則勞將焉而不至矣？君出魯之四門以望魯之四郊，亡國之虛則必有數蓋焉，君以此思懼，則懼將焉而不至矣？且丘聞之，君者，舟也；庶人者，水也；水則載舟，水則覆舟。君以此思危，則危將焉而不至矣？」

魯哀公問於孔子曰：「紳委章甫有益於仁乎？」孔

子蹴然曰：「君號然也！資衰苴杖者不聽樂，非耳不能聞也，服使然也。黼衣黻裳者不茹葷，非口不能味也，服使然也。且丘聞之，好肆不守折，長者不為市。竊其有益與其無益，君其知之矣。」

魯哀公問於孔子曰：「請問取人。」孔子對曰：「無取健，無取詌，無取口啍。健，貪也；詌，亂也；口啍，誕也。故弓調而後求勁焉，馬服而後求良焉，士信愨而後求知能焉。士不信愨而有多知能，譬之其豺狼也，不可以身尒也。語曰：『桓公用其賊，文公用其盜。』故明主任計不信怒，闇主信怒不任計。計勝怒則彊，怒勝計則亡。」

定公問於顏淵曰：「東野子之善馭乎？」顏淵對曰：「善則善矣，雖然，其馬將失。」定公不悅，入謂左右曰：「君子固讒人乎！」三日而校來謁，曰：「東野畢之馬失。兩驂列，兩服入廄。」定公越席而起曰：「趨駕召顏淵！」顏淵至，定公曰：「前日寡人問吾子，吾子曰：『東野畢之馭善則善矣，雖然，其馬將失。』不識吾子何以知之？」顏淵對曰：「臣以政知之。昔舜巧於使民，而造父巧於使馬；舜不窮其民，造父不窮其馬；是舜無失民，造父無失馬也。今東野畢之馭，上車執轡銜，體正矣；步驟馳騁，朝禮畢矣；歷險致遠，馬力盡矣。然猶求馬不已，是以知之也。」定公曰：「善！可得少進乎！」顏淵對曰：「臣聞之，鳥窮則啄，獸窮則攫，人窮則詐。自古及今，未有窮其下而能無危者也。」

堯問篇

堯問於舜曰：「我欲致天下，為之奈何？」對曰：「執一無失，行微無怠，忠信無勸，而天下自來。執一如天地，行微如日月，忠誠盛於內，賁於外，形於四海，天下其在一隅邪！夫有何足致也！」

魏武侯謀事而當，群臣莫能逮，退朝而有喜色。吳起進曰：「亦嘗有以楚莊王之語聞於左右者乎？」武侯曰：「楚莊王之語何如？」吳起對曰：「楚莊王謀事而當，群臣莫逮，退朝而有憂色。申公巫臣進問曰：『王朝而有憂色，何也？』莊王曰：『不穀謀事而當，群臣莫能逮，是以憂也。其在中蘬之言也，曰：「諸侯自為得師者王，得友者霸，得疑者存，自為謀而莫己若者亡。」今以不穀之不肖，而群臣莫吾逮，吾國幾於亡乎！是以憂也。』楚莊王以憂，而君以憙！」武侯逡巡再拜曰：「天使夫子振寡人之過也。」

伯禽將歸於魯，周公謂伯禽之傅曰：「汝將行，盍志而子美德乎？」對曰：「其為人寬，好自用，以慎。此三者，其美德已。」周公曰：「嗚呼！以人惡為美德乎？君子好以道德，故其民歸道。彼其寬也，出無辨矣，女又美之，彼其好自用也，是所以窶小也。君子力如牛，不與牛爭力；走如馬，不與馬爭走；知如士，不與士爭知。彼爭者均者之氣也，女又美之！彼其慎也，是其所以淺也。聞之曰：無越踰不見士。見士問曰：『無乃不察乎？』不聞即物少至，少至則淺。彼淺者，賤人之道也，女又美之！吾語女：我文王之為子，武王之為弟，成王之為叔父，吾於天下不賤矣，然而吾所執贄而見者十人，還贄而相見者三十人，貌執之士者百有餘人，欲言而請畢事者千有餘人，於是吾僅得三士焉，以正吾身，以定天下。吾所以得三士者，亡於十人與三十人中，乃在百人與千人之中。故上士吾薄為之貌，下士吾厚為之貌。人人皆以我為越踰好士，然故士至，士至而後見物，見物然後知其是非之所在。戒之哉！女以魯國驕人，幾矣！夫仰祿之士猶可驕也，正身之士不可驕也。彼正身之士，舍貴而為賤，舍富而為貧，舍佚而為勞，顏色黎黑而不失其所，是以天下之紀不息，文章不廢也。」

語曰：繒丘之封人見楚相孫叔敖曰：「吾聞之也，處官久者士妒之，祿厚者民怨之，位尊者君恨之。今相國有此三者而不得罪楚之士民，何也？」孫叔敖曰：「吾三相楚而心瘉卑，每益祿而施瘉博，位滋尊而禮瘉恭，是以不得罪於楚之士民也。」

子貢問於孔子曰：「賜為人下而未知也。」孔子曰：「為人下者乎？其猶土也，深抇之而得甘泉焉，樹之而五穀蕃焉，草木殖焉，禽獸育焉；生則立焉，死則入焉；多其功而不息。為人下者其猶土也。」

昔虞不用宮之奇而晉并之，萊不用子馬而齊并之，紂刳王子比干而武王得之。不親賢用知，故身死國亡也。

為說者曰：「孫卿不及孔子。」是不然。孫卿迫於亂世，鰌於嚴刑，上無賢主，下遇暴秦，禮義不行，教化不成，仁者絀約，天下冥冥，行全刺之，諸侯大傾。

當是時也，知者不得慮，能者不得治，賢者不得使。故君上蔽而無覩，賢人距而不受。然則孫卿懷將聖之心，蒙佯狂之色，視天下以愚。《詩》曰：「既明且哲，以保其身。」此之謂也。是其所以名聲不白，徒與不眾，光輝不博也。今之學者，得孫卿之遺言餘教，足以為天下法式表儀。所存者神，所過者化，觀其善行，孔子弗過，世不詳察，云非聖人，奈何！天下不治，孫卿不遇時也。德若堯禹，世少知之；方術不用，為人所疑；其知至明，循道正行，足以為紀綱。嗚呼！賢哉！宜為帝王。天地不知，善桀紂，殺賢良。比干剖心，孔子拘匡，接輿避世，箕子佯狂，田常為亂，闔閭擅強。為惡得福，善者有殃。今為說者又不察其實，乃信其名；時世不同，譽何由生；不得為政，功安能成。志修德厚，孰謂不賢乎！

附錄

黃帝四經

佚名著

第一篇　經法

〈道法〉第一

道生法。法者，引得失以繩，而明曲直者也。故執道者，生法而弗敢犯也，法立而弗敢廢也。故能自引以繩，然後見知天下而不惑矣。

虛無形，其裻冥冥，萬物之所從生。生有害，曰欲，曰不知足。生必動，動有害，曰不時，曰時而背。動有事，事有害，曰逆，曰不稱，不知所為用。事必有言，言有害，曰不信，曰不知畏人，曰自誣，曰虛誇，以不足為有餘。

故同出冥冥，或以死，或以生；或以敗，或以成。

禍福同道，莫知其所從生。見知之道，唯虛無有。虛無有，秋毫成之，必有形名，形名立，則黑白之分已。故執道者之觀於天下也，無執也，無處也，無為也，無私也。是故天下有事，無不自為形聲號矣。形名已立，聲號已建，則無所逃跡匿正矣。

公者明，至明者有功。至正者靜，至靜者聖。無私者智，至智者為天下稽。稱以權衡，參以天當，天下有事，必有巧驗。事如直木，多如倉粟。斗石已具，尺寸已陳，則無所逃其神。故曰：度量已具，則治而制之矣。絕而復屬，亡而復存，孰知其神。死而復生，以禍為福，孰知其極。反索之無形，故知禍福之所從生。應化之道，平衡而止。輕重不稱，是謂失道。

天地有恒常，萬民有恒事，貴賤有恒位，畜臣有恒道，使民有恒度。天地之恒常，四時、晦明、生殺、柔剛。萬民之恒事，男農、女工。貴賤之恒位，賢不肖不相放。畜臣之恒道，任能毋過其所長。使民之恒度，去私而立公。變恒過度，以奇相禦。正奇有立，而名形弗去。凡事無小大，物自為舍。逆順死生，物自為名。名形已定，物自為正。

故唯執道者能上明於天之反，而中達君臣之半，富密察於萬物之所終始，而弗為主。故能至素至精，浩彌無形，然後可以為天下正。

〈國次〉第二

國失其次，則社稷大匡。奪而無予，國不遂亡。不盡天極，衰者復昌。誅禁不當，反受其殃。禁伐當罪當亡，必虛其國，兼之而勿擅，是謂天功。天地無私，四時不息。天地立，聖人故載。過極失當，天將降殃。人強勝天，慎避勿當。天反勝人，因與俱行。先屈後伸，必盡天極，而毋擅天功。

兼人之國，修其國郭，處其廊廟，聽其鐘鼓，利其資財，妻其子女，是謂重逆以荒，國危破亡。

故唯聖人能盡天極，能用天當。天地之道，不過三功。功成而不止，身危有殃。

故聖人之伐也，兼人之國，墮其城郭，焚其鐘鼓，布其資財，散其子女，裂其地土，以封賢者，是謂天功。功成不廢，後不逢殃。

毋陽竊，毋陰竊，毋土敝，毋故埶，毋黨別。陽竊者天奪其光，陰竊者土地荒，土敝者天加之以兵，人埶者流之四方，黨別者外內相攻。陽竊者疾，陰竊者飢，土敝者亡地，人埶者失民，黨別者亂，此謂五逆。五逆皆成，亂天之經，逆地之綱，變故亂常，擅制更爽，心欲是行，身危有殃。是謂過極失當。

〈君正〉第三

一年從其俗，二年用其德，三年而民有得。四年而發號令，五年而以刑正，六年而民畏敬，七年而可以正。一年從其俗，則知民則。二年用其德，則民力。三年無賦斂，則民有得。四年發號令，則民畏敬。五年以刑正，則民不幸。六年民畏敬，則知刑罰。七年而可以正，則勝強敵。

俗者，順民心也。德者，愛勉之也。有得者，發禁弛關市之正也。號令者，連為什伍，選練賢不肖有別也。以刑正者，罪殺不赦也。畏敬者，民不犯刑罰也。可以正者，民死節也。

若號令發，必廄而上九，壹道同心，上下不□，民無它志，然後可以守戰矣。號令發必行，俗也。男女勸勉，愛也。動之靜之，民無不聽，時也。受賞無德，受罪無怨，當也。貴賤有別，賢不肖衰也。衣備不相逾，貴賤等也。國無盜賊，詐偽不生，民無邪心，衣食足而刑罰必也。以有餘守，不可拔也。以不足攻，反自伐也。

天有死生之時，國有死生之正。因天之生也以養生，謂之文；因天之殺也以伐死，謂之武：文武並行，則天下從矣。

人之本在地，地之本在宜，宜之生在時，時之用在民，民之用在力，力之用在節。知地宜，須時而樹，節民力以使，則財生，賦斂有度則民富，民富則有佴，有佴則號令成俗而刑伐不犯，號令成俗而刑伐不犯則守固戰勝之道也。

法度者，正之至也。而以法度治者，不可亂也。而生法度者，不可亂也。精公無私而賞罰信，所以治也。

省苛事，節賦斂，毋奪民時，治之安。無父之行，不得子之用；無母之德，不能盡民之力。父母之行備，則天地之德也。三者備，則事得矣。能收天下豪傑驃雄，則守禦之備具矣。審於行文武之道，則天下賓矣。號令合於民心，則民聽令。兼愛無私，則民親上。

〈六分〉第四

觀國者觀主，觀家者觀父。能為國則能為主，能為家則能為父。凡觀國，有六逆：其子父。其臣主。雖強大不王。其謀臣在外位者，其國不安，其主不悟，則社稷殘。其主失位則國無本，臣不失處則下有根，國憂而存；主失位則國荒，臣失處則令不行，此之謂頹國。主暴則生殺不當，臣亂則賢不肖並立，此謂危國。主兩則失其明，男女爭威，國有亂兵，此謂亡國。

嫡子父，命曰上怫，羣臣離志。大臣主，命曰雍塞。在強國削，在中國破，在小國亡。主失位，臣不失處，命曰外根，將與禍鄰，在強國憂，在中國危，在小國削；主失位，臣失處，命曰無本，上下無根，國將大損；在強國破，在中國亡，在小國滅。主暴臣亂，命曰大荒，外戎內戎，天將降殃，國無大小，有者滅亡。主兩，男女分威，命曰大麋，國中有師；在強國破，在中國亡，在小國滅。

凡觀國，有六順：主不失其位則國有本，臣失其處則下無根，國憂而存。主惠臣忠者，其國安。主主臣臣，上下不□者，其國強。主執度，臣循理者，其國霸昌。主得位臣輻屬者王。

六順六逆乃存亡興壞之分也。主上執六分以生殺，以賞罰，以必伐。天下太平，正以明德，參之於天地，而兼覆載而無私也，故王天下。

王天下者之道，有天焉，有地焉，有人焉，三者參用之，然後而有天下矣。為人主，南面而立。臣肅敬，不敢蔽其主。下比順，不敢蔽其上。萬民和輯而樂為其主上用，地廣人眾兵強，天下無敵。

文德究於輕細，武刃於當罪，王之本也。然而不知王術，不王天下。知王術者，驅騁馳獵而不禽荒，飲食喜樂而不湎康，玩好嬛好而不惑心，俱與天下用兵，費少而有功，戰勝而令行，故福生於內，則國富而民昌。聖人其留，天下其與。不知王術者，驅騁馳獵則禽荒，飲食喜樂而湎康，玩好嬛好則惑心，俱與天下用兵，費多而無功，戰勝而令不行。故福失於內，財去而倉廩空虛，與天相逆，則國貧而民荒。至聖之人弗留，天下弗與。如此而又不能重士而師有道，則國人之國矣。

王天下者有玄德，有玄德獨知王術，故而天下而天下莫知其所以。王天下者，輕縣國而重士，故國重而身安；賤財而貴有知，故功得而財生；賤身而貴有道，故身貴而令行。故王天下者天下則之。霸王積甲士而征不備，誅禁當罪而不私其利，故令行天下而莫敢不聽。自此以下，兵戰力爭，危亡無日，而莫知其所從來。夫言霸王，其無私也，唯王者能兼覆載天下，物曲成焉。

〈四度〉第五

君臣易位謂之逆，賢不肖並立謂之亂，動靜不時謂之逆，生殺不當謂之暴。逆則失本，亂則失職，逆則失天，暴則失人。失本則損，失職則侵，失天則飢，失人則疾。周遷動作，天為之稽。天道不遠，入與處，出與反。

君臣當位謂之靜，賢不肖當位謂之正，動靜參於天地謂之文，誅禁時當謂之武。靜則安，正則治，文則明，武則強。安則得本，治則得人，明則得天，強則威行。參於天地，合於民心。文武并立，命之曰上同。審知四度，可以定天下，可安一國。順治其內，逆用於外，功成而傷。逆治其內，順用於外，功成而亡。內外皆逆，是謂重殃，身危為戮，國危破亡。內外皆順，功成而不廢，後不逢殃。

聲華實寡者，庸也。順者，動也。正者，事之根也。執道循理，必從本始，順為經紀。禁伐當罪，必中天理。背約則窘，達刑則傷。背逆合當，為若有事，雖無成功，亦無天殃。

毋止生以死，毋禦死以生，毋為虛聲。聲溢於實，是謂滅名。極陽以殺，極陰以生，是謂逆陰陽之命。極陽殺於外，極陰生於內。已逆陰陽，又逆其位，大則國亡，小則身受其殃。故因陽伐死，因陰建生。當者有數，極而反，盛而衰：天地之道也，人之理也。逆順同道而異理，審知逆順，是謂道紀。以強下弱，何國不克。以貴下賤，何人不得。以賢下不肖，何事不治。

平。規之內曰圓，矩之內曰方，懸之下曰正，水之上曰平。尺寸之度曰小大短長，權衡之稱曰輕重不爽，斗石之量曰少多有數。八度者，用之稽也。日月星辰之期，四時之度，動靜之立，外內之處，天之稽也。高下不蔽其形，美惡不匿其情，地之稽也。君臣不失其位，士不失其處，任能毋過其所長，去私而立公，人之稽也。美惡有名，逆順有形，情偽有實，王公執之以為天下正。

因天時，伐天悔，謂之武。武刃而以文隨其後，則有成功矣，用二文一武者王。其失主道，離人理，處狂惑之位處而不悟，身必有戮。柔弱者無罪而幾，不及而翟，是謂柔弱。剛正而強者臨罪而不究。名功相抱，是故長久。名功不相抱，名進實退，是謂失道，其卒必有身咎。黃金珠玉藏積，怨之本也。女樂玩好燔材，亂之基也。守怨之本，養亂之基，雖有聖人，不能為謀。

〈論〉第六

人主者，天地之稽也，號令之所出也，為民之命也。不天天則失其神。不重地則失其根。不順四時之度而民疾。不處外內之位，不應動靜之化，則事窘於內而舉宭於外。八正皆失，與天地離。天天則得其神。重地則得其根。順四時之度而民不有疾。處外內之位，應動靜之化，則事得於內而舉得於外。八正不失，則與天地總矣。

天執一，明三，定二，建八正，行七法，然後施於四極，而四極之中無不聽命矣。蚑行喙息，扇飛蠕動，無不寧其心，而安其性，故而不失其常者，天之一也。天執一以明三，日信出信入，南北有極，度之稽也。月信生信死，進退有常，數之稽也。列星有數，而不失其行，信之稽也。天明三以定二，則壹晦壹明，壹陰壹陽，壹短壹長。天定二以建八正，則四時有度，動靜有立，而外內有處。

天建八正以行七法：明以正者，天之道也。適者，天度也。信者，天之期也。極而反者，天之生性也。必者，天之命也。順正者，天之稽也；有常者，天之所以為物命也。此之謂七法。七法各當其名，謂之物。物各合於道者，謂之理。理之所在，謂之順。物有不合於道者，謂之失理。失理之所在，謂之逆。逆順各自命也，則存亡興壞可知也。

強生威，威生惠，惠生正，正生靜。靜則平，平則寧，寧則素，素則精，精則神。至神之極，見知不惑。帝王者，執此道也。是以守天地之極，與天俱見，盡施於四極之中，執六柄以令天下，審三名以為萬事稽，察逆順以觀於霸王危亡之理，知虛實動靜之所為，達於名實相應，盡知情偽而不惑，然後帝王之道成。

六柄：一曰觀，二曰論，三曰動，四曰槫，五曰變，六曰化。觀則知死生之國，論則知存亡興壞之所在，動則能破強興弱，槫則不失是非之分，變則伐死養生，化則能明德除害。六柄備則王矣。三名：一曰正名立而偃，二曰倚名法而亂，三曰無名而強主滅。三名察則事有應矣。

動靜不時，種樹失地之宜，則天地之道逆矣。臣不親其主，下不親其上，百族不親其事，則內理逆矣。逆之所在，謂之死國，死國伐之。反此之謂順，順之所在，謂之生國，生國養之。逆順有理，則情偽密矣。實者示人虛，不足者示人有餘。以其有事，起之則天下聽；以其無事，安之則天下靜。名實相應則定，名實不相應則靜。名自命也，物自正也，事自定也。三名察則盡知情偽而不惑矣。有國將昌，當罪先亡。

〈亡論〉第七

凡犯禁絕理，天誅必至。一國而服六危者滅。一國而服三不辜者死，廢令者亡。一國之君而服三壅者，亡地更君。一國而服三凶者，禍反自及也。上溢者死，下溢者刑。德薄而功厚者隳，名禁而不王者死。抹利，襦傳，達刑，為亂首，為怨媒，此五者，禍皆反自及也。

守國而恃其地險者削，用國而恃其強者弱。興兵失理，所伐不當，天降二殃。逆節不成，是謂得天。逆節果成，天將不盈其命而重其刑。贏極必靜，動舉必正。贏極而不靜，是謂失天。動舉而不正，是謂後命。大殺服民，戮降人，刑無罪，禍皆反自及也。所伐當罪，其福五之；所伐不當，其禍十之。

國受兵而不知固守，下邪恒以地界為私者保。救人而弗能存，反為禍門。是謂危根。聲華實寡，危國亡土。夏起大土功，命曰絕理。犯禁絕理，天誅必至。六危：一曰嫡子父。二曰大臣主。三曰謀臣外其志，四曰聽諸侯之廢置。五曰左右比周以壅塞。六曰父兄黨以拂。六危不勝，禍及於身。三不幸：一曰妄殺賢。二曰殺服民。三曰刑無罪。此三不幸。

三壅：內位勝謂之塞，外位勝謂之拂；外內皆勝則君孤直。以此有國，守不固，戰不克，此謂一壅。從中令外謂之惑，從外令中謂之賊。外內遂爭，則危都國。此謂二壅。一人擅主，命曰蔽光。從中外周，此謂重壅。外內為一，國乃更。此謂三壅。三凶：一曰好凶器。二曰行逆德。三曰縱心欲。此謂三凶。

昧天下之利，受天下之患；昧一國之利者，受一國之禍。約而倍之，謂之襦傳。伐當罪，見利而反，謂之達刑。上殺父兄，下走子弟，謂之亂首。外約不信，謂之怨媒。有國將亡，當罪復昌。

〈論約〉第八

始於文而卒於武，天地之道也。四時有度，天地之理也。日月星辰有數，天地之紀也。三時成功，一時刑殺，天地之道也。四時而定，不爽不忒，常有法式，天地之理也。一立一廢，一生一殺，四時代正，終而復始，人事之理也。

逆順是守，功溢於天，故有死刑。功不及天，退而無名；功合於天，名乃大成。人事之理也。順則生，理則成，逆則死，失則無名。背天之道，國乃無主。無主之國，逆順相攻。伐本隳功，亂生國亡。為若得天，亡地更君。不循天常，不節民力，周遷而無功。養死伐生，命曰逆成。不有人戮，必有天刑。逆節始生，慎毋諶正，彼且自抵其刑。

故執道者之觀於天下也，必審觀事之所始起，審其形名。形名已定，逆順有位，死生有分，存亡興壞有處，然後參之於天地之恒道，乃定禍福死生存亡興壞之所在。是故萬舉不失理，論天下無遺策。故能立天子，置三公，而天下化之。之謂有道。

〈名理〉第九

道者，神明之原也。神明者，處於度之內而見於度之外者也。處於度之內者，不言而信；見於度之外者，言而不可易也。處於度之內者，靜而不可移也；見於度之外者，動而不可化也。靜而不移，動而不化，故曰神。神明者，見知之稽也。

有物始生，建於地而溢於天，莫見其形，大盈終天地之間而莫知其名。莫能見知，故有逆成；物乃下生，故有逆刑。禍及其身。養其所以死，伐其所以生。伐其本而離其親，伐其與而敗其根。後必亂而卒於無名。

如燔如卒，事之反也；如？如繇，生之反也。凡物羣財，絩長非恒者，其死必應之。三者皆動於度之外，而欲成功者也。功必不成，禍必反自及也。以剛為柔者活，以柔為剛者伐。重柔者吉，重剛者滅。諾者言之符也，已者言之絕也。已諾不信，則知大惑矣。已諾必信，則處於度之內也。

天下有事，必審其名。名理者，循名究理之所之，是必為福，非必為災。是非有分，以法斷之；虛靜謹聽，以法為符。審察名理終始，是謂究理。唯公無私，見知不惑，乃知奮起。故執道者之觀於天下也，見正道循理，能與曲直，能與終始。故能循名究理。形名出聲，聲實調合。禍災廢立，如影之隨形，如響之隨聲，如衡之不藏重與輕。故唯執道者能虛靜公正，乃見正道，乃得名理之誠。

亂積於內而稱失於外者伐，亡刑成於內而舉失於外者滅，逆則上溢而不知止者亡。國舉襲虛，其事若不成，是謂得天；其若果成，身必無名。重逆以荒，守道是行，國危有殃。兩逆相攻，交相為殃，國皆危亡。

第二篇　十大經

〈立命〉第一

昔者黃宗，質始好信，作自為象，方四面，傅一心，四達自中，前參後參，左參右參，踐位履參，是以能為天下宗。吾受命於天，定位於地，成名於人。唯余一人德乃配天，乃立王、三公，立國置君、三卿。數日、曆月、計歲，以當日月之行。允地廣裕，吾類天大明。

吾畏天、愛地、親民，立無命，執虛信。吾畏天愛地親民，立有命，執虛信。吾愛民而民不亡，吾愛地而地不荒，吾受民而民不死。吾位不失。吾苟能親親而興賢，吾不遺亦至矣。

〈觀〉第二

黃帝令力黑浸行伏匿，周流四國，以觀無恒，善之法則。力黑視象，見黑則黑，見白則白。地之所德則善，天之所刑則惡。人視則鏡：人靜則靜，人作則作。力黑已布制建極，而正之。力黑曰：天地已成而民生，逆順無紀，德虐無刑，靜作無時，先後無名。今吾欲得逆順之紀，德虐之刑，靜作之時，以為天下正，靜作之時，因而勒之，為之若何。

黃帝曰：羣羣□□，窈窈冥冥，為一囷。無晦無明，未有陰陽。陰陽未定，吾未有以名。今始判為兩，分為陰陽，離為四時，剛柔相成，萬物乃生，德虐之行，因以為常。其明者以為法，而微道是行。行法循道，是為牝牡。牝牡相求，會剛與柔。柔剛相成，牝牡若形。下會於地，上會於天。得天之微，若時者時而恒者恒，地因而養之；恃地氣之發也，乃夢者夢而茲者茲，天因而成之。弗因則不成，弗養則不生。夫民之生也，規規生食與繼。不會不繼，無與守地；不食不人，無與守天。

是故贏陰布德，重陽長，晝氣開民功者，所以食之也；宿陽脩刑，童陰長，夜氣閉地繩者，所以繼之也。不靡不黑，而正之以刑與德。春夏為德，秋冬為刑。先德後刑以養生。姓生已定，而敵者生爭，不諶不定。凡諶之極，在刑與德。刑德皇皇，日月相望，以明其當，而盈屈無匡。

夫是故使民毋人埶，舉事毋陽察，力地無陰敝。陰敝者土荒，陽察者奪光，人埶者摐兵。是故為人主者，時掟三樂，毋亂民功，毋逆天時。然則五穀溜熟，民乃蕃滋。君臣上下，交得其志。天因而成之。夫並時以養民功，先德後刑，順於天。其時贏而事絀，陰節復次，地尤復收。正名修刑，蟄蟲不出，雪霜復清，孟穀乃蕭，此災乃生，如此者舉事將不成。其時絀而事贏，陽節復次，地尤不收。正名施刑，蟄蟲發聲，草苴復榮，已陽而又陽，重時而無光，如此者舉事將不行。

天道已既，地物乃備。散流相成，聖人之事。聖人不巧，時反是守。優未愛民，與天同道。聖人正以待之，靜以須人。不達天刑，不襦不傳。當天時，與之皆斷；當斷不斷，反受其亂。

〈五正〉第三

黃帝問閹冉曰：吾欲布施五正，焉止焉始？對曰：始在於身，中有正度，後及外人。外內交接，乃正於事之所成。黃帝曰：吾既正既靜，吾國家愈不定。若何？對曰：后中實而外正，何患不定？左執規，右執矩，何患天下？男女畢迵，何患於國？五正既布，以司五明。左右執規，以待逆兵。

黃帝曰：吾身未自知，若何？對曰：后身未自知，乃深伏於淵，以求內刑。內刑已得，后乃自知屈其身。黃帝曰：吾欲屈吾身，屈吾身若何？對曰：道同者，其事同；道異者，其事異。今天下大爭，時至矣，后能慎勿爭乎？黃帝曰：勿爭若何？對曰：怒者血氣也，爭者外脂膚也。怒若不發，浸廩是為癰疽。后能去四者，枯骨何能爭矣。黃帝於是辭其國大夫，上於博望之山，談臥三年以自求也。戰哉，閹冉乃上起黃帝曰：可矣。夫作爭者凶，不爭者亦無成功。何不可矣？

黃帝於是出其鏘鉞，奮其戎兵，身提鼓枹，以遇蚩尤，因而擒之。帝箸之盟，盟曰：反義逆時，其刑視蚩尤。反義背宗，其法死亡以窮。

〈果童〉第四

黃帝問四輔曰：唯余一人，兼有天下。今余欲畜而正之，均而平之，為之若何？果童對曰：不險則不可平，不諶則不可正。觀天於上，視地於下，而稽之男女。夫天有恒幹，地有恒常。合此幹常，是以有晦有明，有陰有陽。夫地有山有澤，有黑有白，有美有惡。地俗德以靜，而天正名以作。靜作相養，德虐相成。兩若有名，相與則成。陰陽備物，化變乃生。

有任一則重，任百則輕。人有其中，物有其形，因之若成。黃帝曰：夫民仰天而生，恃地而食。以天為父，以地為母。今余欲畜而正之，均而平之，誰適由始？對曰：險若得平，諶若得正，貴賤必諶，貧富有等。前世法之，後世既員，由果童始。果童於是衣褐而穿，負缾而巒，營行乞食，周流四國，以示貧賤之極。

〈正亂〉第五

力黑問於太山之稽曰：蚩尤□□□驕溢陰謀，陰謀□□□□□□□□高陽，為之若何？太山之稽曰：子勿患也。夫天行正信，日月不處。啟然不怠，以臨天下。民生有極，以欲涅溢即失。豐而為殺，加而為既，予之為害，致而為費，緩而為衰。憂桐而君之，收而為之咎；累而高之，踣而弗救也。將令之死而不得悔。子勿患也。

力黑曰：戰數盈六十而高陽未夫。涅溢早服，名曰天佑。天佑而弗戒，天地一也。為之若何？太山之稽曰：子勿言佑，交為之備。吾將因其事，盈其寺，軵其力，而投之代。子勿言也。上人正一，下人靜之；正以待天，靜以須人。天地立名，萬勿自生，以隨天刑。天刑不臸，逆順有類。勿驚勿戒，其逆事乃始。吾將遂是其逆而戮其身，更置六直而合以信。事成勿發，胥備自生。我將觀其往事之卒而朵焉，待其來事之遂而私焉。壹朵壹禾，此天地之奇也。以其民作而自戲也，吾或使之自靡也。

　　戰盈哉，太山之稽曰：可矣。於是出其鏘鉞，奮其戎兵。黃帝身遇蚩尤，因而擒之。剝其皮革以為干侯，使人射之，多中者賞。其發而建之天，名約蚩尤之旌。充其胃以為鞠，使人執之，多中者賞。腐其骨肉，投之苦醢，使天下□之。

　　上帝以禁。帝曰：毋乏吾禁，毋留吾醢，毋亂吾民，毋絕吾道。乏禁，留醢，亂民，絕道，反義逆時，非而行之，過極失當，擅制更爽，心欲是行，其上帝未先而擅興兵，視蚩尤共工。屈其脊，使甘其箭，不死不生，慤為地楹。帝曰：謹守吾正名，毋失吾恒刑，以示後人。

〈姓爭〉第六

高陽問力黑曰：天地已成，黔首乃生。莫循天德，謀相覆傾。吾甚患之，為之若何？力黑對曰：勿憂勿患，天制固然。天地已定，蚑蟯畢爭。作爭者凶，不爭亦毋以成功。順天者昌，逆天者亡。毋逆天道，則不失所守。天地已成，黔首乃生。勝生已定，敵者生爭，不諶不定。凡諶之極，在刑與德。

刑德皇皇，日月相望，以明其當。望失其當，環視其殃。天德皇皇，非刑不行；繆繆天刑，非德必傾。刑德相養，逆順若成。刑晦而德明，刑陰而德陽，刑微而德彰。其明者以為法，而微道是行。

明明至微，時反以為幾。天道環周，於人反為之客。爭作得時，天地與之。爭不衰，時靜不靜，國家不定。可作不作，天稽環周，人反為之客。靜作得時，天地與之；靜作失時，天地奪之。

夫天地之道，寒涅燥濕，不能並立。剛柔陰陽，固不兩行。兩相養，時相成。居則有法，動作循名，其事若易成。若夫人事則無常，過極失當，變故易常；德則無有，措刑不當。居則無法，動作爽名，是以戮受其刑。

〈雌雄節〉第七

皇后歷吉凶之常，以辨雌雄之節，乃分禍福之嚮。憲傲驕倨，是謂雄節；委燮恭儉，是謂雌節。夫雄節者，盈之徒也。雌節者，兼之徒也。夫雄節以得，乃不為福；雌節以亡，必得將有賞。夫雄節而數得，是謂積殃；凶憂重至，幾於死亡。雌節而數亡，是謂積德；慎戒毋法，大祿將極。

凡彼禍難也，先者恒凶，後者恒吉。先而不凶者，恒備雌節存也。後而不吉者，是恒備雄節存也。先亦不凶，後亦不凶，是恒備雌節存也。先亦不吉，後亦不吉，是恒備雄節存也。

凡人好用雄節，是謂妨生。大人則毀，小人則亡。以守不寧，以作事不成。以求不得，以戰不克。厥身不壽，子孫不殖。是謂凶節，是謂散德。凡人好用雌節，是謂承祿。富者則昌，貧者則穀。以守則寧，以作事則成。以求則得，以戰則克。厥身則壽，子孫則殖。是謂吉節，是謂□德。故德積者昌，殃積者亡，觀其所積，乃知禍福之鄉。

〈兵容〉第八

兵不刑天，兵不可動；不法地，兵不可措；不法人，兵不可成。參於天地，稽之聖人。人自生之，天地刑之，聖人因而成之。聖人之功，時為之庸，因時秉宜，兵必有成功。聖人不達刑，不襦傳。因天時，與之皆斷；當斷不斷，反受其亂。

天固有奪有予，有祥福至者也而弗受，反隨以殃。三遂絕從，兵無成功。三遂絕從，兵有成功者，不饗其功，環受其殃。國家有幸，當者受殃；國家無幸，有延其命。茀茀陽陽，因民之力，逆天之極，又重有功，其國家以危，社稷以匡，事無成功，慶且不饗其功。此天之道也。

〈成法〉第九

黃帝問力黑：唯余一人，兼有天下，滑民將生，年辯用知，不可法組，吾恐或用之以亂天下。請問天下有成法可以正民者？力黑曰：然。昔天地既成，正若有名，合若有形。乃以守一名。上淦之天，下施之四海。吾聞天下成法，故曰不多，一言而止。循名復一，民無亂紀。

黃帝曰：請問天下猷有一虖？力黑曰：然。昔者皇天使馮下道一言而止。五帝用之，以朳天地，以揆四海，以壞下民，以正一世之士。夫是故讒民皆退，賢人咸起，五邪乃逃，年辯乃止。循名復一，民無亂紀。

黄帝曰：一者，一而已乎？其亦有長乎？力黑曰：一者，道其本也，胡為而無長？凡有所失，莫能守一。一之解，察於天地；一之理，施於四海。何以知一之至，遠近之稽？夫唯一不失，一以騶化，少以知多。夫達望四海，困極上下，四向相抱，各以其道。夫百言有本，千言有要，萬言有總。萬物之多，皆閱一空。夫非正人也，孰能治此？罷必正人也，乃能操正以正奇，握一以知多，除民之所害，而持民之所宜。抱凡守一，與天地同極，乃可以知天地之禍福。

〈三禁〉第十

行非恒者，天禁之。爽事，地禁之。失令者，君禁之。三者既修，國家幾矣。地之禁，不墮高，不增下；毋服川，毋逆土；毋逆土功，毋壅民明。進不氐，立不讓，俓遂淩節，是謂大凶。人道剛柔，剛不足以，柔不足恃。剛強而虎質者丘，康沉而流湎者亡；憲古章物不實者死，專利及削浴以大居者虛。天道壽壽，播於下土，施於九州。是故王公慎令，民知所由。天有恒日，民自則之，爽則損命，環自服之。天之道也。

〈本伐〉第十一

諸庫藏兵之國，皆有兵道。世兵道三：有為利者，有為義者，有行忿者。所謂為利者，見生民有饑，國家不暇，上下不當，舉兵而栽之，唯無大利，亦無大害焉。

所謂為義者，伐亂禁暴，起賢廢不肖，所謂義也。義者，眾之所死也。是故以國攻天下，萬乘之主兼希不自此始，鮮能終之；非心之恒也，窮而反矣。

所謂行忿者，心雖忿，不能徒怒，怒必有為也。成功而無以求也，即兼始逆矣，非道也。

道之行也，由不得已。由不得已，則無窮。故丐者，摭者也；禁者，使者也。是以方行不留。

〈前道〉第十二

聖人舉事也，合於天地，順於民，祥於鬼神，使民同利，萬夫賴之，所謂義也。身載於前，主上用之，長利國家社稷，世利萬夫百姓。天下名軒執國士於是虛。壹言而利之者，士也；壹言而利國者，國士也。是故君子卑身以從道，知以辯之，強以行之，責道以并世，柔身以待時。王公若知之，國家之幸也。

國大人衆，強國也。若身載於後，主上不用之，則利國家社稷、萬夫百姓。王公而不知之，乃國家之不幸也。故王者不以幸治國，治國固有前道：上知天時，下知地利，中知人事。善陰陽□□□□□□□□□□□□□□□□□□□□□，名正者治，名奇者亂。正名不奇，奇名不立。正道不殆，可後可始。乃可小夫，乃可國家。小夫得之以成，國家得之以寧。小國得之以守其野，大國得之以併兼天下。

道有原而無端，用者實，弗用者藋。合之而涅於美，循之而有常。古之賢者，道是之行。知此道，地且天、鬼且人。以居軍強，以居國其國昌。古之賢者，道是之行。

〈行守〉第十三

天有恒幹，地有恒常，與民共事，與神同光。驕洫好爭，陰謀不祥，刑於雄節，危於死亡。奪之而無予，其國乃不遂亡。近則將之，遠則行之。逆節萌生，其誰肯當之。天惡高，地惡廣，人惡苛。高而不已，天闕土之；廣而不已，地將絕之；苛而不已，人將殺之。

有人將來，唯目瞻之。言之壹，行之壹，得而勿失。言之采，行之梟，得而勿以。是故言者心之符也，色者心之華也，氣者心之浮也。有一言，無一行，謂之誣。故言寺首，行志卒。直木伐，直人殺。無形無名，先天地生，至今未成。

〈順道〉第十四

黃帝問力黑曰：大庭氏之有天下也，不辨陰陽，不數日月，不志四時，而天開以時，地成以財。其為之若何？力黑曰：大庭之有天下也，安徐正靜，柔節先定。委燮恭儉，卑約主柔，常後而不先。體正信以仁，慈惠以愛人，端正勇，弗敢以先人。

中情不流，執一毋求。刑於女節，所生乃柔。故安靜正德，好德不爭。立於不敢，行於不能。戰示不敢，明埶不能。守弱節而堅之，胥雄節之窮而因之。若此者其民勞不僾，飢不怠，死不怨。

不曠其眾，不為兵邾，不為亂首，不為怨媒，不陰謀，不擅斷疑，不謀削人之野，不謀劫人之宇。慎案其眾，以隨天地之從，不擅作事，以待逆節所窮。見地奪力，天逆其時，因而飾之，事環克之。若此者，戰勝不報，取地不反，戰勝於外，福生於內，用力甚少，名聲章明。順之至也。

〈名形〉第十五

欲知得失情，必審名察形。形恒自定，是我愈靜。事恒自施，是我無為。靜翳不動，來自至，去自往。能一乎？能止乎？能毋有己，能自擇而尊理乎？紓也，毛也，其如莫存。萬物羣至，我無不能應。我不藏故，不挾陳。嚮者已去，至者乃新。新故不翏，我有所周。

第三篇　稱

道無始而有應。其未來也，無之；其已來，如之。有物將來，其形先之。建以其形，名以其名。其言謂何？環□傷威，弛欲傷法，無隨傷道。數舉三者，有身弗能保，何國能守？

奇從奇，正從正，奇與正，恒不同廷。凡變之道，非益而損，非進而退。首變者凶。有儀而儀則不過，不恃表而望則不惑，案法而治則不亂。聖人不為始，不專己，不豫謀，不為得，不辭福，因天之則。失其天者死，欺其主者死，翟其上者危。心之所欲則志歸之，志之所欲則力歸之。故巢居者察風，穴處者知雨，憂存故也。憂之則□，安之則久；弗能令者弗能有。

帝者臣，名臣，其實師也；王者臣，名臣，其實友也；霸者臣，名臣也，其實賓也。危者臣，名臣也，其實庸也；亡者臣，名臣也，其實虜也。自光者人絕之，驕溢人者其生危、其死辱翳。居不犯凶，困不擇時。不受祿者，天子弗臣也；祿泊者，弗與犯難。故以人之自為，不以人之為我也。不仕於盛盈之國，不嫁子於盛盈之家，不友驕倨慢易之人。

聖人不執偃兵，不執用兵；兵者不得已而行。知天之所始，察地之理，聖人麋論天地之紀，廣乎獨見，卓乎獨知，□乎獨□，□乎獨在。天子地方千里，諸侯百里，所以朕合之也。故立天子者，不使諸侯疑焉；立正嫡者，不使庶孽疑焉；立正妻者，不使婢妾疑焉：疑則相傷，雜則相方。

時若可行，亟應勿言；時若未可，涂其門，毋見其端。天制寒暑，地制高下，人制取予。取予當，立為聖王；取予不當，流之死亡。天有環刑，反受其殃。世恒不可擇法而用我，用我不可，是以生禍。有國存，天下弗能亡也；有國將亡，天下弗能存也。時極未至，而隱於德；既得其極，遠其德，淺致以力；既成其功，環復其從，人莫能殆。諸侯不報仇，不修恥，唯義所在。隱忌妒妹賊妄，如此者，下其等而遠其身；不下其等不遠其身，禍乃將起。內事不和，不得言外；細事不察，不得言大。利不兼，賞不倍；戴角者無上齒。提正名以伐，得所欲而止。實穀不華，至言不飾，至樂不笑。華之屬，必有實，實中必有覈，覈中必有意。天地之道，有左有右，有牝有牡。詰詰作事，毋從我終始。雷以為車，隆隆以為馬。行而行，處而處。因地以為資，因民以為師；弗因無神也。

宮室過度，上帝所惡；為者弗居，唯居必路。減衣衾，薄棺椁，禁也。疾役可發澤，禁也。草蓯可淺林，禁也。聚宮室墮高增下，禁也；大水至而可也。毋先天成，毋非時而榮。先天成則毀，非時而榮則不果。日為明，月為晦；昏而休，明而起。毋失天極，究數而止。強則令，弱則聽，敵者循繩而爭。行憎而索愛，父弗得子；行侮而索敬，君弗得臣。有宗將興，如伐於川；有宗將壞，如伐於山。貞良而亡，先人餘殃；商闕而栝，先人之連。埤而正者增，高而倚者崩。

山有木，其實屯屯。虎狼為猛可揗，昆弟相居，不能相順。同則不肯，離則不能，傷國之神。神胡不來，胡不來相教順弟兄茲；昆弟之親，尚可易哉。天下有三死：忿不量力死，嗜欲無窮死；寡不避眾死。毋藉賊兵，毋裹盜糧。藉賊兵，裹盜糧，短者長，弱者強；贏絀變化，後將反施。弗同而同，舉而為同；弗異而異，舉而為異；弗為而自成，因而建事。

陽親而陰惡，謂外其膚而內其□。不有內亂，必有外客。膚既為膚，□既為□；內亂不至，外客乃卻。得焉者不受其賜，亡焉者不怨大。夫天有明而不憂民之晦也，百姓闢其戶牖而各取昭焉；天無事焉。地有財而不憂民之貧也，百姓斬木刈薪而各取富焉；地亦無事焉。諸侯有亂，正亂者失其理，亂國反行焉；其時未能也，至其子孫必行焉。故曰：制人而失其理，反制焉。

生人有居，死人有墓。令不得與死者從事。惑而極反，失道不遠。臣有兩位者，其國必危；國若不危，君臾存也。失君必危，失君不危者，臣故佐也。子有兩位者，家必亂；家若不亂，親臾存也。失親必危，失親不亂，子故佐也。不用輔佐之助，不聽聖慧之慮，而恃其城郭之固，怙其勇力之禦，是謂身薄；身薄則殆，以守不固，以戰不克。兩虎相爭，駑犬制其餘。

善為國者，太上無刑，其次正法，其下鬥果訟果，太上不鬥不訟不果。夫太上爭於化，其次爭於明，其下救患禍。寒時而獨暑，暑時而獨寒，其生危，以其逆也。敬勝怠，敢勝疑。亡國之禍□□□□□□□□□□□□□□□□□□□□□□□□□□□□□□□□□□

□□□□□□□□□不信其是而信其可也，不可矣；而不信其非而不信其可也，可矣。□□□□□□□□□□□□□□□□□□□□□□□□□□□□□□□□□□。故觀治以知亂，觀前以知反。故聖人觀今之曲直，審其名，以稱斷之。積者積而居，胥時而用。觀主樹以知與治，合積化以知時；以明奇正貴賤存亡。

凡論必以陰陽大義。天陽地陰，春陽秋陰，夏陽冬陰，晝陽夜陰。大國陽，小國陰；重國陽，輕國陰。有事陽而無事陰，伸者陽而屈者陰。主陽臣陰，上陽下陰，男陽女陰，父陽子陰，兄陽弟陰，長陽少陰，貴陽賤陰，達陽窮陰。娶婦生子陽，有喪陰。制人者陽，制於人者陰。客陽主人陰。師陽役陰。言陽默陰。予陽受陰。諸陽者法天，天貴正；過正曰詭，極則常祭乃反。諸陰者法地，地之德安徐正靜，柔節先定，善予不爭。此地之度而雌之節也。

第四篇　道原

恒無之初，迵同大虛。虛同為一，恒一而止。濕濕夢夢，未有明晦，神微周盈，精靜不熙。故未有以，萬物莫以。故無有形，大迵無名。天弗能覆，地弗能載。小以成小，大以成大。盈四海之內，又包其外。在陰不腐，在陽不焦。一度不變，能適蚑蟯。鳥得而飛，魚得而游，獸得而走。萬物得之以生，百事得之以成。人皆以之，莫知其名。人皆用之，莫見其形。

一者，其號也，虛其舍也，無為其素也，和其用也。是故上道高而不可察也，深而不可測也。顯明弗能為名，廣大弗能為形。獨立不偶，萬物莫之能令。天地陰陽，四時日月，星辰雲氣，蚑行蟯動，戴根之徒，皆取生，道弗為益少；皆反焉，道弗為益多。堅強而不撌，柔弱而不可化。精微之所不能至，稽極之所不能過。

故唯聖人能察無形，能聽無聲。知虛之實，後能大虛；乃通天地之精，通同而無間，周襲而不盈。服此道者，是謂能精。明者固能察極，知人之所不能知，服人之所不能得。是謂察稽知極。聖王用此，天下服。

無好無惡，上用而民不迷惑。上虛下靜而道得其正。信能無欲，可為民命；上信無事，則萬物周扁：分之以其分，而萬民不爭；授之以其名，而萬物自定。不為治勸，不為亂解。廣大，弗務及也；深微，弗索得也。夫為一而不化：得道之本，握少以知多；得事之要，操正以正畸。前知太古，後精明。抱道執度，天下可一也。觀之太古，周其所以。索之未無，得之所以。

附錄

山海經

佚名著

卷一

南山經

南山經之首曰䧿山。其首曰招搖之山，臨于西海之上，多桂，多金玉。有草焉，其狀如韭而青華，其名曰祝餘，食之不饑。有木焉，其狀如穀而黑理，其華四照，其名曰迷穀，佩之不迷。有獸焉，其狀如禺而白耳，伏行人走，其名曰狌狌，食之善走。麗𪊨之水出焉，而西流注于海，其中多育沛，佩之無瘕疾。

又東三百里，曰堂庭之山，多棪木，多白猿，多水玉，多黃金。

又東三百八十里，曰猨翼之山，其中多怪獸，水多怪魚，多白玉，多蝮虫，多怪蛇，多怪木，不可以上。

又東三百七十里，曰杻陽之山，其陽多赤金，其陰多白金。有獸焉，其狀如馬而白首，其文如虎而赤尾，其音如謠，其名曰鹿蜀，佩之宜子孫。怪水出焉，而東流注于憲翼之水。其中多玄龜，其狀如龜而鳥首虺尾，其名曰旋龜，其音如判木，佩之不聾，可以為底。

又東三百里，曰柢山，多水，無草木。有魚焉，其狀如牛，陵居，蛇尾有翼，其羽在魼下，其音如留牛，其名曰鯥，冬死而夏生，食之無腫疾。

又東四百里，曰亶爰之山，多水，無草木，不可以上。有獸焉，其狀如貍而有髦，其名曰類，自為牝牡，食者不妒。

又東三百里，曰基山，其陽多玉，其陰多怪木。有獸焉，其狀如羊，九尾四耳，其目在背，其名曰猼訑，佩之不畏。有鳥焉，其狀如雞而三首六目，六足三翼，其名曰鶘鵂，食之無臥。

又東三百里，曰青丘之山，其陽多玉，其陰多青䨼。有獸焉，其狀如狐而九尾，其音如嬰兒，能食人；食者不蠱。有鳥焉，其狀如鳩，其音若呵，名曰灌灌，佩之不惑。英水出焉，南流注于即翼之澤。其中多赤鱬，其狀如魚而人面，其音如鴛鴦，食之不疥。

又東三百五十里，曰箕尾之山，其尾踆于東海，多沙石。汸水出焉，而南流注于淯，其中多白玉。

凡䧿山之首，自招搖之山以至箕尾之山，凡十山，二千九百五十里。其神狀皆鳥身而龍首。其祠之禮，毛用一璋玉瘞，糈用稌米，一璧，稻米、白菅為席。

南次二經之首，曰柜山，西臨流黃，北望諸䚘，東望長右，英水出焉，西南流注于赤水，其中多白玉，多丹粟。有獸焉，其狀如豚，有距，其音如狗吠，其名曰貍力，見則其縣多土功。有鳥焉，其狀如鴟而人手，其音如痺，其名曰鴸，其音自號也，見則其縣多放士。

東南四百五十里，曰長右之山，無草木，多水。有獸焉，其狀如禺而四耳，其名長右，其音如吟，見則郡縣大水。

又東三百四十里，曰堯光之山，其陽多玉，其陰多金。有獸焉，其狀如人而彘鬣，穴居而冬蟄，其名曰猾褢，其音如斲木，見則縣有大繇。

又東三百五十里，曰羽山，其下多水，其上多雨，無草木，多蝮虫。

又東三百七十里，曰瞿父之山，無草木，多金玉。

又東四百里，曰句餘之山，無草木，多金玉。

又東五百里，曰浮玉之山，北望具區，東望諸毗。有獸焉，其狀如虎而牛尾，其音如吠犬，其名曰彘，是食人。苕水出于其陰，北流注于具區。其中多鮆魚。

又東五百里，曰成山，四方而三壇，其上多金玉，其下多青臒。閎水出焉，而南流注于虖勺，其中多黃金。

又東五百里，曰會稽之山，四方，其上多金玉，其下多砆石。勺水出焉，而南流注于湨。

又東五百里，曰夷山，無草木，多沙石，湨水出焉，而南流注于列塗。

又東五百里，曰僕勾之山，其上多金玉，其下多草木，無鳥獸，無水。

又東五百里，曰咸陰之山，無草木，無水。

又東四百里，曰洵山，其陽多金，其陰多玉。有獸焉，其狀如羊而無口，不可殺也，其名曰䍺。洵水出焉，而南流注于閼之澤，其中多芘蠃。

又東四百里，曰虖勺之山，其上多梓枏，其下多荊杞。滂水出焉，而東流注于海。

又東五百里，曰區吳之山，無草木，多沙石。鹿水出焉，而南流注于滂水。

又東五百里，曰鹿吳之山，上無草木，多金石。澤更之水出焉，而南流注于滂水。水有獸焉，名曰蠱雕，其狀如雕而有角，其音如嬰兒之音，是食人。

東五百里，曰漆吳之山，無草木，多博石，無玉。處于東海，望丘山，其光載出載入，是惟日次。

凡南次二經之首，自柜山至于漆吳之山，凡十七山，七千二百里，其神狀皆龍身而鳥首，其祠，毛用一璧瘞，糈用稌。

南次三經之首，曰天虞之山，其下多水，不可以上。

東五百里，曰禱過之山，其上多金玉，其下多犀、兕，多象。有鳥焉，其狀如䴔，而白首、三足、人面，其名曰瞿如，其鳴自號也。浪水出焉，而南流注于海。其中有虎蛟，其狀魚身而蛇尾，其音如鴛鴦，食者不腫，可以已痔。

又東五百里，曰丹穴之山，其上多金玉。丹水出焉，而南流注于渤海。有鳥焉，其狀如雞，五采而文，名曰鳳皇，首文曰德，翼文曰義，背文曰禮，膺文曰仁，腹文曰信。是鳥也，飲食自然，自歌自舞，見則天下安寧。

又東五百里，曰發爽之山，無草木，多水，多白猿。汎水出焉，而南流注于渤海。

又東四百里，至于旄山之尾，其南有谷，曰育遺，多怪鳥，凱風自是出。

又東四百里，至于非山之首，其上多金玉，無水，其下多蝮虫。

又東五百里，曰陽夾之山，無草木，多水。

又東五百里，曰灌湘之山，上多木，無草；多怪鳥，無獸。

又東五百里，曰雞山，其上多金，其下多丹臒。黑水出焉，而南流注于海，其中有鱄魚，其狀如鮒而彘毛，其音如豚，見則天下大旱。

又東四百里，曰令丘之山，無草木；多火。其南有谷焉，曰中谷，條風自是出。有鳥焉，其狀如梟，人面四目而有耳，其名曰顒，其鳴自號也，見則天下大旱。

又東三百七十里，曰侖者之山，其上多金玉，其下多青臒。有木焉，其狀如穀而赤理，其汗如漆，其味如飴，食者不饑，可以釋勞，其名曰白蓉，可以血玉。

又東五百八十里，曰禺稾之山，多怪獸，多大蛇。

又東五百八十里，曰南禺之山，其上多金玉，其下多水。有穴焉，水出輒入，夏乃出，冬則閉。佐水出焉，而東南流注于海，有鳳皇、鵷雛。

凡南次三經之首，自天虞之山以至南禺之山，凡一十四山，六千五百三十里，其神狀皆龍身而人面，其祠皆一白狗祈，糈用稌。

右南經之山志，大小凡四十山，萬六千三百八十里。

卷二

西山經

西山經華山之首，曰錢來之山，其上多松，其下多洗石。有獸焉，其狀如羊而馬尾，名曰羬羊，其脂可以已腊。

西四十五里，曰松果之山，濩水出焉，北流注于渭，其中多銅。有鳥焉，其名曰螐渠，其狀如山雞，黑身赤足，可以已𦢊。

又西六十里，曰太華之山，削成而四方，其高五千仞，其廣十里，鳥獸莫居。有蛇焉，名曰肥𧔥，六足四翼，見則天下大旱。

又西八十里，曰小華之山，其木多荊杞，其獸多㸲牛，其陰多磬石，其陽多㻬琈之玉，鳥多赤鷩，可以禦火。其草有萆荔，狀如烏韭，而生于石上，亦緣木而生，食之已心痛。

又西八十里，曰符禺之山，其陽多銅，其陰多鐵。其上有木焉，名曰文莖，其實如棗，可以已聾。其草多條，其狀如葵，而赤華黃實，如嬰兒舌，食之使人不惑。符禺之水出焉，而北流注于渭。其獸多蔥聾，其狀如羊而赤鬣。其鳥多鴖，其狀如翠而赤喙，可以禦火。

又西六十里，曰石脆之山，其木多椶枏，其草多條，其狀如韭，而白華黑實，食之已疥。其陽多㻬琈之玉，其陰多銅。灌水出焉，而北流注于禺水，其中有流赭，以塗牛馬無病。

又西七十里，曰英山，其上多杻橿，其陰多鐵，其陽多赤金。禺水出焉，北流注于招水，其中有鮮魚，其狀如鼈，其音如羊。其陽多箭䉋，其獸多㸲牛、羬羊。有鳥焉，其狀如鶉，黃身而赤喙，其名曰肥遺，食之已癘，可以殺蟲。

又西五十二里，曰竹山，其上多喬木，其陰多鐵。有草焉，其名曰黃雚，其狀如樗，其葉如麻，白華而赤實，其狀如赭，浴之已疥，又可以已胕。竹水出焉，北流注于渭，其陽多竹箭，多蒼玉。丹水出焉，東南流注于洛水，其中多水玉，多人魚。有獸焉，其狀如豚而白毛，大如笄而黑端，名曰豪彘。

又西百二十里，曰浮山，多盼木，枳葉而無傷，木蟲居之。有草焉，名曰薰草，麻葉而方莖，赤華而黑實，臭如蘼蕪，佩之可以已癘。

又西七十里，曰羭次之山，漆水出焉，北流注于渭。其上多棫橿，其下多竹箭，其陰多赤銅，其陽多嬰垣之玉。有獸焉，其狀如禺而長臂，善投，其名曰嚻。有鳥焉，其狀如梟，人面而一足，曰橐𩇯，冬見夏蟄，服之不畏雷。

又西百五十里，曰時山，無草木。逐水出焉，北流注于渭，其中多水玉。

又西百七十里，曰南山，上多丹粟。丹水出焉，北流注于渭。獸多猛豹，鳥多尸鳩。

又西四百八十里，曰大時之山，上多榖柞，下多杻橿。陰多銀，陽多白玉。涔水出焉，北流注于渭。清水出焉，南流注于漢水。

又西三百二十里，曰嶓冢之山，漢水出焉，而東南流注于沔；囂水出焉，北流注于湯水。其上多桃枝鉤端，獸多犀兕熊羆，鳥多白翰赤鷩。有草焉，其葉如蕙，其本如桔梗，黑華而不實，名曰蓇蓉，食之使人無子。

又西三百五十里，曰天帝之山，上多椶柟，下多菅蕙。有獸焉，其狀如狗，名曰谿邊，席其皮者不蠱。有鳥焉，其狀如鶉，黑文而赤翁，名曰櫟，食之已痔。有草焉，其狀如葵，其臭如蘼蕪，名曰杜衡，可以走馬，食之已癭。

西南三百八十里，曰皐塗之山，薔水出焉，西流注于諸資之水；涂水出焉，南流注于集獲之水。其陽多丹粟，其陰多銀、黃金。其上多桂木。有白石焉，其名曰礜，可以毒鼠。有草焉，其狀如槀茇，其葉如葵而赤背，名曰無條，可以毒鼠。有獸焉，其狀如鹿而白尾，馬腳人手而四角，名曰玃如。有鳥焉，其狀如鴟而人足，名曰數斯，食之已癭。

又西百八十里，曰黃山，無草木，多竹箭。盼水出焉，西流注于赤水，其中多玉。有獸焉，其狀如牛，而蒼黑大目，其名曰𤛎。有鳥焉，其狀如鴞，青羽赤喙，人舌能言，名曰鸚鵡。

又西二百里，曰翠山，其上多椶柟，其下多竹箭，其陽多黃金、玉，其陰多旄牛、麢、麝；其鳥多鸓，其狀如鵲，赤黑而兩首四足，可以禦火。

又西二百五十里，曰騩山，是錞于西海，無草木，多玉。淒水出焉，西流注于海，其中多采石黃金，多丹粟。

凡西經之首，自錢來之山至于騩山，凡十九山，二千九百五十七里。華山，冢也，其祠之禮：太牢。羭山，神也，祠之用燭，齋百日以百犧，瘞用百瑜，湯其酒百樽，嬰以百珪百璧。其餘十七山之屬，皆毛牷，用一羊祠之。燭者百草之未灰，白蓆采等純之。

西次二經之首，曰鈐山。其上多銅，其下多玉，其木多杻橿。

西二百里，曰泰冒之山，其陽多金，其陰多鐵。浴水出焉，東流注于河，其中多藻玉，多白蛇。

又西一百七十里，曰數歷之山。其上多黃金，其下多銀，其木多杻橿，其鳥多鸚䴊。楚水出焉，而南流注于渭，其中多白珠。

又西百五十里，高山。其上多銀，其下多青碧、雄黃，其木多椶，其草多竹。涇水出焉，而東流注于渭，其中多磬石、青碧。

西南三百里，曰女牀之山，其陽多赤銅，其陰多石涅，其獸多虎豹犀兕。有鳥焉，其狀如翟而五采文，名曰鸞鳥，見則天下安寧。

又西二百里，曰龍首之山，其陽多黃金，其陰多鐵。苕水出焉，東南流注于涇水，其中多美玉。

又西二百里，曰鹿臺之山，其上多白玉，其下多銀，其獸多㸲牛、羬羊、白豪。有鳥焉，其狀如雄雞而人面，名曰梟谿，其鳴自叫也，見則有兵。

西南二百里，曰鳥危之山。其陽多磬石，其陰多檀楮，其中多女牀。鳥危之水出焉，西流注于赤水，其中多丹粟。

又西四百里，曰小次之山。其上多白玉，其下多赤銅。有獸焉，其狀如猿，而白首四足，名曰朱厭，見則大兵。

又西三百里，曰大次之山。其陽多堊，其陰多碧，其獸多㸲牛、麢羊。

又西四百里，曰薰吳之山。無草木，多金玉。

又西四百里，曰厎陽之山。其木多稷、枏、豫章，其獸多犀、兕、虎、犳、犛牛。

又西二百五十里，曰眾獸之山。其上多㻬琈之玉，其下多檀楮，多黃金，其獸多犀兕。

又西五百里，曰皇人之山。其上多金玉，其下多青雄黃。皇水出焉，西流注于赤水，其中多丹粟。

又西三百里，曰中皇之山。其上多黃金，其下多蕙、棠。

又西三百五十里，曰西皇之山，其陽多金，其陰多鐵，其獸多麋鹿、犛牛。

又西三百五十里，曰萊山，其木多檀楮，其鳥多羅羅，是食人。

凡西次二經之首，自鈐山至于萊山，凡十七山，四千一百四十里。其十神者，皆人面而馬身，其七神皆人面而牛身，四足而一臂，操杖以行：是為飛獸之神；其祠之，毛用少牢，白菅為席。其十輩神者，其祠之，毛一雄雞，鈐而不糈。毛采。

西次三經之首，曰崇吾之山，在河之南，北望冢遂，南望䍃之澤，西望帝之搏獸之丘，東望蠕淵。有木焉，員葉而白柎，赤華而黑理，其實如枳，食之宜子孫。有獸焉，其狀如禺而文臂，豹虎而善投，名曰舉父。有鳥焉，其狀如鳧，而一翼一目，相得乃飛，名曰蠻蠻，見則天下大水。

西北三百里，曰長沙之山。泚水出焉，北流注于泑水，無草木，多青雄黃。

又西北三百七十里，曰不周之山。北望諸毗之山，臨彼嶽崇之山，東望泑澤，河水所潛也，其原渾渾泡泡。爰有嘉果，其實如桃，其葉如棗，黃華而赤柎，食之不勞。

又西北四百二十里，曰峚山。其上多丹木，員葉而赤莖，黃華而赤實，其味如飴，食之不饑。丹水出焉，西流注于稷澤，其中多白玉，是有玉膏，其原沸沸湯湯。黃帝是食是饗，是生玄玉。玉膏所出，以灌丹木。丹木五歲，五色乃清，五味乃馨。黃帝乃取峚山之玉榮，而投之鍾山之陽。瑾瑜之玉為良，堅栗精密，濁澤有而光。五色發作，以和柔剛。天地鬼神，是食是饗；君子服之，以禦不祥。自峚山至于鍾山，四百六十里，其閒盡澤也。是多奇鳥、怪獸、奇魚，皆異物焉。

又西北四百二十里，曰鍾山，其子曰鼓，其狀如人面而龍身，是與欽䲹殺葆江于昆侖之陽，帝乃戮之鍾山之東曰𡶴崖。欽䲹化為大鶚，其狀如雕而黑文白首，赤喙而虎爪，其音如晨鵠，見則有大兵。鼓亦化為鵕鳥，其狀如鴟，赤足而直喙，黃文而白首，其音如鵠，見則其邑大旱。

又西百八十里，曰泰器之山。觀水出焉，西流注于流沙。是多文鰩魚，狀如鯉魚，魚身而鳥翼，蒼文而白首，赤喙，常從西海遊于東海，以夜飛。其音如鸞雞，其味酸甘，食之已狂，見則天下大穰。

又西三百二十里，曰槐江之山。丘時之水出焉，而北流注于泑水。其中多蠃母，其上多青雄黃，多藏琅玕、黃金、玉，其陽多丹粟，其陰多采黃金銀。實惟帝之平圃，神英招司之，其狀馬身而人面，虎文而鳥翼，徇于四海，其音如榴。南望昆侖，其光熊熊，其氣魂魂。西望大澤，后稷所潛也；其中多玉，其陰多榣木之有若。北望諸毗，槐鬼離侖居之，鷹鸇之所宅也。東望恒山四成，有窮鬼居之，各在一搏。爰有淫水，其清洛洛。有天神焉，其狀如牛，而八足二首馬尾，其音如勃皇，見則其邑有兵。

西南四百里，曰昆侖之丘，是實惟帝之下都，神陸吾司之。其神狀虎身而九尾，人面而虎爪；是神也，司天之九部及帝之囿時。有獸焉，其狀如羊而四角，名曰土螻，是食人。有鳥焉，其狀如蠭，大如鴛鴦，名曰欽原，蠚鳥獸則死，蠚木則枯。有鳥焉，其名曰鶉鳥，是司帝之百服。有木焉，其狀如棠，黃華赤實，其味如李而無核，名曰沙棠，可以禦水，食之使人不溺。有草焉，名曰蘋草，其狀如葵，其味如蔥，食之已勞。河水出焉，而南流東注于無達。赤水出焉，而東南流注于汜天之水。洋水出焉，而西南流注于醜塗之水。黑水出焉，而西流注于大杅。是多怪鳥獸。

又西三百七十里，曰樂遊之山。桃水出焉，西流注于稷澤，是多白玉。其中多䱻魚，其狀如蛇而四足，是食魚。

西水行四百里，曰流沙，二百里至于蠃母之山，神長乘司之，是天之九德也。其神狀如人而犳尾。其上多玉，其下多青石而無水。

又西三百五十里，曰玉山，是西王母所居也。西王母其狀如人，豹尾虎齒而善嘯。蓬髮戴勝，是司天之厲及五殘。有獸焉，其狀如犬而豹文，其角如牛，其名曰狡，其音如吠犬，見則其國大穰。有鳥焉，其狀如翟而赤，名曰勝遇，是食魚，其音如錄，見則其國大水。

又西四百八十里，曰軒轅之丘，無草木。洵水出焉，南流注于黑水，其中多丹粟，多青雄黃。

又西三百里，曰積石之山，其下有石門，河水冒以西流。是山也，萬物無不有焉。

又西二百里，曰長留之山，其神白帝少昊居之，其獸皆文尾，其鳥皆文首。是多文玉石。實惟員神磈氏之宮。是神也，主司反景。

又西二百八十里，曰章莪之山，無草木，多瑤碧。所為甚怪。有獸焉，其狀如赤豹，五尾一角，其音如擊石，其名曰狰。有鳥焉，其狀如鶴，一足，赤文青質而白喙，名曰畢方，其鳴自叫也，見則其邑有譌火。

又西三百里，曰陰山。濁浴之水出焉，而南流注于蕃澤，其中多文貝。有獸焉，其狀如貍而白首，名曰天狗，其音如榴榴，可以禦凶。

又西二百里，曰符惕之山。其上多椶枏，下多金玉，神江疑居之。是山也，多怪雨，風雲之所出也。

又西二百二十里，曰三危之山，三青鳥居之。是山也，廣員百里，其上有獸焉，其狀如牛，白身四角，其豪如披蓑，其名曰㣙㺒，是食人。有鳥焉，一首而三身，其狀如鸈，其名曰鴟。

又西一百九十里，曰騩山，其上多玉而無石。神者童居之，其音常如鍾磬，其下多積蛇。

又西三百五十里，曰天山，多金玉，有青雄黃。英水出焉，而西南流注于湯谷。有神焉，其狀如黃囊，赤如丹火，六足四翼，渾敦無面目，是識歌舞，實為帝江也。

又西二百九十里，曰泑山，神蓐收居之。其上多嬰垣之玉，其陽多瑾瑜之玉，其陰多青雄黃。是山也，西望日之所入，其氣員，神紅光之所司也。

西水行百里，至于翼望之山，無草木，多金玉。有獸焉，其狀如貍，一目而三尾，名曰讙，其音如奪百聲，是可以禦凶，服之已痺。有鳥焉，其狀如烏，三首六尾而善笑，名曰䳁鵌，服之使人不厭，又可以禦凶。

凡西次三經之首，崇吾之山至于翼望之山，凡二十三山，六千七百四十四里。其神狀皆羊身人面。其祠之禮，用一吉玉瘞，糈用稷米。

西次四經之首，曰陰山，上多穀，無石，其草多茆蕃。陰水出焉，西流注于洛。

北五十里，曰勞山，多茈草。弱水出焉，而西流注于洛。

西五十里，曰罷父之山。洱水出焉，而西南流注于洛，其中多茈、碧。

北百七十里，曰申山，其上多穀柞，其下多杻橿，其陽多金玉。區水出焉，而東流注于河。

北二百里，曰鳥山。其上多桑，其下多楮；其陰多鐵，其陽多玉。辱水出焉，而東流注于河。

又北二十里，曰上申之山，上無草木，而多硌石，下多榛楛，獸多白鹿。其鳥多當扈，其狀如雉，以其髯飛，食之不眴目。湯水出焉，東流注于河。

又北八十里，曰諸次之山，諸次之水出焉，而東流注于河。是山也，多木無草，鳥獸莫居，是多眾蛇。

又北百八十里，曰號山，其木多漆、椶，其草多葯虈芎藭。多汵石。端水出焉，而東流注于河。

注于河。

又北二百二十里，曰盂山，其陰多鐵，其陽多銅，其獸多白狼白虎，其鳥多白雉白翟。生水出焉，而東流注于河。

西二百五十里，曰白於之山，上多松柏，下多櫟檀，其獸多㸲牛、羬羊，其鳥多鴞。洛水出于其陽，而東流注于渭；夾水出于其陰，東流注于生水。

西北三百里，曰申首之山，無草木，冬夏有雪。申水出于其上，潛于其下，是多白玉。

又西五十五里，曰涇谷之山，涇水出焉，東南流注于渭，是多白金白玉。

又西百二十里，曰剛山，多柒木，多㻬琈之玉。剛水出焉，北流注于渭。是多神槐，其狀人面獸身，一足一手，其音如欽。

又西二百里，至剛山之尾，洛水出焉，而北流注于河。其中多蠻蠻，其狀鼠身而鼈首，其音如吠犬。

又西三百五十里，曰英鞮之山，上多漆木，下多金玉，鳥獸盡白。涴水出焉，而北流注于陵羊之澤。是多冉遺之魚，魚身蛇首六足，其目如馬耳，食之使人不眯，可以禦凶。

又西三百里，曰中曲之山，其陽多玉，其陰多雄黃、白玉及金。有獸焉，其狀如馬而白身黑尾，一角，虎牙爪，音如鼓音，其名曰駮，是食虎豹，可以禦兵。

有木焉，其狀如棠，而員葉赤實，實大如木瓜，名曰櫰木，食之多力。

又西二百六十里，曰邽山，其上有獸焉，其狀如牛，蝟毛，名曰窮奇，音如獋狗，是食人。濛水出焉，南流注于洋水，其中多黃貝，蠃魚，魚身而鳥翼，音如鴛鴦，見則其邑大水。

又西二百二十里，曰鳥鼠同穴之山，其上多白虎、白玉。渭水出焉，而東流注于河。其中多鰠魚，其狀如鱣魚，動則其邑有大兵。濫水出于其西，西流注于漢水。多鴽魮之魚，其狀如覆銚，鳥首而魚翼魚尾，音如磬石之聲，是生珠玉。

西南三百六十里，曰崦嵫之山，其上多丹木，其葉如穀，其實大如瓜，赤符而黑理，食之已癉，可以禦火。其陽多龜，其陰多玉。苕水出焉，而西流注于海，其中多砥礪。有獸焉，其狀馬身而鳥翼，人面蛇尾，是好舉人，名曰孰湖。有鳥焉，其狀如鴞而人面，蜼身犬尾，其名自號也，見則其邑大旱。

凡西次四經自陰山以下，至于崦嵫之山，凡十九山，三千六百八十里。其神祠禮，皆用一白雞祈。糈以稻米，白菅為席。

右西經之山，凡七十七山，一萬七千五百一十七里。

卷三
北山經

北山經之首，曰單狐之山，多机木，其上多華草。逢水出焉，而西流注于泑水，其中多芘石文石。

又北二百五十里，曰求如之山，其上多銅，其下多玉，無草木。滑水出焉，而西流注于諸毗之水。其中多滑魚，其狀如鱓，赤背，其音如梧，食之已疣。其中多水馬，其狀如馬，文臂牛尾，其音如呼。

又北三百里，曰帶山，其上多玉，其下多青碧。有獸焉，其狀如馬，一角有錯，其名曰䑏疏，可以辟火。有鳥焉，其狀如烏，五采而赤文，名曰鵸鵌，是自爲牝牡，食之不疽。彭水出焉，而西流注于芘湖之水，其中多儵魚，其狀如雞而赤毛，三尾六足四首，其音如鵲，食之可以已憂。

又北四百里，曰譙明之山，譙水出焉，西流注于河。其中多何羅之魚，一首而十身，其音如吠犬，食之已癰。有獸焉，其狀如貆而赤豪，其音如榴榴，名曰孟槐，可以禦凶。是山也，無草木，多青雄黃。

又北三百五十里，曰涿光之山，囂水出焉，而西流注于河。其中多鰼鰼之魚，其狀如鵲而十翼，鱗皆在羽端，其音如鵲，可以禦火，食之不癉。其上多松柏，其下多椶橿，其獸多麢羊，其鳥多蕃。

又北三百八十里，曰虢山，其上多漆，其下多桐椐，其陽多玉，其陰多鐵。伊水出焉，西流注于河。其獸多橐駝，其鳥多寓，狀如鼠而鳥翼，其音如羊，可以禦兵。

又北四百里，至于虢山之尾，其上多玉而無石。魚水出焉，西流注于河。其中多文貝。

又北二百里，曰丹熏之山，其上多樗柏，其草多韭䪥，多丹雘。熏水出焉，而西流注于棠水。有獸焉，其狀如鼠，而菟首麋身，其音如獋犬，以其尾飛，名曰耳鼠，食之不脒，又可以禦百毒。

又北二百八十里，曰石者之山，其上無草木，多瑤碧。洮水出焉，西流注于河。有獸焉，其狀如豹，而文題白身，名曰孟極，是善伏，其鳴自呼。

又北百一十里，曰邊春之山，多蔥、葵、韭、桃、李。杠水出焉，而西流注于泑澤。有獸焉，其狀如禺而文身，善笑，見人則臥，名曰幽鴳，其鳴自呼。

又北二百里，曰蔓聯之山，其上無草木。有獸焉，其狀如禺而有鬣，牛尾、文臂、馬蹏。見人則呼，名曰足訾，其鳴自呼。有鳥焉，群居而朋飛，其毛如雌雉，名曰鵁，其鳴自呼，食之已風。

又北百八十里，曰單張之山，其上無草木。有獸焉，其狀如豹而長尾，人首而牛耳，一目，名曰諸犍，善吒，行則銜其尾，居則蟠其尾。有鳥焉，其狀如雉，而文首、白翼、黃足，名曰白鵺，食之已嗌痛，可以已痸。櫟水出焉，而南流注于杠水。

又北三百二十里，曰灌題之山，其上多樗柘，其下多流沙，多砥。有獸焉，其狀如牛而白尾，其音如訆。名曰那父。有鳥焉，其狀如雌雉而人面，見人則躍，名曰竦斯，其鳴自呼也。匠韓之水出焉，而西流注于泑澤，其中多磁石。

又北二百里，曰潘侯之山，其上多松柏，其下多榛楛，其陽多玉，其陰多鐵。有獸焉，其狀如牛，而四節生毛，名曰旄牛。邊水出焉，而南流注于櫟澤。

又北二百三十里，曰小咸之山，無草木，冬夏有雪。

北二百八十里，曰大咸之山，無草木，其下多玉。是山也，四方，不可以上。有蛇名曰長蛇，其毛如彘豪，其音如鼓柝。

又北三百二十里，曰敦薨之山，其上多椶枏，其下多茈草。敦薨之水出焉，而西流注于泑澤。出于昆侖之東北隅，實惟河原。其中多赤鮭，其獸多兕、旄牛，其鳥多鳲鳩。

又北二百里，曰少咸之山，無草木，多青碧。有獸焉，其狀如牛，而赤身、人面、馬足，名曰窫窳，其音如嬰兒，是食人。敦水出焉，東流注于鴈門之水，其中多鮆鮆之魚，食之殺人。

又北二百里，曰嶽法之山。瀤澤之水出焉，而東北流注于泰澤，其中多鱳魚，其狀如鯉而雞足，食之已疣。有獸焉，其狀如犬而人面，善投，見人則笑，其名山㺪，其行如風，見則天下大風。

又北二百里，曰北嶽之山，多枳棘剛木。有獸焉，其狀如牛，而四角、人目、彘耳，其名曰諸懷，其音如鳴鴈，是食人。諸懷之水出焉，而西流注于𠰻水，其中多鮨魚，魚身而犬首，其音如嬰兒，食之已狂。

又北百八十里，曰渾夕之山，無草木，多銅玉。𠰻水出焉，而西北流注于海，有蛇一首兩身，名曰肥遺，見則其國大旱。

又北五十里，曰北單之山，無草木，多蔥韭。

又北百里，曰羆差之山，無草木，多馬。

又北百八十里，曰北鮮之山，是多馬。鮮水出焉，而西北流注于涂吾之水。

又北百七十里，曰隄山，多馬。有獸焉，其狀如豹而文首，名曰狕。隄水出焉，而東流注于泰澤，其中多龍龜。

凡北山經之首，自單狐之山至于隄山，凡二十五山，五千四百九十里，其神皆人面蛇身。其祠之，毛用一雄雞瘞，吉玉用一珪，瘞而為不糈，其山北人，皆生食不火之物。

北次二經之首，在河之東，其首枕汾，其名曰管涔之山，其上無木而多草，其下多玉。汾水出焉，而西流注于河。

又西二百五十里，曰少陽之山，其上多玉，其下多赤銀。酸水出焉，而東南流注于汾水，其中多美赭。

又北五十里，曰縣雍之山，其上多玉，其下多銅，其獸多閭麋，其鳥多白翟、白䳗。晉水出焉，而東南流注于汾水。其中多鮆魚，其狀如儵而赤鱗，其音如叱，食之不騷。

又北二百里，曰狐岐之山，無草木，多青碧。勝水出焉，而東北流注于汾水，其中多蒼玉。

又北三百五十里，曰白沙山，廣員三百里，盡沙也，無草木鳥獸。鮪水出于其上，潛于其下，是多白玉。

又北四百里，曰爾是之山，無草木，無水。

又北三百八十里，曰狂山，無草木。是山也，冬夏有雪。狂水出焉，而西流注于浮水，其中多美玉。

又北三百八十里，曰諸餘之山，其上多銅玉，其下多松柏。諸餘之水出焉，而東流注于旄水。

又北三百五十里，曰敦頭之山，其上多金玉，無草木。旄水出焉，而東流注于印澤，其中多騂馬，牛尾而白身，一角，其音如呼。

又北三百五十里，曰鉤吾之山，其上多玉，其下多銅。有獸焉，其狀如羊身人面，其目在腋下，虎齒人爪，其音如嬰兒，名曰狍鴞，是食人。

又北三百里，曰北嚻之山，無石，其陽多碧，其陰多玉。有獸焉，其狀如虎，而白身犬首，馬尾彘鬣，名曰獨浴。有鳥焉，其狀如烏，人面，名曰鷽鶋，宵飛而晝伏，食之已暍。涔水出焉，而東流注于邛澤。

又北三百五十里，曰梁渠之山，無草木，多金玉。脩水出焉，而東流注于鴈門，其獸多居暨，其狀如彙而赤毛，其音如豚。有鳥焉，其狀如夸父，四翼、一目、犬尾，名曰鵸鵌，其音如鵲，食之已腹痛，可以止衕。

又北四百里，曰姑灌之山，無草木。是山也，冬夏有雪。

又北三百八十里，曰湖灌之山，其陽多玉，其陰多碧，多馬。湖灌之水出焉，而東流注于海，其中多䱻。有木焉，其葉如柳而赤理。

又北水行五百里，流沙三百里，至于洹山，其上多金玉。三桑生之，其樹皆無枝，其高百仞，百果樹生之。其下多怪蛇。

又北三百里，曰敦題之山，無草木，多金玉。是錞于北海。

凡北次二經之首，自管涔之山至于敦題之山，凡十七山，五千六百九十里。其神皆蛇身人面。其祠，毛用一雄雞彘瘞，用一璧一珪，投而不糈。

北次三經之首，曰太行之山。其首曰歸山，其上有金玉，其下有碧。有獸焉，其狀如麢羊而四角，馬尾而有距，其名曰驒，善還，其名自訆。有鳥焉，其狀如鵲，白身、赤尾、六足，其名曰鷾，是善驚，其鳴自詨。

又東北二百里，曰龍侯之山，無草木，多金玉。決決之水出焉，而東流注于河。其中多人魚，其狀如鯑魚，四足。其音如嬰兒，食之無癡疾。

又東北二百里，曰馬成之山，其上多文石，其陰多金玉。有獸焉，其狀如白犬而黑頭，見人則飛，其名曰天馬，其鳴自訆。有鳥焉，其狀如烏，首白而身青、足黃，是名曰鶌鶋，其鳴自詨，食之不饑，可以已寓。

又東北七十里，曰咸山，其上有玉，其下多銅，是多松柏，草多茈草。條菅之水出焉，而西南流注于長澤。其中多器酸，三歲一成，食之已癘。

又東北二百里，曰天池之山，其上無草木，多文石。有獸焉，其狀如兔而鼠首，以其背飛，其名曰飛鼠。澠水出焉，潛于其下，其中多黃堊。

又東三百里，曰陽山，其上多玉，其下多金銅。有獸焉，其狀如牛而赤尾，其頸腎，其狀如句瞿，其名曰領胡，其鳴自詨，食之已狂。有鳥焉，其狀如雌雉，而五采以文，是自爲牝牡，名曰象蛇，其名自詨。留水出焉，而南流注于河，其中有鮥父之魚，其狀如鮒魚，魚首而彘身，食之已嘔。

又東三百五十里，曰賁聞之山，其上多蒼玉，其下多黃堊，多涅石。

又北百里，曰王屋之山，是多石。聯水出焉，而西北流注于泰澤。

又東北三百里，曰教山，其上多玉而無石。教水出焉，西流注于河，是水冬乾而夏流，實惟乾河。其中有兩山。是山也，廣員三百步，其名曰發丸之山，其上有金玉。

又南三百里，曰景山，南望鹽販之澤，北望少澤，其上多草、藷藇，其草多秦椒。其陰多赭，其陽多玉。有鳥焉，其狀如蛇，而四翼、六目、三足，名曰酸與，其鳴自詨，見則其邑有恐。

又東南三百二十里，曰孟門之山，其上多蒼玉，多金，其下多黃堊，多涅石。

又東南三百二十里，曰平山。平水出于其上，潛于其下，是多美玉。

又東二百里，曰京山，有美玉，多漆木，多竹，其陽有赤銅，其陰有玄礵。高水出焉，南流注于河。

又東二百里，曰虫尾之山，其上多金玉，其下多竹，多青碧。丹水出焉，南流注于河；薄水出焉，而東南流注于黃澤。

又東三百里，曰彭𣱵之山，其上無草木，多金玉，其下多水。蚤林之水出焉，東南流注于河。肥水出焉，而南流注于牀水，其中多肥遺之蛇。

又東百八十里，曰小侯之山。明漳之水出焉，南流注于黃澤。有鳥焉，其狀如烏而白文，名曰鴣鸐，食之不濟。

又東三百七十里，曰泰頭之山。共水出焉，南流注于虖池。其上多金玉，其下多竹箭。

又東北二百里，曰軒轅之山，其上多銅，其下多竹。有鳥焉，其狀如梟而白首，其名曰黃鳥，其鳴自詨，食之不妒。

又北二百里，曰謁戾之山，其上多松柏，有金玉。沁水出焉，南流注于河。其東有林焉，名曰丹林。丹林之水出焉，南流注于河。嬰侯之水出焉，北流注于氾水。

東三百里，曰沮洳之山，無草木，有金玉，濝水出焉，南流注于河。

又北三百里，曰神囷之山，其上有文石，其下有白蛇，有飛蟲。黃水出焉，而東流注于洹，滏水出焉，而東流注于歐水。

又北二百里，曰發鳩之山，其上多柘木。有鳥焉，其狀如烏，文首、白喙、赤足，名曰精衛，其鳴自詨。是炎帝之少女，名曰女娃。女娃遊于東海，溺而不返，故為精衛，常銜西山之木石，以堙于東海。漳水出焉，東流注于河。

又東北百二十里，曰少山，其上有金玉，其下有銅。清漳之水出焉，東流注于濁漳之水。

又東北二百里，曰錫山，其上多玉，其下有砥。牛首之水出焉，而東流注于滏水。

又北二百里，曰景山，有美玉。景水出焉，東南流注于海澤。

又北百里，曰題首之山，有玉焉，多石，無水。

又北百里，曰繡山，其上有玉、青碧，其木多栒，其草多芍藥、芎藭。洧水出焉，而東流注于河。其中有鱯、黽。

又北百二十里，曰松山，陽水出焉，東北流注于河。

又北百二十里，曰敦與之山，其上無草木，有金玉。溹水出于其陽，而東流注于泰陸之水；泜水出于其陰，而東流注于彭水。槐水出焉，而東流注于泜澤。

又北百七十里，曰柘山，其陽有金玉，其陰有鐵。歷聚之水出焉，而北流注于洧水。

又北三百里，曰維龍之山，其上有碧玉，其陽有金，其陰有鐵。肥水出焉，而東流注于皐澤，其中多礨石。敞鐵之水出焉，而北流注于大澤。

又北百八十里，曰白馬之山，其陽多石玉，其陰多鐵，多赤銅。木馬之水出焉，而東北流注于虖沱。

又北二百里，曰空桑之山，無草木，冬夏有雪。空桑之水出焉，東流注于虖沱。

又北三百里，曰泰戲之山，無草木，多金玉。有獸焉，其狀如羊，一角一目，目在耳後，其名曰䍶䍶，其鳴自訆。虖沱之水出焉，而東流注于漊水。液女之水出于其陽，南流注于沁水。

又北三百里，曰石山，多藏金玉。濩濩之水出焉，而東流注于虖沱；鮮于之水出焉，而南流注于虖沱。

又北二百里，曰童戎之山，皋涂之水出焉，而東流注于漊液水。

又北三百里，曰高是之山。滋水出焉，而南流注于虖沱，其木多椶，其草多條。滱水出焉，東流注于河。

又北三百里，曰陸山，多美玉。𨛬水出焉，而東流注于河。

于河。

又北二百里，曰沂山，般水出焉，而東流注于河。

北百二十里，曰燕山，多嬰石。燕水出焉，東流注于河。

又北山行五百里，水行五百里，至于饒山。是無草木，多瑤碧，其獸多橐駞，其鳥多鶹。歷虢之水出焉，而東流注于河。其中有師魚，食之殺人。

又北四百里，曰乾山，無草木，其陽有金玉，其陰有鐵而無水。有獸焉，其狀如牛而三足，其名曰獂，其鳴自詨。

又北五百里，曰倫山。倫水出焉，而東流注于河。有獸焉，其狀如麋，其州在尾上，其名曰羆。

又北五百里，曰碣石之山。繩水出焉，而東流注于河。其中多蒲夷之魚。其上有玉，其下多青碧。

又北水行五百里，至于鴈門之山，無草木。

又北水行四百里，至于泰澤。其中有山焉，曰帝都之山，廣員百里，無草木，有金玉。

又北五百里，曰錞于毋逢之山，北望雞號之山，其風如飈。西望幽都之山，浴水出焉。是有大蛇，赤首白身，其音如牛，見則其邑大旱。

凡北次三經之首，自太行之山以至于無逢之山，凡四十六山，萬二千三百五十里。其神狀皆馬身而人面者廿神。其祠之，皆用一藻珪瘞之。其十四神狀皆彘身而載玉。其祠之，皆玉，不瘞。其十神狀皆彘身而八足蛇尾，其祠之，皆用一璧瘞之。大凡四十四神，皆用稌糈米祠之，此皆不火食。

右北經之山志，凡八十七山，二萬三千二百三十里。

卷四
東山經

東山經之首，曰樕螽之山，北臨乾昧。食水出焉，而東北流注于海。其中多鱅鱅之魚，其狀如犂牛，其音如彘鳴。

又南三百里，曰𧃍山，其上有玉，其下有金。湖水出焉，東流注于食水，其中多活師。

又南三百里，曰栒狀之山，其上多金玉，其下多青碧石。有獸焉，其狀如犬，六足，其名曰從從，其鳴自詨。有鳥焉，其狀如雞而鼠毛。其名曰𧑒鼠，見則其邑大旱。沢水出焉，而北流注于湖水，其中多箴魚，其狀如儵，其喙如箴，食之無疫疾。

又南三百里，曰勃亝之山，無草木，無水。

又南三百里，曰番條之山，無草木，多沙。減水出焉，北流注于海，其中多鱤魚。

又南四百里，曰姑兒之山，其上多漆，其下多桑柘。姑兒之水出焉，北流注于海，其中多鱤魚。

又南四百里，曰高氏之山，其上多玉，其下多箴石。諸繩之水出焉，東流注于澤，其中多金玉。

又南三百里，曰嶽山，其上多桑，其下多樗。濼水出焉，東流注于澤，其中多金玉。

又南三百里，曰犲山，其上無草木，其下多水，其中多堪孖之魚。有獸焉，其狀如夸父而彘毛，其音如呼，見則天下大水。

又南三百里，曰獨山，其上多金玉，其下多美石。末塗之水出焉，而東南流注于沔，其中多偹蟰，其狀如黃蛇，魚翼，出入有光，見則其邑大旱。

又南三百里，曰泰山，其上多玉，其下多金。有獸焉，其狀如豚而有珠，名曰狪狪，其鳴自訆。環水出焉，東流注于江，其中多水玉。

又南三百里，曰竹山，錞于江，無草木，多瑤碧。激水出焉，而東南流注于娶檀之水，其中多茈羸。

凡東山經之首，自樕螽之山以至于竹山，凡十二山，三千六百里。其神狀皆人身龍首。祠，毛用一犬祈，聃用魚。

東次二經之首，曰空桑之山，北臨食水，東望沮吳，南望沙陵，西望涽澤。有獸焉，其狀如牛而虎文，其音如欽，其名曰軨軨，其鳴自訆，見則天下大水。

又南六百里，曰曹夕之山，其下多穀而無水，多鳥獸。

又西南四百里，曰嶧臯之山，其上多金玉，其下多白堊，嶧臯之水出焉，東流注于激女之水，其中多蜃珧。

又南水行五百里，流沙三百里，至于葛山之尾，無草木，多砥礪。

又南三百八十里，曰葛山之首，無草木。澧水出焉，東流注于余澤，其中多珠蟞魚，其狀如肺而有目，六足有珠，其味酸甘，食之無癘。

又南三百八十里，曰餘峩之山，其上多梓枏，其下多荊芑。雜余之水出焉，東流注于黃水。有獸焉，其狀如菟而鳥喙，鴟目蛇尾，見人則眠，名曰犰狳，其鳴自訆，見則螽蝗為敗。

又南三百里，曰杜父之山，無草木，多水。

又南三百里，曰耿山，無草木，多水碧，多大蛇。有獸焉，其狀如狐而魚翼，其名曰朱獳。其鳴自訆，見則其國有恐。

又南三百里，曰盧其之山，無草木，多沙石，沙水出焉，南流注于涔水，其中多鵹鶘，其狀如鴛鴦而人足，其鳴自訆，見則其國多土功。

又南三百八十里，曰姑射之山，無草木，多水。

又南水行三百里，流沙百里，曰北姑射之山，無草木，多石。

又南三百里，曰南姑射之山，無草木，多水。

又南三百里，曰碧山，無草木，多大蛇，多碧、水玉。

又南五百里，曰緱氏之山，無草木，多金玉。原水出焉，東流注于沙澤。

又南三百里，曰姑逢之山，無草木，多金玉。有獸焉，其狀如狐而有翼，其音如鴻鴈，其名曰獙獙，見則天下大旱。

又南五百里，曰鳧麗之山，其上多金玉，其下多箴石。有獸焉，其狀如狐而九尾、九首、虎爪，名曰蠪姪，其音如嬰兒，是食人。

又南五百里，曰䃌山，南臨䃌水，東望湖澤。有獸焉，其狀如馬，而羊目、四角、牛尾，其音如獆狗，其名曰峳峳，見則其國多狡客。有鳥焉，其狀如鳧而鼠尾，善登木，其名曰絜鉤，見則其國多疫。

凡東次二經之首，自空桑之山至于䃌山，凡十七山，六千六百四十里。其神狀皆獸身人面載觡。其祠，毛用一雞祈，嬰用一璧瘞。

又東次三經之首，曰尸胡之山，北望殚山，其上多金玉，其下多棘。有獸焉，其狀如麋而魚目，名曰妴胡，其鳴自訆。

又南水行八百里，曰岐山，其木多桃李，其獸多虎。

又南水行五百里，曰諸鉤之山，無草木，多沙石。是山也，廣員百里，多寐魚。

又南水行七百里，曰中父之山，無草木，多沙。

又東水行千里，曰胡射之山，無草木，多沙石。

又南水行七百里，曰孟子之山，其木多梓桐，多桃李，其草多菌蒲，其獸多麋鹿。是山也，廣員百里，其上有水出焉，名曰碧陽，其中多鱣鮪。

又南水行五百里，曰流沙，行五百里，有山焉，曰岐踵之山，廣員二百里，無草木，有大蛇，其上多玉。有水焉，廣員四十里皆湧，其名曰深澤，其中多蠵龜。有魚焉，其狀如鯉，而六足鳥尾，名曰鮯鮯之魚，其名自叫。

又南水行九百里，曰踇隅之山，其上多草木，多金玉，多赭。有獸焉，其狀如牛而馬尾，名曰精精，其鳴自叫。

又南水行五百里，流沙三百里，至于無皋之山，南望幼海，東望榑木，無草木，多風。是山也，廣員百里。

凡東次三經之首，自尸胡之山至于無皋之山，凡九山，六千九百里。其神狀皆人身而羊角。其祠，用一牡羊，米用黍。是神也，見則風雨水為敗。

又東次四經之首，曰北號之山，臨于北海。有木焉，其狀如楊，赤華，其實如棗而無核，其味酸甘，食之不瘧。食水出焉，而東北流注于海。有獸焉，其狀如狼，赤首鼠目，其音如豚，名曰猲狚，是食人。有鳥焉，其狀如雞而白首，鼠足而虎爪，其名曰鬿雀，亦食人。

又南三百里，曰旄山，無草木。蒼體之水出焉，而西流注于展水。其中多鱃魚，其狀如鯉而大首，食者不疕。

又南三百二十里，曰東始之山，上多蒼玉。有木焉，其狀如楊而赤理，其汁如血，不實，其名曰芑，可以服馬。泚水出焉，而東北流注于海，其中多美貝，多茈魚，其狀如鮒，一首而十身，其臭如蘪蕪，食之不糟。

又東南三百里，曰女烝之山，其上無草木。石膏水出焉，而西流注于鬲水，其中多薄魚，其狀如鱣魚而一目，其音如歐，見則天下大旱。

又東南二百里，曰欽山，多金而無石。師水出焉，而北流注于皋澤，其中多鱃魚，多文貝，有獸焉，其狀如豚而有牙，其名曰當康，其鳴自叫，見則天下大穰。

又東南二百里，曰子桐之山，子桐之水出焉，而西流注于餘如之澤。其中多䱻魚，其狀如魚而鳥翼，出入有光，其音如鴛鴦，見則天下大旱。

又東北二百里，曰剡山，多金玉。有獸焉，其狀如彘而人面，黃身而赤尾，其名曰合窳，其音如嬰兒。是獸也，食人，亦食蟲蛇，見則天下大水。

又東二百里，曰太山，上多金玉、楨木。有獸焉，其狀如牛而白首，一目而蛇尾，其名曰蜚，行水則竭，行草則死，見則天下大疫。鉤水出焉，而北流注于勞水，其中多鱃魚。

凡東次四經之首，自北號之山至于太山，凡八山，一千七百二十里。

右東經之山志，凡四十六山，萬八千八百六十里。

卷五

中山經

中山經薄山之首，曰甘棗之山。共水出焉，而西流注于河。其上多杻木，其下有草焉，葵本而杏葉，黃華而莢實，名曰籜，可以已瞢。有獸焉，其狀如䖤鼠而文題，其名曰𪕰，食之已癭。

又東二十里，曰歷兒之山，其上多橿，多櫔木。是木也，方莖而員葉，黃華而毛，其實如楝，服之不忘。

又東十五里，曰渠豬之山，其上多竹。渠豬之水出焉，而南流注于河。其中是多豪魚，狀如鮪，而赤喙赤尾赤羽，食之可以已白癬。

又東三十五里，曰蔥聾之山，其中多大谷，是多白堊，黑、青、黃堊。

又東十五里，曰涹山，其上多赤銅，其陰多鐵。

又東七十里，曰脫扈之山。有草焉，其狀如葵葉而赤華，莢實，實如椶莢，名曰植楮，可以已癙，食之不眯。

又東二十里，曰金星之山，多天嬰，其狀如龍骨，可以已痤。

又東七十里，曰泰威之山，其中有谷，曰梟谷，其中多鐵。

又東十五里，曰橿谷之山，其中多赤銅。

又東百二十里，曰吳林之山，其中多葌草。

又北三十里，曰牛首之山。有草焉，名曰鬼草，其葉如葵而赤莖，其秀如禾，服之不憂。勞水出焉，而西流注于潏水。是多飛魚，其狀如鮒魚，食之已痔衕。

又北四十里，曰霍山，其木多穀。有獸焉，其狀如貍而白尾有鬣，名曰朏朏，養之可以已憂。

又北五十二里，曰合谷之山，是多薝棘。

又北三十五里，曰陰山，多礪石、文石。少水出焉，其中多彫棠，其葉如榆葉而方，其實如赤菽，食之已聾。

又東北四百里，曰鼓鐙之山，多赤銅。有草焉，名曰榮草，其葉如柳，其本如雞卵，食之已風。

凡薄山之首，自甘棗之山至于鼓鐙之山，凡十五山，六千六百七十里。歷兒，冢也，其祠禮：毛，太牢之具；縣嬰以吉玉。其餘十三山者，毛用一羊，縣嬰用藻珪，瘞而不糈。藻珪者，藻玉也，方其下而銳其上，而中穿之加金。

中次二經濟山之首，曰煇諸之山。其上多桑，其獸多閭麋，其鳥多鶡。

又西南二百里，曰發視之山，其上多金玉，其下多砥礪。即魚之水出焉，而西流注于伊水。

又西三百里，曰豪山，其上多金玉而無草木。

又西三百里，曰鮮山，多金玉，無草木。鮮水出焉，而北流注于伊水。其中多鳴蛇，其狀如蛇而四翼，其音如磬，見則其邑大旱。

又西三百里，曰陽山，多石，無草木。陽水出焉，而北流注于伊水。其中多化蛇，其狀如人面而豺身，鳥翼而蛇行；其音如叱呼，見則其邑大水。

又西二百里，曰昆吾之山，其上多赤銅。有獸焉，其狀如彘而有角，其音如號，名曰蠪蚳，食之不眯。

又西百二十里，曰葌山。葌水出焉，而北流注于伊水。其上多金玉，其下多青雄黃。有木焉，其狀如棠而赤葉，名曰芒草，可以毒魚。

又西一百五十里，曰獨蘇之山，無草木而多水。

又西二百里，曰蔓渠之山，其上多金玉，其下多竹箭。伊水出焉，而東流注于洛。有獸焉，其名曰馬腹，其狀如人面虎身，其音如嬰兒，是食人。

凡濟山之首，自煇諸之山至于蔓渠之山，凡九山，一千六百七十里。其神皆人面而鳥身。祠用毛，用一吉玉，投而不糈。

中次三經萯山之首，曰敖岸之山，其陽多㻬琈之玉，其陰多赭、黃金。神熏池居之。是常出美玉。北望河林，其狀如蒨如舉。有獸焉，其狀如白鹿而四角，名曰夫諸，見則其邑大水。

又東十里，曰青要之山，實惟帝之密都，是多駕鳥。南望墠渚，禹父之所化，是多僕累、蒲盧，䰠武羅司之，其狀人面而豹文，小要而白齒，而穿耳以鐻，其鳴如鳴玉。是山也，宜女子。畛水出焉，而北流注于河。其中有鳥焉，名曰鴢，其狀如鳧，青身而朱目赤尾，食之宜子。有草焉，其狀如葌，而方莖黃華赤實，其本如藁本，名曰荀草，服之美人色。

又東十里，曰騩山，其上多美棗，其陰有琈琈之玉。正回之水出焉，而北流注于河。其中多飛魚，其狀如豚而赤文，服之不畏雷，可以禦兵。

又東四十里，曰宜蘇之山，其上多金玉，其下多蔓居之木。滽滽之水出焉，而北流注于河，是多黃貝。

又東二十里，曰和山，其上無草木而多瑤碧，實惟河之九都。是山也五曲，九水出焉，合而北流注于河，其中多蒼玉。吉神泰逢司之，其狀如人而虎尾，是好居于萯山之陽，出入有光。泰逢神動天地氣也。

凡萯山之首，自敖岸之山至于和山，凡五山，四百四十里。其祠：泰逢、熏池、武羅皆一牡羊副，嬰用吉玉。其二神用一雄雞瘞之，糈用稌。

中次四經釐山之首，曰鹿蹄之山，其上多玉，其下多金。甘水出焉，而北流注于洛，其中多泠石。

西五十里，曰扶豬之山，其上多礝石。有獸焉，其狀如狢而人目，其名曰麐。虢水出焉，而北流注于洛，其中多瓀石。

又西一百二十里，曰釐山，其陽多玉，其陰多蒐。有獸焉，其狀如牛，蒼身，其音如嬰兒，是食人，其名曰犀渠。滽滽之水出焉，而南流注于伊水。有獸焉，名曰獅，其狀如獳犬而有鱗，其毛如彘鬣。

又西二百里，曰箕尾之山，多穀，多涂石，其上多㻬琈之玉。

又西二百五十里，曰柄山，其上多玉，其下多銅。滔雕之水出焉，而北流注于洛。其中多羬羊。有木焉，其狀如樗，其葉如桐而莢實，其名曰茇，可以毒魚。

又西二百里，曰白邊之山，其上多金玉，其下多青雄黃。

又西二百里，曰熊耳之山，其上多漆，其下多椶。浮濠之水出焉，而西流注于洛。其中多水玉，多人魚。有草焉，其狀如蘓而赤華，名曰葶薴，可以毒魚。

又西三百里，曰牡山，其上多文石，其下多竹箭竹犕，其獸多㸲牛、羬羊，鳥多赤鷩。

又西三百五十里，曰讙舉之山。雒水出焉，而東北流注于玄扈之水，其中多馬腸之物。此二山也，洛閒也。

凡釐山之首，自鹿蹄之山至于玄扈之山，凡九山，千六百七十里。其神狀皆人面獸身。其祠之，毛用一白雞，祈而不糈，以采衣之。

中次五經薄山之首，曰苟牀之山，無草木，多怪石。

東三百里，曰首山，其陰多穀柞，其草多荒芫，其陽多㻬琈之玉，木多槐。其陰有谷，曰机谷，多䳋鳥，其狀如梟而三目，有耳，其音如錄，食之已墊。

又東三百里，曰縣斸之山，無草木，多文石。

又東三百里，曰葱聾之山，無草木，多摩石。

東北五百里，曰條谷之山，其木多槐桐，其草多芍藥、虋冬。

又北十里，曰超山，其陰多蒼玉，其陽有井，冬有水而夏竭。

又東五百里，曰成侯之山，其上多櫄木，其草多芃。

又東五百里，曰朝歌之山，谷多美堊。

又東五百里，曰槐山，谷多金錫。

又東十里，曰歷山，其木多槐，其陽多玉。

又東十里，曰尸山，多蒼玉，其獸多麖。尸水出焉，南流注于洛水，其中多美玉。

又東十里，曰良餘之山，其上多穀柞，無石。餘水出于其陰，而北流注于河。乳水出于其陽，而東南流注于洛。

又東南十里，曰蠱尾之山，多礪石、赤銅。龍餘之水出焉，而東南流注于洛。

又東北二十里，曰升山，其木多穀柞棘，其草多藷藇蕙，多寇脫。黃酸之水出焉，而北流注于河，其中多璇玉。

又東十二里，曰陽虛之山，多金，臨于玄扈之水。

凡薄山之首，自苟林之山至于陽虛之山，凡十六山，二千九百八十二里。升山，冢也，其祠禮：太牢，嬰用吉玉。首山，䰠也，其祠用稌、黑犧、太牢之具，糵釀；干儛，置鼓；嬰用一璧。尸水，合天也，肥牲祠之，用一黑犬于上，用一雌雞于下，刏一牝羊，獻血。嬰用吉玉，采之，饗之。

中次六經縞羝山之首，曰平逢之山，南望伊洛，東望穀城之山，無草木，無水，多沙石。有神焉，其狀如人而二首，名曰驕蟲，是為螫蟲，實惟蜂蜜之廬。其祠之，用一雄雞，禳而勿殺。

西十里，曰縞羝之山，無草木，多金玉。

又西十里，曰廆山，多㻬琈之玉。其陰有谷焉，名曰雚谷，其木多柳楮。其中有鳥焉，狀如山雞而長尾，赤如丹火而青喙，名曰鴒鸚，其鳴自呼，服之不眯。交觴之水出于其陽，而南流注于洛；俞隨之水出于其陰，而北流注于穀水。

又西三十里，曰瞻諸之山，其陽多金，其陰多文石。謝水出焉，而東南流注于洛；少水出于其陰，而東流注于穀水。

又西三十里，曰婁涿之山，無草木，多金玉。瞻水出于其陽，而東流注于洛；陂水出于其陰，而北流注于穀水，其中多茈石、文石。

又西四十里，曰白石之山。惠水出于其陽，而南流注于洛，其中多水玉。澗水出于其陰，西北流注于穀水，其中多麋石、櫨丹。

又西五十里，曰穀山。其上多穀，其下多桑。爽水出焉，而西北流注于穀水，其中多碧綠。

又西七十二里，曰密山，其陽多玉，其陰多鐵。豪水出焉，而南流注于洛，其中多旋龜，其狀鳥首而鱉尾，其音如判木。無草木。

又西百里，曰長石之山，無草木，多金玉。其西有谷焉，名曰共谷，多竹。共水出焉，西南流注于洛，其中多鳴石。

又西一百四十里，曰傅山。無草木，多瑤碧。厭染之水出于其陽，而南流注于洛，其中多人魚。其西有林焉，名曰墦冢，穀水出焉，而東流注于洛，其中多珚玉。

又西五十里，曰橐山。其木多樗，多構木，其陽多金玉，其陰多鐵，多蕭。橐水出焉，而北流注于河。其中多脩辟之魚，狀如黽而白喙，其音如鴟，食之已白癬。

又西九十里，曰常烝之山，無草木，多堊。潐水出焉，而東北流注于河，其中多蒼玉。菑水出焉，而北流注于河。

又西九十里，曰夸父之山，其木多椶枏、多竹箭，其獸多㸲牛、羬羊，其鳥多鷩。其陽多玉，其陰多鐵。其北有林焉，名曰桃林，是廣員三百里，其中多馬。湖水出焉，而北流注于河，其中多珚玉。

又西九十里，曰陽華之山，其陽多金玉，其陰多青雄黃，其草多藷藇，多苦辛，其狀如櫹，其實如瓜，其味酸甘，食之已瘧。楊水出焉，而西南流注于洛，其中多人魚。門水出焉，而東北流注于河，其中多玄𥐟。緒姑之水出于其陰，而東流注于門水，其上多銅。門水出于河，七百九十里入雒水。

凡縞羝山之首，自平逢之山至于陽華之山，凡十四山，七百九十里。嶽在其中，以六月祭之。如諸嶽之祠法，則天下安寧。

中次七經苦山之首，曰休與之山。其上有石焉，名曰帝臺之棋，五色而文，其狀如鶉卵。帝臺之石，所以禱百神者也，服之不蠱。有草焉，其狀如蓍，赤葉而本叢生，名曰夙條，可以為簳。

東三百里，曰鼓鍾之山，帝臺之所以觴百神也。有草焉，方莖而黃華，員葉而三成，其名曰焉酸，可以為毒。其上多礪，其下多砥。

又東二百里，曰姑媱之山，帝女死焉，其名曰女尸，化為䔄草，其葉胥成，其華黃，其實如菟丘，服之媚于人。

又東二十里，曰苦山。有獸焉，名曰山膏，其狀如逐，赤如丹火，善詈。其上有木焉，名曰黃棘，黃華而員葉，其實如蘭，服之不字。有草焉，員葉而無莖，赤華而不實，名曰無條，服之不癭。

又東二十七里，曰堵山，神天愚居之，是多怪風雨。其上有木焉，名曰天楄，方莖而葵狀，服之不噎。

又東五十二里，曰放皋之山，明水出焉，南流注于伊水，其中多蒼玉。有木焉，其葉如槐，黃華而不實，其名曰蒙木，服之不惑。有獸焉，其狀如蜂，枝尾而反舌，善呼，其名曰文文。

又東五十七里，曰大苦之山，多㻬琈之玉，多麋玉。有草焉，其狀葉如榆，方莖而蒼傷，其名曰牛傷，其根蒼文，服之不厥，可以禦兵。其陽狂水出焉，西南流注于伊水，其中多三足龜，食之無大疾，可以已腫。

又東七十里，曰半石之山，其上有草焉，生而秀，其高丈餘，赤葉黃華，華而不實，其名曰嘉榮，服之者不霆。來需之水出于其陽，而西流注于伊水，其中多鯩魚，黑文，其狀如鮒，食者不睡。合水出于其陰，而北流注于洛，多䲢魚，狀如鱖，居逵，蒼文赤尾，食之不癰，可以為瘻。

又東五十里，曰少室之山，百草木成囷。其上有木焉，其名曰帝休，葉狀如楊，其枝五衢，黃華黑實，服之不怒。其上多玉，其下多鐵。休水出焉，而北流注于洛，其中多鯑魚，狀如盩蜼而長距，足白而對，食者無蠱疾，可以禦兵。

又東三十里，曰泰室之山，其上有木焉，葉狀如梨而赤理，其名曰栯木，服者不妒。有草焉，其狀如荒，白華黑實，澤如蘡薁，其名曰䔄草，服之不眯，上多美石。

又北三十里，曰講山，其上多玉，多柘，多柏。有木焉，名曰帝屋，葉狀如椒，反傷赤實，可以禦凶。

又北三十里，曰嬰梁之山，上多蒼玉，錞于玄石。

又東三十里，曰浮戲之山。有木焉，葉狀如樗而赤實，名曰亢木，食之不蠱。汜水出焉，而北流注于河。其東有谷，因名曰蛇谷，上多少辛。

又東四十里，曰少陘之山，有草焉，名曰崗草，葉狀如葵，而赤莖白華，實如蘡薁，食之不愚。器難之水出焉，而北流注于役水。

又東南十里，曰太山。有草焉，名曰梨，其葉狀如荻而赤華，可以已疽。太水出于其陽，而東南注于役水；承水出于其陰，而東北流注于役。

又東二十里，曰末山，上多赤金。末水出焉，北流注于役。

又東二十五里，曰役山，上多白金，多鐵。役水出焉，北注于河。

又東三十五里，曰敏山。上有木焉，其狀如荊，白華而赤實，名曰薊柏，服之不寒。其陽多㻬琈之玉。

又東三十里，曰大騩之山，其陰多鐵、美玉、青堊。有草焉，其狀如蓍而毛，青華而白實，其名曰䓘，服之不夭，可以為腹病。

凡苦山之首，自休與之山至于大騩之山，凡十有九山，千一百八十四里。其十六神者，皆豕身而人面。其祠：毛牷用一羊羞，嬰用一藻玉瘞。苦山、少室、太室皆冢也，其祠之，太牢之具，嬰以吉玉。其神狀皆人面而三首，其餘屬皆豕身人面也。

中次八經荊山之首，曰景山，其上多金玉，其木多杼、檀，睢水出焉，東南流注于江，其中多丹粟，多文魚。

東北百里，曰荊山。其陰多鐵，其陽多赤金；其中多犛牛，多豹虎；其木多松柏，其草多竹，多橘櫾。漳水出焉，而東南流注于睢，其中多黃金，多鮫魚；其獸多閭麋。

又東北百五十里，曰驕山，其上多玉，其下多青雘，其木多松柏，多桃枝鉤端。神蟲圍處之，其狀如人面，羊角虎爪，恒遊于雎漳之淵，出入有光。

又東北百二十里，曰女几之山。其上多玉，其下多黃金，其獸多豹虎，多閭麋麖麂，其鳥多白鷮，多翟，多鴆。

又東北二百里，曰宜諸之山，其上多金玉，其下多青雘。洈水出焉，而南流注于漳，其中多白玉。

又東北二百里，曰綸山，其木多梓枏，多桃枝，多柤栗橘櫾，其獸多閭麈麢㚟。

又東二百里，曰陸郈之山，其上多㻬琈之玉，其下多堊，其木多杻橿。

又東百三十里，曰光山，其上多碧，其下多水。神計蒙處之，其狀人身而龍首，恒遊于漳淵，出入必有飄風暴雨。

又東百五十里，曰岐山。其陽多赤金，其陰多白瑉；其上多金玉，其下多青雘，其木多樗。神涉蟲處之，其狀人身而方面三足。

又東百三十里，曰銅山，其上多金銀鐵，其木多穀柞柤栗橘櫾，其獸多犳。

又東北一百里，曰美山，其獸多兕牛，多閭麈，多豕鹿；其上多金，其下多青雘。

又東北百里，曰大堯之山，其木多松柏，多梓桑，多机，其草多竹，其獸多豹虎麢㚟。

又東北三百里，曰靈山，其上多金玉，其下多青雘。其木多桃李梅杏。

又東北七十里，曰龍山，上多寓木，其上多碧，其下多赤錫，其草多桃枝鉤端。

又東南五十里，曰衡山，上多寓木穀柞，多黃堊白堊。

又東南七十里，曰石山，其上多金，其下多青雘，多寓木。

又南百二十里，曰若山。其上多㻬琈之玉，多赭，多封石，多寓木，多柘。

又東南一百二十里，曰彘山，多美石，多柘。

又東南一百五十里，曰玉山，其上多金玉，其下多碧、鐵，其木多柏。

又東南七十里，曰讙山，其木多檀，多封石，多白錫。郁水出于其上，潛于其下，其中多砥礪。

又東北百五十里，曰仁舉之山，其木多穀柞，其陽多赤金，其陰多赭。

又東五十里，曰師每之山。其陽多砥礪，其陰多青雘；其木多柏，多檀，多柘，其草多竹。

又東南二百里，曰琴鼓之山，其木多穀柞椒柘，其上多白瑉，其下多洗石。其獸多豕鹿，多白犀，其鳥多鴆。

凡荊山之首，自景山至琴鼓之山，凡二十三山，二千八百九十里。其神狀皆鳥身而人面。其祠：用一雄雞祈瘞，用一藻圭，糈用稌。驕山，冢也，其祠：用羞酒少牢祈瘞，嬰用一璧。

中次九經岷山之首，曰女几之山，其上多石涅，其木多杻橿，其草多菊茮。洛水出焉，東注于江，其中多雄黃，其獸多虎豹。

又東北三百里，曰岷山，江水出焉，東北流注于海，其中多良龜，多鼉。其上多金玉，其下多白瑉，其木多梅棠，其獸多犀象，多夔牛，其鳥多翰鷩。

又東北一百四十里，曰崍山，江水出焉，東流注于大江。其陽多黃金，其陰多麋麈，其木多檀柘，其草多䪥韭，多葯、空奪。

又東一百五十里，曰岷山，江水出焉，東流注于大江，其中多怪蛇，多鰲魚；其木多楢杻，多梅梓；其獸多夔牛麢㚟犀兕。有鳥焉，狀如鴞而赤身白首，其名曰竊脂，可以禦火。

又東三百里，曰高梁之山，其上多堊，其下多砥礪，其木多桃枝鉤端。有草焉，狀如葵而赤華、莢實、白柎，可以走馬。

又東四百里，曰蛇山，其上多黃金，其下多堊；其木多栒，多橡章，其草多嘉榮、少辛。有獸焉，其狀如狐，而白尾長耳，名䝙狼，見則國內有兵。

又東五百里，曰鬲山，其陽多金，其陰多白珉。蒲鸛之水出焉，而東流注于江，其中多白玉。其獸多犀象熊羆，多猨蜼。

又東北三百里，曰隅陽之山，其上多金玉，其下多青雘，其木多梓桑，其草多茈。徐之水出焉，東流注于江，其中多丹粟。

又東二百五十里，曰岐山，其上多白金，其下多鐵；其木多梅梓，多杻楢。減水出焉，東南流注于江。

又東三百里，曰勾檷之山，其上多玉，其下多黃金，其木多櫟柘，其草多芍藥。

又東一百五十里，曰風雨之山，其上多白金，其下多石涅；其木多椒樿，多楊。宣余之水出焉，東流注于江，其中多蛇。其獸多閭麋，多麈豹虎，其鳥多白鷮。

又東北二百里，曰玉山，其陽多銅，其陰多赤金，其木多豫章楢杻，其獸多豕鹿麢㚟，其鳥多鴆。

又東一百五十里，曰熊山。有穴焉，熊之穴，恒出神人，夏啟而冬閉。是穴也，冬啟乃必有兵。其上多白玉，其下多白金，其木多樗柳，其草多寇脫。

又東一百四十里，曰騩山，其陽多美玉赤金，其陰多鐵，其木多桃枝荊芑。

又東二百里，曰葛山，其上多赤金，其下多瑊石；

其木多柤栗橘櫾楢杻，其獸多麢㚟，其草多嘉榮。

又東一百七十里，曰賈超之山，其陽多黃堊，其陰多美赭；其木多柤栗橘櫾，其中多龍脩。

凡岷山之首，自女几山至于賈超之山，凡十六山，三千五百里。其神狀皆馬身而龍首。其祠：毛用一雄雞祈瘞，糈用稌。文山、勾檷、風雨、騩之山，是皆冢也，其祠之：羞酒，少牢具，嬰用一吉玉。熊山，帝也，其祠：羞酒，太牢具，嬰用一璧。干儛，用兵以禳；祈，璆冕舞。

中次十經之首，曰首陽之山，其上多金玉，無草木。

又西五十里，曰虎尾之山，其木多椒椐，多封石；其陽多赤金，其陰多鐵。

又西南五十里，曰繁績之山，其木多楢杻，其草多枝勾。

又西南二十里，曰勇石之山，無草木，多白金，多水。

又西二十里，曰復州之山，其木多檀，其陽多黃金。有鳥焉，其狀如鴞，而一足彘尾，其名曰跂踵，見則其國大疫。

又西三十里，曰楮山，多寓木，多椒椐，多柘，多堊。

又西二十里，曰又原之山，其陽多青雘，其陰多鐵，其鳥多鸜鵒。

又西五十里，曰涿山，其木多穀柞杻，其陽多㻬琈之玉。

又西七十里，曰丙山，其木多梓檀，多弞杻。

凡首陽山之首，自首山至于丙山，凡九山，二百六十七里。其神狀皆龍身而人面。其祠之：毛用一雄雞瘗，糈用五種之糈。堵山，冢也，其祠之：少牢具，羞酒祠，嬰用一璧瘗。騩山，帝也，其祠：羞酒，太牢具，合巫祝二人儛，嬰一璧。

中次一十一經荊山之首，曰翼望之山。湍水出焉，東流注于濟；貺水出焉，東南流注于漢，其中多蛟。其上多松柏，其下多漆梓，其陽多赤金，其陰多珉。

又東北一百五十里，曰朝歌之山。潕水出焉，東南流注于滎，其中多人魚。其上多梓枏，其獸多麢麋。有草焉，名曰莽草，可以毒魚。

又東南二百里，曰帝囷之山，其陽多㻬琈之玉，其陰多鐵。帝囷之水出于其上，潛于其下，多鳴蛇。

又東南五十里，曰視山，其上多韭。有井焉，名曰天井，夏有水，冬竭。其上多桑，多美堊金玉。

又東南二百里，曰前山。其木多櫧，多柏；其陽多金，其陰多赭。

又東南三百里，曰豐山。有獸焉，其狀如猨，赤目，赤喙、黄身，名曰雍和，見則國有大恐。神耕父處之，常遊清泠之淵，出入有光，見則其國為敗。有九鍾焉，是知霜鳴。其上多金，其下多穀柞杻橿。

又東北八百里，曰免牀之山，其陽多鐵，其木多櫧芋，其草多雞穀，其本如雞卵，其味酸甘，食者利于人。

又東六十里，曰皮山，多堊，多赭，其木多松柏。

又東六十里，曰瑤碧之山，其木多梓枏；其陰多青臒，其陽多白金。有鳥焉，其狀如雉，恒食蜚，名曰鴆。

又東四十里，曰支離之山。濟水出焉，南流注于漢。有鳥焉，其名曰嬰勺，其狀如鵲，赤目、赤喙、白身；其尾若勺，其鳴自呼。多㸲牛，多羬羊。

又東北五十里，曰祑簡之山，其上多松柏机桓。

又西北一百里，曰堇理之山。其上多松柏，多美梓；其陰多丹雘，多金；其獸多豹虎。有鳥焉，其狀如鵲，青身白喙，白目白尾，名曰青耕，可以禦疫，其鳴自叫。

又東南三十里，曰依軲之山，其上多杻橿，多苴。有獸焉，其狀如犬，虎爪有甲，其名曰獜，善駚坌，食者不風。

又東南三十五里，曰即谷之山，多美玉，多玄豹，多閭麈，多麢㚟，其陽多珉，其陰多青雘。

又東南四十里，曰雞山，其上多美梓，多桑，其草多韭。

又東南五十里，曰高前之山，其上多水焉，甚寒而清，帝臺之漿也，飲之者不心痛。其上有金，其下有赭。

又東南三十里，曰游戲之山，多杻橿穀，多玉，多封石。

又東南三十五里，曰從山，其上多松柏，其下多竹。從水出于其上，潛于其下，其中多三足鼈，枝尾，食之無蠱疾。

又東南三十里，曰嬰𥖿之山，其上多松柏，其下多梓櫄。

又東南三十里，曰畢山。帝苑之水出焉，東北流注于視，其中多水玉，多蛟。其上多㻬琈之玉。

又東南二十里，曰樂馬之山。有獸焉，其狀如彙，赤如丹火，其名曰𤟤，見則其國大疫。

又東南二十五里，曰葴山。視水出焉，東南流注于汝水，其中多人魚，多蛟，多頡。

又東四十里，曰嬰山。其下多青雘，其上多金玉。

又東三十里，曰虎首之山。多苴椆椐。

又東二十里，曰嬰侯之山。其上多封石，其下多赤錫。

又東五十里，曰大孰之山。殺水出焉，東北流注于視水，其中多白堊。

又東四十里，曰卑山。其上多桃李苴梓，多纍。

又東三十里，曰倚帝之山。其上多玉，其下多金。有獸焉，狀如鼣鼠，白耳白喙，名曰狙如，見則其國有大兵。

又東三十里，曰鯢山。鯢水出于其上，潛于其下，其中多美堊。其上多金，其下多青雘。

又東三十里，曰雅山。澧水出焉，東流注于視水，其中多大魚。其上多美桑，其下多苴，多赤金。

又東五十五里，曰宣山。淪水出焉，東南流注于視水，其中多蛟。其上有桑焉，大五十尺，其枝四衢，其葉大尺餘，赤理黃華青柎，名曰帝女之桑。

又東四十五里，曰衡山。其上多青雘，多桑；其鳥多鸜鵒。

又東四十里，曰豐山。其上多封石，其木多桑，多羊桃，狀如桃而方莖，可以為皮張。

又東七十里，曰嫗山，其上多美玉，其下多金，其草多雞穀。

又東三十里，曰鮮山。其木多楢杻苴，其草多虋冬；其陽多金，其陰多鐵。有獸焉，其狀如膜犬，赤喙、赤目、白尾，見則其邑有火，名曰狢即。

又東三十里，曰章山，其陽多金，其陰多美石。皐水出焉，東流注于豐水，其中多脃石。

又東二十五里，曰大支之山，其陽多金，其木多穀柞，無草。

又東五十里，曰區吳之山，其木多苴。

又東五十里，曰聲匈之山。其木多穀，多玉，上多封石。

又東五十里，曰大騩之山，其陽多赤金，其陰多砥石。

又東十里，曰踵臼之山，無草木。

又東北七十里，曰歷石之山，其木多荊芑，其陽多黃金，其陰多砥石。有獸焉，其狀如貍而白首虎爪，名曰梁渠，見則其國有大兵。

又東南一百里，曰求山。求水出于其上，潛于其下，中有美赭。其木多苴，多䉋。其陽多金，其陰多鐵。

又東二百里，曰丑陽之山，其上多椆椐。有鳥焉，其狀如烏而赤足，名曰䲦鵌，可以禦火。

又東三百里，曰奧山，其上多柏杻橿，其陽多㻬琈之玉。奧水出焉，東流注于視水。

又東三十五里，曰服山。其木多苴，其上多封石，其下多赤錫。

又東百十里，曰杳山，其上多嘉榮草，多金玉。

又東三百五十里，曰几山，其木多楢檀杻，其草多香。有獸焉，其狀如彘，黃身、白頭、白尾，名曰聞獜，見則天下大風。

凡荊山之首，自翼望之山至于几山，凡四十八山，三千七百三十二里。其神狀皆彘身人首。其祠：毛用一雄雞祈，瘞用一珪，糈用五種之精。禾山，帝也，其祠：太牢之具，羞瘞倒毛，用一璧，牛無常。堵山、玉山，冢也，皆倒祠，羞用少牢，嬰用吉玉。

中次十二經洞庭山之首，曰篇遇之山，無草木，多黃金。

又東南五十里，曰雲山，無草木，有桂竹，甚毒，傷人必死。其上多黃金，其下多瓀琈之玉。

又東南一百三十里，曰龜山。其木多穀柞椆椐；其上多黃金，其下多青雄黃，多扶竹。

又東七十里，曰丙山，多筀竹，多黃金銅鐵，無木。

又東南五十里，曰風伯之山。其上多金玉，其下多痠石、文石，多鐵，其木多柳杻檀楮。其東有林焉，名曰莽浮之林，多美木鳥獸。

又東一百五十里，曰夫夫之山。其上多黃金，其下多青雄黃；其木多桑楮，其草多竹、雞鼓。神于兒居之，其狀人身而身操兩蛇，常遊于江淵，出入有光。

又東南一百二十里，曰洞庭之山。其上多黃金，其下多銀鐵；其木多柤棃橘櫾，其草多葌、蘪蕪、芍藥、芎藭。帝之二女居之，是常遊于江淵。澧沅之風，交瀟湘之淵，是在九江之閒，出入必以飄風暴雨。是多怪神，狀如人而載蛇，左右手操蛇。多怪鳥。

又東南一百八十里，曰暴山。其木多椶柟荊芑竹箭䉋箘，其上多黃金玉，其下多文石鐵，其獸多麋鹿麐就。

又東南二百里，曰即公之山。其上多黃金，其下多㻬琈之玉；其木多柳杻檀桑。有獸焉，其狀如龜，而白身赤首，名曰蛫，是可以禦火。

又東南一百五十九里，有堯山。其陰多黃堊，其陽多黃金；其木多荊芑柳檀，其草多藷藇荒。

又東南一百里，曰江浮之山。其上多銀砥礪，無草木；其獸多豕鹿。

又東二百里，曰真陵之山。其上多黃金，其下多玉；其木多穀柞柳杻，其草多榮草。

又東南一百二十里，曰陽帝之山。多美銅。其木多橿杻檿楮，其獸多麢麝。

又南九十里，曰柴桑之山。其上多銀，其下多碧，多汵石、赭；其木多柳芑楮桑，其獸多麋鹿，多白蛇飛蛇。

又東二百三十里，曰榮余之山。其上多銅，其下多銀；其木多柳芑，其蟲多怪蛇怪蟲。

凡洞庭山之首，自篇遇之山至于榮余之山，凡十五山，二千八百里。其神狀皆鳥身而龍首。其祠：毛用一雄雞、一牝豚刉，糈用稌。凡夫夫之山、即公之山、堯山、陽帝之山皆冢也，其祠：皆肆瘞，祈用酒，毛用少牢，嬰用一吉玉。洞庭、榮余山神也，其祠：皆肆瘞，祈酒太牢祠，嬰用圭璧十五，五采惠之。

右中經之山，大凡百九十七山，二萬一千三百七十一里。

大凡天下名山五千三百七十，居地，大凡六萬四千五十六里。

禹曰：天下名山，經五千三百七十山，六萬四千五十六里，居地也。言其〈五臧〉，蓋其餘小山甚眾，不足記云。天地之東西二萬八千里，南北二萬六千里，出水之山者八千里，受水者八千里，出銅之山四百六十七，出鐵之山三千六百九十。此天地之所分壤樹穀也，戈矛之所發也，刀鎩之所起也。能者有餘，拙者不足。封于太山，禪于梁父，七十二家，得失之數，皆在此內，是謂國用。

右〈五臧山經〉五篇，大凡一萬五千五百三字。

卷六
海外南經

地之所載，六合之閒，四海之內，照之以日月，經之以星辰，紀之以四時，要之以太歲，神靈所生，其物異形，或夭或壽，唯聖人能通其道。

海外自西南陬至東南陬也。

結匈國在其西南，其為人結匈。

南山在其東南，自此山來，蟲為蛇，蛇號為魚。一曰南山在結匈東南。

比翼鳥在其東，其為鳥青赤，兩鳥比翼。一曰在南山東。

羽民國在其東南，其為人長頭，身生羽。一曰在比翼鳥東南，其為人長頰。

有神人二八，連臂，為帝司夜于此野。在羽民東。其為人小頰赤肩，盡十六人。

畢方鳥在其東，青水西，其為鳥一腳。一曰在二八神東。

讙頭國在其南，其為人人面有翼，鳥喙，方捕魚。

一曰在畢方東。或曰讙朱國。

厭火國在其南，獸身黑色，火出其口中。一曰在讙朱東。

三株樹在厭火北，生赤水上，其為樹如柏，葉皆為珠。一曰其為樹若彗。

三苗國在赤水東，其為人相隨。一曰三毛國。

載國在其東，其為人黃，能操弓射蛇。一曰載國在三毛東。

貫匈國在其東，其為人匈有竅。一曰在載國東。

交脛國在其東，其為人交脛。一曰在穿匈東。

不死民在其東，其為人黑色，壽，不死。一曰在穿匈國東。

反舌國在其東，其為人反舌。一曰支舌國在不死民東。

昆侖虛在其東，虛四方。一曰在反舌東，為虛四方。

羿與鑿齒戰于壽華之野，羿射殺之。在昆侖虛東。羿持弓矢，鑿齒持盾。一曰持戈。

三首國在其東，其為人一身三首。一曰在鑿齒東。

周饒國在其東，其為人短小，冠帶。一曰焦僥國在三首東。

長臂國在其東，捕魚水中，兩手各操一魚。一曰在焦僥東，捕魚海中。

狄山，帝堯葬于陽，帝嚳葬于陰。爰有熊、羆、文虎、蜼、豹、離朱、視肉。吁咽、文王皆葬其所。一曰湯山。一曰爰有熊、羆、文虎、蜼、豹、離朱、鴟久、視肉、虖交。有范林方三百里。

南方祝融，獸身人面，乘兩龍。

卷七
海外西經

海外自西南陬至西北陬者。

滅蒙鳥在結匈國北，為鳥青，赤尾。

大運山高三百仞，在滅蒙鳥北。

大樂之野，夏后啟于此儛九代，乘兩龍，雲蓋三層。左手操翳，右手操環，佩玉璜。在大運山北。一曰大遺之野。

三身國在夏后啟北，一首而三身。

一臂國在其北，一臂、一目、一鼻孔。有黃馬虎文，一目而一手。

奇肱之國在其北，其人一臂三目，有陰有陽，乘文馬。有鳥焉，兩頭，赤黃色，在其旁。

刑天與帝爭神。帝斷其首，葬之常羊之山。乃以乳為目，以臍為口，操干戚以舞。

女祭、女戚在其北，居兩水閒，戚操魚䱇，祭操俎。

鴍鳥、鶬鳥，其色青黃，所經國亡。在女祭北。鴍鳥人面，居山上。一曰維鳥，青鳥、黃鳥所集。

丈夫國在維鳥北，其為人衣冠帶劍。

女丑之尸，生而十日炙殺之。在丈夫北。以右手鄣其面。十日居上，女丑居山之上。

巫咸國在女丑北，右手操青蛇，左手操赤蛇，在登葆山，羣巫所從上下也。

并封在巫咸東，其狀如彘，前後皆有首，黑。

女子國在巫咸北，兩女子居，水周之，一曰居一門中。

軒轅之國在窮山之際，其不壽者八百歲。在女子國北，人面蛇身，尾交首上。

窮山在其北，不敢西射，畏軒轅之丘。在軒轅國北。其丘方，四蛇相繞。

諸夭之野，鸞鳥自歌，鳳鳥自舞，鳳皇卵，民食之；甘露，民飲之；所欲自從也。百獸相與羣居。在四蛇北。其人兩手操卵食之，兩鳥居前導之。

龍魚陵居在其北，狀如鯉。一曰鰕。即有神聖乘此以行九野。一曰鼈魚在夭野北，其為魚也如鯉。

白民之國在龍魚北，白身被髮。有乘黃，其狀如狐，其背上有角，乘之壽二千歲。

肅慎之國在白民北，有樹名曰雒棠，聖人代立，于此取衣。

長股之國在雒棠北，被髮，一曰長腳。

西方蓐收，左耳有蛇，乘兩龍。

卷八 海外北經

海外自東北陬至西北陬者。

無啓之國在長股東，為人無啓。

鍾山之神名曰燭陰；視為晝，瞑為夜；吹為冬，呼為夏；不飲，不食，不息，息為風，身長千里，在無啓之東。其為物，人面，蛇身，赤色，居鍾山下。

一目國在其東，一目中其面而居。

柔利國在一目東，為人一手一足，反厀，曲足居上。一云留利之國，人足反折。

共工之臣曰相柳氏，九首，以食于九山。相柳之所抵，厥為澤谿。禹殺相柳，其血腥，不可以樹五穀種。禹厥之，三仞三沮，乃以為眾帝之臺。在昆侖之北，柔利之東。相柳者，九首人面，蛇身而青。不敢北射，畏共工之臺。臺在其東，臺四方，隅有一蛇，虎色，首衝南方。

深目國在其東，為人深目，舉一手，一曰在共工臺東。

無腸之國在深目東，其為人長而無腸。

聶耳之國在無腸國東，使兩文虎，為人兩手聶其耳。縣居海水中，及水所出入奇物。兩虎在其東。

夸父與日逐走，入日。渴欲得飲，飲于河渭；河渭不足，北飲大澤。未至，道渴而死。棄其杖，化為鄧林。

夸父國在聶耳東，其為人大，右手操青蛇，左手操黃蛇。鄧林在其東，二樹木。一曰博父。

禹所積石之山在其東，河水所入。

拘癭之國在其東，一手把癭。一曰利癭之國。

尋木長千里，在拘癭南，生河上西北。

跂踵國在拘癭南，其為人兩足皆支。一曰反踵。

歐絲之野在反踵東，一女子跪據樹歐絲。

三桑無枝，在歐絲東，其木長百仞，無枝。

范林方三百里，在三桑東，洲環其下。

務隅之山，帝顓頊葬于陽。九嬪葬于陰。一曰爰有熊、羆、文虎、離朱、鴟久、視肉。

平丘在三桑東，爰有遺玉、青鳥、視肉、楊柳、甘柤、甘華，百果所生。有兩山夾上谷，二大丘居中，名曰平丘。

北海內有獸，其狀如馬，名曰騊駼。有獸焉，其名曰駮，狀如白馬，鋸牙，食虎豹。有素獸焉，狀如馬，名曰蛩蛩。有青獸焉，狀如虎，名曰羅羅。

北方禺彊，人面鳥身，珥兩青蛇，踐兩青蛇。

卷九

海外東經

海外自東南陬至東北陬者。

蹉丘，爰有遺玉、青馬、視肉、楊桃、甘柤，甘華，百果所生，在東海。兩山夾丘，上有樹木。一曰嗟丘。一曰百果所在，在堯葬東。

大人國在其北，為人大，坐而削船。一曰在蹉丘北。

奢比之尸在其北，獸身、人面、大耳，珥兩青蛇。一曰肝榆之尸，在大人北。

君子國在其北，衣冠帶劍，食獸，使二文虎在旁，其人好讓不爭。有薰華草，朝生夕死。一曰在肝榆之尸北。

虹虹在其北，各有兩首。一曰在君子國北。

朝陽之谷，神曰天吳，是為水伯。在虹虹北兩水間。其為獸也，八首人面，八足八尾，背青黃。

青丘國在其北，其人食五穀，衣絲帛。其狐四足九尾，一曰在朝陽北。

帝命豎亥步，自東極至于西極，五億十選九千八百步。豎亥右手把筭，左手指青丘北。一曰禹令豎亥。一曰五億十萬九千八百步。

黑齒國在其北，為人黑齒，食稻啖蛇，一赤一青，在其旁。一曰：在豎亥北，為人黑首，食稻使蛇，其一蛇赤。

下有湯谷，湯谷上有扶桑，十日所浴，在黑齒北，居水中，有大木，九日居下枝，一日居上枝。

雨師妾國在其北，其為人黑，兩手各操一蛇，左耳有青蛇，右耳有赤蛇。一曰在十日北。為人黑身人面，各操一龜。

玄股之國在其北，其為人股黑，衣魚食鷗，使兩鳥夾之。一曰在雨師妾國北。

毛民之國在其北，為人身生毛。一曰在玄股北。

勞民國在其北，其為人黑，食果草實。有一鳥兩頭。或曰教民。一曰在毛民北，為人面目手足盡黑。

東方句芒，鳥身人面，乘兩龍。

（建平元年四月丙戌，待詔太常屬臣望校治，侍中光祿勳臣龔、侍中奉車都尉光祿大夫臣秀領主省。）

卷十 海內南經

海內東南陬以西者。

甌居海中。閩在海中，其西北有山。一曰閩中山在海中。

三天子鄣山在閩西海北。一曰在海中。

桂林八樹在番隅東。

伯慮國、離耳國、雕題國、北朐國皆在鬱水南。鬱水出湘陵南海。一曰相慮。

梟陽國在北朐之西，其為人人面長脣，黑身有毛，反踵，見人笑則笑，左手操管。

兕在舜葬東，湘水南，其狀如牛，蒼黑，一角。

蒼梧之山，帝舜葬于陽，帝丹朱葬于陰。

氾林方三百里，在狌狌東。

狌狌知人名，其為獸如豕而人面，在舜葬西。

狌狌西北有犀牛，其狀如牛而黑。

夏后啟之臣曰孟涂，是司神于巴，人請訟于孟涂之所，其衣有血者乃執之，是請生。居山上，在丹山西。

窫窳居弱水中，在狌狌之西，其狀如貙，龍首，食人。

有木，其狀如牛，引之有皮，若纓、黃蛇。其葉如羅，其實如欒，其木如蓲，其名曰建木。在窫窳西弱水上。

氐人國在建木西，其為人人面而魚身，無足。

巴蛇食象，三歲而出其骨，君子服之，無心腹之疾。其為蛇青黃赤黑。一曰黑蛇青首，在犀牛西。

旄馬，其狀如馬，四節有毛。在巴蛇西北，高山南。

卷十一

海內西經

海內西南陬以北者。

后稷之葬，山水環之。在氐國西。

流黃酆氏之國，中方三百里。有塗四方，中有山。

在后稷葬西。

流沙出鍾山，西行又南行昆侖之虛，西南入海黑水之山。

國在流沙中者埻端、璽㻬，在昆侖虛東南。一曰海內之郡，不為郡縣，在流沙中。

國在流沙外者，大夏、豎沙、居繇、月支之國。

西胡白玉山在大夏東，蒼梧在白玉山西南，皆在流沙西，昆侖虛東南。昆侖山在西胡西，皆在西北。

海內昆侖之虛，在西北，帝之下都。昆侖之虛，方八百里，高萬仞。上有木禾，長五尋，大五圍。面有九井，以玉為檻。面有九門，門有開明獸守之，百神之所在。在八隅之巖，赤水之際，非仁羿莫能上岡之巖。

赤水出東南隅，以行其東北，西南流注南海厭火東。

河水出東北隅，以行其北，西南又入渤海，又出海外，即西而北，入禹所導積石山。

洋水、黑水出西北隅，以東，東行，又東北，南入海，羽民南。

弱水、青水出西南隅，以東，又北，又西南，過畢方鳥東。

昆侖南淵深三百仞。開明獸身大類虎而九首，皆人面，東嚮立昆侖上。

開明西有鳳皇、鸞鳥，皆戴蛇踐蛇，膺有赤蛇。

開明北有視肉、珠樹、文玉樹、玗琪樹、不死樹。鳳皇、鸞鳥皆戴瞂。又有離朱、木禾、柏樹、甘水、聖木曼兑，一曰挺木牙交。

開明東有巫彭、巫抵、巫陽、巫履、巫凡、巫相，夾窫窳之尸，皆操不死之藥以距之。窫窳者，蛇身人面，貳負臣所殺也。

服常樹，其上有三頭人，伺琅玕樹。

開明南有樹鳥，六首。蛟、蝮、蛇、蜼、豹、鳥秩樹，于表池樹木，誦鳥、鶽、視肉。

蛇巫之山，上有人操柸而東向立。一曰龜山。

西王母梯几而戴勝，其南有三青鳥，為西王母取食。在昆侖虛北。

卷十二

海內北經

海內西北陬以東者。

匈奴、開題之國、列人之國並在西北。

貳負之臣曰危，危與貳負殺窫窳。帝乃梏之疏屬之山，桎其右足，反縛兩手，繫之山上木。在開題西北。

有人曰大行伯，把戈。其東有犬封國。貳負之尸在大行伯東。

犬封國曰犬戎國，狀如犬。有一女子，方跪進柸食。有文馬，縞身朱鬣，目若黃金，名曰吉量，乘之壽千歲。

鬼國在貳負之尸北，為物人面而一目。一曰貳負神在其東，為物人面蛇身。

蜪犬如犬，青，食人從首始。

窮奇狀如虎，有翼，食人從首始，所食被髮。在蜪犬北。一曰從足。

帝堯臺、帝嚳臺、帝丹朱臺、帝舜臺，各二臺，臺四方，在昆侖東北。

大蠭其狀如螽。朱蛾其狀如蛾。

蟜，其為人虎文，脛有䏿。在窮其東。一曰，狀如人。昆侖虛北所有。

闒非，人面而獸身，青色。

據比之尸，其為人折頸被髮，無一手。

環狗，其為人獸首人身。一曰蝟狀如狗，黃色。

袜，其為物人身黑首從目。

戎，其為人人首三角。

林氏國有珍獸，大若虎，五采畢具，尾長于身，名曰騶吾，乘之日行千里。

昆侖虛南所，有氾林方三百里。

從極之淵深三百仞，維冰夷恒都焉。冰夷人面，乘兩龍，一曰忠極之淵。

陽汙之山，河出其中；凌門之山，河出其中。

王子夜之尸，兩手、兩股、胸、首、齒，皆斷異處。

大澤方百里，羣鳥所生及所解，在鴈門北。

鴈門山，鴈出其閒。在高柳北。

高柳在代北。

舜妻登比氏生宵明、燭光，處河大澤，二女之靈能照此所方百里。一曰登北氏。

東胡在大澤東。

夷人在東胡東。

貊國在漢水東北，地近于燕，滅之。

孟鳥在貊國東北，其鳥文赤、黃、青，東鄉。

卷十三
海內東經

海內東北陬以南者。

鉅燕在東北陬。

蓋國在鉅燕南，倭北。倭屬燕。

朝鮮在列陽東，海北山南，列陽屬燕。

列姑射在海河州中。

姑射國在海中，屬列姑射。西南，山環之。

大蟹在海中。

陵魚人面，手足，魚身，在海中。

大鯾居海中。

明組邑居海中。

蓬萊山在海中。

大人之市在海中。

琅邪臺在渤海閒，琅邪之東。其北有山，一曰在海閒。

都州在海中，一曰鬱州。

韓鴈在海中，都州南。

始鳩在海中，韓鴈南。

雷澤中有雷神，龍身而人頭，鼓其腹，在吴西。

會稽山在大越南。

（建平元年四月丙戌，待詔太常屬臣望校治、侍中光祿勳臣龔、侍中奉車都尉光祿大夫臣秀領主省。）

卷十四
大荒東經

東海之外有大壑，少昊之國。少昊孺帝顓頊于此，棄其琴瑟。有甘山者，甘水出焉，生甘淵。

東海之外，甘水之閒，有羲和之國。有女子名曰羲和，方浴日于甘淵。羲和者，帝俊之妻，是生十日。

大荒東南隅有山，名皮母地丘。

東海之外，大荒之中，有山名曰大言，日月所出。

有波谷山者，有大人之國。有大人之市，名曰大人之堂。有一大人踆其上，張其兩臂。

有小人國，名靖人。

有神，人面獸身，名曰犁䰠之尸。

有潏山，楊水出焉。

有蒍國，黍食，使四鳥：虎、豹、熊、羆。

大荒之中，有山名曰合虛，日月所出。

有中容之國。帝俊生中容，中容人食獸、木實，使四鳥：豹、虎、熊、羆。

有東口之山，有君子之國，其人衣冠帶劍。

有司幽之國，帝俊生晏龍，晏龍生司幽，司幽生思士，不妻；思女，不夫。食黍，食獸，是使四鳥。

有大阿之山者。

大荒中有山名曰明星，日月所出。

有白民之國。帝俊生帝鴻，帝鴻生白民，白民銷姓，黍食，使四鳥：虎、豹、熊、羆。

有青丘之國，有狐，九尾。

有柔僕民，是維嬴土之國。

有黑齒之國，帝俊生黑齒，姜姓，黍食，使四鳥。

有夏州之國，有蓋余之國。

有神，八首人面，虎身十尾，名曰天吳。

大荒之中，有山名曰鞠陵于天、東極、離瞀，日月所出。名曰折丹——東方曰折，來風曰俊——處東極以出入風。

東海之渚中，有神，人面鳥身，珥兩黃蛇，踐兩黃蛇，名曰禺虢。黃帝生禺虢，禺虢生禺京，禺京處北海，禺虢處東海，是為海神。

有招搖山，融水出焉。有國曰玄股，黍食，使四鳥。

有困民國，勾姓，黍食。有人曰王亥，兩手操鳥，方食其頭。王亥託于有易、河伯僕牛。有易殺王亥，取僕牛。河伯念有易，有易潛出，為國于獸，方食之，名曰搖民。帝舜生戲，戲生搖民。

海內有兩人，名曰女丑。女丑有大蟹。

大荒之中，有山名曰孽搖頵羝，上有扶木，柱三百里，其葉如芥。有谷曰溫源谷。湯谷上有扶木。一日方至，一日方出，皆載于烏。

有神，人面、大耳、獸身，珥兩青蛇，名曰奢比尸。

有五采之鳥，相鄉棄沙。惟帝俊下友。帝下兩壇，采鳥是司。

大荒之中，有山名猗天蘇門，日月所生。有壎民之國。

有綦山。又有搖山。有䰝山。又有門戶山。又有盛山。又有待山。有五采之鳥。

東荒之中，有山名曰壑明俊疾，日月所出，有中容之國。

東北海外，又有三青馬、三騅、甘華。爰有遺玉、三青鳥、三騅、視肉、甘華、甘柤，百穀所在。

有女和月母之國，有人名曰鳧，北方曰鳧，來風曰狻，是處東北隅以止日月，使無相閒出沒，司其短長。

大荒東北隅中，有山名曰凶犁土丘。應龍出南極，殺蚩尤與夸父，不得復上。故下數旱，旱而為應龍之狀，乃得大雨。

東海中有流波山，入海七千里。其上有獸，狀如牛，蒼身而無角，一足，出入水則必風雨，其光如日月，其聲如雷，其名曰夔。黃帝得之，以其皮為鼓，橛以雷獸之骨，聲聞五百里，以威天下。

卷十五
大荒南經

南海之外，赤水之西，流沙之東，有獸，左右有首，名曰跊踢。有三青獸相並，名曰雙雙。

有阿山者。南海之中，有汜天之山，赤水窮焉。赤水之東，有蒼梧之野，舜與叔均之所葬也。爰有文貝、離俞、鴟久、鷹、賈、委維、熊、羆、象、虎、豹、狼、視肉。

有榮山，榮水出焉。黑水之南，有玄蛇，食麈。

有巫山者，西有黃鳥。帝藥八齋。黃鳥于巫山，司此玄蛇。

大荒之中，有不庭之山，榮水窮焉。有人三身，帝俊妻娥皇，生此三身之國，姚姓，黍食，使四鳥。有淵四方，四隅皆達，北屬黑水，南屬大荒，北旁名曰少和之淵，南旁名曰從淵，舜之所浴也。

又有成山，甘水窮焉。有季禺之國，顓頊之子，食黍。有羽民之國，其民皆生毛羽。有卵民之國，其民皆生卵。

大荒之中，有不姜之山，黑水窮焉。又有賈山，汔水出焉。又有言山，又有登備之山。有恝恝之山。又有蒲山，澧水出焉。又有隗山，其西有丹，其東有玉。又南有山，漂水出焉。有尾山。有翠山。

有盈民之國，於姓，黍食。又有人方食木葉。

有不死之國，阿姓，甘木是食。

大荒之中，有山名曰去痓。南極果，北不成，去痓果。

南海渚中，有神，人面，珥兩青蛇，踐兩赤蛇，曰不廷胡余。

有神名曰因因乎，南方曰因乎，來風曰乎民，處南極以出入風。

有襄山，又有重陰之山。有人食獸，曰季釐。帝俊生季釐，故曰季釐之國。有緡淵，少昊生倍伐，倍伐降處緡淵。有水四方，名曰俊壇。

有臷民之國。帝舜生無淫，降臷處，是謂巫臷民。巫臷民盼姓，食穀，不績不經，服也；不稼不穡，食也。爰有歌舞之鳥，鸞鳥自歌，鳳鳥自舞。爰有百獸，相羣爰處。百穀所聚。

大荒之中，有山名曰融天，海水南入焉。

有人曰鑿齒，羿殺之。

有蜮山者，有蜮民之國，桑姓，食黍，射蜮是食。
有人方扜弓射黃蛇，名曰蜮人。

有宋山者，有赤蛇，名曰育蛇。有木生山上，名曰楓木。楓木，蚩尤所棄其桎梏，是爲楓木。

有人方齒虎尾，名曰祖狀之尸。

有小人，名曰焦僥之國，幾姓，嘉穀是食。

大荒之中，有山名死塗之山，青水窮焉。有雲雨之山，有木名曰欒。禹攻雲雨，有赤石焉生欒，黃本，赤枝，青葉，羣帝焉取藥。

有國曰伯服，顓頊生伯服，食黍。有鼬姓之國。有苕山。又有宗山。又有姓山。又有壑山。又有陳州山。

又有東州山。又有白水山，白水出焉，而生白淵，昆吾之師所浴也。

有人名曰張弘，在海上捕魚。海中有張弘之國，食魚，使四鳥。

有人焉，鳥喙，有翼，方捕魚于海。大荒之中，有人名曰驩頭。鯀妻士敬，士敬子曰炎融，生驩頭。驩頭人面鳥喙，有翼，食海中魚，杖翼而行。維宜芑苣，穋楊是食。有驩頭之國。

帝堯、帝嚳、帝舜葬于岳山。爰有文貝、離俞、鴟久、鷹、賈、延維、視肉、熊、羆、虎、豹；朱木，赤枝，青華，玄實。有申山者。

大荒之中，有山名曰天臺，海水南入焉。

有蓋猶之山者，其上有甘柤，枝幹皆赤，黃葉，白華，黑實。東又有甘華，枝幹皆赤，黃葉。有青馬。有赤馬，名曰三騅。有視肉。

有小人，名曰菌人。

有南類之山，爰有遺玉、青馬、三騅、視肉、甘華，百穀所在。

卷十六
大荒西經

西北海之外，大荒之隅，有山而不合，名曰不周，有兩黃獸守之。有水曰寒暑之水。水西有濕山，水東有幕山。有禹攻共工國山。

有國名曰淑士，顓頊之子。

有神十人，名曰女媧之腸，化為神，處栗廣之野，橫道而處。

有人名曰石夷，西方曰夷，來風曰韋，處西北隅以司日月之長短。

有五采之鳥，有冠，名曰狂鳥。

有大澤之長山，有白民之國。

西北海之外，赤水之東，有長脛之國。

有西周之國，姬姓，食穀。有人方耕，名曰叔均。帝俊生后稷，稷降以百穀。稷之弟曰台璽，生叔均。叔均是代其父及稷播百穀，始作耕。有赤國妻氏。有雙山。

西海之外，大荒之中，有方山者，上有青樹，名曰柜格之松，日月所出入也。

西北海之外，赤水之西，有天民之國，食穀，使四鳥。

有北狄之國，黃帝之孫曰始均，始均生北狄。

有芒山。有桂山。有榣山，其上有人，號曰太子長琴。顓頊生老童，老童生祝融，祝融生太子長琴，是處榣山。始作樂風。

有五采鳥三名，一曰皇鳥，一曰鸞鳥，一曰鳳鳥。

有蟲狀如菟，胷以後者裸不見，青如猨狀。

大荒之中，有山名曰豐沮玉門，日月所入。

有靈山，巫咸、巫即、巫朌、巫彭、巫姑、巫真、巫禮、巫抵、巫謝、巫羅十巫，從此升降，百藥爰在。

有西王母之山、壑山、海山。有沃民之國，沃民是處。沃之野，鳳鳥之卵是食，甘露是飲。凡其所欲，其味盡存。爰有甘華、甘柤、白柳、視肉、三騅、璇瑰、瑶碧、白木、琅玕、白丹、青丹，多銀鐵。鸞鳥自歌，鳳鳥自舞，爰有百獸，相羣是處，是謂沃之野。
有三青鳥，赤首黑目，一名曰大鵹，一名曰少鵹，一名曰青鳥。
有軒轅之臺，射者不敢西鄉，畏軒轅之臺。
大荒之中，有龍山，日月所入。
有三澤水，名曰三淖，昆吾之所食也。
有人衣青，以袂蔽面，名曰女丑之尸。
有女子之國。
有桃山。有䖟山。有桂山。有于土山。
有丈夫之國。

有弇州之山，五采之鳥仰天，名曰鳴鳥。爰有百樂歌儛之風。

有軒轅之國。江山之南棲為吉。不壽者乃八百歲。

西海陼中，有神，人面鳥身，珥兩青蛇，踐兩赤蛇，名曰弇茲。

大荒之中，有山名曰日月山，天樞也。吳姖天門，日月所入。有神，人面無臂，兩足反屬于頭上，名曰噓。顓頊生老童，老童生重及黎，帝令重獻上天，令黎印下地，下地是生噎，處于西極，以行日月星辰之行次。

有人反臂，名曰天虞。

有女子方浴月，帝俊妻常羲，生月十二，此始浴之。

有玄丹之山，有五色之鳥，人面有髮。爰有青鴍、黃鷔，青鳥、黃鳥，其所集者其國亡。

有池，名孟翼之攻顓頊之池。

大荒之中，有山名曰鏖鏊鉅，日月所入者。

有獸，左右有首，名曰屏蓬。

有巫山者。有壑山者。有金門之山，有人名曰黃姖之尸。有比翼之鳥。有白鳥，青翼，黃尾，玄喙。有赤犬，名曰天犬，其所下者有兵。

西海之南，流沙之濱，赤水之後，黑水之前，有大山，名曰崑崙之丘。有神——人面虎身，有文有尾，皆白——處之。其下有弱水之淵環之。其外有炎火之山，投物輒然。有人戴勝，虎齒，豹尾，穴處，名曰西王母。此山萬物盡有。

大荒之中，有山名曰常陽之山，日月所入。

有寒荒之國。有二人女祭、女薎。

有壽麻之國。南嶽娶州山女，名曰女虔。女虔生季格，季格生壽麻。壽麻正立無景，疾呼無響。爰有大暑，不可以往。

有人無首，操戈盾立，名曰夏耕之尸。故成湯伐夏桀于章山，克之，斬耕厥前。耕既立，無首，走厥咎，乃降于巫山。

有人名曰吳回，奇左，是無右臂。

有蓋山之國，有樹，赤皮支幹，青葉，名曰朱木。

有一臂民。

大荒之中，有山名曰大荒之山，日月所入。有人焉三面，是顓頊之子，三面一臂，三面之人不死，是謂大荒之野。

西南海之外，赤水之南，流沙之西，有人珥兩青蛇，乘兩青龍，名曰夏后開。開上三嬪于天，得〈九辯〉與〈九歌〉以下。此天穆之野，高二千仞，開焉得始歌〈九招〉。

有氐人之國，炎帝之孫名曰靈恝，靈恝生氐人，是能上下于天。

有魚偏枯，名曰魚婦。顓頊死即復蘇。風道北來，天乃大水泉，蛇乃化為魚，是為魚婦。顓頊死即復蘇。

有青鳥，身黃，赤足，六首，名曰鸀鳥。

有大巫山，有金之山。西南，大荒之隅，有偏句、常羊之山。

卷十七

大荒北經

東北海外，大荒之中，河水之閒，附禺之山，帝顓頊與九嬪葬焉。爰有鴟久、文貝、離俞、鸞鳥、鳳鳥、大物、小物。有青鳥、琅鳥、玄鳥、黃鳥、虎、豹、熊、羆、黃蛇、視肉、璿瑰、瑤碧，皆出于山。衛丘方圓三百里，丘南帝俊竹林在焉。大可為舟。竹南有赤澤水，名曰封淵。有三桑無枝。丘西有沈淵，顓頊所浴。

有胡不與之國，烈姓，黍食。

大荒之中，有山名曰不咸。有肅慎氏之國。有蜚蛭，四翼。有蟲，獸首蛇身，名曰琴蟲。

有人名曰大人。有大人之國，釐姓，黍食。有大青蛇，黃頭，食麈。

有榆山，有鯀攻程州之山。

大荒之中，有山名曰衡天。有先民之山，有槃木千里。

有叔歜國，顓頊之子，黍食，使四鳥：虎、豹、熊、羆。有黑蟲如熊狀，名曰猎猎。

有北齊之國，姜姓，使虎、豹、熊、羆。

大荒之中，有山名曰先檻大逢之山，河濟所入，海北注焉。其西有山，名曰禹所積石。

有陽山者。有順山者，順水出焉。有始州之國，有丹山。

有大澤方千里，羣鳥所解。

有毛民之國，依姓，食黍，使四鳥。禹生均國，均國生役采，役采生修鞈，修鞈殺綽人。帝念之，潛為之國，是此毛民。

有儋耳之國，任姓，禺號子，食穀。北海之渚中，有神，人面鳥身，珥兩青蛇，踐兩赤蛇，名曰禺彊。

大荒之中，有山名曰北極天櫃，海水北注焉。有神，九首人面鳥身，名曰九鳳。又有神銜蛇操蛇，其狀虎首人身，四蹏長肘，名曰彊良。

大荒之中，有山名曰成都載天。有人珥兩黃蛇，把兩黃蛇，名曰夸父。后土生信。信生夸父，夸父不量力，欲追日景，逮之于禺谷。將飲河而不足也，將走大澤，未至，死于此。應龍已殺蚩尤，又殺夸父，乃去南方處之，故南方多雨。

又有無腸之國，是任姓，無繼子，食魚。

共工之臣名曰相繇，九首蛇身，自環，食于九土，其所歍所尼，即為源澤，不辛乃苦，百獸莫能處。禹湮洪水，殺相繇，其血腥臭，不可生穀，其地多水，不可居也。禹湮之，三仞三沮，乃以為池，羣帝因是以為臺。在崑崙之北。

有岳之山，尋竹生焉。

大荒之中，有山名不句，海水北入焉。

有係昆之山者，有共工之臺，射者不敢北鄉。有人衣青衣，名曰黃帝女魃。蚩尤作兵伐黃帝，黃帝乃令應龍攻之冀州之野。應龍畜水，蚩尤請風伯雨師縱大風雨。黃帝乃下天女曰魃，雨止，遂殺蚩尤。魃不得復上，所居不雨。叔均言之帝，後置之赤水之北。叔均乃為田祖。魃時亡之。所欲逐之者，令曰：「神北行！」先除水道，決通溝瀆。

有人方食魚，名曰深目民之國，盼姓，食魚。

有鍾山者，有女子衣青衣，名曰赤水女子獻。

大荒之中，有山名曰融父山，順水入焉。有人名曰犬戎。黃帝生苗龍，苗龍生融吾，融吾生弄明，弄明生白犬，白犬有牝牡，是為犬戎，肉食。有赤獸，馬狀無首，名曰戎宣王尸。

有山名曰齊州之山、君山、鬵山、鮮野山、魚山。

有人一目，當面中生，一曰是威姓，少昊之子，食黍。

有無繼民，無繼民任姓，無骨子，食氣、魚。

西北海外，流沙之東，有國曰中輻，顓頊之子，食黍。

有國名曰賴丘，有犬戎國。有神，人面獸身，名曰犬戎。

西北海外，黑水之北，有人有翼，名曰苗民。顓頊生驩頭，驩頭生苗民，苗民釐姓，食肉。有山名曰章山。

大荒之中，有衡石山、九陰山、灰野之山，上有赤樹，青葉，赤華，名曰若木。

有牛黎之國，有人無骨，儋耳之子。

西北海外，赤水之北，有章尾山。有神，人面蛇身而赤，直目正乘，其瞑乃晦，其視乃明，不食不寢不息，風雨是謁。是燭九陰，是謂燭龍。

卷十八　海內經

東海之內，北海之隅，有國名曰朝鮮、天毒，其人水居，偎人愛人。

西海之內，流沙之中，有國名曰壑市。

西海之內，流沙之西，有國名曰氾葉。

流沙之西，有鳥山者，三水出焉，爰有黃金、璿瑰、丹貨、銀鐵，皆流于此中。又有淮山，好水出焉。

流沙之東，黑水之西，有朝雲之國、司彘之國。黃帝妻雷祖，生昌意，昌意降處若水，生韓流。韓流擢首、謹耳、人面、豕喙、麟身、渠股、豚止，取淖子曰阿女，生帝顓頊。

流沙之東，黑水之閒，有山名不死之山。

華山、青水之東，有山名曰肇山，有人名曰柏子高，柏子高上下于此，至于天。

西南黑水之閒，有都廣之野，后稷葬焉。其城方三百里，蓋天地之中，素女所出也。爰有膏菽、膏稻、膏黍、膏稷，百穀自生，冬夏播琴，鸞鳥自歌，鳳鳥自儛，靈壽實華，草木所聚。爰有百獸，相羣爰處。此草也，冬夏不死。

南海之內，黑水青水之閒，有木名曰若木，若水出焉。

有禺中之國。有列襄之國。有靈山，有赤蛇在木上，名曰蝡蛇，木食。

有鹽長之國。有人焉鳥首，名曰鳥民。

有九丘，以水絡之，名曰陶唐之丘、叔得之丘、孟盈之丘、昆吾之丘、黑白之丘、赤望之丘、參衛之丘、武夫之丘、神民之丘。有木，青葉紫莖，玄華黃實，名曰建木，百仞無枝，上有九欘，下有九枸，其實如麻，其葉如芒。大皞爰過。黃帝所為。

有窫窳，龍首，是食人。有青獸，人面，名曰猩猩。

西南有巴國。大皞生咸鳥，咸鳥生乘釐，乘釐生後照，後照是始為巴人。

有國名曰流黃辛氏，其域中方三百里，其出是麈。有巴遂山，澠水出焉。

又有朱卷之國，有黑蛇，青首，食象。

南方有贛巨人，人面長脣，黑身有毛，反踵，見人則笑，脣蔽其目，因可逃也。

又有黑人，虎首鳥足，兩手持蛇，方啗之。

有嬴民，鳥足。有封豕。

有人曰苗民。有神焉，人首蛇身，長如轅，左右其首，衣紫衣，冠旃冠，名曰延維，人主得而饗食之，伯天下。

有鸞鳥自歌，鳳鳥自舞。鳳鳥首文曰德，翼文曰順，膺文曰仁，背文曰義，見則天下和。

又有青獸如菟，名曰菌狗。有翠鳥。有孔鳥。

南海之內有衡山。有菌山。有桂山。有山名三天子之都。

南方蒼梧之丘，蒼梧之淵，其中有九嶷山，舜之所葬，在長沙零陵界中。

北海之內，有蛇山者，蛇水出焉，東入于海。有五采之鳥，飛蔽一鄉，名曰翳鳥。又有不鉅之山，巧倕葬其西。

北海之內，有反縛盜械，帶戈常倍之佐，名曰相顧之尸。

伯夷父生西岳，西岳生先龍，先龍是始生氐羌，氐羌乞姓。

北海之內，有山，名曰幽都之山，黑水出焉。其上有玄鳥、玄蛇、玄豹、玄虎、玄狐蓬尾。有大玄之山。有玄丘之民。有大幽之國。有赤脛之民。

有釘靈之國，其民從厀已下有毛，馬蹏善走。

炎帝之孫伯陵，伯陵同吳權之妻阿女緣婦，緣婦孕三年，是生鼓、延、殳。殳始為侯，鼓、延是始為鍾，為樂風。

黃帝生駱明，駱明生白馬，白馬是為鯀。

帝俊生禺號，禺號生淫梁，淫梁生番禺，是始為舟。番禺生奚仲，奚仲生吉光，吉光是始以木為車。

少皞生般，般是始為弓矢。

帝俊賜羿彤弓素矰，以扶下國，羿是始去恤下地之百艱。

帝俊生晏龍，晏龍是為琴瑟。

帝俊有子八人，是始為歌舞。

帝俊生三身，三身生義均，義均是始為巧倕，是始作下民百巧。后稷是播百穀。稷之孫曰叔均，始作牛耕。大比赤陰是始為國。禹、鯀是始布土，均定九州。

炎帝之妻，赤水之子聽訞生炎居，炎居生節竝，節竝生戲器，戲器生祝融，祝融降處于江水，生共工，共工生術器，術器首方顛，是復土穰，以處江水。共工生后土，后土生噎鳴，噎鳴生歲十有二。

洪水滔天，鯀竊帝之息壤以堙洪水，不待帝命。帝令祝融殺鯀于羽郊。鯀復生禹，帝乃命禹卒布土以定九州。

山海經圖錄

狌狌

旋龜

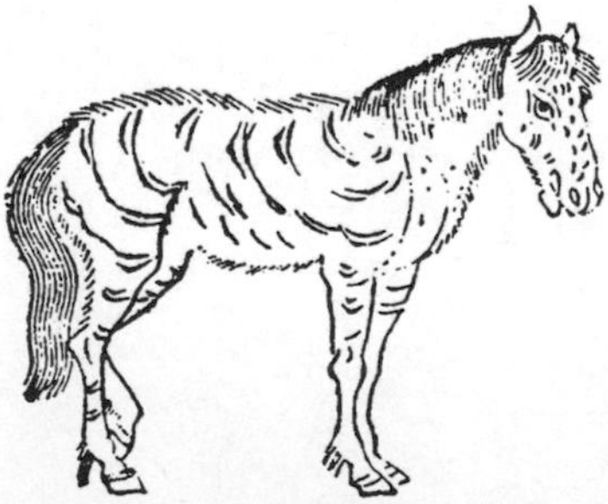

鹿蜀

鯥魚

類

猼訑

䳜鵂

赤鱬

鴸

㲋

長右

猾褢

䍶

蠱雕

瞿如

鳳皇

顒

肥鳢

羬羊

蔥聾

鮮魚

橐𩇯

豪彘

玃如

鸓

麢羊

舉父

鳬徯

蠻蠻

文鰩魚

鼓

英招

土螻

狰

鰼魚

畢方

天狗

帝江

獓𤟤

鴟

讙

神䰠

鵸鵌

蠻蠻

冉遺魚

鸁魚

駮

鳥鼠同穴

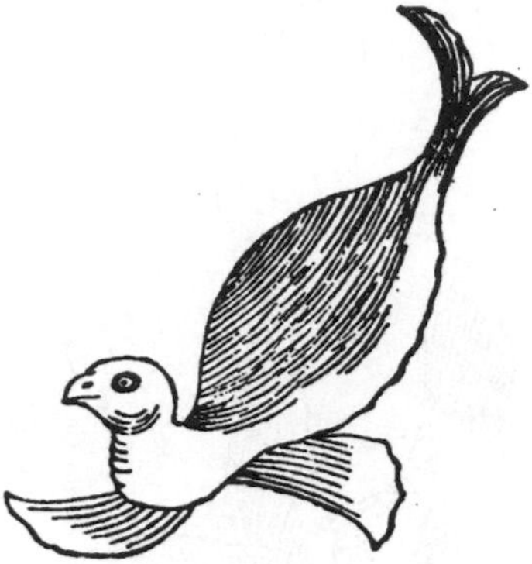

絮魮魚

人面鴞

䑏疏

鯈魚

何羅魚

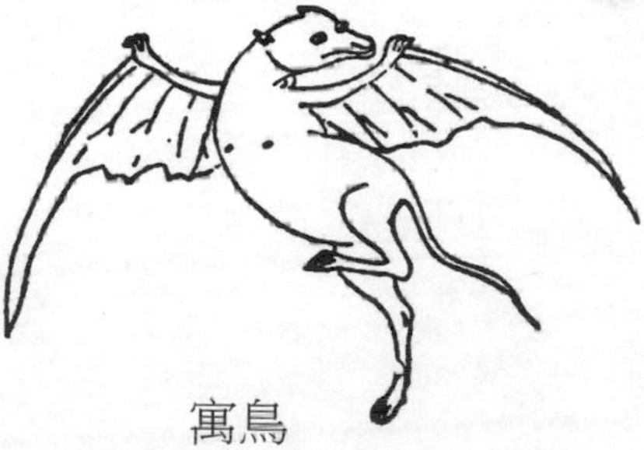

寓鳥

鰼鰼魚

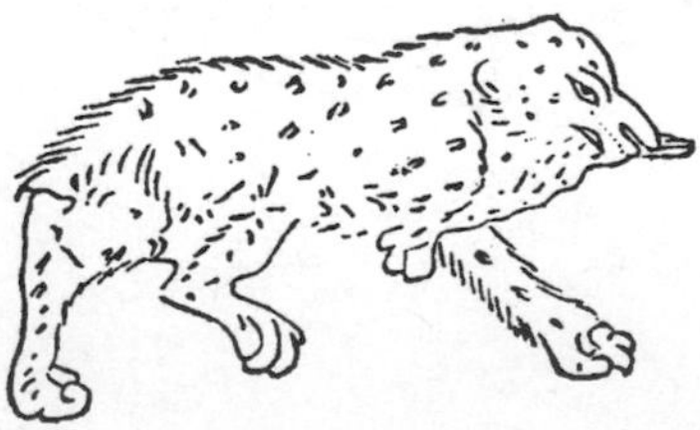

諸犍

竦斯

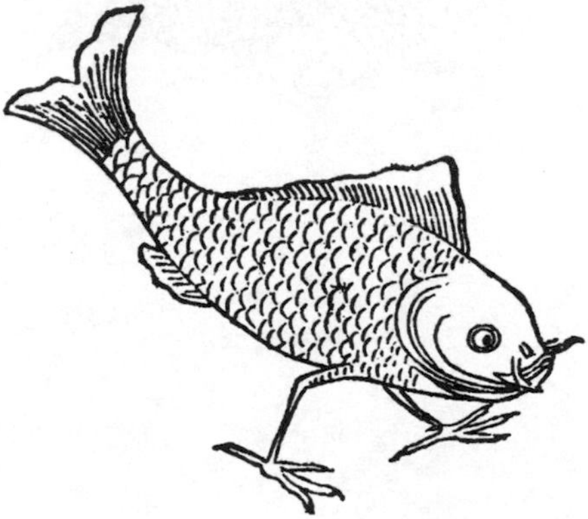

鱳魚

長蛇

山𤟤

諸懷

肥遺

鮨魚

䮝馬

鵹鶘

狍鴞

顒

驒

鷶

天馬

人魚

飛鼠

酸與

䝂

𤟤𤟤

羆（九）

鯈蟰

蚩鼠

從從

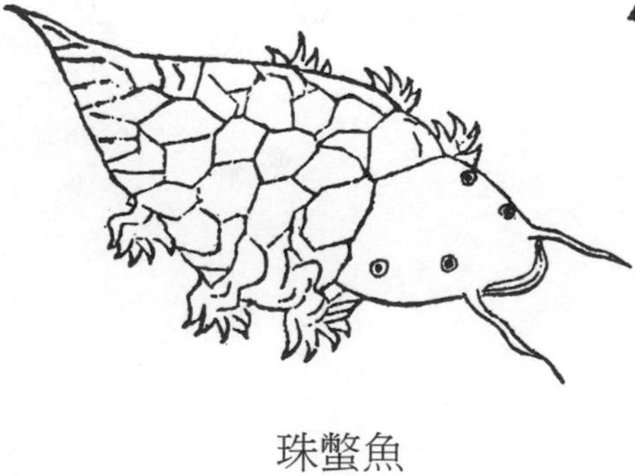

珠蟞魚

朱獳

蠪蛭

獙獙

峳峳

鮯鮯魚

䱻魚

薄魚

蜚

鳴蛇

馬腹

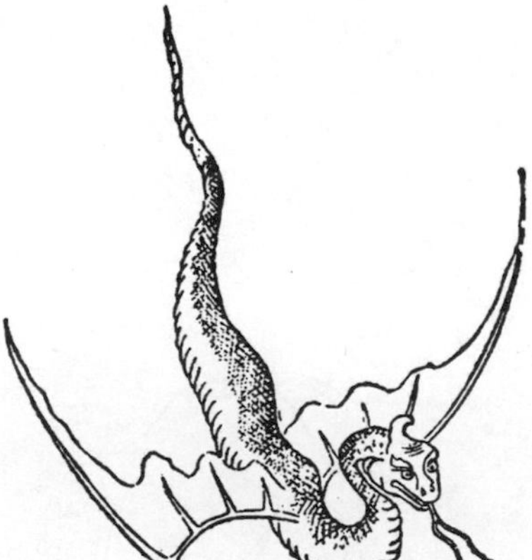

化蛇

飛魚

泰逢

馱鳥

獜

驕蟲

三足龜

計蒙

蠪蚔

跂踵

帝二女

讙頭國

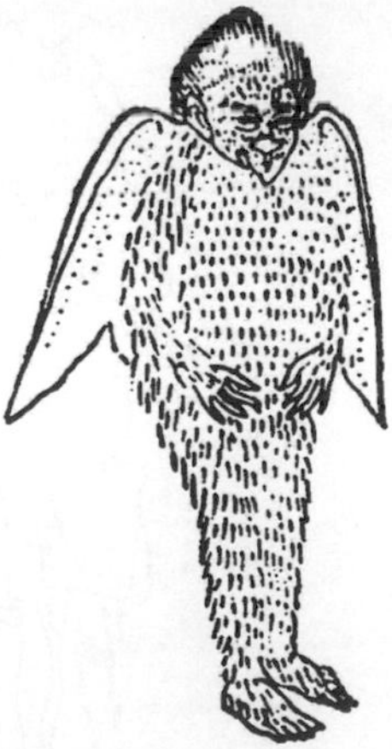

羽民國

厭火國

三首國

貫匈國

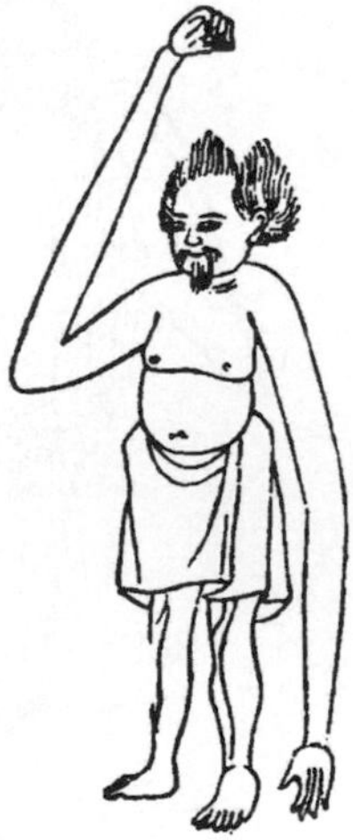

長臂國

交脛國

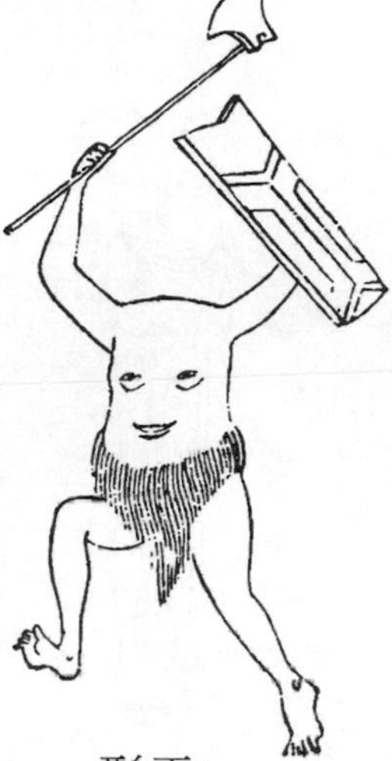

形天

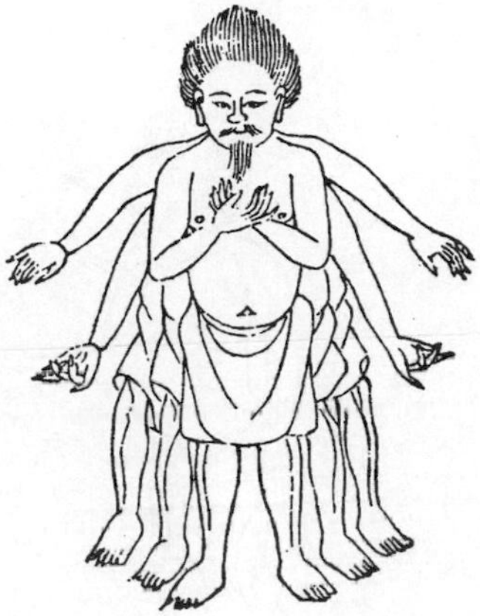

三身國

乘黃

奇肱國

無脅國

長股國

燭陰

蓐收

柔利國

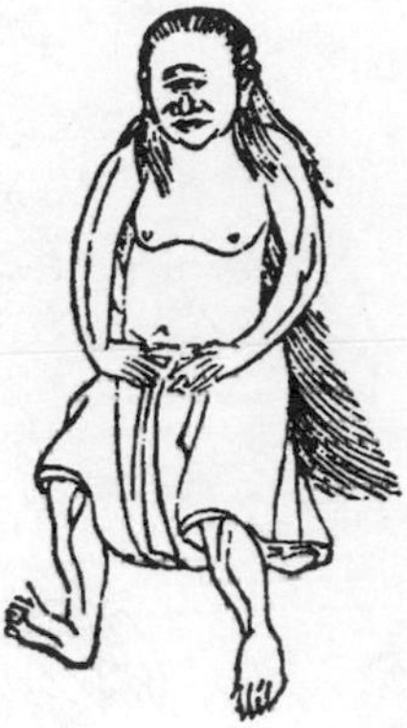

一目國

聶耳國

相柳

夸父追日

天吳

奢比

雨師妾

毛民國

氐人國

梟陽國

巴蛇

旄馬

開明獸

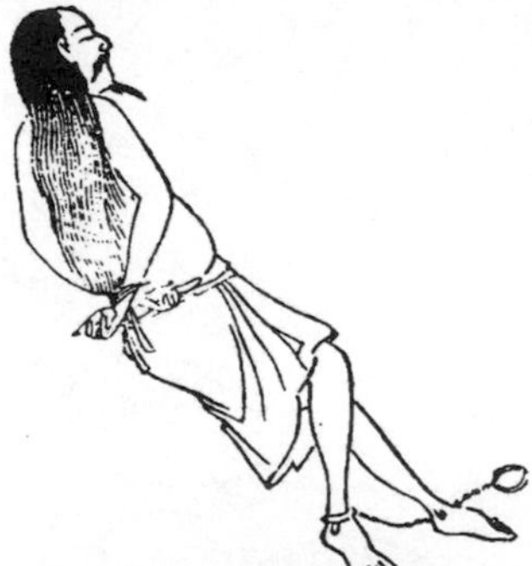

貳負之臣

騶虞

河伯

雷神

陵魚

應龍

夔

雙雙

𧇊踢

女媧補天

鸓鳥

三面人

九鳳

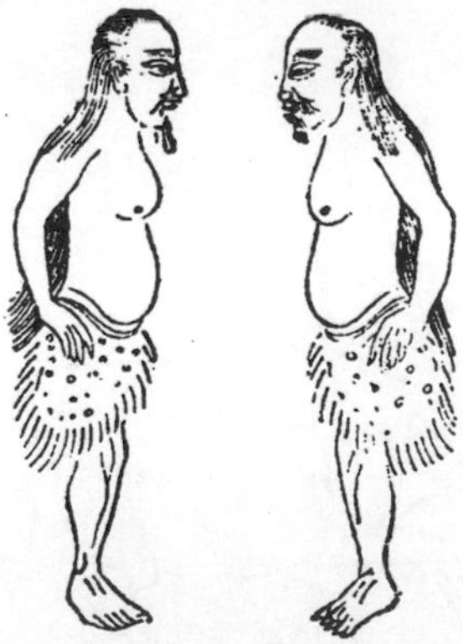

一臂民

彈烏解羽

彊良

釘靈國

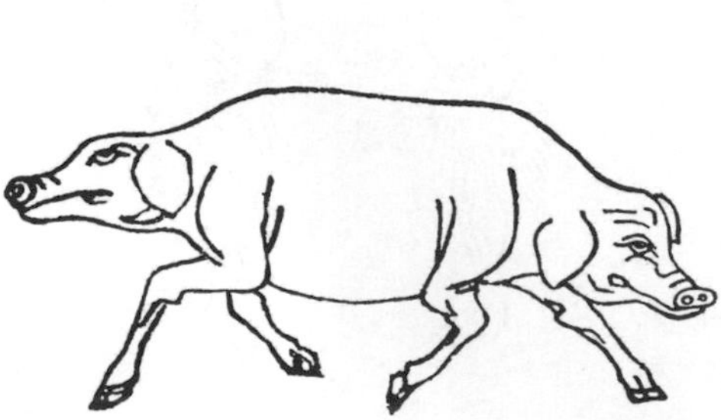

并封

附錄

素書

黃石公著

原始章第一 言道不可以無始

夫道德仁義禮，五者一體也。道者人之所蹈，使萬物不知其所由。德者人之所得，使萬物各得其所欲。仁者人之所親，有慈惠惻隱之心以遂其生成。義者人之所宜，賞善罰惡以立功立事。禮者，人之所履，夙興夜寐，以成人倫之序。夫欲為人之本，不可無一焉。賢人君子明於盛衰之道，通乎成敗之數，審乎治亂之勢，達乎去就之理。故潛居抱道，以待其時。若時至而行，則能極人臣之位。得機而動，則能成絕代之功。如其不遇，沒身而已。是以其道足高而名重於後代。

正道章第二（言道不可以非正）

德足以懷遠，信足以一異，義足以得眾，才足以鑒古，明足以照下，此人之俊也。行足以為儀表，智足以決嫌疑，信可以使守約，廉可以使分財，此人之豪也。守職而不廢，處義而不回，見嫌而不苟免，見利而不苟得，此人之傑也。

求人之志章第三（言志不可以妄求）

絕嗜禁欲，所以除累。抑非損惡，所以禳過。貶酒闕色，所以無污。避嫌遠疑，所以不誤。博學切問，所以廣知。高行微言，所以修身。恭儉謙約，所以自守。深計遠慮，所以不窮。親仁友直，所以扶顛。近恕篤行，所以接人。任材使能，所以濟務。癉惡斥讒，所以止亂。推古驗今，所以不惑。先揆後度，所以應卒。設變致權，所以解結。括囊順會，所以無咎。橛橛梗梗，所以立功。孜孜淑淑，所以保終。

本德宗道章第四 言本宗不可以離道德

夫志心篤行之術，長莫長於博謀。安莫安於忍辱。先莫先於修德。樂莫樂於好善，神莫神於至誠。明莫明於體物。吉莫吉於知足。苦莫苦於多願。悲莫悲於精散。病莫病於無常。短莫短於苟得。幽莫幽於貪鄙。孤莫孤於自恃。危莫危於任疑。敗莫敗於多私。

遵義章第五 言遵而行之者義也

以明示下者闇。有過不知者蔽。迷而不返者惑。以言取怨者禍。令與心乖者廢。後令謬前者毀。怒而無威者犯。好直辱人者殃。戮辱所任者危。慢其所敬者凶。貌合心離者孤，親讒遠忠者亡。近色遠賢者昏，女謁公行者亂。私人以官者浮。凌下取勝者侵，名不勝實者耗。略己而責人者不治，自厚而薄人者棄。以過棄功者損，群下外異者淪。既用不任者疏。行賞吝色者沮。多許少與者怨。既迎而拒者乖。薄施厚望者不報。貴而忘賤者不久。念舊怨而棄新功者凶。用人不得正者殆，彊用人者不畜。為人擇官者亂，失其所彊者弱。決策於不仁者險。陰計外泄者敗。厚斂薄施者凋。戰士貧游士富者衰。貨賂公行者昧。聞善忽略，記過不忘者暴。所任不可信，所信不可任者濁。牧人以德者集，繩人以刑者散。小功不賞則大功不立，小怨不赦則大怨必生。賞不服人，罰不甘心者叛。賞及無功，罰及無罪者酷。聽讒而美，聞諫而仇者亡。能有其有者安，貪人之有者殘。

安禮章第六

言安而履之之謂禮

怨在不捨小過，患在不預定謀。福在積善，禍在積惡。飢在賤農，寒在惰織。安在得人，危在失事。富在迎來，貧在棄時。上無常躁，下無疑心。輕上生罪，侮下無親。近臣不重，遠臣輕之。自疑不信人，自信不疑人。枉士無正友。曲上無直下。危國無賢人，亂政無善人。愛人深者求賢急，樂得賢者養人厚。國將霸者士皆歸。邦將亡者賢先避。地薄者大物不產，水淺者大魚不游，樹禿者大禽不棲，林疏者大獸不居。山峭者崩，澤滿者溢。棄玉取石者盲。羊質虎皮者辱。衣不舉領者倒。走不視地者顛。柱弱者屋壞，輔弱者國傾。足寒傷心，人怨傷國。山將崩者下先隳，國將衰者人先弊。根枯枝朽，人困國殘。與覆車同軌者傾，與亡國同事者滅。見已生者慎將生，惡其跡者須避之。畏危者安，畏亡者存。夫人之所行有道則吉，無道則凶。吉者百福所歸，凶者百禍所攻。非其神聖，自然所鍾。務善策者無惡事，無遠慮者有近憂。同志相得。同惡相黨。同愛相求。同美相妬。同智相謀。同貴相害。同利相忌。同聲相應，同氣相感。同類相依，同義相親，同難相濟。同道相成。同藝相規。同巧相勝。此乃數之所得，不可與理違。釋己而教人者逆，正己而化人者順。逆者難從，順者易行。難從則亂，易行則理。如此理身、理家、理國可也。

儒家經典/明誠佛堂經典編輯委員會彙編.
-- 初版. -- 新北市 : 漢欣文化事業有限公司,
2022.11- 2冊 ; 21x15公分

ISBN 978-957-686-845-0(第1集 : 精裝)
ISBN 978-957-686-846-7(第2集 : 精裝)

1.CST: 儒家 2.CST: 儒學

121.2 111015702

儒家經典 第二集

彙　　編／明誠佛堂經典編輯委員會
出 版 者／漢欣文化事業有限公司
地　　址／新北市板橋區板新路206號3樓
電　　話／02-8953-9611
傳　　真／02-8954-4084
郵撥帳號／05837599 漢欣文化事業有限公司
電子郵件／hsbookse@gmail.com
初　　版／2022年11月
頁　　數／1184頁
I S B N／978-957-686-846-7

ISBN: 978-957-686-846-7
9 789576 868467